MÚSICA, INSPIRAÇÃO E CRIATIVIDADE

CIP-BRASIL. CATALOGAÇÃO NA PUBLICAÇÃO
SINDICATO NACIONAL DOS EDITORES DE LIVROS, RJ

B558m

Bjørkvold, Jon-Roar

    Música, inspiração e criatividade : uma linguagem universal / Jon-Roar Bjørkvold ; tradução Leonardo Pinto Silva. – São Paulo : Summus, 2018.
    368 p. : il.

    Tradução de: Det musiske menneske
    Inclui bibliografia
    índice onomástico
    ISBN 978-85-323-1097-2

    1. Música na educação. 2. Música - Instrução e estudo. I. Silva, Leonardo Pinto. II. Título.

18-47663
                                              CDD: 780.7
                                              CDU: 78(07)

www.summus.com.br

Compre em lugar de fotocopiar.
Cada real que você dá por um livro recompensa seus autores
e os convida a produzir mais sobre o tema;
incentiva seus editores a encomendar, traduzir e publicar
outras obras sobre o assunto;
e paga aos livreiros por estocar e levar até você livros
para a sua informação e o seu entretenimento.
Cada real que você dá pela fotocópia não autorizada de um livro
financia o crime
e ajuda a matar a produção intelectual de seu país.

Jon-Roar Bjørkvold

MÚSICA, INSPIRAÇÃO E CRIATIVIDADE

Uma linguagem universal

Tradução do norueguês: Leonardo Pinto Silva

summus editorial

MÚSICA, INSPIRAÇÃO E CRIATIVIDADE
Uma linguagem universal
Do original em norueguês
Det musiske menneske
Copyright © 2014 by Jon-Roar Bjørkvold
Direitos desta tradução adquiridos por Summus Editorial
Esta tradução foi publicada com o apoio financeiro de NORLA

Editora executiva: **Soraia Bini Cury**
Assistente editorial: **Michelle Neris**
Tradução: **Leonardo Pinto Silva**
Capa: **Radek Doupovec**
Imagem da capa: **pintura de Franz Marc,
"O cavalo azul" (1911)**
Projeto gráfico: **Crayon Editorial**
Diagramação: **Santana**
Impressão: **Sumago Gráfica Editorial**

Summus Editorial
Departamento editorial
Rua Itapicuru, 613 – 7º andar
05006-000 – São Paulo – SP
Fone: (11) 3872-3322
Fax: (11) 3872-7476
http://www.summus.com.br
e-mail: summus@summus.com.br

Atendimento ao consumidor
Summus Editorial
Fone: (11) 3865-9890

Vendas por atacado
Fone: (11) 3873-8638
Fax: (11) 3872-7476
e-mail: vendas@summus.com.br

Impresso no Brasil

Para meus três filhos: Tiril, Tuva e Kjartan

SUMÁRIO

2014: PREFÁCIO APÓS 25 ANOS DE INSPIRAÇÃO 9

PREFÁCIO APÓS 15 ANOS DE INSPIRAÇÃO 12

MÚSICA E INSPIRAÇÃO 15

ANTES DO NASCIMENTO – A DANÇA PRIMORDIAL 19

1   AS BASES DA FORMAÇÃO DO NASCITURO 21

**A PRIMEIRA INFÂNCIA – DO GRITO PRIMAL
À CANÇÃO ESPONTÂNEA** 31

2   A CRIANÇA LÚDICA APRENDE A VIVER 33

3   FASES RUMO À CULTURA INFANTIL 40

4   A CULTURA LÚDICA INFANTIL 42

5   A CULTURA INFANTIL CANTADA EM TRÊS PAÍSES:
    NORUEGA, RÚSSIA E ESTADOS UNIDOS 77

**INGRESSANDO NA ESCOLA – UMA TEORIA SOBRE
A SOCIOLOGIA DA APRENDIZAGEM MUSICAL** 137

6   MÚSICA, INSPIRAÇÃO E CRIATIVIDADE NA SALA DE AULA 139

7   A RUPTURA DA INFÂNCIA 145

8   DA ECOLOGIA DA APRENDIZAGEM À ECOLOGIA DO ENSINO 160

9   CULTURA INFANTIL E APRENDIZADO MUSICAL 181

LIBERDADE E ADOLESCÊNCIA – *FOREVER YOUNG* 261

10 *IF YOU LOVE SOMEBODY, SET THEM FREE!* 263

**MATURIDADE — O IMPERATIVO INSPIRADOR
DA CRIANÇA A DMITRI SHOSTAKOVICH** 281

11 A CRIANÇA E O ARTISTA 283

VELHICE 327

12 DUAS IMAGENS 329

A MORTE 335

13 UM MOSAICO DE VOZES 337

BIBLIOGRAFIA 345

ÍNDICE ONOMÁSTICO 359

2014: PREFÁCIO APÓS 25 ANOS DE INSPIRAÇÃO

VOLTANDO PARA CASA, NA COMPANHIA DE PAULO FREIRE E DOM HÉLDER CÂMARA

Quando um amigo soube que este livro estava para ser lançado no Brasil, escreveu-me assim: "Parabéns! Seu livro finalmente está voltando para casa!" Ele estava coberto de razão, não há a menor dúvida. A influência do Brasil foi decisiva quando escrevi *Música, inspiração e criatividade — Uma linguagem universal*. Tenho um enorme preito de gratidão para com Paulo Freire e Dom Hélder.

Paulo Freire

Quando me tornei o inexperiente pai da minha primeira filha, testemunhei em primeira mão um milagre acontecendo: a trajetória de uma criança no mundo, descobrindo o idioma e a cultura do meu país. Para ela, a cultura escrita não foi a porta para o conhecimento, mas as canções, os contos de fada, os ritmos, as sensações, a interação social, o amor e o carinho constituíram, sim, os alicerces para uma vida de desenvolvimento e aprendizado. Eu estava muito preocupado. Será que a escola sabe disso? Respeitará os recursos orais da criança e seus limites, ou vai ignorá-los? Eram questões que pesavam sobre meus ombros, e para elas encontrei as respostas em Paulo Freire e no seu livro *Pedagogia do oprimido* (1970)[1]. Freire escrevia com muita propriedade, especialmente sobre a criança. Mas eu enxerguei na crítica que ele fez à escola brasileira e à supressão da cultura oral infantil uma perspectiva que pode, em todos os aspectos, ser aplicada em escolas de todo o mundo. O sentido do aprendizado humano — a conquista da vida — era, a meu ver, ignorado nas escolas do Ocidente, e isso me

---

1. FREIRE, P. *Pedagogia do oprimido*. 50. ed. Rio de Janeiro: Paz e Terra, 2011.

aterrorizava. Então comecei a ministrar palestras na minha universidade criticando essa perspectiva, baseado no meu trabalho de campo com crianças e norteado pelas ideias de Paulo Freire.

Em 1986-87, tornei-me professor associado da Universidade da Califórnia em Irvine (Estados Unidos). Acabara de concluir uma pesquisa de campo com crianças russas e chegara o momento de compará-la com os resultados obtidos com crianças norte-americanas. Para minha grata surpresa, descobri que Paulo Freire era professor da mesma universidade. Telefonei-lhe imediatamente e lhe contei do meu projeto. Ele respondeu entusiasmado: "Então você vai escrever um livro sobre a pedagogia opressora da cultura infantil? Boa sorte!" Combinamos de nos encontrar pessoalmente em São Paulo. Mas então sobreveio a morte da sua esposa e nosso compromisso precisou ser cancelado. Com um grande lastro de pesquisas e renovada empolgação para escrever esta obra, retornei para a Noruega.

Dom Hélder Câmara

A Noruega tinha grande expectativa de que Dom Hélder recebesse o Prêmio Nobel da Paz. Suas ideias sobre a teologia da libertação falavam ao coração dos noruegueses. Contudo, não foi o que aconteceu: ele não ganhou o Nobel. Mesmo assim, o povo norueguês mobilizou-se e angariou fundos para um "Nobel da Paz Popular", outorgado a Dom Hélder em 1974.

Em 1985, recebi uma tradução norueguesa do seu livro *Mil razões para viver*[2]. E nela descobri um poema que me arrebatou, tanto intelectual quanto emocionalmente. Esse poema mostra que motivação de aprender da criança serve, acima de tudo, para que ela possa viver uma vida mais intensa, mais forte, mais plena. Eu o chamo de "a prece de Dom Hélder":

> Tem pena, Senhor,
> tem carinho especial
> com as pessoas muito
> lógicas, muito práticas,
> muito realistas, que se
> irritam com quem crê
> no cavalinho azul.

---

2. CÂMARA, H. *Mil razões para viver*. 5. ed. Rio de Janeiro: Civilização Brasileira, 1982.

O poder da fantasia é justamente a chave do universo infantil, tão vital para o desenvolvimento da criança e do seu mundo conceitual. Esse poema foi tão marcante para mim que o citei no capítulo deste livro que aborda a questão da escola.

Em meados de 1989, o texto-base desta obra estava pronto para ser impresso. Mas havia um grande problema: como ilustrar a capa? Quem sabe com fotos de crianças de várias nacionalidades diante da fachada da escola? Ou talvez remetendo a canções infantis? Eu não tinha ideia.

Naquele mesmo ano, fui convidado para uma palestra em Gorizia, perto de Veneza, na Itália. No trem de Milão a Veneza, acompanhado da minha esposa, fizemos a tradicional parada em Verona para conhecer a varanda onde Julieta se debruçava quando Romeu lhe fazia serenatas apaixonadas. Como sabemos, isso custaria aos dois a própria vida.

Passeando pelas antigas ruas de Verona, avistamos bandeiras coloridas anunciando uma exposição de arte expressionista europeia, com obras até de Edvard Munch, o célebre pintor norueguês. Noruegueses curiosos que éramos, não podíamos deixar de conferir. O problema é que já era tarde e a as portas do museu estavam prestes a fechar. Imploramos para entrar e ficar nem que fosse só por alguns minutos, e muito gentilmente fomos atendidos.

E então aconteceu algo inesquecível, que só posso descrever como um episódio de realismo mágico. O primeiro quadro que vi foi... de um cavalo azul! Como que uma materialização do poema de Dom Hélder, lá estava um cavalo azul diante de mim. E logo me ocorreu: eis aqui a capa do meu livro.

E assim foi. "O cavalo azul", pintado por Franz Marc (1911), adorna a capa deste livro e tornou-se um ícone da criatividade e da inspiração, com raízes bem brasileiras. Cavalgando-o, conheci milhares de pessoas na Noruega, na Suécia, na Dinamarca, na Islândia e na Finlândia. Passamos por Holanda, Bélgica, Alemanha, França, Inglaterra, Escócia, Espanha, Itália, Sérvia e Rússia. E viajamos para bem longe — Estados Unidos, Canadá, países da África, China e Japão. Este livro foi traduzido para muitos desses países. E agora, finalmente, chega ao Brasil, terra natal de Paulo Freire e Dom Hélder Câmara.

Paulo Freire e eu deveríamos ter nos encontrado em São Paulo. Isso nunca aconteceu. Agora, este livro está sendo lançado por uma editora paulistana. De certa maneira estamos nos encontrando, Paulo Freire e eu. Não seria esse também um episódio de realismo mágico?

Jon-Roar Bjørkvold
Oslo, 20 de março de 2017

PREFÁCIO APÓS 15 ANOS DE INSPIRAÇÃO

Música, inspiração e criatividade — Uma linguagem universal foi impresso pela primeira vez em meados de 1989. Olhando em retrospecto, vejo uma jornada sem paralelo na minha vida. A ideia central do livro não está mais associada à "geração irônica" da década de 1990 e ao espírito vigente à época. Um dos meus alunos, Hanne Toreskås Asheim, expressou-se de forma muito crítica em relação a seus contemporâneos: "Não sabemos mais qual é o sentido real das coisas, ele nos escapa das mãos. Tenho visto, muito assustado, a 'ironia vazia' se transformando em tendência dominante. A simples ideia me deixa sobressaltado: será que nós, da minha geração, tomamos ao pé da letra as nossas canções, como se as ouvíssemos entre aspas?"

Este livro não pretende que as canções estejam entre aspas, mas em *itálico*. Assim, ele desafiou o espírito do tempo e teve, ao longo da década de 1990, uma enorme repercussão, dentro e fora da Noruega, estando hoje disponível em dez idiomas. Foi publicado em países importantes, além das fronteiras do Norte da Europa, como Japão, China, Rússia, Estados Unidos e Sérvia.

Nos países nórdicos, transformou-se num *best-seller* e influenciou teorias sobre crescimento, educação e cultura na Noruega, na Dinamarca e na Suécia.

Na Noruega, "musal", referência ao título original desta obra, não é mais uma palavra circunscrita à academia, mas um conceito utilizado no debate público sobre cultura. Numa eleição realizada em 2005, especialistas em educação infantil elegeram *Det musiske menneske* um dos dez títulos acadêmicos para figurar na "estante do século". Na Dinamarca, o governo propôs um "currículo musal" como contribuição aos "Dez mandamentos para a escola do futuro" utilizando subsídios da versão dinamarquesa deste livro. Na Suécia, a disciplina "Inspiração e criatividade" foi aos poucos introduzida em várias escolas do ensino médio e nas universidades. "O cavalo azul", que estampa a capa e simboliza a proposta deste livro, corre solto pelo mundo. Tanto em Malmö como em Skellefteå, na Suécia, existem hoje casas de cultura voltadas para crianças e jovens batizadas de "Cavalo azul".

Nada disso, é evidente, estava sequer próximo da minha intenção em 1989, mas àquela época ouvi de Kjell Eide algo que me deixou esperançoso. Em 1989, Eide era consultor especial de política educacional do governo da Noruega e escreveu um memorando (mais tarde publicado como recomendação) que conclui assim:

> O livro aborda muito mais do que a pedagogia, mas ao mesmo tempo é, no meu entender, um dos mais importantes livros sobre pedagogia jamais publicados na Noruega. Ele [Bjørkvold] oferece um argumento contundente para que a escola possa cada vez mais abordar a criança como um todo e, sobretudo, para que a aquisição do conhecimento escolar seja subordinada a uma perspectiva mais abrangente, em que sentimentos, sensações e sentidos ocupem seu lugar natural na interação com o desenvolvimento cognitivo. Somente dessa forma teremos a possibilidade de estreitar o abismo entre o potencial humano inerente a cada indivíduo e a nossa capacidade de fazer uso desse potencial.

Obviamente, Kjell Eide não quis que os responsáveis do governo se limitassem a ler suas anotações. Ele pretendeu dar uma dimensão política em primeira mão às ideias do livro:

> Eu raramente recomendo a leitura de um livro. Não sei se o que Bjørkvold escreveu fará o leitor mais sábio, embora compreender mais e melhor seja a base essencial da sabedoria. Mas a obra poderá tornar alguns leitores mais humanos.

A recepção deste livro ao longo desses 25 anos confirma em larga medida aquilo que Eide anteviu e disse. *Música, inspiração e criatividade — Uma linguagem universal* atraiu a atenção de especialistas de todos os níveis, mas também de profissionais muito distantes do ramo educacional. Deixe-me, para dar a exata dimensão dessa vastidão — acadêmica e política —, citar o exemplo de quem me requisitou para fazer palestras sobre o tema "Música, inspiração e criatividade" apenas no primeiro semestre de 2004:

Praça Cultural de Akershus 2004; Diretoria da Rede Ferroviária da Noruega; Artistas Populares Norueguesas (Nopa); União de Cantores de Ópera; Policlínica Filosófica (Bergen); Rede Norueguesa para a Síndrome de Down; Hospital Santo Olavo (Trondheim); Escola Secundária de Glemmen (Fredrikstad); Clube Norueguês de Alicante (Espanha); Escola Secundária de Halden (Risum); Comuna de Södertälje (Suécia); Faculdade de Oslo — Departamento de Educação; Linhas Aéreas Widerøe; Conferência Escolar do Partido Socialista de Esquerda; Fundo Cultural Fino-Norueguês; Faculdade de Sociopedagogia (Sandnes); "Almoço com cultura": Trio Shostakovich — Universidade de Oslo; Fórum de Medicamentos Hospitalares (Solstrand); Rede de Ensino

Gyldendal (Lillehammer); Centro Intercomunal de Educação de Adultos de Glåmdal (Kongsvinger); Rättvik (Música em Siljan, Suécia); Jeunesses Musicales International (Barcelona, Espanha); Empresas de Reabilitação da Norge (Tønsberg).

O que nos diz tamanha diversidade? Por que uma ampla e diferente gama de associações e profissões quer ouvir falar justamente sobre *esta linguagem universal*?

Além de ter a infância como base, há obviamente algo em comum entre todas essas instituições: um desejo de fazer aflorar o próprio potencial criativo — mobilizar uma "cidadania inspiradora", na qual conceitos como criatividade, comunicação e habilidade estejam depurados de quaisquer entulhos de retórica. Nas palavras de Kjell Eide, trata-se de processos em que "tenhamos possibilidade de estreitar o abismo entre o potencial humano e nossa capacidade de fazer uso desse potencial".

Este livro marcou profundamente a todos que conheci desde que foi impresso pela primeira vez. Muita coisa mudou nesta nona edição. Diversos conceitos foram atualizados. O ponto de partida é o mesmo: a criança. O âmbito é o mesmo: o curso da vida.

Quando eu era um jovem acadêmico e me tornei pai de primeira viagem, travei meu contato inicial com a vitalidade de um recém-nascido e pensei imediatamente: "Vou passar noites em claro, trocando fraldas, entre risos e choro, beijos e acalantos, e talvez queira escrever algumas linhas sobre o que estou vivenciando agora". O que significam esses momentos incríveis, embalados e envolvidos por canções de ninar? Como será possível estar tão próximo de alguém, tanto mais sendo esse alguém um bebê recém-nascido que não sabia uma palavra do meu idioma? "Não seria a 'língua' algo mais que um mero encadeamento de palavras? A melodia, os timbres e os ritmos — não seria *esse* o cerne do idioma? Sim, é isso que fazemos para nos comunicar!", pensei, maravilhado.

Agora que já passei dos 60 anos, vejo que a canção não é apenas a primeira coisa que adquirimos, mas também a primeira que perdemos. E há muito me dei conta de que aquelas noites em claro com um bebezinho em casa eram o início de uma jornada que me ocuparia pelo resto da vida.

> Ver todo um Mundo num grão
> E um Céu em ramo que enflora
> É ter o Infinito na palma da mão
> E a Eternidade numa hora.
> – William Blake, trecho de "Augúrios da Inocência"

Jon-Roar Bjørkvold
Oslo, 20 de agosto de 2014

MÚSICA E INSPIRAÇÃO

Tempestade e ondas ferozes, arrebentando num rugido espumoso. Três seres aterrorizados, duas crianças e um pai, a bordo de um barco de madeira de menos de sete metros de comprimento num mar revolto.

Meu Deus, o que eu fiz agora? Mais um despautério. Trouxe meus filhos ao mar debaixo deste temporal. Logo eu, que nem mesmo em mar sereno conseguia manobrar o barco sem esbarrar no píer.

O caçula agachou-se no convés. No seu íntimo ele percebeu minhas limitações como piloto de barco. E as lágrimas misturadas à chuva lhe escorreram pelo rosto, pesadas e silenciosas.

Caos no mar, caos na alma. Eu senti que estava prestes a perder o controle e me desesperar, completamente encharcado de água salgada. De que adiantam sinalizadores quando não há nem fósforos secos?

Foi quando escutei a canção. Era a voz de uma garota de 12 anos. Primeiro, suave e hesitante. Depois, cada vez mais rápido, com crescente intensidade. A canção foi se elevando, para além da casa de máquinas e do teto azulado do barco, carregada pelo mesmo vento que nos fustigava com as gotas de chuva. A melodia não desafinou um só instante. O que ela cantava, a garota? "Mais perto, meu Deus, de Ti", o antigo salmo entoado enquanto afundava o Titanic? Não, nada disso! Era a canção de Alf Prøysen que desafiava a tempestade de peito aberto:

> *Meu nome é janeiro*
> *e sou tão faceiro,*
> *ninguém fica triste — é só eu chegar!*
> *Te dou um presente*
> *se vais esquiar:*
> *espalho neve aqui, ali, em todo lugar.*

Janeiro, neve e esqui — em mar aberto, durante uma tempestade inclemente em plena época de Natal! Por um instante senti o riso preso na garganta, até finalmente ceder ao pânico que crescia dentro de mim. A náusea aumentou. Eu me verguei.

Mas a garotinha continuou a cantar. Verso após verso, de novo, outra vez, sem parar. A canção era uma estratégia de sobrevivência, a tábua de salvação que todos precisávamos: we shall overcome! Haveremos de triunfar!

Lentamente senti a canção tomar conta de mim, purificando meu corpo e mente como após um acesso febril. O medo não mais fluía livre pelo meu corpo, não era mais aquele acesso de malária que se alastra por toda parte. Ele ainda estava ali, presente, mas, de alguma estranha maneira, sob controle.

Através da chuva quase horizontal que me chicoteava o rosto, divisei a garota cantando. Seu rosto estava pálido, ensopado e envolto no laranja do colete salva-vidas. Mas, ao mesmo tempo, impassível. Por meio da canção ela assumira o autocontrole que me faltava. Agarrada ao irmão caçula assim como se agarrara a Prøysen, duas faces da mesma moeda. Molto serioso. O irmãozinho cessara o choro. Carinhosamente reclinara a cabeça sobre o ombro da irmã. Apenas um soluço profundo de vez em quando sacudia-o inteiro em pequenos espasmos. As ondas inclementes não o afetavam mais, embora o mar ainda rugisse e castigasse o barco por todos os lados com igual ferocidade. O poder da canção subjugara a tempestade dentro de nós. Não seria o que o poeta certa vez chamou de "centelha d'alma contra os elementos"?

Voltamos à terra firme.

De um passeio de barco que jamais esqueceremos e está impregnado em nosso corpo e em nossa mente como uma crosta de sal. Porém, mais nítido do que o vento uivante e o mar agitado, lembro-me bem da garota e da canção, aquele ser musal no interior de um barco, externando sua vontade irrefreável de cantar.

Com sua força inabalável, essa garota e sua canção relacionam-se com todos nós, através das fronteiras e culturas, da mais tenra vida uterina à senectude. Ela pode ser novamente encontrada no grito primal do recém-nascido, no canto espontâneo das crianças num tanque de areia, no gospel vibrato de Mahalia Jackson, nos acordes de trompete de Louis Armstrong e nas sinfonias de Shostakovich. Mozart a cultuou d'"A flauta mágica" ao "Réquiem". Ela vibra no "duende" da guitarra flamenca e no Puccini de Pavarotti. Bach a recriou em suas paixões. Ela cintila nos raga indianos e é adorada nos nkwa da Nigéria. Evert Taube a abraçou em suas cantigas de amor. Grieg não teria vivido sem sua companhia. Ela canta no remexer dos quadris da dançarina, na língua do poeta e nas brincadeiras infantis com cores e formas. Sua canção pulsa como um recurso vital nas veias de todos nós, em variantes ainda desconhecidas, de diferentes claves e modulações. Essa canção nos faz enxergar mais nítido e sentir mais profundamente. Ela nos faz alcançar insights e percepções inovadores e infinitos que, de outra forma, não conseguiríamos.

★ ★ ★

Todos nós precisamos da inspiração e da liberdade criativa desse *ser musal*. Ninguém abre mão dele sem, ao mesmo tempo, perder uma parcela relevante da sua humanidade.

Por isso, creio ser importante tentar entender melhor a teia de relações que envolvem esse *ser musal*, compreender um pouco mais sua origem, seu caráter e a miríade de formas como se nos apresenta.

A vastidão do tema é incomensurável e, assim, também um tabu no Ocidente com seu pendor pela especialização. Trata-se de algo intrinsecamente ligado ao desenvolvimento da vida e da diversão, às crianças e à cultura infantil, à criação humana e à música, mas também à pedagogia, à escola, à evolução social e política. Pois a linguagem universal da música, da inspiração e da criatividade pertence à esfera do pensar ecológico e holístico. Se não tentarmos enxergar a totalidade, não apenas por meio de disciplinas e gêneros, mas também de culturas, faixas etárias, ciências e poesia, perderemos de vista o ser musal que há em todos nós.

Este livro começa onde a vida humana principia — com uma discussão sobre o estágio embrionário em que sons, movimentos e ritmos assentam-se como padrões básicos para a vida futura. Partindo dessa premissa, avançamos por entre diferentes formas de externar sentimentos, inspiração e criatividade ao longo das fases e circunstâncias da vida: do recém-nascido que articula sons enquanto lhe trocam as fraldas ao cantar espontâneo das crianças, que desconhece fronteiras nacionais; do primeiro encontro com a escola e a educação à libertação musical adolescente; de Dmitri Shostakovich sob o jugo de Stálin ao ritmo e à dança na terceira idade. Imitando o ciclo da vida, esta obra naturalmente chega ao fim com a morte e com uma bibliografia que está em constante atualização.

Com a mesma inocência de uma criança, este livro urge: apegue-se à vida com todas as suas forças, tente agarrar-se firme a todos os instantes dela, por mais insignificantes que possam parecer, para então interpretá-los e dar-lhes algum significado.

ANTES DO NASCIMENTO – A DANÇA PRIMORDIAL

Irmã mais velha, 5 anos: "Vou ganhar um irmãozinho ou uma irmãzinha?"

1 AS BASES DA FORMAÇÃO DO NASCITURO

UM SER MUSAL ESTÁ A CAMINHO

Todas as mães sabem muito bem: dentro da barriga o bebê reage ao *som*. Deixe um feto de 8 meses escutar o som agudo de um trompete. Ou bata um talher no outro bem perto da barriga de uma gestante prestes a dar à luz: o bebê ali dentro reagirá espontaneamente com um forte chute.

Isto também o sabem todas as mães: o bebê que carregam no ventre reage ao *movimento*. Quando uma mãe no final da gestação acomoda-se para dormir, o feto costuma ficar irrequieto e protestar aos pontapés: ele continuará a flutuar nos constantes movimentos corporais obedecendo a um *ritmo*.

Som, movimento e ritmo: eis aqui os elementos fundamentais da inspiração, impregnados no aparelho sensorial do nosso corpo bem antes do nascimento.

A ideia de que a inspiração tem importância desde os primeiros estágios da vida é tão antiga quanto a civilização ocidental (Sundberg, 1979). Nas *Leis* de Platão, lemos que o nascituro precisa de *trabalho físico* em que o movimento é fundamental:

O ateniense desconhecido: Quando dissemos que a nutrição correta tem de ser detidamente capaz de tornar tanto corpos quanto almas em todos os aspectos os mais belos e melhores possíveis falamos, presumo, imbuídos da verdade?

Clínias: Naturalmente...

O ateniense desconhecido: E que corpos que recebem o máximo de alimento requerem o máximo de exercício?

Clínias: Que queres dizer, estrangeiro? Que devemos prescrever o máximo de exercício físico aos recém-nascidos e aos infantes?

O ateniense desconhecido: Na verdade, bem mais cedo. Nós o prescreveremos àqueles que são nutridos no corpo da mãe.

Clínias: Que queres dizer, senhor? É aos fetos que se refere?

O ateniense desconhecido: Sim. De qualquer forma, não me estranha que nada sabeis dessa ginástica pré-natal.

(Platão *apud* Bury, 1961)

O "ateniense desconhecido" de Platão, que muitos dizem tratar-se de Sócrates, discute até mesmo uma lei para impor certos exercícios físicos às pessoas, sobretudo às gestantes: "A mulher grávida deve caminhar" para que o feto sinta o jogo do corpo "como uma lembrança".

Até a Bíblia tece conclusões sobre as sensações experimentadas antes do parto. No primeiro capítulo do Evangelho de Lucas (1: 41-44) relata-se da seguinte forma o encontro da Virgem Maria com a grávida Isabel, esposa de Zacarias:

> Quando Isabel ouviu a saudação de Maria, o bebê agitou-se em seu ventre[3], e Isabel ficou cheia do Espírito Santo. Em alta voz exclamou: "Bendita é você entre as mulheres, e bendito é o filho que você dará à luz! Mas por que sou tão agraciada, a ponto de me visitar a mãe do meu Senhor? Logo que a sua saudação chegou aos meus ouvidos, o bebê que está em meu ventre agitou-se de alegria".

Portanto, é com base numa experiência atemporal e universal, enraizada profundamente na história humana, que os estudiosos têm investigado a relação do nascituro com elementos fundamentais como som, ritmo e movimento.

SOM E MEMÓRIA

As pesquisas que relacionam o som ao estágio uterino são instigantes em vários aspectos. O feto é capaz de escutar muito antes que a mãe consiga perceber nele alguma reação. Com razoável margem de erro, sabemos que a partir de 6 meses o feto reage ao som com uma frequência cardíaca intensificada (Verny, 1982; Eisenberg, 1976). Até mesmo discretas deficiências auditivas podem ser mapeadas com bastante precisão a partir da 35ª semana de gestação (Jensen, 1985). A propósito, o som não chega apenas aos ouvidos do feto, que por sua vez é inteiramente dependente dos estímulos sonoros para se desenvolver. O som propaga-se até ele na forma de vibrações no corpo da mãe, que perpassam o líquido amniótico e o atingem *em todo o corpo*. Para o feto, portanto, o som é uma experiência *totalmente* corporal.

---

[3]. Em grego, *skirtao*: "pular de alegria ou de prazer".

Partindo dessa percepção física do som, diversas pesquisas investigaram a *audição*, isto é, um registro mais consciente do som. Entre a 28ª e a 32ª semanas de gravidez, as vias neurais do feto estão mais desenvolvidas. Nessa fase, o tronco cerebral também está bastante amadurecido. Neurologicamente falando, eis aí os pré-requisitos para arquivar na memória de longo prazo as impressões sonoras, e a relação consciente do feto com o som vai crescendo. Acredita-se que ele estará em condições de *lembrar-se* das impressões sonoras desde pelo menos a oitava semana gestacional, talvez bem antes (Verny, 1982; DeCasper, 1980).

Aqui se apresenta com grande relevância a seguinte questão: existiria um *contexto de aprendizagem* na vida humana — antes e depois do nascimento — que pudesse ser documentado por meio da lembrança do som?

Um dos pesquisadores que se fizeram essa pergunta foi o norte-americano Anthony DeCasper. Ele levou a cabo vários experimentos clássicos e demonstrou que, ao longo das primeiras 72 horas de vida, o recém-nascido estava em condições de "mostrar preferência pela voz humana, discernir vozes umas das outras e estabelecer uma predileção pela voz materna mesmo com exposição limitada a essa voz" (DeCasper, 1980).

Essas descobertas levaram DeCasper a aventar uma hipótese mais ousada: "Parece-me que as preferências após o nascimento são influenciadas por aquilo que se escutou no período pré-natal".

Para chegar a essa conclusão, pediu-se a 16 gestantes que lessem para seus bebês ainda no útero trechos de *O gatola da cartola* [The cat in the hat], do conhecido autor infantil norte-americano Dr. Seuss. O livro começa ritmado, com rimas em intervalos claros e regulares:

O sol não saiu
Lá fora só chovia
Então ficamos em casa
Tanto frio que fazia.

Fiquei ali com Sally.
Sozinho sem fazer nada.
Pensei cá comigo:
"Que bela maçada!"

Tudo molhado lá fora
Nem jogar bola podia.
Então ficamos em casa
Esperando passar o dia.

As mulheres foram instadas a ler o livro duas vezes por dia durante as últimas seis semanas e meia da gestação. Quando deram à luz, DeCasper concluiu que os bebês teriam escutado cerca de cinco horas de leitura.

Após o nascimento, o pesquisador pôs em prática um teste que conduzira em ocasiões anteriores. Os recém-nascidos foram conectados a um gravador por fones de ouvido. O gravador também era conectado a uma chupeta. Sugando a determinado ritmo, as crianças ouviriam a voz da mãe lendo *O gatola da cartola*. Caso sugassem em outro ritmo, o gravador alternaria para outro livro infantil, *O rei, os ratos e o queijo* [The king, the mice and the cheese], este também lido pela mãe:

Era uma vez
num país distante
um certo rei
que morava num palácio

Ele tinha tudo que queria
E gostava muito de queijo
Seus queijeiros
faziam o melhor queijo
de todo o reino.
(Gurney, 1965, p. 3-5)

Mas essa historinha nenhum dos recém-nascidos quis escutar. Aqui o ritmo era outro. E faltavam as rimas. Ou seja, imediatamente as crianças sinalizaram que preferiam seu "aprendizado intrauterino". E sugaram as chupetas até obter aquilo a que estavam acostumadas: a voz da mamãe lendo "o bom e velho" *O gatola da cartola*, conforme DeCasper e Spence propuseram em 1982.

Mas o que realmente ressoou entre os recém-nascidos? Teriam sido o poema e a voz da mãe apreendidos no útero ou, antes, a regularidade da sucção associada às rimas e ao ritmo que vieram a experimentar após o nascimento?

Para esclarecer essa questão, DeCasper e Spence alteraram as características fonéticas, rímicas e rítmicas do poema. Quatro anos depois eles conseguiram determinar que o recém-nascido também tem condições de identificar-se com poemas mais irregulares apreendidos durante a gravidez, e o faz *independentemente* da voz da mãe: "Uma reação mais forte ao texto independia de quem fosse o leitor" (DeCasper e Spence, 1986, p. 143).

Depois dessas descobertas, DeCasper trabalhou com um grupo de pesquisadores franceses e conseguiu documentar a memória dos bebês também no período intrauterino. Com a ajuda de instrumentos que mostravam alterações sistemáticas na pulsação e na pressão sanguínea, entre outros, inferiu-se que, imediatamente antes do parto, o feto era capaz de reconhecer o poema que a mãe lhe tinha lido em voz alta em estágios anteriores da gravidez — e reagir a ele (DeCasper *et al.*, 1986).

Assim foi possível mapear os efeitos de longo prazo da influência sistemática dos sons do estágio fetal ao período pré-escolar (Shelter, 1987), embora boa parte desse estudo ainda esteja por concluir.

Muito se discute também se o feto, em certo sentido, tem condições de "entender" as diferentes cargas emocionais na voz materna (Verny, 1982, por exemplo). Mudanças na psique da mãe, alterações bioquímicas no corpo, padrões de movimento corporal, aspectos vocais e linguísticos — a tudo isso a criança está exposta em sua total simbiose com a mãe. Diversos pesquisadores estão convencidos de que, com o passar do tempo, o feto aprende bastante bem a conhecer o temperamento da mãe. Se, por exemplo, os "hormônios do bem-estar" (endorfinas) são produzidos a cada vez que a mãe fala ou canta, o feto tomará parte nessa experiência prazerosa. E, caso a mãe fique irritada ou nervosa, despejará uma corrente de adrenalina no feto. Os dois partilham os dias bons e maus ao longo de toda a gestação. Pesquisas mais recentes falam das impressões bioquímicas que afetam o bebê durante a gestação — desencadeadas, entre outros fatores, pelas canções (Thurman, Chase e Langness, 1987). Em outras palavras, a criança parece ter uma chave simbiótica condicionada à personalidade e ao temperamento da mãe — com consequências relevantes para o estabelecimento de relações posteriores.

O aprendizado da língua pela criança começa, portanto, muito antes do instante do nascimento. E trata-se, literalmente, de uma *língua materna*: pois é sobretudo a voz da mãe que alcança o nascituro, ainda que essa voz, devido às barreiras físicas de ossos e fluidos, não seja idêntica à ouvida depois do parto.

A voz materna é percebida sem problemas pelo feto. Outras vozes, ao contrário, precisam estar num nível mais elevado que o natural (de 70 a 90 decibéis) para que ele possa percebê-las (Jensen, 1985). Entre outros motivos, porque é necessário um som mais alto para penetrar o saco amniótico e propagar-se pelo líquido.

O feto percebe a voz paterna de maneira bem diversa em termos qualitativos, mas mesmo assim é importante que o pai se comunique com o bebê que ainda não nasceu, tanto pelo bem da criança como pelo seu próprio. Na vida conjugal, sua voz influenciará as experiências emocionais da mulher. Assim, o nascituro terá contato indireto com seu pai por meio de processos bioquímicos em que a gestante funciona como intermediária. Os caminhos que conduzem ao coração da criança são mais imperscrutáveis do que antes deixava entrever a nossa sobriedade positivista.

Mas o cerne será sempre a mãe. A influência sobre o feto virá principalmente dela. Essa *língua materna* que o feto adquire ainda no útero é, além disso, uma *língua materna musical* desde o seu princípio. É a música da voz materna, o tom, a coloratura, a mudança de registro, os ritmos, o andamento e a dinâmica que falam ao feto, é claro, e não exatamente o significado das palavras em si. Tudo isso, reforçado pelos respectivos movimentos corporais e descargas químicas, terá uma repercussão duradoura.

Já em 1928 o psicólogo russo Lev Vigotski, em clara oposição ao pensamento piagetiano dominante, alegava que o recém-nascido era um indivíduo social e senciente (Vigotski, 1975).

Com a descoberta de DeCasper, expande-se a perspectiva de Vigotski. O homem é também um indivíduo social desde *antes do nascimento*. O feto sente, lembra-se e aprende — por certo ainda não da mesma maneira que uma criança de 5 anos de idade sente, lembra-se e aprende. A inspiração e a criatividade já estão a caminho.

Muitos de nós temos clara na retina a imagem clássica do feto sugando o polegar, como uma escultura de Gustav Vigeland em miniatura: um ser humano preparando-se intensamente para sobreviver como indivíduo biológico uma vez rompido o cordão umbilical que lhe dava a vida. Caso o reflexo de sugar não estivesse desenvolvido antes do nascimento, talvez o ser humano fosse condenado pelo resto dos seus dias a viver uma vida intravenosa. Portanto, o feto adquire a vital capacidade de sugar ainda no útero. Quantas mães — e pais — já não experimentaram a alegria primordial de ver o recém-nascido, agora um ser próprio e independente, alimentando-se pela primeira vez? "Agora ela engordou 25 gramas!", diz a enfermeira, com um sorriso e um meneio de cabeça, para o bebê na maternidade. E nós, adultos, nunca pensamos que ficaríamos tão eufóricos ao ver alguém ingerindo 25 gramas de comida. Bendito alimento.

Mas o feto dentro do útero ensaia outra habilidade, igualmente importante para a sobrevivência e o desenvolvimento do fundamental reflexo de sucção: *a capacidade de socializar-se.* Aqui também a voz da mãe é o meio inspirador, pois constrói pontes do micro ao macrocosmo e fornece contexto, reconhecimento e confiança na transição de feto a recém-nascido. Aqui a música da língua e as canções ouvidas ainda no útero são uma espécie de ritual de iniciação daquele pequeno ser social e comunicante. Com a mesma — ainda que mais discreta — avidez com que suga o leite, o recém-nascido também suga a voz materna. Ela é o primeiro porto social e humano em que pode ancorar-se diante do desconhecido. Dessa forma cria-se uma espécie de continuidade humana da vida interior para a exterior, do ventre para a maternidade, durante o primeiro e mais crítico rito de passagem da vida humana — o parto. Firmemente arraigado em sua experiência intrauterina, esse ser em formação começa um processo tão exigente que toda a motivação, toda a inteligência e toda a percepção serão necessárias para que possa sobreviver e crescer. O *Homo sapiens,* carregado de uma competência social de dimensões incomensuráveis.

MOVIMENTO E NEUROLOGIA

No estágio fetal, tanto o som quanto o movimento físico desempenham papel fundamental no desenvolvimento humano. Pesquisas há muito comprovaram que os movimentos corporais, tanto do feto como da gestante, moldam e amadurecem o cérebro da criança.

Nesse aspecto, os russos adiantaram-se nas investigações. Já no final da década de 1950, Klosovsky demonstrou que os movimentos do feto e da mãe se reproduzem pelas diferentes vias neurais, desencadeando processos químicos que afetam diretamente a maturação cerebral e as habilidades funcionais. Em consonância com DeCasper, Klosovsky (1963, p. 24-26) afirmou que a influência externa ajuda a moldar o ser humano ainda *antes* do nascimento:

> Costuma-se achar que, enquanto se encontra dentro do útero, o feto não está sujeito a estímulos do mundo exterior capazes de afetar suas estruturas sensoriais (receptores). No entanto, não é assim.
> Nos primeiros meses da gestação o feto flutua livre no líquido amniótico. Seus movimentos influenciam as estruturas sensoriais do equilíbrio (aparelho vestibular). Os estímulos que afetam essas estruturas sensoriais são os diferentes movimentos do feto, bem como as contrações cardíacas ritmadas, que fazem o feto se agitar. Na sequência final da gestação, quando o feto está na postura invertida, mais ou menos encaixado na cavidade uterina, os movimentos da gestante são transferidos a ele e estimulam o crescimento dos órgãos.
> O peso do feto põe sua cabeça em contato com as paredes da cavidade uterina. Ao roçá-las com o corpo, ele estimula a estrutura sensorial da pele. Os impulsos percorrem das raízes nervosas até a medula. Sob a influência destes, as fibras nervosas nas raízes sensoriais começarão o processo de mielinização.

E com essa *mielinização* tem início a maturação das células nervosas do corpo, que forma as chamadas bainhas de mielina nas terminações das células nervosas. Isso é necessário para que os impulsos nas células sejam conduzidos através do corpo até o cérebro e transmitam sensações e impressões de maneira precisa e ultrarrápida.

Depois de uma explanação bioquímica mais detalhada, Klosovsky (1963, p. 27) arremata assim sua conclusão:

No período do desenvolvimento anterior ao parto, o sistema nervoso do feto humano recebe inúmeros impulsos por meio das estruturas sensoriais. Tais impulsos dão ao cérebro a informação sobre os ambientes interno e externo. Sob influência deles, tem lugar o amadurecimento das células nervosas e são formados os padrões estruturais do cérebro.

Eis, portanto, a comprovação pela neurologia moderna do que Platão anteviu há 2.500 anos quando se referiu ao *trabalho físico* na gravidez: o movimento tem papel preponderante no desenvolvimento do cérebro humano desde o estágio uterino.

O psicólogo dinamarquês Steen Larsen (1984, p. 117) cita Klosovsky e atualiza suas conclusões com pesquisas mais recentes na área:

> Entretanto, não é apenas no período gestacional nem durante o parto que ocorre esse processo de mielinização. [...] Deve-se levar em conta que em certas áreas do cérebro estamos falando de um processo que dura a vida inteira, incessantemente. Justamente por isso o cérebro é um sistema aberto, não somente um complexo e imenso circuito já pronto e acabado. [...]
> Ele ainda reúne condições de detectar a rede de significados e impressões que subjazem nas palavras, fazendo um esforço ancestral para discernir seus múltiplos significados ao criar uma verdadeira *biografia*: a vida humana sendo inscrita no próprio corpo.

Portanto, desde o estágio fetal, som, ritmo e movimentos estão repletos de significados, tanto físicos quanto psíquicos. Já nessa fase da vida estão lançadas as bases para o homem como ser senciente e apto a comunicar-se socialmente. Desde a aurora da vida somos seres inspirados pelas musas. Portanto, é natural argumentar que uma abordagem mais humana e comunicativa para com o bebê ainda no útero vai fortalecê-lo após o nascimento. Não apenas o próprio bebê, mas também a relação entre a mãe, o pai e o recém-nascido será tributária disso.

Alguns conselhos simples e práticos são muito importantes para os pais que esperam filhos:

— *Fale com seu bebê que ainda está por nascer!*
— *Dance com seu bebê que está por nascer!*
— *Brinque com seu bebê que está por nascer!*

E, como há décadas afirmou o professor de ginecologia sueco John Lind, com precisa intuição:

— *Cante para seu bebê que está por nascer!*

Isso tanto vale para a gestante como para o pai; a mãe com acesso direto ao filho; o pai por meio dos caminhos bioquímicos da mãe — para chegar a outro ser vivo que também anseia por sua ternura. Uma sólida relação amorosa cimentada pela inspiração, na qual a música, que deixa a mãe de bom humor, também desempenha seu papel. Mesmo que o bebê não tenha acesso direto ao som da música em si como o conhecemos, é certo que tenha uma boa experiência em consonância com a mãe.

Tudo deve ser feito para melhorar a gravidez da mulher e torná-la o mais harmônica, estável e alegre possível. Eis aqui a base da saúde mental do ser que está sendo gestado, com óbvias perspectivas de desenvolvimento ao longo de toda a vida.

BEBÊS PREMATUROS E UMA UTI NEONATAL COM MÚSICA E MOVIMENTO

Muitas vezes ouvi a pergunta: "E em relação aos *bebês prematuros*, nascidos bem antes do tempo, que precisam ficar em incubadoras durante vários meses? Quais são os impactos disso em sua liberdade criativa, privados que foram da voz, do palpitar do coração e dos movimentos corporais da mãe?"

Primeiro é preciso enfatizar que ainda não existem pesquisas que direta e sistematicamente demonstrem os efeitos da interrupção, em crianças prematuras, do contato contínuo com a voz da mãe após a transferência para as incubadoras. É necessário também enfatizar que crianças prematuras sem danos cerebrais parecem ter um crescimento razoável sem a estimulação vocal da mãe no período em que estão na incubadora.

Mas, pelo que sabemos até agora sobre a capacidade do feto de processar as primeiras impressões recebidas pela voz da mãe, temos como postular o seguinte: crianças nascidas muito cedo podem obter melhores condições de desenvolvimento ulterior caso tenham mais contato, na fase prematura, com a voz da mãe.

Com base nisso é possível recomendar que, no futuro, um novo tipo de incubadora possa compensar em alguma medida o estímulo à inspiração que obviamente falta às crianças prematuras.

Tudo indica que, exceto devido a algum comprometimento mais sério, crianças prematuras que passaram por incubadoras têm alguma memória da voz materna. A reprodução constante de uma gravação de áudio próximo da incubadora facilmente proporcionará essa lembrança. Um contato mais frequente com a voz materna pode ser de grande importância para a primeira comunicação com a mãe após o fim do período na incubadora.

A batida do coração da mãe também deve ser reproduzida nessa gravação, para fazer as vezes de pulsação natural; sons rítmicos como o pulso cardíaco sempre terão carga semântica e forte conteúdo emocional. A gravação deve conter também conversas comuns e canções, com mudanças constantes de "repertório" durante a passagem pela incubadora.

Também a voz do pai deve ser reproduzida com toda sua intensidade. O contato com *ambas* as vozes, paterna e materna, nunca será supérfluo para compensar os outros tipos de estímulos do quais um bebê numa incubadora estará privado.

Não se deve perder de vista que o estímulo constante de crianças prematuras contribuirá para um subsequente estímulo dos canais auditivos no cérebro e nos ouvidos. Uma vez mais temos de tomar a gestação como referência.

Se observarmos a gravidez natural, faz sentido sugerir a adoção de um novo tipo de incubadora com uma espécie de mecanismo de *balanço*, controlado por computador, que reproduza diferentes padrões de movimento do corpo e também ofereça estímulos *vocálicos* ao bebê prematuro. Todos sabemos que os bebês gostam de ser ninados e embalados no colo. Então, por que não tentar oferecer também aos bebês em incubadoras uma atmosfera mais inspiradora e humana?

Um novo tipo de incubadora, que favoreça a inspiração e a criatividade, deve imediatamente começar a ser produzido e adotado nas maternidades. Com o vertiginoso desenvolvimento tecnológico de hoje, essa não é mais uma questão pertinente à ficção científica, mas ao fazer científico.

A PRIMEIRA INFÂNCIA – DO GRITO PRIMAL À CANÇÃO ESPONTÂNEA

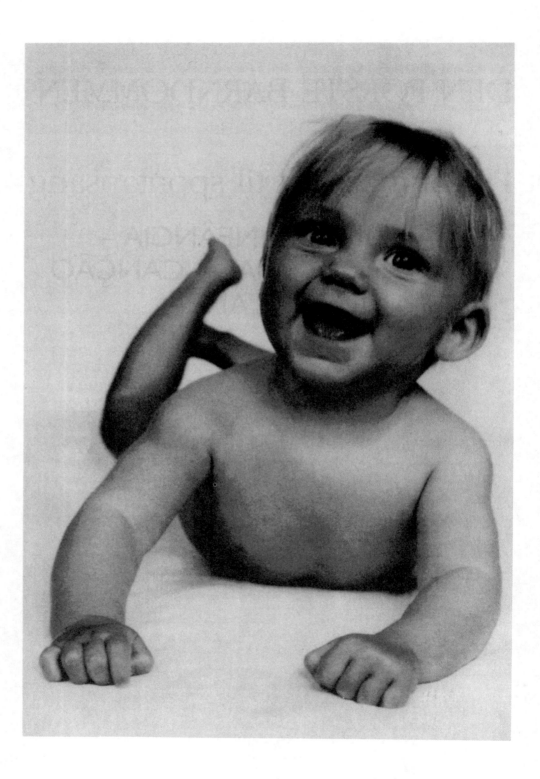

2 A CRIANÇA LÚDICA APRENDE A VIVER

A PRIMEIRA INTERAÇÃO

— Cante para seu bebê recém-nascido!
— Fale com seu bebê recém-nascido!
— Brinque com seu bebê recém-nascido!

É por meio dessa primeira interação entre dois seres que se estabelece a cultura. O grito primal do instante do parto traz em si uma energia expressiva que estará relacionada a todas as manifestações criativas que virão pela vida, caso sejam realmente impregnadas de sentimento, emoção e verdade. O ser humano é apresentado ao mundo. A criança rompe o longo silêncio da vida intrauterina e grita pela vida, literalmente. Nessa que é a mais crítica de todas as fases da vida, a criança depara com a voz da mãe como um som direto e vivo. Talvez a mãe também grite à medida que a criança faz força para abrir caminho para fora do ventre. Mas a criança "conhece" essa voz, sabe quando ela é um grito, uma risada, uma conversa ou uma cantiga. Aqui se ampliam possibilidades de contato, segurança, reconhecimento e relacionamento social. Durante a gestação, a criança preparou-se para conhecer e comunicar-se com a mãe.

O psicólogo norueguês Stein Bråten (1988, 1992, 1993, 1998) demonstra que a criança desenvolve uma "mente dialógica". De um lado, o recém-nascido prepara-se para um diálogo com um parceiro externo — *o outro real*. De outro, prepara-se para conhecer um parceiro interno — *o outro virtual* —, que existe na sua mente. Bråten (1993) enviou-me um poema em que ele, de maneira inspiradora, descreveu *o outro virtual* como um recurso interior:

Dentro de ti a fina trama
Reage ao mais tênue tremor
Sente o outro, sua chama
E transmuta em si esse amor.

Uma câmara no teu peito
Pulsa de paixão e dor
E dialoga, desse jeito
Contigo e com o exterior.

Há em ti um vão extenso
Que abarca inteiro o mundo
Um cálice até a borda, imenso,
De vida plena e gozo infindo.

Tua mente quer, é certo,
Convidar a quem pedir:
Dança, toque, dueto,
Falar, calar, ouvir.

Esse teu eu tão íntimo
Chega ao outro num segundo
E canta, nesse átimo
Toda a música deste mundo

Desfruta a plenitude de ser humano
— tu, que completas teu primeiro ano.

É importante que a mãe fale com o filho quando o recém-nascido está em seu colo e os dois respiram em uníssono, aliviados depois da tensão do parto. Nesse clássico primeiro encontro entre mãe e filho, é a voz materna que pode dar ao recém-nascido um sentimento de proximidade e pertença. A âncora que o prendia à mãe, o cordão umbilical já não existe mais. Agora são necessárias novas âncoras: o seio, o leite, o calor corporal, o cheiro (até o cheiro é impregnado na criança como "aprendizado químico"), os já familiares ritmos do corpo e da respiração (*déjà dansé*) — e *uma voz*. Tudo isso contribui para organizar o mundo emocional, cognitivo e comunicativo da criança. Para seu desenvolvimento subsequente, a melhor interação possível com a mãe é fundamental. A mãe estimula o filho, o filho estimula a mãe e essa interação, a exemplo de toda interação humana produtiva, resulta em algo maior que uma soma mecânica em que $1 + 1 = 2$. Nesse excedente reside a fonte do novo: a crescente inspiração e criatividade de ambos. Num único acalanto no colo materno a vida se perpetua: *Canto, ergo sumus*: canto, logo *somos!* Recentes pesquisas internacionais sugerem que até mesmo no cérebro dos recém-nascidos existem neurônios-espelho especiais cuja função é controlar a primeira interação entre o bebê e a mãe. Aqui também se desenvolve a intersubjetividade como cognição social (Bråten e Gallese, 2004).

De muitas maneiras, Colwyn Trevarthen encarna a mudança básica ocorrida nos últimos dez anos na abordagem do recém-nascido como ser comunicante. Uma mudança da perspectiva biológica do recém-nascido como organismo puramente físico com grandes possibilidades de desenvolvimento para a percepção da psicologia humanista, que o toma como indivíduo *social* independente (Trevarthen, 2002).

Os estudos desse pesquisador baseiam-se primeiramente em imagens de vídeo de mães e recém-nascidos, que ele examinou com minúcia, observando sobretudo interações de voz, olhar e movimento. Também observou mães de diversas origens culturais cantando para seus filhos. Ele considera o recém-nascido um parceiro em iguais condições de comunicação com a mãe desde a primeira fase após o parto — "os dois numa harmonia que lembra dois músicos num dueto" (1987). Trevarthen (1988, p. 16) mais tarde aprofunda essa descrição musical:

> Traços rítmicos e melódicos no linguajar típico falado pelas mães ("manhês") mostram que a mãe dita o ritmo ao recém-nascido, assim como um maestro rege a orquestra com movimentos rotineiros da batuta depois de girá-la no púlpito para chamar a atenção dos músicos. Quando a mãe e o recém-nascido "sentem uma guinada" na comunicação, ambos se apercebem instantaneamente, ou pelo menos após algumas pulsações do coração. Isso pode levar a sobreposições requintadas ou mudanças de iniciativa que muito se assemelham à interação e ao improviso entre músicos. Esses primeiros diálogos (protoconversações) criam formas de participação musical em que o andamento comum tende a um andante mais lento ou a um adágio.
>
> A vocalização inicial do recém-nascido tem traços métricos e harmônicos que ensejam compará-la tanto ao discurso como à performance musical. [...] A modulação vocal e o *timing* conferem-se traços musicais que tendem a acomodar-se ao andamento e ao tom da voz materna, como fossem contribuições a uma improvisação musical, estabelecendo assim um âmbito prosódico para o desenvolvimento da conversa.

É tudo uma espécie de brincadeira sonora entre seres plenos de inspiração. Dito de outra forma no *standard* de Irving Mills e Duke Ellington, é disto que se trata: *It don't mean a thing / If it ain't got that swing*.[4]

Sem estrutura, nada de comunicação. Sem estrutura, nada de compreender a realidade. Sem estrutura, nada de consciência humana. O *timing* evidente entre mãe e filho mostra, portanto, um ponto central nessa interação criativa, não apenas na fase neonatal, mas também para a inventividade e para a inspiração como um todo: ele oferece oportunidades relevantes para o desenvolvimento da "mente dialógica" peculiar aos

---

4. Não significa nada se não tiver suingue. [N. T.]

seres humanos. Os dois são um ao outro, balançam juntos num ritmo comum e fortalecem suas identidades. Nesse processo, Trevarthen (1999-2000) considera fundamental a *musicalidade*. Ele demonstra que o recém-nascido pode até mesmo tomar a iniciativa e comandar as primeiras "conversas" com a mãe. Estamos falando de um código comum interno, de *uma intersubjetividade primária* em que mãe e filho, num universo comunicativo próprio, uma troca de sons e movimentos que apenas eles conseguem compreender. Os sons do recém-nascido não têm, é claro, nenhum conteúdo semântico a que possamos referir. "Mesmo assim essas conversas sonoras são capazes de aproximar e conectar duas pessoas que trocam sinais", afirma Trevarthen (1987). É uma primeira comunicação de vital importância, que se dá no nível da inspiração e da criatividade e trata de um tema fundamental, recorrente na maioria das conversas intelectuais que travaremos mais adiante: a confirmação da vontade de viver e de se socializar. Indefeso, porém poderoso, aquele pequeno ser envolto num embrulho acaba de encontrar sua âncora criativa como ser social, posição que jamais abandonará pelo restante da vida.

De acordo com Trevarthen, que nesse contexto utiliza o termo "intersubjetividade inata", a interação entre mãe e recém-nascido indica que este já adquiriu uma competência intersubjetiva em relação à mãe. Como vimos, isso vai ao encontro das pesquisas de DeCasper sobre a capacidade do recém-nascido de reconhecer a voz materna. Trevarthen refere-se a DeCasper em sua pesquisa.

O recém-nascido aprende com incrível rapidez a usar a própria voz de maneiras distintas nas "conversas" que tem com a mãe. Trevarthen aponta que bebês de 2 meses de idade dão respostas maduras e cheias de nuanças quando falam com as mães. Vários cientistas demonstraram que o recém-nascido logo domina um repertório inteiro de nuanças vocálicas correspondentes a sentimentos distintos — algo que as mães, é claro, sempre souberam.

Nesse contato intenso com um recém-nascido que se contorce ao lhe trocarem as fraldas ou no aconchego de um colo, prossegue o desenvolvimento do repertório comunicativo entre mãe e filho. Tendo um contato social cada vez mais estreito como motivação e recompensa, a mãe cria uma fala infantil peculiar. É uma língua muito especial, o "manhês", que a mãe usa para comunicar-se com o bebê empregando uma ampla gama de modulações de tom. Ocorre que essa língua musical específica só aflora na mãe estimulada pelo contato com a criança. O recém-nascido é o instrumento, o fator desencadeante. Assim que esse círculo mágico é rompido e o instrumento desaparece de vista, a língua da mãe adquire um tom diferente. O encantamento é quebrado e só pode ser refeito novamente por meio de um novo diálogo lúdico entre o recém-nascido e o adulto (Fernald, 1976). As pesquisas também demonstram que a entonação da melodia linguística e os padrões rítmicos do recém-nascido reagem, rápida e sistematicamente, aos movimentos corporais, às expressões faciais e às vozes (Snow, 1977;

Papousek e Papousek, 1981). Com o passar do tempo, o próprio bebê apropria-se do repertório inteiro, ao nível do detalhe.

E sua habilidade de comunicar-se aumenta. O recém-nascido logo domina um completo arcabouço de sons, todos carregados de significados bem antes de se tornarem palavras reconhecíveis. É o som da música que provê os contextos, as nuanças da entonação melódica, o deslocamento rítmico, o andamento, a coloratura e a dinâmica. Quantos pais já não experimentaram admirados, por exemplo, a variedade de formas de chorar que o bebê usa para se comunicar? Choro de dor, de raiva, de mágoa, de fingimento — cada um é expresso de maneira distinta, tem entonação, intensidade, duração e ritmo próprios (Wolfe, 1969). Até pais de primeira viagem, noite após noite maldormida, sabem muito bem o que é preciso para acalentar o pequeno déspota que os arrasta para fora da cama (Sarfi, Smørvik e Martinsen, 1984).

O bebê também adéqua a voz às mudanças rítmicas e ao andamento da voz materna. Isso fica muito evidente na reação que expressa ao escutar o canto da mãe. Intuitivamente, o recém-nascido prossegue repercutindo o ritmo e o movimento daquela melodia mesmo depois que a mãe parou de cantar. As mudanças rítmicas entre a mãe e o bebê são *intersincronizadas*, no dizer de Trevarthen (1987). Ele afirma que o cérebro da mãe e o do recém-nascido são equipados com um "relógio interno" comum; assim, essa espécie de metrônomo compartilhado controla os padrões de movimento, ritmo, andamento e pulsação cardíaca dentro de limites fixos e precisos. Esse ritmo interior, em linha com as descobertas de DeCaspers, é aprendido durante o período pré-natal, como uma primeira internalização dos movimentos próprios da mãe. O ritmo dos padrões de movimento da mãe é impresso, em detalhe, no feto ainda flutuando no líquido amniótico.

A intersincronização dos padrões rítmicos entre mãe e recém-nascido também é apontada por outros pesquisadores (por exemplo, Stern, 1977). Condon e Sander (1983) registraram com uma técnica específica de microgravação a precoce comunicação entre quase recém-nascidos e adultos. Eles descobriram que os movimentos do recém-nascido, aparentemente indefesos e aleatórios, eram sincronizados com o compasso da fala dos adultos. Observemos a conclusão de Condon e Sander (1983, p. 101) mais detidamente:

> Este estudo revela um complexo sistema de interação em que as habilidades físicas e motoras do recém-nascido são postas em prática em sincronia com a estruturação da fala adulta do meio em que ele se encontra. Se desde o princípio o recém-nascido move-se num ritmo que coincide exatamente com a organização da estrutura linguística da cultura em que está imerso, seu desenvolvimento se dá por meio de um complexo e contínuo processo sociobiológico, na forma de milhões de repetições de formas linguísticas, bem antes de a criança utilizá-las para comunicar-se na fala. Quando começa a falar, ela pode já ter introjetado em si todo o sistema formal e estrutural da sua cultura.

É assim que a língua materna se impregna no corpo do recém-nascido, num processo que inclui som, ritmo e movimento. Esse primeiro processo de *mimese* não é puramente genético e biologicamente pré-programado, sustentam Condon e Sander, discordando do que afirmam linguistas do porte de Noam Chomsky e seus discípulos. Em consonância com Trevarthen, Condon e Sander acentuam as competências sociais precoces do recém-nascido logo após o parto. É na resultante das premissas biológicas e sociais que o bebê prestes a vir à luz desenvolverá seu já estabelecido potencial de comunicação. Os estudos de DeCasper sobre aprendizado pré-natal, conduzidos após as descobertas de Condon e Sander, deixaram evidente a mesma coisa: a postura do recém-nascido é social, tal como Vigotski (1975) alegara na sua crítica a Piaget ainda no final da década de 1920. As conclusões da piagetiana Margaret Donaldson (1979) apontam na mesma direção. É o *recém-nascido social* quem agora atrai cada vez mais o interesse dos pesquisadores (Bråten, 1988).

Tendo a mãe como câmara musical, parceira e coautora, essa criança social expande drasticamente o mundo à sua volta já no decorrer de seu primeiro ano de vida, usando para tanto os movimentos corporais, o ritmo e a entonação musical da língua, elementos de vital importância, literalmente falando.

CANTE COM SEU RECÉM-NASCIDO MESMO QUE VOCÊ SEJA DESAFINADO!

Já vimos a importância crucial da voz materna desde o início do desenvolvimento da comunicação do bebê, embalado na simbiose ritmada da gestação. Na voz da mãe reside a porta de entrada para a vida social. O encontro do recém-nascido com as primeiras palavras proferidas pela mãe é um *déjà entendu* de intensidade vertiginosa. Seria péssimo se essa voz materna jamais cantasse para seu bebê porque o ideal musical do Ocidente tem como referência o *bel canto* — uma estética refinada que determina: "Você não canta bem. Você desafina. Faça qualquer coisa, menos cantar!" De certo modo isso é tão inútil quanto dizer que o seio materno não é belo o bastante para prover o leite do recém-nascido.

Para o pequenino, não há voz neste mundo mais importante e mais bela que esta: a da sua mãe. Nela está encarnado o amor materno. Como pode uma virtuose da ópera querer comparar-se a isso — ainda que a mãe, com seu filho no colo, tenha dificuldades para sustentar as terças e quintas da melodia nos devidos intervalos?

Cantar para a criança é algo de extrema importância, pois abre as portas de uma sensibilidade e de uma força comunicativa que subjazem no canto da mãe, e também, é claro, no do pai. Portanto, cante para seu recém-nascido, mesmo que você, pai ou mãe, seja um desafinado completo. É necessário, pelo bem de todos vocês.

ACALANTOS EM GRUPO: UMA NOVA MODA

Na prática, os pesquisadores sempre nos deixam algumas pistas. Durante as últimas décadas, houve uma grande conscientização sobre as músicas infantis — discussão liderada pela Suécia e logo seguida pela Noruega. Em 1990, começou a funcionar na Noruega a "Música no Início da Vida", organização de abrangência nacional "cujo objetivo é promover o uso de canções e música ao vivo no lar". A associação organiza cursos e dá ênfase a conceitos que julga de extrema importância.

Além dessa associação, existem os assim chamados "grupos musicais de pais e filhos", opção já disponível em alguns centros culturais. A demanda é grande e o interesse só aumenta, mas a oferta é relativamente modesta. Em 2002, apenas um quarto dos centros culturais noruegueses havia incluído grupos musicais de pais e filhos na programação (Årsvoll, 2002).

O Exército de Salvação também é ativo nesse campo e promove cursos chamados "Acalantos para bebês e crianças pequenas" em vários locais do país. Reunir-se em grupos parece ser mais relevante do que o pretexto que o motiva (Årsvoll, 2002). O condado de Rogaland destaca-se nesse aspecto tanto nos centros culturais como nas atividades promovidas pelo Exército de Salvação, com grupos de entusiastas bastante ativos. Oppland e Oslo seguem pelo mesmo caminho (Årsvoll, 2002). Quando o restante da Noruega passará a acompanhá-los?

Estabelecer grupos como esses é importante. Não se trata apenas de promover uns poucos encontros entre mães e seus recém-nascidos. Irmãos mais velhos também devem participar. As cantigas os acalmam e contribuem para que o ciúme se transforme num sentimento de fraternidade. Não esqueça: o papai tem de estar junto! É importante não reunir esses grupos em horários que impossibilitem a presença paterna, isso alijaria o pai num período em que a mulher da sua vida está saturada de amor pela criança, enquanto ele é obrigado a manter-se à margem e conter seu erotismo. Nada pode ser pior. É preciso integrar os homens — se possível também os avós — como participantes naturais desses grupos. Há vagas para baixos gravíssimos, barítonos discretos, minitenores tímidos, segundas vozes que apenas murmuram e, sim, desafinados de todos os matizes. Pais usufruindo de uma longa licença-paternidade e avós desfrutando da merecida aposentadoria podem sem dúvida nenhuma transformar tais grupos em algo realmente significativo. Trata-se de uma oportunidade para estreitar laços a tal ponto que futuras tormentas familiares não serão capazes de desatá-los. Pois, como muitos já sabem, canções constroem pontes.

3 FASES RUMO À CULTURA INFANTIL

Grace Wales Shugar (1988) é uma das muitas especialistas que acompanharam o desenvolvimento da comunicação infantil da primeira interação do recém-nascido com a mãe à comunicação plena com crianças da mesma faixa etária, num ambiente em que estão todos à vontade.

Na fase inicial, tudo diz respeito à relação pessoal entre recém-nascido e mãe. O mundo ao redor, nesse estágio, está além do alcance do bebê. Porém, já a partir do terceiro mês é possível identificar claramente como elementos estranhos ao círculo íntimo da comunicação mãe-filho atraem a atenção da criança. O adulto não é mais o único foco das atenções do recém-nascido. A mãe e o pai representam muito bem um estímulo próximo e necessário para que ela brinque com as coisas que estão ao seu alcance.

Nesse estágio, ainda é difícil para o bebê mesclar suas formas de atenção. Ou bem ele "fala" com o adulto ou bem brinca com um objeto. Fazer ambas as coisas a uma só tempo é, em princípio, muito difícil (Trevarthen, 1987).

Mas ao fim do primeiro ano de vida a criança também domina essa arte. Ela e o adulto podem agora dividir a atenção com um brinquedo enquanto conversam. Nessa fase, a criança há algum tempo tornou-se um comunicador experiente. A partir dos 7 meses de idade, já tem os elementos necessários para compreender uma boa piada. É cada vez mais comum que demonstre seu bom humor, produza sons estranhos e faça caretas para obter como recompensa a inebriante risada de um adulto (Trevarthen, 1987) — tudo isso de maneira teatral, inventiva e inspirada. Ainda é a música da língua, o *modo* e não o mote, o que dá o impacto primário à comunicação, repercutindo em expressões corporais e no semblante, recursos e repertório atemporais do palhaço.

A partir do segundo ano de vida, desperta na criança o interesse de dirigir-se aos outros, de preferência aos da mesma idade. Duas crianças gostam de brincar juntas e com os mesmos brinquedos, mas no mais das vezes numa espécie de brincadeira paralela. Elas aproveitam a companhia uma da outra, mas não numa conexão direta.

Numa fase seguinte estabelece-se uma relação intercomunicante entre as crianças que dividem o mesmo brinquedo. Dois mundos transformaram-se num só.

Em breve duas crianças poderão brincar com dois brinquedos diferentes na mesma brincadeira — por exemplo, dois meninos empurrando seus carrinhos, controlando o trânsito, imitando sons de motor e buzina, e cantando.

Porém, deve-se enfatizar que o desenvolvimento da comunicação entre crianças, da maneira como Shugar se refere, requer uma abordagem mais matizada.

Já vimos que o recém-nascido está em condições de estabelecer uma completa comunicação com a mãe desde o nascimento, por meio da pulsação, do ritmo, dos movimentos do corpo e da voz. Experimentos com gêmeos mostram que, desde o nascimento, bebês estão socialmente aptos a se comunicar uns com os outros, com igual e profunda empatia, desde o período pré-natal.

A criança desenvolve-se agora em dois ambientes, tanto no seio da família como entre os de sua faixa etária, tanto em casa como na creche. Há uma oscilação entre o *micronível* e o *mesonível*, para usarmos a terminologia de Urie Bronfenbrenner (1979). É importante que o lúdico ajude a construir pontes entre esses dois níveis, de tal sorte que a criança tenha condições de incorporar os dois ambientes em que vive a um universo cada vez maior e mais cheio de significado.

No término do segundo ano de vida, é fato que essas crianças ainda são muito dependentes da segurança e do estímulo de um adulto próximo para que as brincadeiras possam fluir (Trevarthen, 1988). Mas uma independência cada vez maior dos adultos e um interesse crescente pelas brincadeiras e pela companhia de outras crianças aproximam-se a passos rápidos. A língua espelha claramente como o contato com outras crianças além dos limites do próprio lar é agora a maior prioridade. Caso os pais se mudem para outro lugar, é comum a criança alterar seu sotaque ou dialeto original para o modo de falar dos amigos da mesma faixa etária. É o domínio do dialeto da cultura infantil que oferece mais possibilidades para a vida social e cultural do lugar.

E essa evolução produz frutos: duas crianças logo se transformam num grupo, dois brincantes em breve se tornam uma turma de amigos. Uma nova e promissora possibilidade insinua-se a partir do terceiro ano de vida — brincar sozinho ou acompanhado.

4 A CULTURA LÚDICA INFANTIL

O TRIUNFO DO DESCONFORTO

É um verão ensolarado numa praia ao Sul da Noruega. Céu claro e mar calmo, num paraíso em que a temperatura raramente chega aos 26 graus Celsius. Quando foi a última vez que experimentamos essa sensação maravilhosa?

Nós, os pais, aproveitamos o dia no terraço recém-construído numa fenda entre os rochedos da praia. Admirando o nascente, embalados pela brisa fresca, entregamo-nos à lassidão que se instala em nosso corpo banhado de sol. Um zumbido do rádio ao fundo, cerveja e refrigerante geladinhos na bolsa térmica, pele coberta de protetor solar. A vida é boa e vale a pena ser vivida.

Mas então o idílio é interrompido:

— Onde foram parar aqueles moleques? Deus do céu, foi só descuidar um instantinho e eles sumiram aqui da praia? Será que aconteceu algo?

A tranquilidade dá lugar a cenhos franzidos. Então escutamos: um sussurro de conversas e cantigas vindo de baixo. Admirados e surpresos, vamos até a borda e espiamos lá embaixo. Lá estão os três, na extremidade sob o terraço, escondidos do sol. Cobertos de areia, abraçados junto de um monte de rochas afiadas e úmidas, rentes à escarpa da montanha. Só de olhar sentimos arrepios. Todos ali naquela escuridão, sob um vão tão apertado que é preciso rastejar para sair, desfrutando nesse buraco abafado e escuro da brincadeira mais divertida do dia. É quando o desconforto triunfa.

NA CULTURA INFANTIL

A partir dos 3 anos, as crianças começam a brincar a sério com seus pares. Crescem as perspectivas de brincadeiras comuns. Ao mesmo tempo, ocorre uma rápida mudança de interações mais egoístas para outras, descentralizadas, com os colegas. Atentas e ávidas, elas decifram códigos comuns aos pares mais velhos, que já dominam a brincadeira por conhecerem as regras e, por isso, comandam e determinam com um poder quase infinito. A fome de aprendizado é insaciável, a capacidade de aprender é virtuosa, pois o processo em si é vital. Há muitas cidadelas por conquistar: jargões corporais, refinamentos linguísticos, humor e estrofes rebarbativas. Há chaves para abrir portas que levam à *cultura infantil*, um ambiente musical de amizade e brigas, calor e frio, ludicidade e rivalidade. Criança nenhuma pode ficar de fora da cultura infantil sem ser profundamente afetada, disso sabe qualquer um que detém uma força que de certa maneira é aparentada com a dinâmica do grito primal, pois aqui também se trata de fato da luta pela sobrevivência por meio da participação.

O escopo das brincadeiras de crianças em idade pré-escolar é vastíssimo. Naturalmente, as *brincadeiras tradicionais* são as mais importantes aquisições no cotidiano. Há regras fixas para pular corda, elástico e amarelinha em todo o norte europeu e também nos Estados Unidos e na Rússia. O objetivo e as regras das brincadeiras são claros, assim como a tensão entre a incerteza dos novatos e o domínio dos veteranos, a malícia e a boa e velha trapaça.

Tão importantes quanto essas são as *brincadeiras livres,* e mesmo elas têm suas regras e normas, que podem muito bem ser alteradas a qualquer tempo e, em boa medida, estabelecidas pelas próprias crianças — a exemplo do livre improviso sobre a partitura fixa de um blues. Como nas *brincadeiras de faz de conta* "mãe, pai e filho" e "polícia e bandido", o metaplano, a ficção deliberada adquire uma dimensão seriíssima. As crianças sabem que "estão na brincadeira", até mesmo no falar estabelecem essa distância para imprimir profundidade e vida aos papéis que assumem. O lúdico abre um amplo leque de hipóteses conjuntivas que, de outra maneira, estão em extinção na língua: "Finge que eu *estava* aqui e você morava *ali*", dizem as umas às outras, recorrendo a essas construções de faz de conta para traçar as fronteiras entre o que é ou não é brincadeira, dentro da perspectiva multidimensional dessa dramatização. Também a alternância entre o dialeto ou sotaque regional e a língua padronizada pela televisão, por exemplo, empresta cores teatrais à brincadeira.

Finalmente, temos as *improvisações livres*, em que as crianças usam uma brincadeira natural, sem juízo de valor, na sua curiosa e original descoberta da realidade. Porém, também aqui detectamos um funcionamento claro e formalmente definido, pois o repertório de códigos comuns à cultura infantil tem raízes etnocêntricas e é mais ou menos fundador de todas as variantes lúdicas, uma espécie de força gravitacional que subjaz a todas as culturas.

Todas as diferentes formas do brincar na cultura infantil contribuem para ampliar a dimensão estruturante e contextualizadora do cotidiano das crianças. Estamos falando aqui de uma reciprocidade quase simbiótica, pois indivíduo e cultura são tão associados como clima e temperatura. A cultura infantil apoia e suporta o peso psíquico e a formação da identidade da criança, mas não só. A criança, por seu lado, é o fator que o tempo inteiro consolida e amplia as mais elementares manifestações da cultura infantil.

As brincadeiras evoluem então do indivíduo e da família para o círculo mais amplo da comunidade infantil. A recompensa é o mesmo impulso motivacional que estimula o recém-nascido quando lhe trocam as fraldas: mais estrutura implica mais consciência, mais comunicação, mais proximidade, mais socialização e mais aprendizagem. Cumpridas essas etapas, abrem-se as portas para uma integração ainda maior.

Entre os 5 e os 6 anos de idade, as brincadeiras estão firmemente estruturadas. São espontâneas e criativas como nunca, mas ao mesmo tempo recheadas de regras, códigos, normas e valores bem mais sofisticados que antes. As crianças menores continuam a decifrar o modo como vivem os mais velhos, o conhecimento e os caminhos e segredos que conduzem ao seu modo de brincar. Temos aqui o mais puro e vivo legado de uma cultura popular se perpetuando. Há a amizade e a rivalidade. Movimentos corporais brutos e palavras proibidas. Brincadeiras de cantigas e saltos de amarelinha. Jogos de memória e de bola. Bicicletas, balanços, gira-giras e gangorras. O mais imperceptível detalhe faz toda diferença entre o que se mantém e aquilo que é descartado. Tudo é controlado pela própria cultura infantil, regras não escritas que determinam o que, onde, quem, por que e como.

Onde encontramos essa cultura infantil, na densa sociedade industrial de hoje? Podemos encontrá-la onde há duas ou mais crianças reunidas pondo em prática seus códigos e brincadeiras. No quarto onde estão dois meninos brincando de carrinho durante a visita que fazemos a um amigo. Lá fora, no tanque de areia do parquinho. Ou, com o passar dos anos, no pátio da escola durante o recreio. Como demonstrarei mais adiante neste livro, foi algo que observei em diversas culturas e sistemas políticos — na Noruega, nos Estados Unidos e na Rússia. O lúdico vive.

Na próxima fase podemos identificar o brincar como um fator formativo da sociedade *adulta* como um todo. É o que escreve em seu clássico *Homo ludens* (1950) o pesquisador alemão Johan Huizinga, ao sustentar que a sociedade é cimentada — e civilizada — por meio das características e funções das brincadeiras. A análise de Huizinga aponta atividades sociais centrais que têm a brincadeira como origem, da dramatização de tribunais passando por estratégias bélicas a rituais sociais pacíficos e manifestações artísticas. Os pós-modernistas de hoje partilham das mesmas ideias originadas em outras plagas e descrevem a nossa vida social e política como um jogo.

Comum a todas as manifestações lúdicas, de maior ou menor ritualização, está a força instintiva de uma curiosidade irrefreável, ousada e formadora. Espanto, curiosidade e um apetite pela exploração próprios da brincadeira são familiares, mas ao mesmo tempo convidam ao desconhecido, e é isso que agora a criança, com sua visão duplamente criativa, domina com maestria. Vista assim, a cultura infantil é fundamentalmente conservadora e conservante (Enerstvedt, 1976): está arraigada a normas, conjuntos de valores e tradições bem estabelecidos. Novas impressões podem adequar-se aos processos e formas estabelecidos pela cultura infantil, mas ao mesmo tempo há a necessidade de *romper* as convenções e mudar normas e regras. *Desobediência cultural*, contracultura e elementos de protesto também são um traço característico das maneiras de viver criadas pela cultura infantil.

É transformando o próprio conhecimento e as certezas estabelecidas que as crianças transformam o mundo — para si mesmas e para os outros. O mundo precisa ser diferente a partir do dia em que você aprende a andar de bicicleta. Friedrich Schiller salientou que as crianças brincam com intensidade quase arrebatadora, pois a vida precisa ser descoberta e criada para ser em seguida redescoberta e recriada, vezes a fio. *Enquanto criamos somos criados* — parafraseando a máxima de Comênio (Blekastad, 1974, p. 138) — às vezes com intensidade desnorteante, embora sempre necessária. As brincadeiras infantis nos oferecem inúmeros exemplos de como o desconforto pode triunfar ante a era do conforto, como sob aquele terraço, com os joelhos ralados nos pedriscos e os rostos brilhando na escuridão.

O tempo inteiro vale o imperativo lúdico categórico: *deves levar a brincadeira a sério!* Ao menor indício de que isso não estiver ocorrendo, você estará fora da brincadeira. As crianças entregam-se ao lúdico como pássaros ao céu, não importa se estão rindo desbragadamente ou escondidas em completo silêncio na escuridão. Elas são, a um só tempo, vulneráveis e destemidas. Tudo acontece na redoma protetora da brincadeira, que a tudo abarca: do cotidiano mais comezinho ao universo fantástico, uma mistura de atrito e sonho que nos permite aprender a viver. Dito no aforismo de Berefelt (1987), "é preciso brincar ou morrer o será".

A CRIANÇA ECOLÓGICA

Numa obra fundamental e atemporal, *The ecology of imagination in childhood* [A ecologia da imaginação na infância], de 1977, a norte-americana Edith Cobb discute a relação entre o ambiente infantil e o universo lúdico criado pela imaginação. Com uma contextualização profunda, inspirada, entre outros, por Gregory Bateson e seu *Steps to an ecology of mind* [Passos para uma ecologia da mente], de 1972, Cobb enxerga as brincadeiras infantis como parte de um ecossistema dinâmico que abrange a natureza e a cultura humana no seu alvorecer. "Plantas, animais e homens agora são considerados partes de um mesmo e uno ecossistema, envolto numa rede dinâmica de sistemas energéticos inter-relacionados e complementares" (p. 24).

Segundo a tese de Cobb, a criança percebe a realidade por meio do sistema nervoso e dos órgãos sensoriais do corpo e molda sua impressão dessa realidade de maneira direta e organicamente relacionada às formas de energia da natureza. A pulsação do corpo e a pulsação da natureza são duas faces da mesma moeda, afirma a autora. A vida da criança tem sua extensão orgânica na natureza que a circunda, a vida da natureza aprofunda-se organicamente na criança, a tal ponto que Cobb classifica de "bioculturais" as diferentes formas de representação, compreensão e criação da cultura lúdica infantil — formas essas ancoradas na realidade física e expressas em símbolos e manifestações culturais. Segundo Cobb, nesse equilíbrio biocultural entre homem e natureza e entre pensamento e corpo dá-se a vazão da fantasia e reside a fonte cultural dinâmica para o desenvolvimento posterior. A criança toma as rédeas da realidade exterior dentro de um contexto que ainda lhe é estranho, mas do qual ela claramente faz parte:

> Na percepção do poeta e da criança, aproximamo-nos da gênese do pensamento biológico. Em verdade, trata-se de uma ecologia da imaginação, em que a energia do corpo e da mente atuam em uníssono num ecossistema que se une às formas de energia da natureza, numa tentativa recíproca de prover cultura à natureza e natureza à cultura. (p. 109)

Nesse ecossistema equilibrado a criança sente-se em casa, pois ela e suas brincadeiras pertencem a essa universalidade. Como as crianças sob o terraço, brincando num vão apertado e escuro sobre areia e cascalho — algo literal e inteiramente natural:

> O universo infantil em toda a sua extensão não conhece divisão entre natureza e artefato (algo artificial ou feito pela mão do homem). O entorno da criança consiste de todas as informações captadas por seu corpo diante dos estímulos externos. Essa percepção abrange todos os níveis da criança como organismo funcional [...] A vida é uma questão de interação funcional mútua com o meio que a circunda. Tal reciprocidade é nutritiva e fértil tanto para a vida como para o corpo e para a mente. (p. 28)
>
> O senso ecológico de pertença e continuidade que une criança e natureza não tem nada que ver com o que se costuma chamar de "místico". Afirmo que se trata de um desejo estético fundamental, repleto de alegria e de desejo de saber e de existir, algo que, na criança, é parte da sua força empreendedora e criadora. (p. 23)

Caso haja uma ruptura nesse delicado ecossistema que une natureza e cognição infantil, podem ocorrer crises futuras de profunda repercussão não apenas para a criança, mas para o seu aprendizado, para sociedade e, sim, para todo o nosso planeta.

CORRESPONDÊNCIAS ANÁLOGAS

Há tantas crianças no mundo quanto caminhos que levam à cultura infantil. Tomemos os balanços de brinquedo, por exemplo. Os garotos mais velhos são os mais destemidos. Eles balançam muito alto e querem se exibir como se estivessem levantando voo. Esticando ao máximo as pernas, perguntam: "Quem chegou mais alto?" O *timing* é perfeito, a aterrissagem, olímpica. *"Se mi muovo, apprendo!"*, escreve o pesquisador musical italiano Giuseppe Porzionato (1989), tendo em mente a importância do movimento corporal para o desenvolvimento do cérebro da criança.

A garota de 3 anos também participa. Junto com uma amiguinha, ela está sentada no chão, bem perto do gira-gira, inclinando o corpo para a frente e para trás, em movimentos ritmados. Ela começa a cantar uma canção que cresce de intensidade à medida que acompanha o movimento do corpo, ora aumentando, ora diminuindo o ritmo. O balanço do corpo acompanha o do brinquedo, palavras e melodia entrelaçam-se numa só coisa, tal como as crianças conhecem desde que estavam no útero da mãe. A canção transmite em melodia e ritmo a mesma sensação que a oscilação do balanço dá ao corpo. Trata-se de *correspondências análogas*, conexões entre as formas de se expressar e de compreender da criança que têm efeitos sinérgicos sobre sua personalidade. Em todos os planos essas correspondências análogas operam na criança, em processos espontâneos, que se inter-relacionam e autoestimulam num ciclo ininterrupto. Pensamentos, palavras, canções, sentimentos e todo o repertório de movimentos corporais estão entrelaçados como diferentes nuanças, ou modalidades, na percepção sensorial da criança.

Na ludicidade espontânea infantil, tudo isso se desenvolve a pleno vapor. Por isso a brincadeira é capaz de conciliar, harmoniosamente, os mundos exterior e interior da criança. O equilíbrio análogo entre o ego e o mundo torna-se, na brincadeira, parte da mente ecológica infantil.

A BRINCADEIRA COMO ESTADO DE ESPÍRITO – AQUI E AGORA, ALÉM DO TEMPO E DO ESPAÇO

Muitas discussões acerca da ludicidade infantil evoluem até chegar à brincadeira na sua manifestação folclórica. Mas brincar também é um *estado de espírito*, uma forma de viver em constante movimento. A brincadeira está, como vimos com o recém-nascido, incorporada a processos que dão à criança insumos para crescer e para desenvolver recursos psicossociais. As crianças não apenas brincam, elas vivem na brincadeira e através dela, em total flexibilidade, aqui e agora e, simultaneamente, desconectadas do tempo e do espaço. É assim que trilham caminhos próprios, sem cessar — descolando-se até do tempo linear, se necessário. Eu mesmo lembro bem de *ser* Jesse Owens quando garotinho.

Foi meu avô quem disse, o vovô Rudolf:

— Olhe só essas pernas! Pernas de corredor.

Ele apontou para as minhas pernas.

— Parece que estou olhando para as pernas do Jesse Owens!

Eu? Jesse Owens? Cabisbaixo, olhei para as minhas coxas nuas. Jesse Owens?! Eu?

Sempre soube que era magro e desengonçado. Até me mandaram para o acampamento da Cruz Vermelha depois da guerra, para ganhar um pouco de peso. "Tomtebo" ou "Lar dos Elfos" era como se chamava o acampamento da Cruz Vermelha. Todos os meninos sabiam que eu não gostava de "Tomtebo" e fui mandado de volta para casa antes do fim do acampamento. Não comia nem dormia. Deu tudo errado em "Tomtebo". As vizinhas de casa não paravam de assuntar sobre a comida ruim e minha mãe caiu em prantos. "Tomtebo" foi uma cruz que carreguei pela vida. Consegui me ver livre do acampamento, mas não do apelido.

— "Tomtebo", seu elfo das pernas de pau! Sua canela é de papelão — xingavam os moleques quando me viam passar de calça curta.

— Cuidado para não quebrar o pé quando chutar a bola, "Tomtebo"! — ralhava o capitão do time nas poucas vezes que eu aparecia para jogar futebol no campinho do quarteirão, como reserva do reserva do ponta-esquerda.

Era sempre assim. Com 7 anos e pesando apenas 18,3 kg, era inegável que minha magreza era um problema.

E agora esta: meu avô disse que minhas pernas pareciam as do Jesse Owens. Logo as do Jesse Owens! Nunca o tinha visto, mas já tinha ouvido falar dele, inúmeras vezes. Meu pai falava tanto do Jesse Owens. E meu avô também, é claro. "Quatro ouros na Olimpíada de Berlim em 1936. Salto em distância, cem, duzentos e revezamento. Todos recordes mundiais. Hitler teve um acesso de raiva e saiu do estádio no meio da competição. Dez vírgula dois nos cem metros foi demais. Rápido como um raio. Sim, Jesse correu como um cavalo e venceu!" Com os olhos brilhando de admiração eu ouvia falarem da lenda, tantas e tantas vezes.

E agora eu era Jesse Owens. Pelo menos as minhas pernas eram. Eu ficava reparando nelas quando ninguém mais estava em casa. Jesse devia reparar nas suas. No corredor de entrada de casa havia um espelho diante da cômoda. A cerca de um metro da cômoda e do espelho ficava a soleira da porta do quarto. Um lugar ideal para Jesse Owens. Estiquei as pernas, apoiei as mãos na soleira e inclinei-me na direção da cômoda. Ali estava eu, na posição perfeita, disparando irrefreável rumo à linha de chegada. Jesse Owens, à frente de todos, no Estádio Olímpico de Berlim. Pois eu era Jesse Owens estacionado diante do espelho enquanto examinava meus músculos inexistentes. Objetividade em branco, subjetividade em preto. Tudo eu via refletido no espelho, o corpo perfeito, a pele negra e luzidia, os músculos do peito. E dentro de mim ressoava a canção, a canção sobre mim mesmo, o imbatível Jesse. Ao mesmo tempo, ali no corredor de casa escutava o clamor da multidão em júbilo no estádio lotado, o alarido de cem mil pessoas num êxtase coletivo. Era para mim que gritavam. Não era nenhum moleque de perna de pau e canela de cortiça, nada disso! Não era mais um garoto de 7 anos, em 1950, correndo 60 metros em 16 segundos cravados. Nada disso! Estávamos em Berlim, 1936, cem metros em 10,2 segundos.

Ou será que eram 10,1? Acho que bati o recorde mundial várias vezes naquele corredor diante do enorme espelho do apartamento onde morávamos, sem mover um centímetro da perna. Sim, tenho certeza: o Owens Tomtebo era um décimo de segundo mais rápido que Jesse. Bateu todos os seus recordes antigos. Nenhum adversário à sua frente ou mesmo a seu lado. Uma pantera negra rompendo a barreira do som. O ouro era meu, ali naquele instante, além do tempo e do espaço.

A BOLA VERMELHA DE BORRACHA

A criatividade transforma o caos em ordem e dá significado à incerteza (May, 1994). Ela é chave para encontrar-se na vida, criar e compreender a si mesmo. Para um garotinho egresso da Noruega visitando os Estados Unidos pela primeira vez foi assim:

Ele tem 7 anos e acabou de chegar a um país estranho. Kjartan era seu nome na Noruega, mas os norte-americanos o chamam apenas de Tan, pois você se torna invisível sem um nome reconhecido pela fonética da língua. Tan tem arranhões nos joelhos e já perdeu os dentes da frente, como milhões de outros garotos de 7 anos pelo mundo. Ele é magro e esguio, com um cabelo louro cacheado que lhe encobre a testa. A irmã mais velha tem inveja daquele cabelo encaracolado.

Estados Unidos: para o menino, aquele país exótico com carros enormes, caubóis e índios, arranha-céus e a Disneylândia. Além disso, ele não sabe falar uma só palavra em inglês.

Os pais o acompanharam à sala de aula no primeiro dia.

— All eyes on me! Todos olhando para mim — disse a professora, apontando os indicadores de longas unhas postiças vermelhas na direção dos olhos para chamar a atenção dos alunos.

— Por que a professora quer perfurar os próprios olhos? — sussurrou Tan, cutucando-me com o cotovelo. Nós, os pais, percebemos nervosos o que nos aguardava no novo mundo.

O primeiro dia de aula chega ao fim. Os dias passam. Solitário e tímido, Tan acompanha o movimento do pátio encostado no muro da escola. As brincadeiras são inúmeras, agitadas e incompreensíveis. Setecentas crianças norte-americanas pulando, chorando, gritando, cantando, rindo e correndo de um lado para outro. Setecentos professores e modelos a imitar. Mas aqui são tantas brincadeiras novas e estranhas. Tantos sons estranhos e rostos desconhecidos. E, além disso, todas aquelas palavras que ele não compreende, um novo idioma. Quem é legal? Quais são as regras? Quem perde e quem ganha? Por que os meninos riem quando alguém arremessa a bola contra a parede e todos se abaixam? Como contam os pontos? Padrões e significados estão encobertos por uma névoa. Isso lhe dói. Mas a dor não apenas o incomoda. Ela também o impele, com uma força tremenda. Pois ele quer sair da solidão e juntar-se à multidão de crianças, às suas brincadeiras, ao seu contexto, divertir-se com elas, fazer parte do seu mundo. Por isso ele não se dobra, a despeito da imensa insegurança. Ele deseja avidamente tudo que vê e ouve, combina e dá sentido àquilo, como num jogo de quebra-cabeça de mil peças que precisa ser montado para que a imagem se complete. Tan precisa aprender as combinações, devassar o indevassável. Experimentar cada peça diante da realidade e em seguida confrontar essa realidade com outra peça, numa tensão contínua e fecunda. Para um adulto, é uma arte completamente impossível, que vai de encontro a todas as probabilidades. Mesmo assim, milhões de crianças já conseguiram antes, e agora é a vez dele. É preciso, porém, coragem e resistência.

Aparentemente imóvel, ele continua encostado no muro, a tudo sentindo e percebendo. Seu corpo balança com a brincadeira no pátio numa dança interna, no mesmo ritmo apressado e irregular dos jovens à sua volta. Tudo é registrado pelos sentidos e lhe dá inspiração, tendo como motivação irresistível essa aproximação social. Ele quer se entrosar. Ele precisa pertencer. Encostado no muro, ele trava uma luta desesperada pela vida.

Tan passou mais de três longos meses encostado ao muro do pátio. Ainda sem falar. Sem proferir uma palavra em inglês. E nós, seus pais, sofríamos. Era horrível ver o próprio filho tão solitário, inteiramente perdido. Estávamos a ponto de nos reunir com o orientador pedagógico da escola. Tan nos mantinha alheios a tudo. Quando lhe perguntávamos como andavam as coisas, ele limitava-se a dizer que estava tudo bem.

Um dia, perto do Natal, ele veio até mim:

— Papai, eu quero uma bola vermelha bem grande!

— É mesmo?

— Sim, para poder brincar com os colegas da escola.

— Claro que sim. Muito bem!

Alguma coisa estava no ar. O garoto queria brincar. Com os colegas da sua idade, da sua rua. Ele queria uma bola! Fui imediatamente ao supermercado mais próximo e voltei com uma enorme bola vermelha de borracha. A red rubber ball.

— Aqui está, meu filho. Tome a sua bola!

E Tan agarrou a bola, sentiu-a com as mãos, lenta e carinhosamente, como um cachorro que fareja seu novo amigo, como um violinista que experimenta um novo arco. Murmurando baixinho em segunda voz uma canção, enquanto tateava a bola. No mesmo instante em que a tocou, introspectivo e ainda meio desconfiado, tomou posse dela como se estivesse sendo posto à prova. Com a bola sob o braço ele se foi, cantarolando.

Foi quando olhei pela janela da sala: o garoto de súbito começou a caminhar de um jeito diferente, um jeito norte-americano, de certa maneira? Gingando os quadris, com outro ritmo, aproximando-se dos demais com a bola sob o braço. Logo, logo ele estava na brincadeira, obviamente integrado ao grupo. Jogando American handball. *Observei a tudo da janela aberta. Saques no muro da garagem, arremessos, desvios, empurrões, corridas e a palavra mágica quando a bola tocava o chão:* Bounces! Slider! Watermelons! Redboard! Backstop! Pops! Waterfall! Black magic!

Tan agachava-se, arremessava a bola e misturava-se ao grupo de jovens como se fora um deles. Não era mais o norueguês no meio brincadeira, embora ainda não soubesse falar uma palavra sequer do novo idioma. Ele corria "em inglês", arremessava "em inglês", recebia a bola "em inglês" — até parado, esperando a vez de jogar, ele se postava como um norte-americano! Seu corpo inteiro comportava-se de modo diferente naquele instante, não era mais como na Noruega — diferenças quase imperceptíveis, pequenas nuanças, mas mesmo assim impressionantes. O menino inteiro brincava "em inglês norte-americano". E com um "sotaque" do Sul da Califórnia, sem a menor dúvida. Salvo por uma bola de borracha. Afinado no ritmo das outras crianças. Senti uma felicidade libertadora. O código cultural inteiro estava introjetado no corpo do garoto.

— *Agora Tan vai começar a falar o inglês com sotaque norte-americano também!* — *disse eu naquela mesma noite. Não tardou muito.*

Eu estava certo. Uma semana depois veio o novo idioma. Com uma segurança própria da criança. Algo bem diferente do inglês instrumental dos pais, aprendido na escola. Vogais anasaladas, erres sensuais, frases cantadas num ritmo próprio e um sotaque perfeito. John Wayne! Clint Eastwood! *As palavras fluíam com o mesmo ritmo dos nativos, sem o auxílio de nenhum tipo de pedagogia social. A brincadeira na companhia dos jovens foi o professor e a motivação do garoto. E uma grande bola vermelha foi o fator desencadeante. A bola provocou o surgimento de uma nova identidade corporal. Novos movimentos corporais levam a novas brincadeiras. Novas brincadeiras resultam numa nova linguagem. E uma nova linguagem possibilita o sentimento de afinidade e comunhão cultural, tão ansiosamente aguardado, depois de semanas a fio esperando encostado a um muro. Ele fez um meneio de cabeça para mim quando voltou da escola naquele dia crucial, segurou a bola no quadril e disse num* timing *perfeito:*

— Hi, there, man!

Trouxemos a bola conosco quando voltamos à Noruega. A red rubber ball. *Fiz questão.*

Agora Tan voltou a se chamar Kjartan. A bola está hoje guardada num armário, coberta de poeira pela falta de uso. Pois na Noruega ninguém joga handebol americano e arremessa a bola contra uma parede, nem mesmo Kjartan — aliás, Tan. Mas a enorme bola vermelha não existiu em vão. Um dia ela operou a mágica na vida de Kjartan, algo que nem mesmo o vendedor do supermercado em Dana Point jamais sonhara: aquela bola permitiu a um garoto de 7 anos dar um salto crucial numa terra estrangeira, brincar e falar uma nova língua com outras crianças sem uma rede de proteção para ampará-lo.

O LÚDICO QUE EXPANDE FRONTEIRAS

Na brincadeira que a tudo absorve, no lúdico que nos faz esquecer o ego, está a chave para expandirmos nossos limites. A brincadeira é o laboratório experimental do aprendizado. Ela antecipa o domínio sobre a realidade, tanto visível como invisível.

Kjartan já tinha feito tudo isso antes, na Noruega, quando era um recém-nascido no colo da mãe. Agora era a vez de fazê-lo nos Estados Unidos. Ali, desentrosado, solitário e encostado ao muro, o garoto estava, ao mesmo tempo, no meio de um grupo de crianças norte-americanas, que brincavam envoltas num impenetrável manto de invisibilidade. Ansioso por novos amigos, Tan tornou-se um deles, um do grupo, numa síntese dinâmica de sonho e realidade exterior que podemos chamar de *coaprendizado poético*.

Os modelos que ele tinha dentro de si foram absorvidos como representações interiores e concepções da visão de mundo infantil, cabendo ao *outro virtual* o papel de coadjuvante. A identificação resultou em identidade. As impressões primeiro amadureceram e em seguida se manifestaram: "Eu sei! Eu posso! Eu consigo!".

Todos os dias a criança precisa ultrapassar a fronteira que delimita o que ainda é desconhecido. O amanhã sempre trará consigo novos desafios: algo será conquistado, algo será deixado para trás. O cotidiano consiste de uma miríade de novos e desconhecidos desafios que precisam ser enfrentados para a vida progredir. Na constante necessidade desse enfrentamento subjaz a dinâmica interna do crescimento humano. Na capacidade de moldar ou viver no dia de amanhã aquilo que hoje ainda é desconhecido subjaz também a dinâmica interna para a transformação da realidade.

Piaget fala de *acomodação, adaptação e assimilação*. Imerso em seu poder criador, um garoto de 5 anos é o super-herói que dribla um time de futebol inteiro e faz o gol, ainda que esteja sozinho no campinho do parque. A criança tem uma imaginação que desconhece fronteiras — e, mesmo assim, nem por um instante perde o contato com o ambiente em que está imersa. *Logos* e *mythos* tornam-se uma só coisa, ambos cuidam de alternar os próprios papéis. Logo após o nascimento, a criança já domina o jogo da metacomunicação, e ao longo de toda a infância retém a capacidade de alterar as perspectivas, tanto na brincadeira como na língua (Bateson, 1972; Bjørlykke, 1989; Åm, 1989).

Essas rápidas alterações no universo lúdico são tão antigas quanto fundamentais. Fazem parte de todas as culturas populares e folclóricas. Nos contos de fada, por exemplo, estão muito bem representadas. Nos contos folclóricos noruegueses coligidos por Asbjørnsen e Moe encontramos a história do garoto que se transformou em leão, falcão e formiga. E por que ele agiu assim? Ora, de outra forma, como teria conseguido voar ao redor do mundo, escapar do cativeiro de uma gaiola, derrotar o dragão de nove cabeças, esgueirar-se por uma fenda e adentrar a montanha dos *trolls*, enfiar-se pelo buraco da fechadura na casa do monstro de sete cabeças e matá-lo para só então poder casar-se com a princesa e herdar o reino? Só estou perguntando... Do mesmo modo, nas histórias em quadrinhos Clark Kent torna-se *Super-Homem*, para derrotar o terrível Lex Luthor e salvar sua amada Lois. O Super-Homem também consegue voar mais rápido que o som. Animais também conseguem brincar, mas jamais poderão criar essas narrativas fabulosas. Eu mesmo, como Jesse Owens, experimentei a sensação de ser o maior velocista do mundo. "Prive o homem da aventura e depois tente lhe dar um motivo para viver", reza um provérbio russo.

Igualmente bela é a narrativa de superação e transformação que nos conta Astrid Lindgren (1985, p. 4-5) no romance *Os irmãos Coração de Leão*:

"Você sabe que vou morrer", disse eu chorando.

Jonatan pensou um pouco. Ele talvez não quisesse responder, mas por fim disse: "Sim, eu sei".

Então eu chorei mais ainda.

"Por que tem de ser horrível assim?" — perguntei. — "Por que alguém que ainda não completou nem 10 anos precisa morrer?"

"Sabe, Skorpan, acho que não é tão horrível assim", disse Jonatan. "Acho até que é maravilhoso."

"Maravilhoso?", perguntei. "É maravilhoso ficar morto debaixo da terra?"

"Ora" — disse Jonatan —, "é como se fosse só a sua casca enterrada ali. Você mesmo voará para outro lugar."

"Para onde?" — perguntei admirado, mal podendo acreditar no que ele dizia. "Para Nangijala" — disse ele.

"Para Nangijala", repetiu ele, como se fosse algo que qualquer pessoa soubesse. Mas eu nunca tinha ouvido falar daquele lugar antes.

"Nangijala" — disse eu — "e onde fica?"

Então Jonatan disse que não sabia ao certo. Mas ficava em algum lugar do outro lado das estrelas. E começou a contar coisas de Nangijala que faziam a gente querer mudar para lá imediatamente.

"Veja, Skorpan" — disse ele. "Você não vai mais ter de ficar doente nessa cama sem poder brincar."

Mas naquela noite, quando eu estava com tanto medo de morrer, ele me disse apenas para ir até Nangijala, onde eu logo ficaria curado, forte e até mais bonito.

"Tão bonito quanto você?", perguntei.

"Mais bonito ainda", disse Jonatan.

Nós, adultos, sabemos que Skorpan foi para Nangijala porque nós mesmos estivemos lá, no livro de Astrid Lindgren. Skorpan foi levado por uma pomba branca que cruzou a fronteira de Nangijala, "do outro lado das estrelas". Sabemos que ele e Jonatan juntaram-se aos destemidos irmãos Coração de Leão, que derrotaram o monstro Katla, o cruel Tengil e seus homens, exatamente como conta a história. Nos vestígios da nossa imaginação infantil, somos testemunhas oculares de tudo isso.

Na sua origem grega, a palavra "imaginação" está associada à expressão "tornar-se visível", isto é, tem relação com a disposição da mente para introjetar e criar imagens. Em latim, *imago* = imagem. O russo, que adiante se fará mais presente neste livro, tem um termo correspondente: "imaginação" é *voobrazjenie*, de *obraz* = imagem. Pois não enxergamos apenas com os olhos. O cérebro dispõe de outros campos visuais que não apenas aqueles conectados diretamente aos olhos, acessíveis tanto àqueles que enxergam como aos cegos. A brincadeira estimula nossa visão interior. O mesmo fazem os livros — e a música. Numa entrevista a uma rádio norueguesa (Bøhle, 1988b), Astrid Lindgren afirmou que a música a conduzia a Nangijala. Pois a música, com seu acesso direto ao corpo e aos sentidos humanos, desperta a imaginação com uma força incomparável. Lindgren mencionou Mozart, especialmente o adágio do terceiro concerto para violino, do qual tanto gostava. Todo tipo de música pode desencadear saltos quânticos nas experiências e maneiras alheias de compreender, desde que sejam verdadeiras e, por isso, tenham importância. Essa é uma das razões pelas quais tantas pessoas não conseguem passar sem música. Não se trata em absoluto de algo fugidio, mas de fortalecer e expandir a apreensão da realidade, de uma maneira na qual há espaço também para o mistério. A distinção entre razão e imaginação aqui é completamente fictícia. O pesquisador infantil sueco Gunnar Berefelt (1981) reflete precisamente sobre isso: "A fantasia representa para a mente exploradora uma busca de significado, de contexto, de ordem — uma explicação. Fantasia não é a antítese da razão, mas o seu pré-requisito. Acompanhar a própria imaginação numa criação estética é, para a criança, um meio natural de alcançar o conhecimento".

A música, o canto espontâneo e as brincadeiras imaginativas levam ao ambiente da criança novas possibilidades de estrutura e de forma. Facetas importantes da consciência e da identidade do jovem evoluem a partir daí, numa interação poderosa, fecunda e criativa, cujas raízes estão na experiência primal que teve quando recém-nascido. *All those born with wings* [Todos aqueles que nasceram com asas] é o impactante título de um disco do saxofonista Jan Garbarek. Os jazzistas também sabem disso, naturalmente: a música pode fazer flutuar corpos presos ao chão, tanto dos músicos como dos ouvintes. As crianças também o sabem. E carecem disso. Por isso cantam.

Arne também cantava, sozinho na cozinha. Vamos acompanhá-lo por um instante.

O QUE É UMA GUITARRA?

Arne tem 6 anos. Ele adora brincar e já assiste a videoclipes de rock na televisão. Rock pesado, heavy metal. *Ele saboreia o termo* heavy *sem saber direito o que significa. Mas é uma palavra bonita. Seu irmão mais velho sempre diz* heavy. *"Muito cara", os pais comentaram. "Uma guitarra é muito cara."*

Nenhum cofrinho neste mundo, por mais abarrotado de moedas que estivesse, seria suficiente para comprar uma guitarra. Muito menos o de Arne, que está quase vazio, a não ser pelas cédulas de papel do Banco Imobiliário. Mas, como mestre das brincadeiras que é, ele não se deixa abater, pois sonhos existem para ser vividos.

Certo dia Arne vai até a cozinha e retira do armário as melhores guitarras que encontra. Primeiramente, o fatiador de queijo. Forma perfeita, com braço e corpo. Arne curva-se inteiro, imitando a postura do guitarrista. A mão esquerda segura firme o cabo do instrumento. A direita começa a tocar acordes, de início suavemente e em seguida num ritmo crescente, mais roqueiro. Tudo imitando direitinho o vídeo preferido do irmão: "Come and take me, baby, come and take me now!"

A música logo lhe sobe à cabeça. Arne abre a porta do guarda-roupa e encontra uma velha raquete de badminton. Uma escolha óbvia. E, igualmente óbvio: o batedor de tapetes. Ele toca um pouco, mas logo joga a raquete e o batedor no chão. Os dois são parecidos demais com uma guitarra. Arne quer provar objetos mais radicais: que tal aquela bisnaga de pasta de caviar na geladeira? Ele mordisca o lábio enquanto aperta a bisnaga e canta: "Baby, baby, baby!" A pasta de caviar derrama-se pelo chão.

O abajur de aço é trazido para a cozinha e ligado: um holofote! Uma meia suada é pendurada na maçaneta da porta: microfone! A guitarra imaginária toma conta da cena. A clássica air guitar *que quase todos os garotos vêm tocando desde o tempo de Elvis. Mãos correndo pela guitarra mais macia deste mundo, em total controle. Arne passa para outra melodia, roubada do repertório dos pais. "One, two, three o'clock, four o'clock rock! Five, six, seven o'clock...". Ele prossegue tocando sua guitarra imaginária, com todas as forças e a plenos pulmões. Bem antes da meia-noite, lá está ele adormecido junto da porta da geladeira.*

BRINCADEIRA, MATEMÁTICA, COGNIÇÃO E HUMOR

A brincadeira não é circunscrita às quatro operações matemáticas e à sua lógica interna. Ela pode extrapolar as linhas do quadrado, contrapondo flexibilidade e resiliência à rigidez da razão, e nisso se firmam alguns dos mais importantes significados funcionais da literatura, da pintura e da música como expressões do engenho humano. A arte *lúdica*, depreendida do teorema pitagórico $a^2 + b^2 = c^2$, oferece enormes possibilidades de expansão do triângulo equilátero do cotidiano, acrescentando a ele a necessária dose de assimetria irracional capaz de libertar parcelas importantes do ser, a exemplo dos corpos humanos desfigurados da fase cubista de Picasso. A ludicidade da arte consegue transcender o cotidiano no espaço e no tempo e romper fronteiras do pensamento, da emoção e da razão. O olhar se transforma.

Brincadeiras e canções têm uma dinâmica que não é essencialmente baseada na razão. A razão categoriza o mundo segundo conceitos ordenados. A fantasia lúdica, por seu turno, carrega uma força desprovida de conceitos capaz de nos transportar além das formas de conhecimento, sabedoria e cognição baseados na razão. Ela nos impele para além dos julgamentos preconcebidos e nos conduz a um novo continente, "do outro lado das estrelas". O lúdico tem a força de uma vírgula de emancipação diante do ponto final categórico da razão.

Uma abordagem da brincadeira infantil como meio de exploração qualitativo e distinto tem relação direta com a visão de Schopenhauer e Roland Barthes sobre a singular importância da música e de suas funções para o ser humano.

Em seu livro sobre a estética musical em Schopenhauer, o musicista Peder Christian Kjerschow (1988, p. 15) parte da análise de Kant sobre a limitação conceitual da razão: "O reconhecimento dos limites da cognição reside no vácuo que a razão encontra diante de si, sendo incapaz de conceber suas formas de compreensão".

Para Schopenhauer, a música era o único meio de transpor o maciço arcabouço de conhecimento estabelecido e pôr o homem em contato imediato com seu ser mais íntimo. Roland Barthes (1975) elaborou ideias afins sobre a capacidade da música de estender-se além das limitantes convenções da *doxa* cotidiana de clichês desgastados e adentrar novas formas de conhecimento (Bjørkvold, 1996). O que Schopenhauer e Barthes, cada um a seu modo, acham libertador na música é o mesmo que a criança vê no brincar — como ser inspirado e criativo que é nas diferentes fases do seu crescimento. Barthes, aliás, era tão deliberadamente brincalhão que, expressando-se além das formas conceituais, chamou sua técnica de *lúdica* (veja também Engdhal, 1983). A força transgressora da criatividade pode ser ainda maior, desde que faça uso do *humor*.

Deixe-me citar um exemplo simples que une música, literatura e teatro. Na peça "O jardim das cerejeiras", o russo Anton Tchecov permite que o apaixonado Epichodov sobressaia com folguedos e canções. O público vê nitidamente que ele toca violão, daí o choque na plateia quando Epichodov diz: "Como é bom tocar bandolim!" "Como assim?", pergunta a nossa razão, pois o instrumento que ele está tocando é um violão. Será que o ator se atrapalhou com sua fala? É constrangedor.

E Dunyasha, sua amada, sentada no colo de outro homem e certamente desinteressada de Epichodov, compartilha do nosso senso e da nossa razão. Ela retruca irritada: "Isso é um violão, não um bandolim".

Ao que Tchecov e Epichodov desferem o golpe final, com elegância: "Para um homem louco de amor, isto é um bandolim!"

Uma vez que isso acontece, o limite da razão expande-se, numa lógica tão inspirada quanto inspiradora:

A associação de elementos independentes e aparentemente irreconciliáveis nos atinge como uma acrobacia mental, uma torrente de compreensão à qual damos vazão por meio do riso. É a "síntese paradoxal" da cognição, como definiu Arthur Koestler (1965). Do *ha-ha* para o *a-ha!* (Skoglund, 1987). Essa reversão de expectativas é absolutamente central na cultura infantil. Parte produtiva do pensamento lúdico e da saúde psíquica da criança, tem relação direta com a criatividade, a originalidade e o talento de tantos cientistas e artistas que, mesmo depois de adultos, retiveram esse olhar infantil da realidade.

Na abrangente discussão sobre a natureza e a importância do humor, Koestler introduz o conceito de *bissociação*, um feliz contraponto ao conceito de *associação*. Associações sempre estarão, segundo Koestler, relacionadas a uma mesma área de pensamento, por mais próxima ou distante que seja, por isso jamais serão capazes de transpor fronteiras do novo ou do desconhecido. Bissociações, por sua vez, têm o poder de ultrapassar o limiar do convencional e agregar áreas inteiramente não relacionadas, ampliando a capacidade cognitiva. *Do humor à descoberta* é, portanto, uma perspectiva crucial na análise de Koestler.

Brincando, o ser criativo e inspirado terá condições de demonstrar facilmente a quadratura do círculo. *Ao mesmo tempo*, sabemos muito bem que um círculo sempre é redondo e um quadrado sempre terá quatro cantos. Para ser mais específico, é na surpreendente ruptura entre os polos racional e emocional que desponta o humor. E as gargalhadas que se seguem são o reflexo da alegria que brota quando somos pegos de surpresa pela sensação libertadora do humor que rompe as fronteiras da racionalidade.

Piadas são importantes na cultura infantil. É preciso conquistá-las, dominar o seu gênero próprio, que passa de geração a geração. Minha filha mais velha tentou, a seu tempo, arrazoar sobre as velhas piadas cujo personagem principal é um Fusca. O que elas têm em comum? "Como colocar cinco elefantes num Fusca? Dois na frente e três atrás", esse tipo de coisa. Qual é o cerne da piada? Ela deve ter refletido a esse respeito por um bom tempo. Mas um dia, sentada no banco de trás do carro quando voltávamos da creche, ela disse:

— Papai, posso contar uma piada?

— Claro.

— Fusca!

Examinemos piadas entre países vizinhos, outro exemplo recorrente:

— Sabe por que o sueco entrou com uma escada na loja? Porque os preços são muito altos!

Também ocorre de as piadas serem mais infames:

Diz a velhinha: "Eu não estou ficando senil!" E bate com força na madeira. E em seguida afirma: "Pode entrar!"

Aqui temos piadas de forte apelo aos jovens, com trocadilhos, ambiguidades e absurdos. Uma pesquisa norueguesa mostrou que mais da metade das crianças de 5 a 8 anos contam piadas baseadas em jogos de palavras e trocadilhos linguísticos (Selmer-Olsen, 1987). Com efeito, antes de dominar os fundamentos da língua e de colocar a própria existência em perspectiva elas já começam a brincar e experimentar, criando formas, significados e assumindo um novo tipo de controle. Querendo dar vazão a fórmulas e experimentar algo novo, diferente, importante e espirituoso. Claro que há aqui algo da função humorística: a ruptura inesperada com as convenções, um toque rude e desconcertante que acalora os ânimos e resulta em novos *insights* e numa alegria inesperada. E aquele jovem que for capaz de criar sozinho algo realmente espirituoso — não apenas recontando piadas, mas criando novas situações que deixam entrever essa centelha de bom-humor — galgará uma posição de destaque no grupo. Os instantes de alegria são um verdadeiro jorro de deleite provocado pela inspiração, um enlevo que faz subir aos céus. Por isso esse jovem passa a ser especialmente cultuado, amado, respeitado e até mesmo temido por seu talento, assim como os cômicos insolentes e zombeteiros das cortes renascentistas. Mais tarde, neste livro, veremos como um desses transgressores, Dmitri Shostakovich, recorreu à astúcia e ao humor para sobreviver à angústia e ao medo na idade adulta.

O IMPERATIVO INSPIRADOR

Nem sempre se percorre o caminho além da fronteira de um novo conhecimento brincando. Ele tem um custo, tanto físico quanto psíquico, que pode ser extenuante. Mesmo assim, cada tentativa de seguir adiante é vital. Por isso a criança mobiliza tudo que tem para prosseguir de corpo e alma num abismo tão profundo, numa realidade que não conhece regras rígidas nem tem seguro contra eventuais danos. Nesse filme não há garantia de devolução do dinheiro pago pelo ingresso ou de que haverá um *happy ending*. Ao final de cada progresso pode haver lutas, dor e agressão; admiração, fantasia e saudade; humor, destreza e audácia; esperteza, decepção e medo. Muitos desses sentimentos acometeram o solitário Skorpan deitado no leito à espera da morte. Ele se preparava para dar o salto sobre os muros de Nangijala. Aqui não se trata apenas de aventurar-se, mas de assumir um risco existencial. Trata-se também de dominar esse salto em toda a sua extensão, num limite que só a imaginação será capaz de dar conta. À menor discrepância, ressalva ou dúvida, a corda romperá.

Uma força muito criativa pode brotar do fértil atrito entre a despreocupação e o desespero, e essa força é essencial para vencer o desafio, cruzar a fronteira entre o conhecido e o desconhecido. O objetivo não é necessariamente apenas avançar. Tão importante quanto seguir adiante é sentir a energia criativa fluindo e sendo liberada. *To be in the flow*.

Todos os meios de expressão devem, portanto, estar disponíveis aos jovens na superação desse desafio. Expressão corporal, linguagem verbal, canções — tudo contribui para transformar experiência e compreensão em conceitos fundamentais na aquisição de conhecimento e no crescimento. A necessidade de expressar-se existe em consequência de uma pressão interior constante, que obedece a um só comando: fora!

Astrid Lindgren retrata exatamente isso em outro livro de sua autoria, *Ronja, a filha do ladrão* (1984). Ronja passeia pela floresta à procura de Birk. É primavera na mata de pinheiros, o campo está atapetado de anêmonas brancas. O ar está carregado de saudade e afeto entre as duas crianças. De repente, Ronja bate os olhos em Birk e seu coração quase escapa pela boca de tanta felicidade:

> Oh, ali está Birk. Exatamente como ele havia prometido. Deitado sobre uma laje de pedra desfrutando do sol. Ronja não sabia se ele estava dormindo ou acordado. Apanhou uma pedra e arremessou-a no lago para saber se ele ouviria o barulho. Ele ouviu, pôs-se de pé imediatamente e veio ao seu encontro.
> — Esperei tanto tempo — disse ele.
> E novamente ela sentiu aquele calafrio na espinha por saber que ela tinha um irmão que estava à sua espera. E aqui estava ela agora, em plena primavera. Tudo em volta a deixava maravilhada, sim, a enchia de felicidade, e ela gritou como se fosse um pássaro, em alto e bom som, e precisou explicar a Birk:
> — Tive de dar esse grito primaveril, do contrário achei que fosse explodir! (p. 106)

Ronja exultou de felicidade, "como um pássaro". A voz deu ao sentimento de Ronja forma e expressão, imbuídos da força do grito primal. Violento e belo, o grito da menina diante da primavera passa longe da estética da ária de uma ópera. Ronja não se expressa em favor da beleza ou da estética, mas da própria vida. Para ela, o grito primaveril é uma manifestação existencial, uma necessidade fundamental de articular sua experiência de realidade. *"Tive de dar esse grito primaveril, do contrário achei que fosse explodir!"*

Em Descartes, o caminho leva do pensamento à dúvida, da razão à evidência: *"Dubito, ergo cogito. Cogito, ergo sum"*. "Duvido, logo penso. Penso, logo existo." Em Ronja, o caminho conduz dos sentidos ao sentimento e depois à evidência de vida: *"Sentio, ergo canto. Canto, ergo sum"*. "Sinto, logo canto. Canto, logo existo." E, na companhia de Birk, torna-se algo imensamente maior: "Canto, logo *existimos!*"

Assim que explode o sentimento mais íntimo de Ronja, libera-se um *imperativo inspirador*, o qual é necessário para moldar tanto o sentimento quanto a razão. A mesma proposição está contida na alta literatura de Henrik Ibsen, que, como escritor e dramaturgo, sentia o mesmo imperativo de expressar-se dessa maneira. No trecho inicial do seu drama de estreia, *Catilina*, ele escreve: "Eu preciso! Eu preciso, dita-me uma voz do fundo da minh'alma, e eu devo obedecê-la!"

O LÚDICO COMO ÂNCORA VITAL

Muita gente já experimentou a intensa felicidade de brincar debruçado diante de um recém-nascido. A proximidade e o contato do encontro entre criança e adulto crescem na forma de um improvável e afinado dueto. Cheiros e odores, olhares e pele macia, uma miríade de sons. Você leva as mãos aos olhos e as afasta de supetão:

— Achou!

O bebê assusta-se e cai na risada. Embevecido por aquele sorriso, você repete a brincadeira indefinidamente. Raras vezes dois seres humanos estão tão próximos. A ludicidade aflora, moldando a vida, numa interseção entre fantasia e realidade, originalidade e rituais, riso debochado e seriedade desconcertante. A partir dos 3 ou 4 meses de idade, a criança já é um pequeno palhaço com plena capacidade de interagir com o mundo exterior — e não há como negar o seu parentesco com o verdadeiro *Homo ludens*.

Seja brincando com os próprios dedos ou balbuciando enquanto se lhe trocam as fraldas, o elemento lúdico é a chave para as experiências de vida fundamentais do bebê. A brincadeira é um caldeirão em que a personalidade humana é formada e se desenvolve. Por meio de uma atitude lúdica em relação à vida, alargam-se as fronteiras do idioma e as possibilidades corporais nesse contato travado em primeira mão com um amontoado de desafios e impressões cotidianas — a base para a compreensão social, o crescimento, as atitudes, as habilidades e as competências.

O psicólogo D. W. Winnicott é um dos muitos pesquisadores que estudaram a importância crucial do elemento lúdico para a vida humana. A brincadeira, segundo Winnicott, é a ponte necessária para unir a compreensão interior (subjetiva) com a realidade exterior (objetiva) do homem. A brincadeira é o fenômeno de transição, o *objeto transicional* que cria contexto e significado entre sonho e realidade. Uma vez que esse contexto é rompido, o homem torna-se passivo e adoece. No seu livro *O brincar e a realidade* (1971, p. 13, 64, 65), ele afirma:

> Assumimos aqui que a tarefa de aceitar a realidade nunca pode ser cumprida, que nenhum ser humano estará livre do esforço de conectar a realidade interior à exterior [...]
> A inteira experiência humana de existir é baseada no brincar. Não somos mais ou introvertidos ou extrovertidos. Experimentamos a vida numa zona de transição, na emocionante tessitura que une subjetividade e percepção objetiva, numa zona que está localizada entre a realidade individual interior e a realidade comum de um mundo que existe além dos indivíduos.
> Mais que tudo, é a abordagem criativa diante desse contexto que permite aos indivíduos saber que a vida vale a pena. O oposto disso é uma abordagem da realidade exterior eivada de indulgência, na qual o mundo e seus detalhes são aceitos, mas apenas como algo a se adequar ou como normas a ser cumpridas. A indulgência traz em si um sentimento de desesperança, estando relacionada à noção de que nada faz sentido e a vida não vale a pena. [...] Do ponto de vista psiquiátrico, essa outra maneira de viver pode ser considerada doença. De um ou outro modo, acomodamos nossa teoria na crença de que a maneira criativa de viver é uma condição saudável, sendo a indulgência uma postura de vida intrinsecamente doentia.

Edith Cobb (1977, p. 88), em seu livro sobre a mente infantil e a ecologia da fantasia, pensa da mesma forma: "Os mundos exterior e interior unificam-se nestes instantes formadores em que se amplia a autoconsciência". Nessa mesma obra, Cobb (1955, p. 77) refere-se a René Dubos, que dez anos antes de Winnicott também mencionou a relação entre criatividade e doença, enunciando assim seu pensamento: "A saúde das pessoas é muito mais que uma condição na qual o organismo está fisicamente adaptado às circunstâncias físico-químicas do seu meio. [...] Por saúde entende-se a capacidade da personalidade de exprimir-se de maneira criativa".

É vital para o ser humano preservar um contato autêntico entre as realidades interior e exterior, num tênue equilíbrio entre a subjetividade da imaginação e a objetividade da razão, pois a censura e a resistência impostas pela racionalidade podem ser suavizadas pelo lúdico, num processo mais criador que supressor. Assim, consciente e inconsciente passam cada vez mais a tolerar um ao outro, numa interação fecunda em que a mente torna-se mais completa. À medida que o ser humano consegue manter abertas, vivas e fluentes ambas as vias desses canais, está dada a possibilidade do desenvolvimento de pessoas íntegras e criativas. Estamos falando aqui da saúde do corpo e da mente como um todo.

As possibilidades do lúdico, da sua criatividade e da fantasia devem ser incentivadas e reforçadas. A música, como brincadeira, cumpre o necessário papel de ponte inspiradora que liga o mundo interior ao mundo exterior. Dizia o Zaratustra de Nietzsche (1899, p. 316): "Quão prodigiosa é a existência das palavras e dos sons? Não são elas arco-íris e pontes invisíveis unindo aquilo que, do contrário, estaria apartado para todo o sempre?"

Caso se rompa essa junção entre os mundos interior e exterior, também se podam as asas do sentimento, da compreensão, da capacidade de ir além e da fantasia. O ser humano findará então numa espécie de resignação e submissão às suas circunstâncias e àquilo que elas lhe determinam, afirma Winnicott. Nessa análise podemos encontrar a distinção essencial entre saúde e doença, vida e morte:

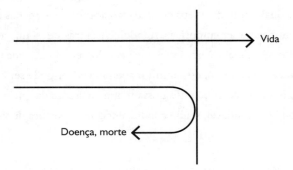

Na concepção pedagógica norueguesa, Erling Lars Dale (1986) investigou ideias semelhantes. Tomando como pressupostos trechos da citação de Nietzsche mencionada anteriormente, Dale estende a perspectiva de doença e morte para o que chama de "chaga moderna" — a morte como violência em massa na sociedade atual.

> O personagem literário concebido por Nietzsche — Zaratustra — abre-se para o nosso mundo interior, suas formas de conceber e conhecer, a maneira como experimenta e *testa* a realidade.
> [...] Eu diria que as chagas nesse mundo interior surgem quando experimentamos um hiato entre nossos sentimentos e o mundo que concebemos em nossos pensamentos. Assim, a

história do indivíduo pode ser vista à luz desse mal moderno, à luz de sofrimentos e dores — em contraposição à totalidade e à harmonia. (p. 258)

O ser humano musal, criativo e inspirado, atreve-se a fertilizar seus sonhos com a realidade exterior, ao mesmo tempo que enriquece a realidade exterior com seus sonhos — não numa divisão em que se favorece a um ou outro, mas numa relação frutífera que permite a existência de ambos. Segundo Michael Ende (1986, p. 429), "há pessoas que jamais porão os pés em Fantasia [...] E há pessoas que podem visitá-la e lá permanecer para sempre. Mas há também os que viajam para Fantasia e regressam. [...] E são esses que nutrem e renovam ambos os mundos".

A arte-educadora Marit Akerø (1987, p. 32) recorre a essa citação de Ende num artigo sobre "imaginação (fantasia) como transcendência criadora", no qual também aborda uma questão central: a imaginação não deve apenas ampliar as fronteiras da nossa compreensão da realidade, numa busca incessante da utopia como prolongamento desta realidade. A imaginação abriga também a possibilidade de ampliarmos as nossas fronteiras *interiores*. Reside aqui um enorme potencial de mudança, tanto para nós, seres humanos, como para a realidade que nos rodeia.

O show de rock de Arne com a bisnaga de pasta de caviar alarga ambos os lados dessa fronteira. Tanto seu interior como seu exterior são preenchidos de música e se ampliam, seja com as pequenas brincadeiras do dia a dia, seja, ao mesmo tempo, com as grandes questões como a habilidade de conhecer, explorar e compreender a vida. De acordo com esse ponto de vista, é importante manter viva a capacidade lúdica do ser humano, do nascimento até a morte.

A questão sobre *como* se pode manter viva essa capacidade nos conduz obrigatoriamente a uma discussão mais minuciosa de condutas e conceitos *pedagógicos* vigentes no sistema escolar ocidental. O que fazemos com os jovens na transição da cultura infantil para escolar e depois para a adulta? O que priorizamos? *Por quê? E fundamentados em quê?* Mais adiante, neste livro, tais questões serão abordadas numa discussão crítica — tomando-se a própria infância como referência.

Sabemos que o brincar é parte natural do viver e da cultura infantis. Na transposição da psicologia desenvolvimentista para a antropologia social é, pois, tarefa dos que estudam e pesquisam a cultura infantil demonstrar a existência do lúdico real, suas formas de manifestação, seus padrões, sua importância e seus significados culturais. Assim estaremos mais bem equipados para conduzir a necessária discussão sobre os dogmas escolares da sociedade industrializada, tendo como ponto de partida a herança criativa e cognitiva da natureza humana.

BRINCADEIRA E MÚSICA: A TENSÃO ENTRE CULTURA ESCRITA E TRADIÇÃO ORAL

A língua espelha, com uma perspectiva histórica, a compreensão cultural de uma nação, assim como a práxis e a função da cultura nesse país. Assim também é com a palavra *lek* (ou *leik*, "brinquedo" ou "jogo" em norueguês), cujo significado acomoda de maneira criativa, num só vocábulo, elementos de som e de movimento.

O termo *lek* remonta ao gótico *laiks*, que pode significar, entre outras coisas, *movimento rítmico, dança* (Grimm, 1885). O *leikr*, do nórdico antigo, também tem significados relacionados: *brincadeira comum, baile, dança cerimonial*. É o mesmo significado que encontramos no norueguês moderno no *kappleik*, em que elementos como dança, música e interação social têm igual importância. Em islandês moderno, *tonleikar* [algo como "jogo de tons"] é o termo para "concerto".

Vemos, portanto, um elemento fundamental da expressão humana — o movimento — imbricado no conceito de "brinquedo" ou "jogo" (de "jogar", "balançar"), tendo o som como fator estruturante. A palavra *"lek"* adéqua-se inteiramente à forma de expressão do homem criativo. Com essa mesma acepção criativa ela é manifesta em outras línguas, como em inglês, *play;* alemão, *spiel;* francês, *jeu;* espanhol, *juego,* russo: *igra*.

Trata-se, o tempo inteiro, de uma palavra de duplo sentido — brincar e jogar —, o que em si não é nada surpreendente. O ato de brincar deve acomodar elementos de movimento e som, numa totalidade: como vimos, trata-se do ponto de partida, a base da capacidade cognitiva que adquirimos desde antes do nascimento. Jogo é tanto brincadeira como movimento. É esse aparelho sensorial que as crianças põem em prática e aperfeiçoam na tensão lúdica entre fantasia e realidade. É esse aparelho sensorial que estará plenamente desenvolvido, criativo e fértil, na cultura pré-escolar infantil. Ancorado num contexto nacional, porém ao mesmo tempo universal.

Como veremos a seguir, a espontaneidade da canção na cultura infantil é muito mais próxima do conceito de "brincadeira" que a concepção adulta de "música", tanto na forma como na função.

Não é fácil para nós, adultos, notar as canções espontâneas das crianças, em que estrofes brotam rapidamente em meio às brincadeiras. Tampouco cabe aqui a noção engessada que temos de "música". Vejamos um exemplo no qual a canção é importante.

Nenhuma criança acha seu lugar na cultura infantil antes de aprender a pular de uma perna só, ao redor dos 2 anos de idade. Por isso ela treina dias a fio, ainda que esteja correndo um risco concreto de cair e se machucar de verdade. Porém, antes uma concussão cerebral do que a estagnação. Finalmente, um dia ela chega intuitiva e inspirada à seguinte conclusão: o negócio é pular e cantar *ao mesmo tempo*. Mas não é difícil fazer muitas coisas ao mesmo tempo? Não é melhor fazer uma a cada vez, primeiro saltar e depois cantar quando os dois pés estiverem no chão? Não, ao contrário! A canção e os saltos apoiam um ao outro, em afinada reciprocidade. Um dia uma criança de 2 anos aprende isso com todo o seu ser e em seguida se põe a pular e a cantar feliz pelos quatro cantos, num equilíbrio subitamente adquirido. Faz sentido:

(Mancar, mancar, mancar, mancar)

Na Antiguidade, o conceito de música tinha relação com uma totalidade, e ao longo do tempo foi nitidamente avançando na seara da estetização, da especialização e da profissionalização. Algo tão importante no desenvolvimento infantil foi em larga medida escapando ao nosso olhar. Riso, choro, corpo — que fim isso terá num mundo que estetiza os conceitos de som e música? O grito primaveril de Ronja não tinha nada em comum com o bel-canto, mas era autêntico e forte. É uma cultura que se opõe a outra, duas abordagens de vida antagônicas que têm na cultura infantil o seu flanco mais frágil e vulnerável.

Visto mais aprofundadamente, esse antagonismo tem que ver com a relação entre cultura escrita e cultura oral, entre o *letramento* da cultura adulta e a *oralidade* da cultura infantil. O foco da cultura escrita em letras e palavras é um convite óbvio às distinções e aos limites analíticos — o que, por sua vez, leva a uma especialização e a uma compartimentalização sistemáticas.

Enquanto a palavra escrita, como abstração simbólica, encontra-se fora dos limites sensoriais do corpo, na cultura oral ela é expressa em sons que penetram fisicamente o corpo e os sentidos. São dois modos de percepção fundamentalmente diferentes. No livro *Orality and literacy* [Oralidade e alfabetização], Walter J. Ong (1982, p. 72) toma como pressuposto a diferença entre língua falada e língua escrita:

> A visão isola, o som incorpora.
> [...] A visão chega ao ser humano de uma direção a cada vez. Para observar o espaço ou uma paisagem, preciso deslocar meus olhos de um ponto a outro. Quando escuto, ao contrário, coleciono sons de todas as direções a uma só vez. Ponho-me no centro de um mundo de sons, que me envolve e estabelece um núcleo de sensações e realidade [...] Escutando, você pode deixar-se absorver pelo som. Mas não pode, do mesmo modo, deixar-se fisicamente absorver pelo alfabeto.

Temos como resultante duas formas de consciência totalmente diferentes, a oral e a escrita. Ong discorre com maestria sobre como a língua escrita estrutura nosso pensamento de maneira qualitativa, diferente da que encontramos em culturas ágrafas.

Vejamos como as concepções de cultura europeia e africana se entrechocam diante da mesma questão acerca do tema "música". Nas sociedades africanas, encontramos uma cultura oral, funcionalmente imbricada no cotidiano e em festividades, trabalho e rituais solenes, ou seja, fundamentada do mesmo modo que a cultura oral infantil. Isso é bem refletido nos idiomas africanos.

A sensação do todo é a premissa central. Uma vez que os africanos percebem o mundo humano de dança e da música como um todo orgânico, isso deve estar expresso em conceitos sensoriais bem distintos dos conceitos da Europa Ocidental. Isso fica bem claro, por exemplo, no fato de que muitas línguas africanas não têm um termo próprio para os verbos "ouvir" e "escutar", uma noção estranha e alheia a uma concepção de totalidade. Como indivíduo, o ser humano está imerso num conjunto de sensações: ao mesmo tempo que vê e ouve, seu corpo vibra numa dança. *Sikia!,* dizem os bantos da África em suaíli para o "sentir com todo o ser".

A dicotomia entre cultura oral e escrita fica muito clara:

TOM	NOTA
O ser humano interno	O ser humano externo
Sikia, o sentir abrangente	Sentimento ou percepção parcial

Um dicionário de suaíli lista os seguintes sinônimos para a palavra *sikia* (Johnson, 1971, p. 429, t. 2): "(1) ouvir; (2) prestar atenção a, notar, entender, perceber; (3) anuir, obedecer. Geralmente associado ao sentido da audição, mas também a todos os outros, exceto o paladar".

É nesse sentir complexo que a inspiração e a criatividade são percebidas na África: algo que se pode ouvir e escutar, mas também algo que se pode ver, que provoca reações corporais (dança), que se pode compreender, respeitar e até mesmo obedecer. Dessa forma, eu diria que *também a criança* originalmente é capaz de sentir tudo, desde recém-nascida. Toda sua formação conceitual ocorre numa totalidade inspiradora e síncrona, em *sinestesia*. Por vezes a ênfase estará no impacto visual, em outras na impressão auditiva, mas o todo sempre terá um contraste que dará conta de cada elemento, e é aqui que a observação acurada do mais mínimo detalhe terá função e significado plenos. Isso não se aplica apenas às crianças e à África, mas a todas as pessoas.

Um exemplo cotidiano: o telefone toca e no instante seguinte você está falando com alguém que jamais viu. Uma imagem interior, mais ou menos vaga, surge como apoio àquela voz que você escuta no telefone. É impossível sentir a voz apenas como um som. Ela carece de uma imagem de apoio, em geral completamente "errada" em relação à aparência física do seu interlocutor, e mesmo assim completamente "correta", de acordo com os seus sentidos.

Mesmo assim, nas atividades de ensino e pesquisa, categorizamos nossos aparelhos sensoriais, fragmentando nossa compreensão em disciplinas e tópicos rigorosamente bem divididos. Tudo fica tão melhor assim, não é verdade? Sentimo-nos mais à vontade quando conseguimos determinar as diferenças, um traço cultural característico do Ocidente. A visão em si, a audição em si, o olfato em si... que devem ser mapeados e estudados. Com o passar do tempo, ao entrar na escola e cumprir o rito de passagem que separa a criança lúdica do estudante, aprendemos essa verdade. A cisão dos sentidos reina absoluta, com repercussões importantes inclusive no aprendizado.

Assim, é interessante notar como os próprios pesquisadores africanos, partindo de uma abordagem *sikia*, discutem os conceitos de arte e individualidade, sobretudo em relação ao pensamento ocidental calcado na especialização.

O etnofilósofo K. Anyanwu (1987), de Lagos, aborda o tema em profundidade. A maneira como descreve o pensamento, as atitudes e os processos por trás das manifestações culturais africanas encaixa-se precisamente na descrição da *cultura infantil* criativa e inspirada — uma cultura musal. Acompanhando seu pensamento, podemos postular a existência de uma comunidade universal de culturais orais e folclóricas, independentemente do continente ou de origem étnica. São os processos e as atitudes — inspirados, criativos, musais — em relação à vida que parecem unir essas culturas. Sigamos mais detidamente a argumentação de Anyanwu contrapondo África e Europa. Ele escreve, entre outras coisas:

> A arte africana é, fundamentalmente, uma arte de integração [...] A maneira de pensar e compreender do Ocidente trata mitos, religião, filosofia, política, arte, ciência etc. como se fossem fenômenos isolados. A abordagem africana, não. São peculiares à arte africana a maneira de pensar, a visão de mundo, o modo de compreender e julgar [...] Não há fragmentação de sentidos no pensamento africano.
> O universo artístico africano não é fragmentado tal como é a ciência, e possibilita uma visão de mundo integral que a ciência não pode oferecer. A lógica da arte ou da estética é a lógica da integração ou da coordenação, na qual o individual e o universal estão amalgamados, e a intuição e a fantasia transformam a experiência sensorial e intelectual num *continuum* estético [...] O pensamento africano não faz distinções nítidas entre sujeito e objeto, espírito e corpo, indivíduo e mundo [...] Não devemos esquecer disto quando tratamos da filosofia da arte africana: estamos falando fundamentalmente de como a arte é refletida numa cultura oral. [...]

Na perspectiva africana, há no mundo uma única força vital, jamais forças isoladas. Todas estão interligadas e em constante interação [...]

Essa energia vital, um elemento dinâmico, possui um impulso rítmico que não pode ser eliminado. Ele pode ser mais forte ou mais fraco, e há maneiras de fortalecê-lo e enfraquecê-lo. Força vital, som e palavra são idênticos. Em outras palavras, o som é um modelo de realidade do modo de pensar africano. O som é a matéria-prima da qual certas estruturas fundamentais são feitas, organizadas ou construídas. O som é o modelo da música. Na perspectiva africana, devemos considerar o som princípio da criatividade, da compreensão e da racionalidade. E uma atitude perante o conhecimento baseada num modelo assim precisa diferir radicalmente do raciocínio ocidental.[...]

"Penso, logo existo", escreveu Descartes, mas essa frase não faz sentido. Um africano diria: "Sinto o outro. Danço o outro. Sou". Dançar é descobrir e recriar, especialmente se se trata de uma dança de amor. Essa é a melhor forma de saber. O pensamento é ao mesmo tempo descoberta e criação, ou melhor dizendo, recriação, e tal recriação é a imagem de Deus. [...] O som é apresentado como um modo radical de compreender e dar sentido ao mundo. Além disso, ele é usado para controlar e explicar os fatos. [...]

A espontaneidade e a improvisação são percebidos como sinais de criatividade. Um bom dançarino, portanto, deve ser capaz de interpretar a linguagem dos tambores. [...]

Se a proporcionalidade e a simetria são critérios de beleza, então a maioria das obras de arte africanas não é "bela", pois a função precípua da arte africana é criar *significado*. Portanto, é belo *aquilo que tem significado*.

Lembre-se de que a cultura tradicional africana não anota sua música para tocá-la ou reproduzi-la. Eis o porquê de a fantasia e a memória serem características importantes para a criação artística. E cada vez que um músico toca seus tons outra vez, o rufar e a intensidade dos tambores é diferente.

Resumindo, quais são os critérios ou princípios estéticos na música africana? [...] O africano é alguém cujo corpo e alma são indissociáveis e respondem à música, alguém tão sensível à totalidade do mundo que trava com ele um contato imediato e pleno. Ele é refratário à ideia de tratar a música como um objeto que possa ser analisado, dissecado e classificado em prateleiras — conduta ocidental que a filosofia africana abomina. [...] A música perde seu sentido, propósito e significado quando é separada do processo vital.

Aqui vemos o *canto, ergo sumus* da cultura infantil reformulado ao modo africano para um *salto, ergo sumus*, "danço, logo vivemos", duas variantes de uma consciência musical e criativa totalmente alheia ao costume tradicional europeu.

Canto e dança são profundamente importantes tanto para a criança africana como para a ocidental. Canto e dança *introjetam* o contato com o mundo ao redor, o todo orgânico que ambos intuitivamente sentem e do qual fazem parte. O êxtase musical e criativo permite ao africano ter contato com o divino imerso e disperso na natureza viva. O canto espontâneo dá à criança um sentido de pertença ao seu entorno que permite e facilita uma posterior exploração da realidade. Canto e dança liberam o calor e a energia espontâneos que dão acesso à totalidade biocultural e ecológica na qual vivem seres humanos, para usar um conceito de Cobb (1977). Naturalmente, até o músico adulto ocidental experimenta esses instantes de arrebatamento espiritual ao tocar seu instrumento. O musicista dinamarquês Peter Bastian (1988, p. 182) conclui seu livro *Inn i musikken* [Dentro da música] exatamente com este argumento: "Os sons são como delicadas linhas que me conectam ao meu redor, como longas e finas antenas pelas quais me é dado sentir o mundo".

Trata-se obviamente de processos musicais universais, seja em Lagos ou em Oslo, seja em São Petersburgo ou em Los Angeles. O antropólogo musical Kenneth Gourlay (1984, p. 36) diz algo sobre isso num instigante artigo sobre "a não universalidade da música e a universalidade da não música":

> Não devemos crer que uma ou outra forma de música, tal como a conhecemos, seja universal; é antes mais provável que algumas formas de expressão, para as quais ainda nem existe um nome, são universais. Vamos chamá-las de "não música" — não no sentido de "ruído", na acepção de Merriam, mas numa compreensão mais ampla, um tipo de manifestação criativa que abriga aquilo que costuma ser referido como "som musical", "dança", "drama" e "ritual", que não é privilégio de uma minoria ou elite, mas comum à toda a sociedade. Essa forma de expressão é usada quando os sentimentos afloram, quando o discurso não alcança, sendo necessária para atingir um patamar elevado de intensidade.
>
> Tal abordagem nega a validade da especialização e pretende reconstruir algo da "totalidade" e da integração que permeia sociedades não fragmentadas, em que as pessoas podem sentir-se realizadas por meio de suas criações. Somente então a busca da universalidade terá algum sentido.

Portanto, é interessante também examinar de perto os conceitos que os africanos têm a respeito de "música", uma vez que sua compreensão a respeito dela é muito mais próxima da abordagem infantil que dos conceitos artísticos europeus.

Sobre isso, Gourlay (1984, p. 28) diz pura e simplesmente o seguinte: "Em nenhum idioma africano que conhecemos, e mesmo em muitas outras línguas usadas por sociedades de tradição oral em detrimento da escrita, encontra-se uma palavra que corresponda ao termo inglês 'music'".

NGOMA

Um conceito africano que abrange "música" de maneira mais ampla aparece no termo suaíli *ngoma*. O etnólogo dinamarquês Steen Nielsen (1985, p. 35; veja também Ledang, 1988) assim comenta a relação entre música e *ngoma*:

> *Muziki* é usado para "música" como a compreendemos, mas tudo indica que se trata de um empréstimo europeu, logo de pouca utilidade para mim. [...]
> *Ngoma* é uma palavra banto cujo significado primário pode ser "tambor", "dança" ou "festa", tudo isso associado à música como a conceituamos e indo um tanto além. O contexto intrínseco à concepção de *ngoma* é, porém, tão amplo que seria impossível isolar a música nele.

É a plenitude dos sentidos do *sikia* que desencadeia o conceito holístico de *ngoma*, cujas consequências saltam à vista.

Karen Blixen escreveu sobre o *ngoma* no seu livro *A fazenda africana*, de 1937. Ela experimentou o *ngoma* diversas vezes, e vale a pena acompanhar detalhadamente a descrição que fez dele em primeira mão:

> Às grandes festas que fazíamos na fazenda, os *ngoma*, compareciam os dançarinos nativos. Às festas maiores os *kikuyu* acorriam de longe, os convidados chegavam a somar quinhentos. [...] Para os eventos vespertinos era preciso um bom espaço, pois havia tantos espectadores quanto dançarinos, e por isso o encontro era realizado no gramado diante da casa. Nesses *ngoma*, os dançarinos caminham ou correm em um único grande círculo, ou em vários círculos menores, pulando bem alto e sacudindo para trás a cabeça enfeitada com adornos, ou erguendo alternadamente as pernas em passos largos. Os jovens mais talentosos, os dançarinos solo, vão ao centro do círculo e exibem sua habilidade pulando bem alto e manuseando suas lanças compridas com exímia destreza. Ao final das danças, o chão fica marcado de círculos num tom amarronzado, como se houvesse sido queimado, como se a grama houvesse sido arrancada, e essas marcas demoram a desaparecer.
> Os grandes *ngoma* assemelham-se mais a mercados que propriamente a festas. Levas e levas de espectadores aglomeram-se sob a copa das árvores, de onde contemplam a dança e se divertem. [...]
> Um sem-número de crianças em êxtase sai correndo de um anel a outro para aprender e imitar o que veem. Elas também fazem seus próprios círculos nas laterais do gramado, afastados de onde estão os adultos, e pulam bem alto tentando atingir a perfeição.
> Quando os jovens *kikuyu* vieram dançar, pintaram a pele com uma espécie de tintura vermelha misturada a um óleo, artigo muito cobiçado nos mercados nativos. A pintura lhes

confere uma aparência singular [...] As mulheres vestiam saias e capas que pareciam fazer parte do próprio corpo. [...] Para os *ngoma* também vinham jovens nus, com as longas madeixas tingidas de branco. Os *ngoma* realizados durante o dia eram um espetáculo ensurdecedor. De tempos em tempos, flautas e tambores eram engolidos pelo burburinho da multidão. As jovens dançarinas emitiam gritos característicos — estridentes, agudos e demorados — quando alguém no meio do círculo destacava-se dos demais.

Os *ngoma* noturnos eram mais sóbrios. A dança acontecia apenas no outono, após a colheita do milho e durante a lua cheia. Nunca soube dizer se havia algum sentido religioso naquilo, mas na atitude dos dançarinos existia algo de sagrado ou misterioso que saltava aos olhos. Talvez fossem danças que há milênios vinham se perpetuando na África, após a colheita. [...] As danças noturnas eram um espetáculo admirável. Não havia dúvida sobre como eram populares, dada a intensidade do brilho das fogueiras. O fogo ocupava lugar central nos *ngoma*. Não exatamente devido à luz, pois o luar na savana africana é brilhante e claro como o dia, mas pelo efeito cênico das chamas que transformava a tudo num só, o lugar, as cores e os movimentos.

No meu tempo, Dagoretti era o cantor mais renomado. Ele tinha uma voz clara e nítida e era em si um grande dançarino. À medida que cantava, caminhava ou corria ao redor do círculo de dançarinos a passos fortes e esguios, fazia um meneio de corpo diante de cada um deles, trazendo uma mão espalmada à boca, como quisesse amplificar o som da voz, mas na verdade para confiar à multidão um importante e perigoso segredo. Era como se o eco da África escapasse do seio da floresta e penetrasse aquela dança. Ele assenhoreava-se das almas dos espectadores e podia aclamá-los ou incitá-los à guerra se assim o quisesse, ou levá-los às gargalhadas. (p. 130-36)

Há vários tipos de *ngoma* tanto para mulheres como para homens, separadamente, ou para ambos juntos. Campbell e Eastman (1984) esclarecem que também o *canto*, isto é, a poesia cantada, é parte importante do *ngoma*. E não apenas isso: "Se não for possível cantar um poema ele não tem sentido" (p. 467) — característica presente também em países de língua germânica, do *laiks* e *leikr* ao *kappleik*.

Outras culturas africanas compartilham da ideia de pensamento criativo e musical integrado. Em Camarões, *wún* significa "cantar, dançar", enquanto na Nigéria *nkwa* significa "canto, dança, jogo". Saltando da África para os arquipélagos polinésios no Pacífico, encontramos o mesmo princípio fundamental, comum às culturas orais: em Samoa, o conceito local de *pese* — canção — sempre é associado a *siva* (dança) —, pois ambas as atividades são indissociáveis. O núcleo desse *insight* é comum às culturas orais em todo mundo: o canto libera os movimentos corporais e, portanto, não pode ser separado destes, tal como o experimentam recém-nascidos em *todas as culturas*. Esse conceito é uno, integral e indissociável.

YÜEH

Uma ideia correlata nos ocorre: como o conceito musical pode ser representado em línguas pictográficas, de tal maneira que possamos percebê-lo em nossos idiomas ocidentais? Numa cultura ancestral como a chinesa, o ideograma moderno para música é *yüeh* (DeWoskin, 1982):

Se tomarmos a etimologia do ideograma *yüeh*, veremos que ele é originalmente construído pelos seguintes componentes (Hsüan, 1968):

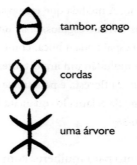

Esses elementos associam-se num só. No conceito de *yüeh*, assim como no *ngoma* africano, encontramos a dança corporal (tambor), o ritual (gongo), alguma melodia (cordas) e a força vital (uma árvore) relacionando-se a todos os seres vivos (ecologia). Além disso, no chinês moderno *yüeh* quer dizer tanto música como felicidade, e assim percebemos que em chinês o conceito de música também acomoda um elemento marcadamente emocional. Isso aponta para uma manifestação central em toda a experiência inspiradora e musical humana, qual seja: a descoberta, a autenticidade e o êxtase.

Se examinarmos o Norte europeu, o *joik* dos sámi da Lapônia exibe um grau de excitação e identificação entre canção e ambiente muito próximo de um *ngoma* africano. Per Hætta (*apud* Graff, 1985, p. 9-10), norueguês de etnia sámi, assim discorre sobre o *joik*:

Quem quer que deseje tomar parte no *joik* deverá ser capaz de descrever uma pessoa inteira usando apenas tons e sons. [...] Também podemos atribuir tons ao masculino e ao feminino. [...] Um sámi verdadeiro, disposto a preservar suas tradições, será capaz de vislumbrar o semblante de alguém apenas ao ouvir o *joik*, mesmo sem ter escutado a melodia ou visto essa pessoa.

[...] ao longo de tempos imemoriais vimos entoando nossas melodias. Com elas ilustramos os animais e pássaros com os quais estivemos em contato: a rena, o cão (até mesmo filhotes têm seu canto), o alce, o lobo, o corvo, a perdiz, a pega, o carcaju etc.

E é importante enfatizar que a canção dos sámi em seus *joik* não retrata uma pessoa. Eles cantam a pessoa *a partir de* um sentimento de comunhão orgânica entre o ser, a natureza e a canção (Graff, 1985). Nas tradicionais odes (*stev*) norueguesas, encontramos vestígios da mesma concepção: é possível descrever alguém numa ode.

Ora, uma criança que ainda não domina o próprio idioma, oral ou escrito, não consegue exprimir seus sentimentos e emoções em relação à vida e àqueles que estão à sua volta. Por um instante, vamos supor que tenhamos à mão um *dicionário de cultura infantil*. Creio que no verbete "música" encontraríamos uma referência breve e lacônica à "arte musical ocidental e adulta", como há no dicionário de suaíli. E também haveria, nessa obra, um verbete próprio para a forma de manifestação criativa da cultura infantil, essencialmente diferente do conceito de música que nos é familiar, em que a expressão corporal e a vocalização são uma só coisa, em que o ser humano e o ambiente que o cerca estão intimamente ligados.

Pois também a cultura infantil tem seu próprio *ngoma*, seu próprio *wún, nkwa, pese siva* ou *yüeh,* com suas peculiaridades culturais, seus valores e suas funções específicas. Doravante neste livro vou me referir às manifestações lúdicas da cultura infantil como *ngoma*, por questões de simplificação e precisão, mas também como símbolo de uma união fecunda e inspirada entre culturas populares orais de todo o mundo. Não encontro termo mais apropriado, pois nós, adultos, especialistas em música, pedagogos, educadores e pesquisadores, jamais sentimos necessidade premente de recorrer a essa acepção. Por que deveríamos? O conceito de música sempre girou em torno de *nós* e do universo musical ocidental. E, quanto à música infantil, o que seria ela senão a precursora de algo que talvez venha a ser importante com o passar do tempo? Já não perdemos tempo demais contemplando nossos horizontes e centrados no nosso umbigo? Veremos futuramente que há conexões e relações de parentesco entre as formas de expressão infantis e a música adulta ocidental, ao examinarmos as obras de Dmitri Shostakovich.

Em nossa discussão sobre crianças e música, somos primeiramente instados a mudar a perspectiva adulta que temos acerca da cultura e *também* assumir uma perspectiva diferente, a partir da cultura infantil, para que o debate seja minimamente produtivo.

Claro está que não se trata apenas de abandonar nossa posição autocentrada e assumir a postura da criança diante de novos conceitos, diferentes dos tradicionais, como se isso já não fosse tarefa bastante árdua. Examinando mais profundamente, trata-se também de uma tentativa de mudar a *mente letrada* a quem desde sempre temos por companhia (Ong, 1982). Precisamos ao menos tentar nos apropriar de lampejos do pensamento fundamentado na oralidade, uma vez que não é possível para nós — especialistas letrados — abandonar nosso raciocínio baseado na escrita. É nela que moldamos o nosso mundo, para o bem e para o mal. Porém, se não nos obrigamos a expandir esses limites estaremos fadados a julgar o grito primal de Ronja pela mesma escala de valores que utilizamos para apreciar o Coral dos Meninos de Viena — qualquer som dissonante será sempre feio e desarmônico. Tem sido esta a abordagem ocidental para o *ngoma* dos bantos: compará-lo às *lieder* de Schubert e aos concertos de cordas de Beethoven, e por isso considerá-lo arcaico e primitivo. Assim tem sido há muito tempo.

Mas a relação do Ocidente com a música já foi, num passado remoto, caracterizada por um pensar mais universal, à maneira do antigo mito grego sobre o surgimento das musas, recontado numa ode de Píndaro (Sundberg, 1980, p. 9):

> Zeus resolveu organizar o mundo, e os deuses contemplaram maravilhados a glória que despontava diante de seus olhos. E Zeus quis saber se sentiam falta de algo e lhes inquiriu. E os deuses responderam que uma coisa faltava. A existência carecia de uma voz, a voz redentora que em palavras e tons poderia decantar todos aqueles prodígios. Para que uma tal voz pudesse um dia ressoar era necessário um novo tipo de ser divino. E assim nasceram as musas, filhas de Zeus e da deusa da memória, Mnemosine.

Daqui provém o conceito original de "música": Zeus concedeu às musas a *mousiké techne*, isto é, o dom das artes: dança, canto e poesia. O próprio conceito de "música", da maneira restritiva como o utilizamos hoje, era estranho ao antigo pensamento grego.

Com sua *mousiké techne*, as musas expressavam algo universal, isto é, o esplendor do universo, comum ao microcosmo da alma, e ao macrocosmo do céu estrelado. Foi esse também o ponto de partida da filosofia política de Platão, que versa sobre a importância da educação musical na formação do caráter *(ethos)* humano desde a mais tenra idade. O homem e sua música são indissociáveis do universo e sua música, num equilíbrio orgânico, partilha de uma mesma totalidade: a *harmonia*.

As musas, seres divinos, nasceram exatamente para prover a existência da voz que até então faltava ao cosmos, como uma manifestação da vida, assim como o grito primal do recém-nascido vem ecoando com o passar das eras. Todas as crianças que brincam e cantam são, nessa perspectiva, descendentes diretas das musas.

De acordo com o antigo mito, as musas também deram ao universo uma voz audível, capaz de criar novos universos a partir de imagens e conceitos na nossa mente. É assim que a criança opera aquilo que deseja externar. É assim que a fantasia influencia a criatividade dos adultos — Astrid Lindgren, por exemplo, escreveu *Os irmãos Coração de Leão* enquanto ouvia Mozart. Novos mundos podem ser criados por meio de algo tão simples e diretos como a canção.

O autor inglês C. S. Lewis (1978) parte desse princípio na série *As crônicas de Nárnia*. É natural concluir este capítulo de um livro sobre a criatividade musal *imbuído de um espírito genuinamente infantil* e citando um pequeno trecho de uma aventura em que a canção desencadeia a criação de um novo mundo, Nárnia:

> "Silêncio", disse o cocheiro. Todos pararam para escutar.
>
> Naquela escuridão, finalmente algo aconteceu. Uma voz começara a cantar. Era bem distante e Digory achou difícil saber ao certo de onde vinha. Às vezes era como se viesse de todos os lugares ao mesmo tempo. Às vezes parecia brotar sob os seus pés. Os tons mais baixos eram tão profundos que pareciam a voz da própria terra. Não eram palavras. Quase não era uma melodia. Mas era, sem comparação, o som mais belo que jamais haviam escutado. Tão belo que se tornava quase impossível suportá-lo.
>
> [...] "Que grande momento!", disse o cocheiro. "Não é lindo?"
>
> E então aconteceram duas maravilhas de uma só vez. Uma foi que outras vozes se juntaram à primeira, e agora eram tantas que eles nem eram capazes de contá-las. Estas vozes harmonizavam-se àquela, mas num tom um pouco acima: eram mais frias e cintilantes, mais suaves. A segunda maravilha foi que de repente uma miríade de estrelas brilhou na escuridão sobre a cabeça deles. Uma a uma, como numa noite de verão, lentamente foram surgindo. Num instante era apenas a escuridão, e no seguinte faiscavam milhares e milhares de pontos de luz — estrelas solitárias, constelações e planetas, mais claros e maiores que o nosso mundo. Não havia nuvens. As novas estrelas e as novas vozes surgiram ao mesmo tempo. Se você tivesse visto e escutado da mesma maneira que Digory, certamente acharia que eram as próprias estrelas que cantavam, e aquela primeira voz, a mais grave, foi a que as atraiu e a fez começar a cantar.
>
> "Bendito seja!", disse o cocheiro. "Eu seria uma pessoa melhor nesta vida se soubesse que havia algo assim."
>
> [...] Ao nascente, o céu passou de um tom branco ao rosa e do rosa ao ouro. A voz foi crescendo e o ar ao redor deles estremeceu. E exatamente nesse instante eclodiu o mais belo e potente som jamais produzido, e o Sol despontou no céu.

Digory nunca vira um sol assim. O sol que iluminava as ruínas de Charn parecia mais velho que o nosso, mas aparentava ser mais novo. Era quase como se percorresse seu trajeto pelo céu sorrindo de contentamento.

[...] A terra tinha muitas cores, frescas, quentes e vibrantes. Isso os fez sentir mais dispostos até que finalmente avistaram a origem daquele canto e se esqueceram de todo o resto.

Era um leão. A juba espessa e imponente, a cara voltada na direção do sol, a bocarra aberta, e tudo isso a algumas centenas de metros de distância. Nárnia surgia.

O leão caminhava para a frente e para trás naquela paisagem vazia, cantando a nova canção. Era mais fraca e mais ritmada que aquela que conjurara as estrelas e o Sol. Soava discreta, delicada. E, depois que o leão caminhou e cantou, a grama foi crescendo verde pelo vale, espalhando-se ao redor dele como anéis de água reverberando na superfície de um lago, fluindo pelas colinas como uma onda. Alguns minutos mais tarde ela já alcançava as encostas das montanhas ao longe, emprestando ao novo mundo um tom mais suave.

E Lewis conclui assim o capítulo sobre a canção que deu origem a Nárnia:

Pela primeira vez naquele dia imperou o silêncio.

[...] O leão abriu a boca, mas dela não escapou um único som. Ele expirou um sopro demorado e quente. [...] Bem acima deles, as estrelas voltaram a cantar, ocultas atrás do véu azul: uma melodia límpida, gélida e distante. E então veio o vislumbre de um fogo (mas nada queimou), do céu ou do próprio leão, e cada gota de sangue nas crianças agitou-se enquanto a voz mais profunda e selvagem que jamais escutaram disse: "Nárnia, Nárnia, Nárnia, acorde. Ame. Pense. Diga. Que as árvores caminhem. Que os animais falem. Que as águas sejam divinas". (p. 94-110)

5 A CULTURA INFANTIL CANTADA EM TRÊS PAÍSES: NORUEGA, RÚSSIA E ESTADOS UNIDOS

No contexto global, a Noruega é um país muito pequeno. Uma social-democracia na periferia da Europa, com razoável distribuição uniforme de renda, bem-estar e seguridade social.

O país nunca foi protagonista na arena política mundial. As crianças norueguesas são relativamente pouco expostas a noções como a de um orgulho nacional que precise ser defendido contra inimigos e ameaças externas. A indústria de brinquedos de guerra jamais vislumbrará na Noruega um mercado lucrativo. Não é obrigatório hastear a bandeira vermelha, branca e azul nas creches e escolas norueguesas, tampouco pendurar nas paredes retratos de líderes políticos, do rei ou da primeira-ministra. As crianças norueguesas passam muito bem sem tudo isso. É mais fácil esbarrar com o rei e a primeira-ministra num passeio dominical ou num estádio de futebol — outro traço marcante da sociedade democrática norueguesa impensável de se repetir numa grande potência.

Tampouco as crianças norueguesas precisam carregar nos ombros o fardo pesado dessas grandes nações: ser o melhor do mundo, o mais proeminente, o mais brilhante, o mais forte, o maior. Apenas damos o melhor de nós. É algo tipicamente norueguês "dar o melhor de si". Ainda assim, "competitividade" é um conceito que penetrou a pedagogia escolar do país, com exames nacionais e estudantes classificados em *rankings* públicos, de acordo com o pensamento neoliberal vigente nestes tempos. Conseguirão as crianças norueguesas competir numa briga de cachorros grandes? Seja como for, elas não vão construir nem pilotar a próxima geração de foguetes a caminho de Júpiter ou de Saturno. A educação formal não tem lugar de destaque nas creches da Noruega, embora a tentação esteja batendo à porta. Crianças superdotadas não são matriculadas em escolas especiais a partir do primeiro ano.

A Rússia, ao contrário, é uma potência global, mesmo depois da dissolução da União Soviética. Um país em que um único partido era a norma tem na sua incipiente democracia desafios maiores que os da Noruega. Mas ao mesmo tempo é uma sociedade em que as crianças desfrutam de respeito e amor. Passeando pela Praça Vermelha, elas despertam empatia e afeição nos adultos.

Crianças russas desde cedo aprendem a adorar símbolos e líderes nacionais. Lênin encarnou durante gerações o papel de pai simbólico, agregador de corações e mentes e unificador da pátria. Ele ainda jaz no seu mausoléu na Praça Vermelha, mas na esteira da *glasnost* de Gorbachev sua imagem desbotou-se e as filas diante do monumento encolheram. Novas e constantes revelações dos terrores do passado devem ter lançado dúvidas sobre a infalibilidade da nação também entre crianças e jovens. Porém, ao combater o exército de Hitler na *Grande Guerra Patriótica*, a Rússia sofreu mais baixas que qualquer outra nação do mundo, e esse forte elemento de união permanece vivo na mente das crianças. Por isso, brinquedos e jogos de guerra não são vistos como algo negativo, como na Noruega, mas como inerentes à construção de uma mentalidade patriótica. A *Mãe Rússia*, objeto do empenho e da dedicação de toda criança, é cultuada na música, na literatura, na dança e nas artes plásticas. A cultura desempenha um grande papel na pedagogia pré-escolar russa.

As crianças russas devem suportar nos ombros o peso das ambições acadêmicas de uma grande potência. Como potenciais líderes da nova geração, precisam ser as melhores em todas as disciplinas possíveis para defender o lugar de seu país no mundo. Desde a mais tenra idade até os 7 anos, os melhores são escolhidos para frequentar escolas especiais: matemática, dança, música e idiomas. Em nenhuma outra nação do mundo a pesquisa sobre a educação infantil tem tanta relevância. O norte-americano Urie Bronfenbrenner assinalou que a então União Soviética do pós-guerra investiu mais dinheiro nesse setor que no programa espacial (1963). Desde então, a quantidade de creches na Rússia mais que duplicou (Sjölund, 1978). O instituto central de pesquisas pré-escolares de Moscou recrutou grandes expoentes internacionais, como Vigotski, Luria e Leontiev. As creches russas são integradas ao sistema de ensino do país. E, ainda que as atividades lúdicas sejam consideradas de extrema importância (Usova, 1974, Leontiev, 1976), o currículo da educação infantil é organizado com um rígido componente acadêmico. Há um longo caminho a percorrer entre as brincadeiras livres de um jardim de infância norueguês e a educação sistêmica de um *detskij sad* russo. Até as crianças mais novas brincam ao ar livre durante as pausas entre o aprendizado fixo, *uroki*.

Uma reforma escolar inspirada pela *glasnost* foi posta em prática por Gorbachev, desburocratizando e descentralizando as escolas russas, no oposto do que vem acontecendo na Noruega e nos Estados Unidos. Quem vencerá a corrida? O que as crianças têm a ganhar com isso? E o que têm a perder?

Se tomarmos o exemplo dos Estados Unidos, veremos obviamente que o sistema político é diametralmente diferente da Rússia. Mas ambos partilham uma enorme responsabilidade militar e econômica no cenário político mundial, embora o equilíbrio de poder tenha sido drasticamente modificado nas décadas recentes. Para as crianças dos dois países, isso se reflete em aspectos fundamentais, a despeito das diferenças entre os sistemas políticos.

Como na Rússia, os Estados Unidos dão forte ênfase a valores nacionais. O "espírito americano" e o patriotismo sempre estiveram em alta, sobretudo após o atentado de 11 de setembro de 2001. Nas creches norte-americanas, George Washington é um símbolo unificador, pois os Estados Unidos também tiveram uma *revolução*, em 1776, que cultua o orgulho patriótico — nem tão comparável à revolução russa de Lênin em 1917, mas ainda assim de extrema importância. E a bandeira tem o mesmo e importante papel aglutinador nos Estados Unidos, que, tal como a Rússia, figura entre as nações de maior diversidade étnica do mundo. A cada manhã, nos vários estados norte-americanos, crianças de 5 ou 6 anos de idade reúnem-se para o mesmo ritual de saudação diante da música *"Stars and stripes forever"*. Com a mão direita sobre o peito, eles juram fidelidade à bandeira no seu *pledge of allegiance*, como numa espécie de prece matinal:

> Eu juro fidelidade
> à bandeira dos Estados Unidos da América
> e à República que ela representa.
> Uma nação sob Deus,
> indivisível,
> com liberdade e justiça para todos.

Mas essa "prece matinal" tem motivado um acalorado debate na política norte-americana. Os presidentes Bush, pai e filho, enfatizaram a importância do *pledge* não apenas para as crianças como para toda a nação. Enquanto as crianças fazem seu juramento, algumas delas ao mesmo tempo desconfiam de que aquela não é a terra da "liberdade e da justiça para todos". Jovens de origem negra, mexicana ou vietnamita, por exemplo, costumam levar uma vida pior que seus colegas caucasianos. Elas sabem também que o idioma norte-americano tem mais valor que outras línguas. Que o presidente nem sempre diz a verdade, de Watergate à Guerra do Iraque. Assassinato, impeachment, escândalos envolvendo mais de um presidente marcam os últimos 50 anos da história dos Estados Unidos e isso tem reflexos óbvios na maneira como a juventude desse país enxerga o mundo. Em conversas com crianças e jovens, fica evidente que se trata de um tema espinhoso. Eles crescem com uma visão ambígua do aprendizado e da vida.

Parte importante do patriotismo da grande potência é a disposição para lutar e morrer pela pátria, tanto na Rússia como nos Estados Unidos. Fantasias de Rambo, parques temáticos de guerra, armas de brinquedo que mimetizam as originais com perfeição e games bélicos, produzidos pelo suprassumo da tecnologia, são facetas de uma indústria que vê nas crianças um potencial de mercado inesgotável.

Também nos Estados Unidos há pressa em educar as crianças, ao menos em relação à Noruega. Lá as crianças começam na escola tão logo completam 5 anos. E logo surgem as demandas, cada vez mais exigentes e cada vez mais cedo, por uma educação formal em matemática, alfabetização e leitura. Não é mais a ameaça dos russos a força-motriz das autoridades educadoras norte-americanas, mas a crescente pressão competitiva dos vizinhos além-Pacífico: Japão e China. A brincadeira, portanto, vem perdendo cada vez mais espaço nos *kindergardens* norte-americanos. *Academics* passou a ser a prioridade número um. Ao mesmo tempo, e a exemplo dos russos, os norte-americanos têm seus programas para "crianças superdotadas", *"the best source of leaders for our nation's future"* ["a melhor fonte de líderes para o futuro da nossa nação"]. Em 2001, sob a administração Bush, os Estados Unidos puseram em prática um programa nacional de escolarização — *"No child left behind"* ["Nenhuma criança deixada para trás"] — que parece ter tido consequências catastróficas. Escolas, famílias e crianças sentiram um nível de pressão nunca antes experimentado (veja o Capítulo 7, "A ruptura da infância").

Cabe a pergunta, porém: em que medida existe uma cultura infantil viva para além das diferenças nacionais, culturais, sociais e políticas, da pequena e ambiciosa Noruega à sempre poderosa Rússia e aos onipotentes Estados Unidos?

Os tempos de hoje são diferentes de quando comecei meu trabalho de campo nesses países — já se vão mais de 20 anos. Ao mesmo tempo, a cultura e a língua deles permanecem, em grande medida, as mesmas. E crianças são crianças, brincadeiras são brincadeiras, canções são canções, atemporais e universais, sobretudo no que diz respeito ao primeiro ano escolar, objeto de minhas pesquisas. No ventre da mãe, a criança está o tempo inteiro imersa num mundo de sons e movimento que lhe dará a chave para a vida social vindoura. Essa *experiência comunitária* fundamental conecta pessoas em todo o planeta, a despeito de quaisquer diferenças linguísticas, culturais e políticas. Criatividade e inspiração, a herança que nos legaram as musas, são traços comuns a qualquer ser humano. *O ngoma lúdico tem caráter universal* — esta é e sempre foi a minha profissão de fé.

Partindo dessa concepção, há tempos tenho trabalhado com a hipótese de que em todas as culturas deve haver um canto espontâneo comum às crianças que brincam. Uma *língua materna musical* que sem dúvida adquire um colorido diferente nas diversas culturas e tradições das quais for parte, mas ao mesmo tempo constitui algo universal e atemporal, um elemento fundador e precoce da comunicação e da socialização humanas.

DA CULTURA INFANTIL NORUEGUESA

A seguir examinaremos mais detidamente as canções espontâneas entre pré-escolares de Oslo. A pesquisa, oriunda de três diferentes creches e conduzida ao longo de um ano apenas, resultou na minha tese de doutoramento e foi reproduzida com detalhes no livro *Den spontane barnesangen — Vårt musikalske morsmål* [A canção infantil espontânea — Nossa língua materna musical] (Bjørkvold, 1985). Uma abordagem musal da cultura musical espontânea infantil é a base teórica desse trabalho. No presente capítulo, desenvolverei as descobertas e conclusões a que cheguei tendo como premissa o tema deste livro, tudo examinado de uma perspectiva transcultural.

Antes de me aprofundar na pesquisa de Oslo, é necessário precisar os fundamentos teóricos da coleta desses dados. Prefiro aqui citar diretamente a tese de doutorado:

> Como eu estava interessado em estudar o canto infantil num ambiente social natural, precisei manter as crianças sob meu escrutínio o tempo todo. [...]
> Acompanhei essas crianças nas suas atividades diárias, mas nunca me envolvi ativamente em suas brincadeiras nem as estimulei a cantar. Pode-se então caracterizar a minha forma de abordagem como uma "observação participativa passiva". Esse método de observação é muito comum na antropologia social, que se detém no que considera relevante como objeto de estudo: apenas a interação observável entre pessoas de diferentes culturas. [...]
> Por uma questão de controle, também optei por *não* recorrer a instrumentos de registro como gravadores de áudio e vídeo no trabalho de campo. Achei que um registro possivelmente mais preciso da canção infantil não deveria sobrepor-se à oportunidade de observar as crianças no seu ambiente e na sua expressão mais espontânea, sem influenciá-las por meio de instrumentos técnicos. [...] Um fator crucial a ser observado: tanto quanto possível, o método de campo deve corresponder aos questionamentos que a pesquisa se propôs a investigar a princípio. (p. 44-45)

O mesmo método foi então utilizado com crianças russas e norte-americanas, a fim de melhor comparar as expressões espontâneas de crianças dos três países.

Uma vez que essa é uma pesquisa transcultural e, por isso, abrange um escopo significativo, convém fazer aqui um rápido esboço da capital norueguesa para aqueles que não nasceram e cresceram aqui e, portanto, não estão familiarizados com Oslo.

Oslo

Oslo é uma capital no Norte da Europa com a vida agitada de uma cidade grande: engarrafamentos e uma miríade de lojas, cinemas, restaurantes e teatros. Ao mesmo tempo, tem ruas estreitas de cidade pequena e é rodeada por uma natureza exuberante. É uma cidade em que bondes elétricos podem transportá-lo do burburinho do centro às idílicas áreas de floresta intocada em meros 20 minutos de viagem.

Oslo — com um número de habitantes que corresponde a um distrito de São Petersburgo ou Los Angeles, mas cuja área de floresta que a circunda torna-a uma das maiores capitais mundiais em metros quadrados.

Oslo — com um passado histórico mais antigo que as grandes cidades de São Petersburgo e Los Angeles podem divisar. Onde a universidade foi fundada bem antes de a Califórnia se tornar um estado norte-americano. Onde os jovens ainda acham natural sair para brincar nas ruas na penumbra do outono sem sentir aquele medo crônico de ser sequestrados, violentados ou mortos.

Oslo — onde um *ombudsman* com atuação nacional é responsável por administrar o bem-estar das crianças. Capital de um país que lidera os índices de morte por tráfico infantil, mas, ao mesmo tempo, onde as estatísticas apontam para um país com a menor taxa de mortalidade infantil e uma das maiores expectativas de vida do mundo.

Oslo — a cidade que detém o recorde de bandas e fanfarras infantis, que por sinal tomam parte nas paradas de comemoração do Dia Nacional da Noruega e fazem do 17 de maio uma data exótica aos olhos estrangeiros. Pois é nesse dia que milhares de crianças, agitando ou não bandeirolas, tocando ou não instrumentos, marcham pela rua principal em direção ao castelo para saudar o rei que as espera na varanda, um cenário que, comparado às paradas militares das grandes potências, tem uma leveza quase carnavalesca.

Oslo — a cidade onde ainda há filas de espera para creches que são muito caras. Onde as escolas são democráticas e igualitárias, embora boa parte delas esteja em mau estado por falta de manutenção. Uma capital que há tempos abraçou sua vocação multicultural. Em certas escolas, mais de 90% dos alunos falam algum idioma minoritário. Ao mesmo tempo, onde a incipiente pedagogia multicultural enfrenta as restrições de um orçamento bastante reduzido para um país que figura entre os mais ricos do mundo.

Oslo — às margens de um belo e cada vez mais limpo fiorde, circundada por colinas e florestas para desfrutar, seja no verão ou no inverno. Onde se bebe água direto da torneira. A cidade em que a fala dos jovens deixa entrever profundas diferenças de cultura e classe, apesar do meio século de uma política social-democrata de transferência de renda. A capital de um país que há mais de mil anos vive pacificamente com a vizinha Rússia — para enorme surpresa de muitos norte-americanos, decerto. À luz de tudo isso, boa parte do *ambiente de crescimento das crianças de Oslo* é estranho às crianças de São Petersburgo e Los Angeles.

O canto espontâneo

Permeando as inúmeras tarefas que ocupam as crianças — dos rituais no banheiro ao amarrar dos cadarços, das rixas com os amiguinhos à brincadeira solitária e pacífica na caixa de areia —, o canto espontâneo é um elemento essencial, intimamente ligado ao *ngoma* musal que abarca movimentos corporais, palavras e canções. Ele dá à brincadeira ritmo, aos movimentos corporais forma, e às palavras contexto. É vital saber dominar esse código comum à cultura infantil, uma ferramenta que abre portas para a criança se expressar e se desenvolver. Esse canto, articulado sem orientação adulta e por isso espontâneo, está sujeito a normas e regras de forma e conteúdo, como qualquer outra manifestação da cultura infantil.

É a concretude do cotidiano o fator determinante para aquilo que será cantado. Naturalmente, um arroubo furioso de birra é completamente diferente da melopeia de uma criança satisfeita que se põe a desenhar numa folha de papel. Assim como a fala, o canto espontâneo tem diferentes propósitos conforme a situação social. Essa expressão pessoal não é de forma nenhuma desprovida de normas, mas elaborada no âmbito de um conjunto de códigos culturais comuns, linguísticos, corporais e sensoriais. A perspectiva contextual da cultura infantil e seus cantos tradicionais em geral tem sido negligenciada:

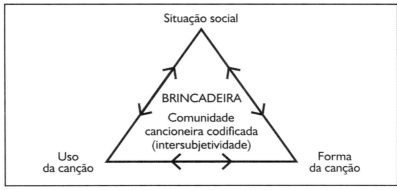

A figura tem a forma de triângulo exatamente para demonstrar que o contexto lúdico, o uso e a forma do canto espontâneo influenciam-se mutuamente, numa plenitude sociomusical inserida no âmbito das regras e dos valores comuns à cultura infantil que vem sendo perpetuada de criança a criança por gerações. Tudo isso é incorporado aos sistemas simbólicos determinados por convenções culturais, sistemas compreensíveis a todas as crianças pertencentes à mesma cultura, nos quais o significado ocorre na tradução (decodificação), por estas mesmas crianças, de tais sistemas simbólicos.

Formas dos cantos

Quando as crianças começam a cantar reagindo a algum acontecimento do seu cotidiano, essa canção precisa necessariamente adquirir uma *forma*. Tal conformação não é aleatória, mas embasada num conjunto de normas comuns arbitradas pelas próprias crianças. Elas sabem muito bem o que é necessário para conseguir o que desejam. Aquilo que aos ouvidos adultos (mesmo àqueles musicalmente treinados) soa como barulho e ruído, pode muito bem ser o trecho de um refinado sistema de comunicação por canções.

Bem cedo na vida a criança recorre a canções *fluidas e amorfas*. Elas evoluem naturalmente do balbuciar infantil e são parte das primeiras brincadeiras envolvendo sons e fala. Com seus fabulosos glissandos, microintervalos e ritmos livres, esse tipo de canto espontâneo é bem distante daquilo que nós, adultos, costumamos associar a uma canção. O grito de felicidade de Ronja para Birk, no meio da floresta encantada, é mais próximo desse contexto.

As duas outras formas espontâneas de canto infantil são as *fórmulas* e os *cantos prontos*, sendo estes últimos nitidamente os mais complexos em termos de musicalidade e repertório. Nestes, a criança faz livre uso de um material que, do ponto de vista musical, existe em canções ou músicas que já lhe são familiares. Assumindo que a progressão musical está em constante evolução, somos inclinados a achar que esse tipo seria o último a se manifestar no desenvolvimento infantil.

No entanto, não é bem assim.

Os cantos prontos estão disponíveis desde o princípio. Embalam a alegria de pais e mães com filhos no colo, são a trilha sonora das brincadeiras do recém-nascido. Que pais não cantaram "Nana, nenê" para adormecer os filhos? A criança se inspira e cresce. Com o passar do tempo, ela mesma se apropria do canto pronto em brincadeiras solitárias ou em conjunto com outras pessoas, preferencialmente adultos. Com as fórmulas é diferente. Elas são principalmente uma comunicação pura entre crianças que brincam e, portanto, não desempenham papel relevante até os 2 ou 3 anos de idade, quando as crianças começam a brincar entre si para valer. Nesse instante, muitos cantos prontos estão de há muito entranhados na alma da maioria das crianças. Exemplos não faltam, abundantes como a própria cultura infantil.

Já aos 18 meses pode-se perceber claramente que as crianças tentam acompanhar a cantiga dos pais. Com 20 meses, minha primogênita tinha um razoável repertório de cantos prontos que adorava cantar conosco, numa espécie de dueto, completando as frases que interrompíamos antes do final. Muitas das canções ela "escutava" internamente: começava a cantar baixinho, fazia uma pausa de alguns segundos e terminava a estrofe mais ou menos no compasso "certo". O *timing* deixava claro que as breves interrupções eram, para ela, algo mais que o silêncio. A canção seguia na sua mente, marcada por uma espécie de metrônomo interno, para ela finalmente concluir a última estrofe em alto e bom som. A menina havia cantado a canção inteira, *combinando* as instâncias interna e externa.

Cinco meses mais tarde houve um enorme desenvolvimento. Um grande e latente repertório agora estava pronto para ser apresentado. E ela adorava exibi-lo quando estava conosco, pois sabia que essas canções fortaleciam nossos laços comuns. Cantar junto era divertido, uma demonstração de carinho. Com 2 anos e 1 mês de idade, ela tinha um repertório ativo de mais de 30 canções, boa parte delas com muitos versos. As seis estrofes da "Cantiga da Noite de Natal" de Prøysen, por exemplo. Agora a pequena tinha à disposição uma extraordinária seleção de músicas. Certamente ela crescera num meio que favorecia esse tipo de comportamento. Ainda assim, seu exemplo mostra como uma criança pode dominar um repertório relativamente extenso de canções, bastando para isso que seja exposta a elas num contexto significativo e na companhia de pessoas amadas. Pouco a pouco, as crianças compartilham as canções com seus pares, sobretudo na educação infantil, onde esse intercâmbio de matéria-prima constitui uma inesgotável fonte de imaginação. No exemplo a seguir, a pequena Lena aproveita a melodia da canção francesa "Frère Jacques" para fazer troça do mau cheiro das meias de uma coleguinha. Em geral, essas apropriações limitam-se a alterar a letra, mas ocasionalmente até a melodia pode ser modificada:

Ao se aproximar dos 3 anos, as crianças começam a cantar usando também as *fórmulas*: glosas fixas com intervalos e ritmos bem marcados. Quem não reconhece fórmulas como estas:

Kom! Dum - me, dum - me deg! Se pa hva jeg gjør!
(Venha! Burro, seu burro! Veja o que eu faço!)

Em tudo e por tudo, a criança é apresentada à primeira fórmula enquanto recém-nascida, nas brincadeiras com os pais ou irmãos mais velhos. É sobretudo brincando de esconder que essa fórmula aparece. Você cobre o rosto com as mãos: "Cadê a mamãe?" Os olhos da criança brilham encantados. Então você de repente descobre o rosto e sorri para o seu filho:

Titt - ei
(Aqui!)

"Aqui! Aqui está a mamãe!" E o bebê gargalha de alegria.

A terça maior descendente ilustra o que podemos chamar de *sintaxe mista,* uma mistura peculiar de canção e fala muito usada pelas crianças (Oskaar, 1988), cujo repertório vai se expandindo à medida que se estabelece a comunicação na brincadeira com seus pares. É aqui, no alvorecer do ambiente da cultura infantil, que as fórmulas se tornam um elemento ativo e funcional da língua materna musical das crianças.

Essas fórmulas pertencem, obviamente, a uma história cultural que vem sendo recontada de geração a geração. Na pesquisa que conduzi com crianças norueguesas de 4 a 7 anos, as seguintes fórmulas eram as mais comuns:

O desenvolvimento de um ambiente conceitual infantil genérico não é um processo unidimensional nem linear. As crianças não queimam pontes na sua conquista do mundo. A ousada exploração do novo tem como pressuposto um porto seguro naquilo que já é familiar e conhecido. No canto espontâneo de crianças de 6 anos, portanto, estão presentes, como recursos de expressão, as três formas seguintes:

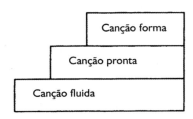

MÚSICA, INSPIRAÇÃO E CRIATIVIDADE

Na concepção cultural infantil, a canção fluida não exclui aquela mais formal, nem é mais "primitiva" do que a canção pronta. Apenas o somatório dessas formas espontâneas, cada uma a seu modo distinto, será capaz de dar conta das muitas possibilidades de expressão emocionais, comunicativas e sociais da criança. E, como veremos a seguir, esta precisa de todas elas na exploração cotidiana que faz de si e do mundo.

Uso de canções

Vejamos como as crianças *usam* o som no seu dia a dia.

A. Brincadeira sonora concreta — Imitação análoga

A garotinha está concentrada diante da folha de papel, rabiscando círculos com o lápis ao mesmo tempo que canta num ritmo constante o movimento que a mão descreve:

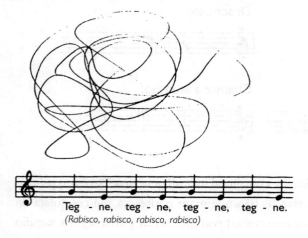

Teg - ne, teg - ne, teg - ne, teg - ne.
(Rabisco, rabisco, rabisco, rabisco)

Eis aqui o movimento lúdico do canto, um exemplo típico do canto espontâneo como um *ngoma* que perpassa limites culturais, um somatório de expressões do corpo, do canto e das palavras. A canção espelha os gestos do braço e os rabiscos na folha. A percepção cinestésica, visual e auditiva está em perfeito equilíbrio nessas diferentes *correspondências análogas* de uma percepção total, tal qual a *sikia* da cultura banto africana. A menina não canta *sobre* o desenho que faz. Ela canta o desenho. Ela é, de certo modo, uma parte do desenho, se estiver suficientemente imersa nele. Abandonou a sua individualidade subjetiva e está organicamente ligada a um contexto em que sujeito e objeto tornam-se uno. É nesse processo que o lúdico pode ocorrer ao mesmo tempo aqui e agora — e além do espaço e do tempo. Realidades exteriores e interiores unem-se perfeitamente, em consequência da imersão segura da criança no seu *ngoma*. É por meio da percepção total que a criança reúne forças para conquistas e descobertas cada vez mais decisivas à formação do seu ser. Diz Edith Cobb (1977): "Cada criança deve associar uma imagem do mundo com uma imagem do próprio corpo para compreender onde está e quem é" (p. 17). E mais: "A imagem corporal e a imagem da realidade estão atreladas uma à outra na forma como são percebidas pelo sistema nervoso. A identidade de cada pessoa é, portanto, uma unidade do ego/mundo" (p. 110).

No nosso mundo especializado, essa criança que canta e desenha pode muito bem ser objeto de estudo, porém de disciplinas distintas: o professor de artes trataria dos rabiscos como uma primeira tentativa de segurar um lápis de cor, e explicaria a evolução destes para um padrão de círculos completos à medida que adquire melhor controle motor. O professor de educação física estudaria os movimentos de braços e dedos e a coordenação motora fina. E o professor de música tentaria identificar os primeiros sinais de percepção auditiva de intervalos que possam depois ser utilizados na notação de "canções de verdade". E, zás, lá se vai o *ngoma* — e com ele a criança.

Vejamos agora outro típico exemplo de brincadeira analógica com canções. Dessa vez é o garoto que brinca com um aviãozinho de papel, em que um longo glissando acompanha o movimento do braço à medida que a aeronave mergulha rumo ao solo:

Canto e movimento imitam um ao outro e se tornam análogos, sincrônicos e unos. A um só tempo a criança consegue elaborar pensamento, sentimento e forma. O canto espontâneo confere *qualidade objetiva* à brincadeira. O canto fluido torna-se parte da queda concreta do avião, assim como nos desenhos animados a que assistimos na TV.

À medida que o canto é usado como uma espécie de trilha sonora do brincar, é mais fácil perceber a correspondência análoga entre canto, brincadeira e aquilo que a criança está sentindo e querendo externar.

A canção fluida, porém, é também utilizada num amplo contexto de sentimentos, não apenas em manifestações lúdicas. O caráter subjetivo e abstrato desses pensamentos não nos permite associá-lo diretamente ao canto como fazemos quando um aviãozinho despenca rumo ao chão. Mas aqui também nos referimos a uma forma de concretização analógica em que a canção é uma espécie de materialização sonora da energia interior de pensamento, tensão e sentimento. A canção é parte do humor da criança. O desassossego que o pequeno Steinar sente pode se manifestar em forma de canção enquanto ele se isola num cantinho da sala da creche:

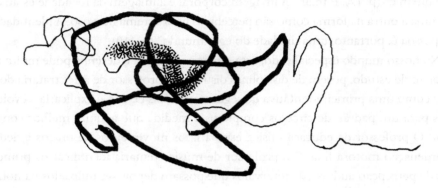

Trata-se de um monólogo solitário. Siga a linha da esquerda para a direita: ela começa delicadamente, cresce em força e ganha intensidade e termina mais aliviada. Aqui não há separação entre canto e sentimento, criança e mundo ao seu redor:

> Tu, criança que bebe o leite em canecos prateados, nunca baixes a cabeça — sê contigo e não conhecerás divisão ou Deus ausente.
> Com passos trêmulos e sem rumo tateias mundo que é tu e teu, além da tua pele, como uma extensão dos teus sentidos.
> (Stein Mehren, "Tu, criança, que bebe o leite em canecos cor de prata")

B. O uso de "palavras cantadas": provocar (ou irritar), contar, chamar, invocar, perguntar, responder — Uma representação simbólica

Quantas gerações de crianças já não foram provocadas e irritadas assim:

Du er en dum - ming, er - ta, ber - ta deg
(Seu burrinho de marré de si)

Mas nesse tipo de uso o canto passou do nível objetivo para o *simbólico*. O canto não se torna mais uma concretização do brincar, o ardil que as crianças têm à disposição. Em vez disso, funciona como representação simbólica, aqui no intuito de provocar ou irritar.

A própria estrutura desse canto não é como o glissando do avião de papel, uma imitação análoga, mas antes um canto espontâneo em que as palavras diferem das outras. A sintaxe dos elementos que o compõem, a estrutura de intervalos, ritmo e texto é tal que adquire um conteúdo de *provocação*. Todas as crianças compreendem essa fórmula assim — mesmo quando *não há* texto. Basta uma criança murmurar baixinho a fórmula enquanto franze o nariz para o coleguinha e pronto: a provocação está feita! Acompanhando o psicólogo linguístico Ragnar Rommetveit (1972), podemos dizer que tal fórmula desencadeia uma *referência intersubjetiva*, parte cognitiva, parte emocional (Rommetveit, 1972). É exatamente a referência comum que a transforma num símbolo linguístico, e não apenas num sinal mais inespecífico:

Cultura infantil como contexto

De modo nenhum a comunicação cantada na cultura infantil limita-se apenas às provocações. Com fórmulas definidas, claras e de intervalos regulares e específicos, as crianças são capazes, de maneira efetiva e precisa, de contar coisas, chamar as outras, comandar, perguntar e responder num contexto interativo, criativo e inspirado, no qual o padrão das fórmulas pode ser matizado de acordo com o tom e o ritmo da voz de cada um. Uma preciosa fonte de expressão: a voz como espelho da alma.

C. O uso do acompanhamento cantado — A canção como parte da brincadeira

Finalmente temos outro meio, bastante difundido, de usar o canto espontâneo entre crianças. Trata-se de um acompanhamento mais casual para a brincadeira. Como quando a garotinha constrói um castelo no tanque de areia e começa a murmurar a melodia de "Born in the USA", de Bruce Springsteen.

O castelo é o cerne da brincadeira, não a canção. Mesmo assim, a música é uma importante situação lúdica, uma *fonte de energia emocional da qual emana espontaneidade.*

Trata-se de um acompanhamento contextualizado à brincadeira. Nesse caso, a canção adquire uma *função sinalizadora* e "diretamente desperta impulsos de ação e/ou atividades afetivas, sem necessariamente ter relação com a brincadeira" (Rommetveit, 1972, p. 311). Esse tipo de canção — C — carece também de referências simbólicas como códigos comuns, claramente presentes na fórmula usada para provocação, por exemplo. No cerne da brincadeira, porém, o acompanhamento cantado é tão importante para a comunicação infantil quanto as fórmulas de imitação análoga e representação simbólica.

A cultura infantil usa palavras e canções em todos os níveis da brincadeira:
- para ser o objeto lúdico (A);
- para representar um símbolo comunicativo no processo lúdico (B);
- como parte importante do contexto subjacente, acrescentando à brincadeira um inspirado matiz sonoro (C):

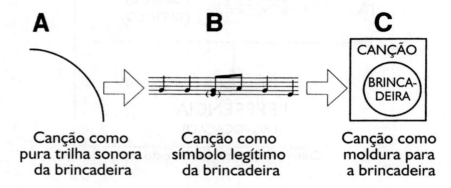

Uso e forma em interação complementar

O ponto central das minhas pesquisas anteriores foi demonstrar que as crianças, no âmbito das regras da brincadeira de determinada cultura, sistematicamente relacionam usos específicos a formas específicas no seu cantar espontâneo (Bjørkvold, 1985). Não que isso ocorra com regularidade plena, mas é frequente o bastante para afirmar que as crianças estão mais inclinadas a escolher determinada forma de uma canção a depender da necessidade e do uso que farão dela. Isso ocorre em padrões muito nítidos, mas não estou falando em correspondências estanques.

Acima de todas as outras, a *canção fluida* parece mais associada ao uso que podemos chamar de *imitação análoga* (A). Ela é utilizada tanto em brincadeiras sociais como isoladas. A brincadeira com o avião de papel pode muito bem adequar-se a ambos os exemplos. Raras vezes encontramos a canção fluida como exemplo de comunicação expressiva e extravagante, como no grito primaveril de Ronja, a filha do ladrão, porém o mais comum é que seja utilizada como elemento de *introspecção*. Foi o exemplo que vimos no monólogo em que o pequeno Steinar se sentou sozinho num canto do jardim murmurando uma canção para si mesmo. Aqui, a canção fluida mostra-se um poderoso meio de chegar a camadas mais profundas de sentimentos e sonhos. Nesse mundo interior, a canção faz as vezes de portador de pensamentos ocultos da criança, aos quais ninguém tem acesso. E, para tal, nada melhor que a canção fluida, com sua estrutura tão subjetiva e desprovida de padrões que qualquer criança pode apropriar-se dela como se fosse sua. Não há aqui requisitos para uma compreensão externa. O código da canção é *intrassubjetivo*. Vale apenas para aquela criança, naquela circunstância e naquele instante. É algo literalmente único.

Todos nós eventualmente precisamos recorrer a alguma fantasia, seja nos dias bons ou ruins. O fiel companheiro que está sempre ali, pronto para o que der e vier, proporcionando conforto e proteção, levando a culpa quando algo dá errado e até mesmo dando-lhe forças para resistir e pensar melhor, se preciso for. A canção pode ser esse companheiro para tantas crianças. Sim, para um número bem maior do que imaginamos. Pois não é assim que pensamos, ou quase nem ouvimos tal canção, mas ela é importante. Tanto quanto a personagem Binker no poema de A. A. Milne, criador d'O ursinho Pooh:

> Binker — como o chamo — é meu segredinho,
> por causa dele não me sinto sozinho.
> Brincando na creche, na escada sentado,
> onde estiver, terei Binker a meu lado.
>
> O papai é muito esperto
> e mamãe é o melhor que posso ter
> E também a babá, que chamo de bá,
> Mas Binker ela não vê.
>
> Ele não é guloso mas gosta de comer
> Quando ganho um doce, digo carente:
> "Binker também quer, pode me dar outro?"
> E aí como os dois, porque ele não tem dente.
>
> Adoro o papai, mas ele é ocupado.
> E adoro mamãe, mas ela às vezes não está.
> E sempre estou com a bá, que tanto cuida de mim...
> Mas Binker será sempre Binker — até o fim.
> (A. A. Milne, em *Now we are six* [Agora somos seis])

Esse amigo invisível (*the invisible companion*) na imaginação infantil é o que Stein Bråten (1988) chama de *outro virtual*, um parceiro ativo e dialogante de enorme importância para o desenvolvimento emocional, linguístico, intelectual e social da criança. Na Escandinávia encontramos este *outro virtual* nos livros de Gunilla Bergström sobre Albert Åberg, um pestinha que apronta todas na companhia do "secreto Mållgan".

Se tomarmos as *fórmulas de canções* e suas formas padrão, veremos que estão especialmente relacionadas ao contexto comunicativo infantil e, portanto, à categoria de *representação simbólica*. São usadas em arengas assim como brincadeiras de dramatização, de tal sorte que as crianças imediatamente sabem do que se trata. Aqui a compreensão comum é um ponto fundamental.

A relação entre as fórmulas de canções e a representação simbólica pode ser medida com alta incidência estatística, como demonstrei anteriormente (Bjørkvold, 1985). Essas formas funcionam em princípio da mesma maneira que as palavras-símbolo na linguagem verbal da comunicação infantil. Ambas são apenas sons carregados de conteúdo semântico. Os intervalos específicos da fórmula da canção correspondem aos intervalos específicos dos fonemas das palavras, e o conteúdo é compreensível às crianças no perímetro de determinada cultura:

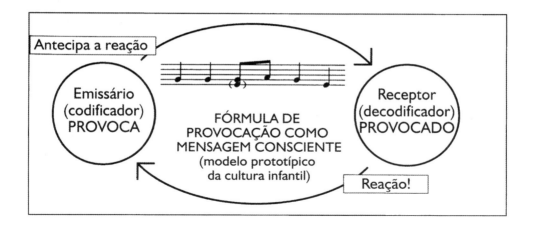

Porém, tal fórmula jamais poderá ser detalhada com precisão de conteúdo numa linguagem verbal. A fórmula cantada acomoda um *modo de significação* emocionalmente carregado, em menor ou maior medida. Isso não significa necessariamente que as crianças a utilizem menos para comunicar-se com palavras. Em muitos casos, é justamente assim que a canção espontânea é empregada, para chegar aonde a palavra sozinha não alcança, sendo a carga emocional do modo de significação que dá conteúdo e força ao que a criança deseja externar.

Análises anteriores (Bjørkvold, 1985) mostram que a mesma fórmula cantada pode ser empregada com diferentes conteúdos. As fórmulas são, em outras palavras, *homônimas* — soam iguais, mas têm significados distintos. O modelo "prototípico" da cultura infantil (G-A-G-E) abrange vários significados, isto é, tanto pode ser empregado na provocação como na narrativa ou na descrição. Na prática, porém, seu uso mais frequente entre as crianças é com fins de *provocar ou irritar*.

Duas outras fórmulas amplamente empregadas por crianças — terça menor descendente e terça maior descendente — na função vocativa também têm traços de homonímia: "Vem cá!" é na maioria das vezes utilizado na terça maior descendente, mas mesmo aqui o conteúdo pode assumir um tom descritivo ou narrativo. É sempre o contexto social que deixará claro o sentido real que a fórmula da canção adquire. As crianças não erram, pois nisso há uma clara consistência de significado que faz parte do seu contexto cultural.

A homonímia é, a propósito, um fenômeno bastante comum na língua falada, e as crianças sabem explorá-lo muito bem. A ambiguidade das palavras é uma fonte fértil de piadas na cultura infantil:

— Já ouviu falar do menino que não queria ser marceneiro porque o pai era lenhador e o sobrenome da mãe era Pinheiro?

As fórmulas deixam entrever outra característica interessante relacionada com a complementaridade entre forma e uso do canto infantil espontâneo. As análises mostram claramente que *o emprego das diferentes fórmulas é uma função do desenvolvimento social dos grupos de crianças*. Num grupo de crianças de creche que ainda não se conhecem, elas hesitam. A atividade social ainda está numa fase inicial e a necessidade de fórmulas de cantos para se comunicar, por sua vez, ainda é modesta. As crianças se comunicam, brincam e cantam em boa medida para si mesmas, numa zona de conforto em que sempre têm razão, sempre ganham e sempre detêm o controle! No entanto, após os seis primeiros meses de convívio, a situação é bem diferente. As crianças do grupo brincaram, brigaram, choraram e riram juntas inúmeras vezes. E as fórmulas de cantos espelham a dramática mudança na realidade e no desenvolvimento social das crianças: cada vez mais são utilizadas nas brincadeiras, uma manifestação necessária num cotidiano que passa a ditar os requisitos, para o bem e para o mal, de uma vida em comunidade. E vice-versa: à medida que diminui a necessidade ou a oportunidade de estar sozinho no grupo, com o tempo diminui também a incidência do *canto introspectivo*. O canto infantil espontâneo reflete o tempo inteiro a vida individual e coletiva da criança (Bjørkvold, 1985).

Se finalmente examinarmos os *cantos prontos*, encontraremos também uma distribuição uniforme das três categorias de utilização. Aqui o texto parecer ser o fator determinante de como a canção pronta será utilizada.

O mais comum é usá-la como "canção de trabalho" (matiz sonoro, como vimos), em que a meia-vida da canção dura o mesmo que dada situação social. Com frequência o texto original da música é mantido nessa situação, assim como no exemplo de Bruce Springsteen e do castelo de areia, mas canções prontas também são utilizadas em situações de introspecção emocional, da mesma maneira que canções fluidas, seja em murmúrios, seja em segunda voz, seja usando-se apenas fragmentos da letra.

Per e a canção da borboleta

Um exemplo notável disto nos dá o menino Per. A língua sempre foi um desafio para Per — quando ele não estava cantando. A canção o ajudou a organizar palavras e emoções de uma maneira que teria sido impossível diante das dificuldades diárias que tinha com a língua. Aos 5 anos, ele ainda achava difícil dizer seu nome de maneira clara, para que todos os adultos pudessem entendê-lo. Mas Per cantava o dia inteiro, e tinha bons motivos para tanto. Por meio da canção ele podia se comunicar, tanto consigo mesmo como com os outros.

Certo dia Per escutou uma canção bem diferente de tudo que ouvira na creche:

Nos dias que se seguiram, os funcionários da creche repetiram essa canção para ele, vezes a fio[5]. A melodia difícil, tanto no ritmo quantos nos tons, está a quilômetros de distância dos parâmetros da pedagogia musical. E mesmo assim, e talvez exatamente por isso, Per entrou em total sintonia com a música. Ele agarrou-se àquela "melodia impossível", como numa versão musical do triunfo do desconforto. A melodia parecia completá-lo. Por onde ia, ele não parava de cantarolar sua versão daquela canção avassaladora:

É importante também que se diga: já vi esse milagre antes, e agora o vejo novamente, desta vez tendo Per como personagem. Enquanto cantava cheio de inspiração, o garoto *era* de verdade uma borboleta, correndo de um lado para outro com o olhar distante, agitando os braços e oscilando o corpo no ritmo da melodia. *All those born with wings* ["Todos aqueles nascidos com asas"]. Uma borboleta de 5 anos de idade, vestindo suéter verde e calças jeans enlameadas. O garoto estava em perfeito equilíbrio: havia

---

5. A música fala de uma borboleta criada por Deus e por ele adornada com belas características.

MÚSICA, INSPIRAÇÃO E CRIATIVIDADE

transposto todos os obstáculos. Em brincadeiras assim temos o que Edith Cobb (1977) descreve como "a genialidade da infância — uma exploração cosmopoética da mente e do mundo". Ela prossegue: "O maior esforço poético nasce do desejo que a criança sente de tornar-se o que deseja compreender e externar essa compreensão" (p. 50).

Per cantava para si mesmo e consigo mesmo. Com frequência, encontramos canções prontas também num contexto *comunicativo*. Improvisações também são muito comuns. Reagindo à necessidade do momento, a criança rapidamente transformará um ou outro verso com criatividade e originalidade. Foi o que fez o pequeno Pål, de 4 anos, com um antigo salmo de Natal. Com seu coração inspirado, ele fez uma sincera declaração de amor para a professora Jorunn, por quem era apaixonada havia tempos:

Como testemunha ocular do fato, posso asseverar que Jorunn corou, apesar da diferença de idade de 25 anos que os separava!

Ao contrário das fórmulas com estrutura de intervalos específicos, aqui é o texto que transmite a mensagem com precisão, fazendo uma referência *denotativa*. A canção correspondente funciona mais como um contexto emocional, emprestando um reforço *conotativo* à mensagem: a melodia refere-se a uma conhecida canção de Natal e a todas as associações que isso pode trazer, tanto para Pål como para Jorunn. A canção, nesse caso, é a popular "Deilig er Jorden" ["Maravilhosa é a Terra"], que carrega a confissão espontânea de Pål e enriquece o conteúdo.

Quantas belas recordações de Natal não terão vindo à mente de ambos? Músicas prontas são, portanto, excelentes veículos para crianças externarem sentimentos e ideias. Elas podem carecer de certa completude, mas mesmo assim têm uma enorme força de expressão! (Veja "Maravilhosa é a Jorunn!", Bjørkvold, 1998.)

Não falta força de expressão àquelas crianças que, com humor e inteligência, recorrem às canções prontas para se comunicar, neste caso tomando emprestado a melodia de "London Bridge":

(Vivian Zahl Olsen)

— *O cocô está caindo, está caindo, está caindo!*

Outras vezes, elas brincam conscientemente com um texto, tendo o humor como premissa. Como neste caso, numa inocente prece dita à mesa antes das refeições. A melodia original é assim:

Å, du som met-ter li- ten fugl, vel - sign vår mat, O Gud! A - men.
(Ó, tu que alimentas os pássaros, abençoa nossa refeição, ó, Deus! Amém.)

A variante infantil:

Å, du som spi-ste li- ten fugl, væl - sign og spytt den ut a' munn!
(Ó, tu que comeste, passarinho, por favor cuspa já o que tens na boca!)

Muitos dos trechos das canções prontas que as crianças usam de improviso no seu dia a dia têm raízes em antigas tradições, folguedos e regras infantis, porém, de longe, a maior quantidade de canções prontas provêm do contexto em que estão imersas — família, creche e meios de comunicação.

Aqui podemos traçar algumas importantes conclusões. Acima de tudo, parece que as crianças não se ocupam apenas de canções que os adultos tradicionalmente consideram "infantis". Com um apetite insaciável pela vida, elas gostam de experimentar com canções de letras e música mais complicadas. As crianças também usam essas canções, componentes de sua competência linguística, como ponto de partida para a exploração da realidade, uma realidade que não é nada unidimensional e simples como pretendem "canções bate palminha" adotadas por muitos pedagogos infantis. Estas são sistematicamente preteridas por crianças que querem fazer algum comentário sobre o que estão sentindo em dado momento (Bjørkvold, 1985). O fútil não tem lugar diante daquilo que é mais significativo. Foi exatamente isso que Per sentiu com sua canção da borboleta.

É interessante também registrar que, diferentemente do que costumamos pensar, os meios de comunicação de massa não parecem influenciar musicalmente crianças em idade pré-escolar, pois esse público prefere as impressões transmitidas pela proximidade e pelo contato de outros seres humanos em detrimento dos alto-falantes. Uma simples música improvisada no colo alcança bem mais longe que a reprodução de áudio perfeita de um CD. Tanto minhas pesquisas na Noruega (Bjørkvold, 1985) como uma investigação dinamarquesa mais recente (Alkersig e Riemer, 1989) mostram que apenas cerca de 20% do repertório infantil de canções prontas provêm diretamente da mídia. O restante é constituído de uma herança viva, canções contemporâneas e outras que datam da infância das nossas bisavós e têm mais de um século de idade. Nenhum truque midiático será capaz de substituir um bom colo. Jamais foi assim, e jamais o será.

Nossa língua materna musical e sua função

O canto é nossa esfera comum; cantar é existirmos.
Henrik Ibsen

O antropólogo musical Alan P. Merriam (1964, p. 210) faz uma clássica distinção entre os conceitos de *uso e função*: "'Uso' refere-se a situações em que a música é empregada numa ação humana; 'função' diz respeito às razões desse emprego e, particularmente, ao propósito mais amplo a que serve".

Quando exploramos as diferentes funções da canção infantil, trata-se sobretudo de compreender algo do papel ou do significado subjacente que tal canção exerce na vida individual, social ou cultural da criança.

O canto espontâneo é, como vimos, a *língua materna musical* da criança, também num senso linguístico propriamente dito. É parte de sua multifacetada competência comunicativa. Tal perspectiva também vem ganhando certa relevância entre pesquisadores internacionais do tema (Söderbergh, 1988).

A canção infantil espontânea terá várias funções na vida da criança, assim como a comunicação verbal. Além disso, a canção infantil, muito naturalmente, terá certas funções relacionadas mais diretamente com o ato de cantar. A pesquisa linguística moderna costuma assinalar as seguintes funções principais na linguagem humana:

- estabelecer contato;
- informar;
- marcar uma identidade.

Tais funções principais, é claro, estão intimamente interligadas e *nitidamente* aparentes no canto infantil espontâneo.

A *função de estabelecer contato* no canto infantil tem raízes na primeira interação entre recém-nascido e mãe, quando a criança aprende, de uma vez por todas, o enorme potencial de empatia que possui a simples modulação da voz humana. É esse o início do desenvolvimento da cultura e da vida social. Os anos na pré-escola expandem essa capacidade. A canção espontânea torna-se uma via de duas mãos e com igual força de expressão pode seguir em direções opostas. Nisso reside a mais significativa função *emocional* da canção espontânea: permite acesso a camadas mais profundas da própria mente ao mesmo tempo que constitui um meio de expressar emoção e sentimento a fim de tocar o outro. As crianças dominam plenamente algo que Winnicott apontou como essencial na brincadeira como processo psicodinâmico: o de ser um mediador vital entre as realidades interior e exterior humanas. Quando tal mediação ocorre, evitam-se dois fenômenos indesejáveis: no primeiro, a criança se retrai em busca de proteção contra aquilo que percebe como ameaça ao seu redor; no segundo, perde-se totalmente numa vida "exterior" que carece de introspecção e de uma âncora emocional. A criança sadia é capaz de assumir o considerável risco de estabelecer um vigoroso *contato* com o mundo, abordá-lo de maneira criativa, crítica, questionadora.

Assim deve ser para que novos desafios sejam superados e as surpresas da vida lhe sejam reveladas, justamente a tarefa imposta às crianças nessa idade pela miríade de estímulos ao seu redor. Per tinha problemas para falar, mas apesar disso passava o dia cantando aos quatro ventos. Pense no efeito terapêutico do grito primaveril de Ronja.

A canção espontânea pode naturalmente contribuir para transmitir conhecimento e informação, reforçando assim o aprendizado e a cognição da mesma forma como faz o idioma.

Além de uma *função informativa* mais estrita, vimos vários exemplos de como a canção, com seu forte viés emocional, é capaz de *despertar a fantasia*, e com isso desempenha um fundamental *papel de ruptura* no processo de descoberta infantil. Uma criança de 5 anos sabe muito bem que $1 + 1 = 2$, mas ao mesmo tempo pode adentrar, cantando, um mundo lúdico de novos e importantes conhecimentos em que $1 + 1 = 2 + x$.

Nesse processo, como vimos, a canção espontânea assume a essencial *função de expandir a consciência*. Trechos de uma canção podem ser a chave para uma nova forma de experimentar que abre a porta para novos conceitos emocionais e cognitivos.

Na graça da canção espontânea muitas vezes está a ruptura inconsciente das normas, o elemento dinâmico que confere vida e significado ao humor. Aqui as fronteiras e normas podem ser desafiadas e postas de cabeça para baixo por meio do filtro do humor. Ousadas e originais, muitas vezes dotadas da capacidade de ir direto ao ponto, as crianças espirituosas vivem procurando uma experiência de vida a mais autêntica possível.

Tudo isso, que é naturalmente incorporado na brincadeira infantil, jamais seria possível sem a canção espontânea. Em dado instante, ela é o centro borbulhante e tema principal da brincadeira; em outro, o fio condutor das atividades lúdicas. Mas a canção não é apenas parte fundamental do *ngoma* lúdico: ela adquire uma clara *função estruturante*, conferindo à brincadeira um aspecto interior e exterior, ritmo, unidade dinâmica, pulso e energia emocional.

Tudo isso se alterna num processo que chamamos de *socialização*, pelo qual a criança é preparada para a vida na cultura e na sociedade. A canção espontânea como marcador de identidade é parte dessa socialização. No espaço social, cada criança desempenha um papel único. Na vida em comunidade, há vencedores e perdedores, amigos e namoradinhos, meninos e meninas: cada criança tem contribuições a fazer de acordo com seus pressupostos e com seu caráter singular.

As crianças conhecem as regras da cultura infantil tão bem quanto os jogadores conhecem o abecê do futebol. No time do jardim de infância, a canção espontânea também tem seu *líbero*, seu capitão, seus craques e seus leais coadjuvantes. Alguns percebem a música em andamento e discretamente a acompanham. Outros dominam bem a arte, sem maiores arroubos criativos, mas mesmo assim são indispensáveis. Todos carregam seu *idioleto* musical, seu repertório pessoal e suas formas individuais naquele contexto coletivo. E todos participam, com maior ou menor frequência, com maior ou menor destreza. Nunca deparei com uma criança que não soubesse cantar.

Nessa dinâmica de grupo, a canção espontânea desempenha seu papel moldando o *senso de identidade de cada criança*. Expondo-se e sendo exposta, ela pode contar a si mesma quem é e onde se encontra no contexto social. A canção, afinal, pode criar a diferença determinante entre respeito e indiferença, entre amizade e isolamento.

A cultura infantil como a compreendemos é marcada por um conjunto de normas, regras e valores que lhe conferem unicidade e coerência — não como um sistema estático, mas como um processo contínuo de forças ativas e criadoras que, ao mesmo tempo, mantém e põem à prova os limites. Nela a criança pode crescer como parte da comunidade. Como tem um marcador social e individual único, a canção contribuirá para o estabelecimento de um *sentimento de identidade cultural* entre as crianças. A canção espontânea, profundamente enraizada no corpo e na mente, contribui para fortalecer uma espécie de continuidade na cultura infantil. E essa continuidade estrutural, um conjunto de processo e formas cotidianos, é necessária para que as crianças possam descobrir a própria vida e lidar com ela, com seu idioma, suas normas, sua moral, as tradições e costumes do seu país, com seus hábitos e vícios. Em *How musical is man?* [Até que ponto o homem é musical?], estudo já clássico do antropólogo musical John Blackings (1973) acerca do povo venda da África do Sul, estas foram algumas das conclusões:

> O comportamento musical reflete diferentes graus de consciência das forças sociais. As funções e estruturas da música estão ligadas a um desejo humano fundamental e a uma necessidade biológica de estabelecer um equilíbrio entre ambos. [...] A função mais importante da música numa sociedade ou cultura é promover uma humanidade organizada por intermédio da expansão da consciência humana. (p. 100-101)

Tal generalização vale tanto para a cultura quanto para o desenvolvimento da consciência infantil. Com seu canto espontâneo, as crianças pavimentam o caminho da própria existência e contribuem com vitalidade e sentido para a cultura. Ao mesmo tempo, o senso de pertença, de confiança numa identidade cultural e o princípio de uma socialização estão todos presentes na *ruptura* criativa de normas e na investigação lúdica que a criança faz do que ainda lhe é desconhecido.

Qualidade e musicalidade

O canto infantil espontâneo deriva sua principal qualidade do fato de ser autêntico, genuíno e sincero. O parentesco que tem com a cultura africana é impressionante. Novamente vamos citar Anyanwu (1987, p. 256, 259):

> Se a proporcionalidade e a simetria são critérios de beleza, então a maioria das obras de arte africanas não é "bela". Pois a função fundamental dessa arte é criar significado, e com isso quero dizer que é belo aquilo que tem significado. [...] A música perde seu sentido, propósito e significado quando é separada do processo vital.

Na verdade, podemos dizer que isso vale para qualquer tipo de música, inclusive a ocidental. Retomarei essa ideia mais adiante neste livro.

Mas não é fácil para a sobriedade auditiva ocidental acostumar-se com outra escala de valores para avaliar canções, muito embora isso faça todo sentido para as crianças. Quando Christopher Small (1977) descreve a canção africana em detalhe, traça um paralelo com a canção infantil. Reencontramos aqui a guitarra imaginária de Arne, a borboleta de Per e o grito de Ronja:

> Mais que o tambor, a voz é o coração da música africana. [...] A voz nunca é "educada", na acepção ocidental de produzir um som distante do discurso. Eles recorrem a uma variedade impressionante de maneiras de cantar, dependendo da necessidade dramática de cada situação: tons de cabeça, de peito, gemidos, sussurros, assobios, impressionantes imitações de pássaros, animais e outros sons da natureza, uivos e iodeleis. Tudo faz parte do seu repertório sonoro. Ao contrário dos cantores ocidentais, os africanos cultivam as diferenças entre os diferentes registros vocais. Eles fazem questão de acentuar essas diferenças, do grunhido ao falsete, até mesmo os gritos, ao mesmo tempo que usam de maneira virtuosa o amplo leque de sons, harmônicos ou não, que a voz humana é capaz de produzir. (p. 50-51)

A criança não canta almejando atingir uma terça, mas visando conhecer a vida, assim como Per e sua borboleta. Ele não era um exímio cantor, nem sua voz era cristalina como a de sopranos que costumam levar adultos às lágrimas. Mas, de fato, qual seria a voz de Per? Era um contralto ou um soprano?

A pergunta não poderia ser mais descabida, pois na cultura infantil não estamos tratando de contraltos ou sopranos. Essa é uma classificação específica e estigmatizante do tradicional *bel canto* ocidental. Na realidade, a voz é exatamente como o rosto de cada ser humano e não pode jamais ser copiada à precisão. Na sua singularidade, ela reflete a alma e as experiências de cada um. Exatamente por isso a voz de cada criança é bela e importante a seu modo.

Claro que muitos educadores musicais sabem disso e, inspirados pedagogos que são, vivem e fazem seu trabalho de acordo com essa ideia. Mas creio que muitos *não* o fazem, o que tem repercussões drásticas na evolução musical e humana, nas brincadeiras e no aprendizado das crianças.

Em algum lugar no seio do *ngoma* lúdico infantil está a "musicalidade" da criança, um fenômeno psicossocial abrangente e organicamente enraizado em que o canto, o movimento, o corpo inteiro como instrumento de expressão são utilizados para relacionar-se com o mundo e consigo mesma. Precisamos prestar atenção a isso, escutar e aprender o que esse ser humano inspirado e criativo tem a nos dizer desde a fase inicial da sua vida.

DA CULTURA INFANTIL RUSSA

Meu trabalho de campo no meio das crianças russas foi empreendido quando a cidade ainda se chamava Leningrado e o país, União Soviética. Os ventos políticos mudaram o nome da cidade para São Petersburgo e o do país para Rússia, mas crianças são crianças independentemente de nomenclaturas. A chave das brincadeiras e a força das canções têm a mesma importância para as crianças, seja na Leningrado da década de 1980, seja na São Petersburgo atual. Portanto, minhas observações das crianças russas de outrora são válidas para a Rússia de hoje. O tempo passa e passam os regimes, mas as crianças e suas brincadeiras permanecem.

A diferença entre São Petersburgo e Oslo é avassaladora.

São Petersburgo

São Petersburgo — uma das maiores cidades do maior país do mundo. Ela reflete a ambição de grande potência e o patriotismo russos. É o berço da Revolução, com o cruzador "Aurora" ancorado às margens do rio Neva. Nela se encontra o palácio de inverno que um dia pertenceu aos czares e agora sedia o Hermitage, um dos maiores museus de arte do mundo. Passou a ser conhecida como "cidade heroica" após a catástrofe sangrenta da Segunda Guerra Mundial, durante a qual a cidade foi sitiada pelos nazistas durante quase três anos e mais de um milhão de pessoas — metade da população de então — perdeu a vida. As crianças ainda são constantemente relembradas desses acontecimentos que marcaram a história de São Petersburgo. Ainda há pessoas que fazem relatos em primeira mão do ocorrido. A terrível realidade da *Grande Guerra Patriótica* ainda é tão palpável que para os russos a palavra para guerra, *voina*, adquire um contorno bem diferente daquele que a palavra *war* tem para os norte-americanos, que jamais combateram uma guerra no próprio território.

São Petersburgo — fundada há mais de 300 anos, em 1703, para ser a "janela russa para o Ocidente". De uma beleza e elegância únicas, projetada segundo o classicismo europeu do século XVIII pelos lendários arquitetos italianos de então. Nevsky Prospekt, a larga rua principal, é o eixo que corta a cidade e deságua num largo onde pontifica o tom dourado das torres do edifício do Almirantado. Um grande centro cultural, com relação muito próxima com literatura, teatro, balé, circo, música e artes plásticas. Aqui se acham um entusiasmo e uma sofisticação artística incomparáveis, entre leigos e especialistas, nos palcos, auditórios e nas filas infinitas que se formam diante das bilheterias. A cidade que resistiu aos soldados de Hitler hoje foi invadida pela maciça propaganda estadunidense. A cidade em que aposentados se reúnem nos parques até o fim do outono, com luvas nas mãos e tabuleiros e relógios para jogar partidas de xadrez.

São Petersburgo — onde, há mais de 150 anos, Glinka fundou uma rica tradição musical russa. Onde "Os cinco poderosos", Rimsky-Korsakov, Borodin, Balakirev, César Kui e Mussorgsky, contribuíram para a herança artística e para a consciência nacional russas, e assim influenciaram todo o planeta. Essa é a cidade que, ao longo de um intervalo de 20 anos, brindou o mundo com três dos mais importantes compositores do século: Igor Stravinsky, Sergei Prokofiev e Dmitri Shostakovich. A cidade com um corpo de baile e uma orquestra filarmônica de categoria internacional, sede de um dos mais antigos conservatórios musicais. Onde garotos com estojos de violino sob o braço têm o mesmo prestígio entre seus pares que o capitão do time de hóquei sobre o gelo.

São Petersburgo — a cidade que sedia uma escola musical de elite para "crianças prodígio".

São Petersburgo — uma cidade sem a abundância material do Ocidente. Onde as crianças não são tão bem equipadas e bem-vestidas se comparadas às crianças norueguesas ou norte-americanas. Mas onde o calor humano pode ser sentido no mais cruel dos dias de inverno, quando um policial carrancudo de repente abre um enorme sorriso para ajudar um garotinha de tranças prateadas no cabelo a cruzar a Nevsky Prospekt.

São Petersburgo — uma metrópole com um histórico secular de censura política e cultural.

Tudo isso faz parte da educação das crianças russas, algo bem diferente do que encontramos em Oslo e Los Angeles.

A pesquisa russa

O que podemos esperar da cultura cantada infantil numa cidade como São Petersburgo? Como é essa cultura? Quais são suas facetas numa cidade com sólida tradição musical e um sistemático e ousado programa para o desenvolvimento do aprendizado artístico, sobretudo o musical? E até que ponto a compreensão das formas de cultura infantis é refletida na pesquisa e na pedagogia russas? Examinemos mais de perto a pesquisa russa nesse campo.

É de início impressionante que a elite musical tenha um peso tão grande no interesse do desenvolvimento musical das crianças. Nas recentes pesquisas russas, é possível observar o que os pesquisadores chamam de "atividade pré-escolar artística independente", algo à parte da escolarização musical infantil. Isso em si é algo muito importante. Um passo qualitativo num país tradicionalmente afeito à especialização artística precoce nas crianças.

Numa pesquisa que trata da "expressão artística independente" em pré-escolares conduzida em várias ex-repúblicas soviéticas, A. N. Vetlugina (1980, p. 3), uma das discípulas mais proeminentes de Vigotski, enfatizou que a atividade artística de crianças em idade pré-escolar "tem motivação existencial":

> Desde os primeiros anos a criança é familiarizada com as harmonias de som e palavras, com a força de expressão de cores e formas, e procura replicar esses conceitos na sua vida de todas as maneiras possíveis. A atividade artística contribui para o desenvolvimento do gosto, da imaginação e da fantasia, e tais características são importantes tanto na consolidação da personalidade como da independência, atenção, resistência etc., tão necessários a uma postura de vida ativa e disposta.

A autora deixa muito claro que a "atividade artística" de crianças pré-escolares tem motivação existencial, como manifestação do que experimentam ao longo da vida. Ela chama a fantasia infantil de "realista", considerando a imaginação subjetiva da criança parte de um sistema de compreensão de realidade (*ibidem*):

> A manifestação artística infantil é sempre ditada pela vida e pelas circunstâncias do ambiente artístico específico. Nesse sentido, as ações infantis são realistas. Mas as crianças sempre transformam as impressões que recebem. Elas sentem uma necessidade de expor o que sentem em relação ao ambiente em que se encontram, satisfazer seus questionamentos e interesses e criar as condições desejadas, organizando-as com base na fantasia criativa e estabelecendo uma relação tanto real quanto imaginária com seus pares.

Essas "situações desejadas [...] com base na imaginação criativa" são, para Vetlugina, as *brincadeiras*: "As crianças tratam de descobrir até mesmo as formas de organização da sua práxis artística. Acima de tudo, elegem a forma de atividade que é mais apropriada para sua faixa etária — brincando" (*ibidem*, p. 5).

A autora acompanha aqui uma forte tradição russa, alinhada com Vigotski, Leontiev e Usova. O fato de dar a devida importância à brincadeira aponta diretamente para uma discussão mais aproximada da cultura infantil e suas estruturas organizadas de códigos lúdicos compartilhados. No entanto, e de maneira surpreendente, Vetlugina não aprofunda essa discussão no seu livro. Quando ela, claramente fundamentada na cultura infantil, sustenta que *a atividade infantil muitas vezes assume um caráter de síntese* (p. 21), isso não se coaduna com uma discussão pedagógica maior sobre as atividades artísticas de crianças russas. Nesse caso, prevalece um traço mais elitista, orientado para resultados e profundamente enraizado na cultura pedagógica russa.

Vetlugina falou abertamente sobre isso numa conversa que tivemos no outono de 1985, em que ela também sublinhou a importância de uma pesquisa futura que pudesse investigar o canto espontâneo das crianças russas de uma perspectiva mais abrangente.

Meu material é, portanto, o primeiro do gênero no contexto russo, e, embora não tenha essa ambição, representa, de toda maneira, uma abertura neste campo. Uma pesquisa mais ampla e abrangente da cultura musical infantil na Rússia ainda está por acontecer.

Tive oportunidade de fazer um trabalho de campo em algumas semanas nos jardins de infância russos no outono de 1985, depois de anos de especialização em música russa. A pesquisa foi realizada principalmente em São Petersburgo, mas algum material suplementar foi coletado em Moscou. O objetivo da minha pesquisa foi examinar em que medida o canto espontâneo ainda pode ser manifesto nas brincadeiras das crianças russas num país tão diferente da Noruega, fechado à cultura midiática ocidental e ensaiando seus passos no sistema capitalista. Com seu escopo limitado, a pesquisa só se destinava a servir como base comparativa multicultural e específica para descobertas centrais na investigação principal que realizei na Noruega. Duas de minhas principais indagações foram:

- É possível falar de fatores universais na cultura infantil, isto é, de traços comuns transnacionais, documentados por meio do uso espontâneo da canção feito por crianças?
- Em que medida o cantar espontâneo das crianças de São Petersburgo tem um caráter distinto, etnicamente enraizado?

Entre as crianças de jardim de infância de São Petersburgo voltei a encontrar a mesma necessidade, presente entre as crianças norueguesas, de expressar-se por meio da canção espontânea. O processo era o mesmo, perceptível na necessidade humana universal de brincar e de se comunicar. Crianças russas de 5 ou 6 anos levam as canções consigo nas brincadeiras do dia a dia, exatamente como na Noruega: elas oscilam para a frente e para trás sentadas num *balanço*, cantando. Ou dão voltas em *triciclos*, cantando. Os brinquedos públicos de Kazansky Sobor, sem dúvida, eram bem menos conservados que os reluzentes equipamentos infantis dos jardins de infância noruegueses, mas a alegria e o movimento eram os mesmos. E não devemos nos esquecer dos *tanques de areia*, tão importantes em São Petersburgo quanto em Oslo: um local de reunião para brincadeiras com carrinhos embaladas por canções espontâneas cheias de onomatopeias, por entre estradas rabiscadas no chão e castelos de areia. Para não mencionar os jogos com bola! Bola e canção têm uma relação simbiótica. Crianças adoram brincar com bola, não importa o sistema econômico vigente: capitalismo, socialismo ou social-democracia. Pequenos jogadores de futebol de todos os países — uni-vos!

Formas dos cantos

Pode-se afirmar categoricamente: todas as *formas* de canção espontânea utilizadas por pré-escolares na Noruega foram encontradas entre suas congêneres russas — tanto a *canção fluida* como a *canção formal* e as improvisações sobre canções prontas.

Ao mesmo tempo, identifiquei *diferenças* em comparação com os dados coletados na Noruega. Tais diferenças dizem respeito sobretudo à prevalência da canção formal e da canção espontânea pronta, cuja incidência era bem menor em São Petersburgo que em Oslo. A canção fluida assumia aqui um papel bem diferente que a forma espontânea, mais predominante. O material parece comprovar que essa é uma característica da cultura infantil russa, influenciada pelas creches de uma cidade grande.

A pesquisa deixou claro que o uso da canção espontânea é bem *menor* entre pré-escolares russos se comparados aos noruegueses. É interessante notar a observação crítica que Vetlugina (1980, p. 21) fez acerca disso, com base numa análise aprofundada:

> a despeito dos aspectos positivos da observação como método de pesquisa, ela não nos oferece meios de descobrir por que algumas crianças são mais animadas e ficam à vontade diante de certa atividade (artística), enquanto outras raramente o fazem e um terceiro grupo é totalmente refratário. Observou-se que nem todas as crianças que tinham familiaridade artística expunham-se por iniciativa própria. Por outro lado, crianças menos aptas desenvolviam suas brincadeiras de viés artístico com grande entusiasmo.

Essa observação fica muito interessante se vista à luz da minha pesquisa realizada em Oslo (1985). Nela, descobri que nas creches mais influenciadas por canções adultas ocorria o que podemos chamar de socialização musical precipitada. Em termos de repertório, modo de cantar e contexto social (canções limitadas a dados momentos), a influência adulta era tal que as crianças dessas escolas passavam a cantar como adultos, com menos improviso e mais inclinadas a "corrigir" eventuais "erros" na letra e na melodia das canções. Tal fenômeno era consideravelmente menor nos locais menos sujeitos à influência dos adultos. Porém, o material norueguês não nos permitia diferenciar com precisão crianças "superdotadas" para o canto de outras, mudas como cisnes. Todas cantavam, de uma forma ou de outra.

A isso é preciso acrescentar: crianças expostas a uma maior diversidade e complexidade de tonalidades e versos, para além das canções típicas de jardim de infância, eram as que mais se sobressaíam cantando canções prontas, por mais complexas que fossem. Para o desenvolvimento geral da competência linguística e musical da criança, claro está que essa exposição também é importante. Voltaremos a uma discussão pedagógica mais aprofundada sobre esse tema no Capítulo 9.

No contexto russo, é possível que o efeito de uma maior e mais sistemática influência dos adultos tenha sido ainda mais decisivo para um modelo adulto de socialização. Devemos lembrar aqui que os jardins de infância russos têm uma orientação disciplinar bem mais severa e organizada que os noruegueses. Crianças no final do período pré-escolar já assistem aulas em horários fixos (*uroki*) sentadas em carteiras perfiladas numa sala à parte. Educadores musicais especializados visitam regularmente a escola para ministrar a disciplina, em geral duas vezes por semana. O objetivo é não apenas estimular a fruição da música como arte nem cultivar o senso estético das crianças, mas também encorajar o desenvolvimento de uma identidade nacional russa, fortemente marcada por um componente ideológico em que o patriotismo é fator crucial. Em consonância com a importância que a sociedade russa confere à música, os jardins de infância são muito bem equipados com instrumentos musicais, tanto para adultos como para crianças. Muitos têm, inclusive, salas de música específicas.

Claro que essa infraestrutura beneficia crianças superdotadas, uma vez que sejam identificadas, mediante a aplicação de testes específicos. O sistema disciplinar russo procura estimular tais crianças a se desenvolver segundo as premissas pedagógicas dos adultos. Por conseguinte, elas passam por uma socialização precoce, nos moldes da musical adulta tradicional, e preferem esse tipo de representação ao canto espontâneo lúdico na companhia de seus pares. Estamos falando aqui de dois tipos de desenvolvimento musical, um convergente e outro divergente. As crianças "menos talentosas" nos testes musicais preferem permanecer na companhia das outras, brincando e cantando a seu modo. Em outras palavras, elas preferem o *ngoma* à música.

As fórmulas infantis russa e norueguesa têm muito em comum. A maioria das que consegui registrar na Noruega também encontrei entre as crianças russas — utilizadas com o mesmo propósito e passíveis de ser compreendidas por todos, o que sugere, portanto, uma *universalidade de fórmulas* na cultura infantil.

O vocativo "terça maior descendente", por exemplo, é o mesmo que na Noruega:

Também é interessante notar que o padrão sempre se altera quando os nomes são trissílabos. Partindo da entonação da fala, ascendente-descendente, o vocativo de palavras trissílabas era sempre:

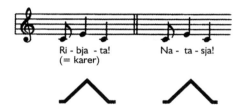

A relação entre a entonação e a canção no idioma russo pede um comentário à parte, de fundo histórico-musical. Modest Mussorgsky aproveitou-se dessa relação ao compor o ciclo de canções "O quarto das crianças (Djetskaya)", entre 1867 e 1875. Mussorgsky era conhecido por sua habilidade com os pequenos. Nas composições, ele imita a maneira como a babá, *nyanya*, conta histórias à criança. Alternando o tom entre o mais sombrio e o mais alegre, assim como na fala, a melodia nos conduz do puro medo ao riso mais desbragado. Seguindo tal padrão, ele compôs melodias totalmente diferentes — tanto na rítmica quanto na dinâmica e nos intervalos — do *ethos* romântico do final do século XIX. A língua russa, sobretudo a fala infantil, abriu-lhe as portas para uma concepção musical totalmente diferente. "O objetivo não é a beleza, mas a verdade", disse Mussorgsky, cuja mente atormentada pelo álcool também abrigava a mais pura sensibilidade emocional infantil. Na sua música, a psique da criança é protagonista e produz um resultado a quilômetros de distância do padrão ocidental de equilíbrio e forma. Ele alterna entre o soluço de uma gargalhada e o ritmo acelerado de um choro, inspirando em *staccato* e expirando como num grunhido, compondo a trilha sonora de um conto de fadas até o boa-noite final (veja a partitura da página 114).

Quando a garotinha fala com a sua *nyanya* na abertura da canção, utiliza *a mesma* entonação (terças ascendentes e descendentes) que as crianças russas de hoje usam em vocativos trissílabos!

Terças ascendentes e descendentes eram, portanto, comuns entre as crianças russas. Por outro lado, em nenhum momento consegui registrar a "protofórmula" de provocação típica da cultura infantil:

Qual seria a razão disso? Essa protofórmula não seria tão universal como tantas pessoas acreditavam ser? Devo salientar que as observações que fiz na Rússia estenderam-se por apenas algumas semanas. Assim, não posso de maneira nenhuma fazer afirmações peremptórias sobre o tema, mas apesar disso afirmo que no contexto norueguês e nórdico tal protofórmula é um fenômeno muito comum entre crianças pré-escolares, estando presente em quaisquer brincadeiras cotidianas. Esse mesmo uso generalizado *não* se vê entre as crianças russas.

Mas existem fórmulas de provocação entre as crianças russas, afinal? Pedi ao Instituto de Pesquisas de Educação Infantil de Moscou que investigasse o tema; tempos depois, recebi a seguinte resposta por escrito:

> Sua indagação não é simples. Respondê-la de forma inequívoca nos parece impossível, pois nunca conduzimos pesquisas específicas a esse respeito. Falei com pedagogos aqui em Moscou e em outras repúblicas, por exemplo em Tallin (Estônia). Tudo indica que a fórmula a que o senhor se refere ocorre em nossas crianças, mas não é universal. [...] Em todo caso, não posso confirmar que seja utilizada com frequência por nossas crianças. Reitero que uma resposta mais precisa a essa pergunta carece de mais investigações. (Carta datada de 20/12/1985)

Ao mesmo tempo, fica bem documentado que essa protofórmula é encontrada em muitos locais além do Norte europeu: na Inglaterra, na Europa Central, nos Estados Unidos, na Austrália, em Singapura etc. Por que motivo as crianças russas aparentemente são diferentes nesse aspecto?

Uma hipótese que não podemos descartar é a de que essa fórmula seja um legado inglês, da época em que o sol não se punha no império da *boa e velha Albion*. A protofórmula pode simplesmente ser uma herança colonial distribuída uniformemente em todo o globo, hipótese que explicaria muito bem a ausência dela na Rússia — território em que o império britânico nunca ousou se aventurar. Alguma influência inglesa sempre haverá, mas nunca como regra. Vale a pena levar em conta hipóteses como essa, que necessariamente nos afastam do mito de uma universalidade global de padrões.

Se observamos o uso espontâneo de canções prontas entre crianças russas, veremos que é aqui que elas demarcam um *caráter nacional,* pois o conteúdo das canções prontas estará sempre relacionado ao repertório da cultura nacional.

As crianças norueguesas intercalam canções tradicionais com hits estrangeiros, influenciadas pelos meios de comunicação de massa.

Em meados da década de 1980, a Rússia era fechada à indústria pop internacional (agora a cultura pop ocidental soube encontrar seu lugar entre os russos!). Ao mesmo tempo, a música nacional russa era — e continua sendo — cultuada num nível estranho à sensibilidade auditiva ocidental. Canções folclóricas e grandes "mestres clássicos nacionais", de Glinka a Tchaikovsky, de Prokofiev a Kabalievsky, são conhecidos e executados igualmente, como parte da cultura política nacional. A música contribui para infundir em todas as camadas da população russa um sentimento de pertença e de orgulho nacional, e assim também pensam os professores de música nas escolas. Naturalmente, esse pensamento reflete-se também no repertório infantil de canções prontas. A-ha, Elvis, Bruce Springsteen, Madonna ou David Bowie não tinham acesso, naquela época, às crianças russas em idade pré-escolar. O tom era literalmente dado pelos russos: antigas canções e folguedos populares, melodias dos "pioneiros vermelhos", temáticas sinfônicas e algum pop russo — este jamais estimulado pelos pedagogos infantis, é claro. E assim as crianças cantarolavam e improvisavam sobre trechos dessas canções e as adaptavam às suas necessidades instantâneas, exatamente como o faz qualquer criança quando brinca.

A brincadeira de dramatização a seguir é universal em seu apelo infantil. Uma garotinha, Katya, dava voltas ninando sua boneca enquanto cantava uma antiga melodia russa. A música e a circunstância do momento se unificam quando a menina insere o nome da boneca, *Lydya*, no texto da canção. Assim é a melodia original:

E esta é a variante de Katya:

Uso de canções

A similaridade no *uso* de canções espontâneas por crianças russas e norueguesas é impressionante. Os seguintes exemplos, pinçados de brincadeiras livres de crianças russas no jardim de infância, poderiam, em princípio, constar de qualquer material norueguês ou nórdico:

A. A brincadeira sonora concreta — Imitação análoga

Natasha, com típicas tranças russas e laços brancos no cabelo, empurra uma cadeira pelo chão. O tom longo que seus lábios emitem segue sem interrupção até a cadeira esbarrar na parede do outro lado da sala:

Mmmmmmm.

Em outro exemplo, dois garotos duelam com espadas (brinquedos bélicos são mais populares aqui do que em Oslo), e a cada golpe se põem a cantar, em uníssono e no mesmo ritmo, como que a ilustrar a intensidade e o clima do duelo:

De, de, de, de, de, de, de, de.

Também há o menino pequenino e rechonchudo parado diante da cerca e balançando os pés no ritmo da canção:

Dzjoo! Dzjoo! Dzjoo!

Para não mencionar os garotos que engatinhavam em volta brincando com carrinhos movidos à força do som! Sim, pois a diferença de gêneros era muito mais perceptível na Rússia que na Noruega: os meninos brincavam mais com carros e armas; as meninas, que ficavam em outro ambiente, com bonecas.

B. O uso de "palavras cantadas": provocar (ou irritar), contar, chamar, invocar, perguntar, responder — Uma representação simbólica

Como as crianças norueguesas, as russas utilizam a canção espontânea como parte do seu repertório linguístico. As fórmulas são aplicadas nitidamente como símbolos de comunicação na brincadeira, sobretudo as terças ascendentes e descendentes, como já vimos. Não consegui registrar, em meu trabalho de campo na então União Soviética, a protofórmula típica de provocação, mas devo acrescentar que as crianças também irritavam umas às outras e contavam histórias utilizando-se de outras formas de canção espontânea em detrimento de fórmulas puras. Até mesmo canções prontas e, em certa medida, fluidas eram utilizadas; no entanto, esse registro era bem menos frequente entre as crianças russas. A forte ênfase no aprendizado musical nos moldes adultos e uma tradição musical estabelecida, com canções prontas, trechos de músicas e danças ensaiadas, pode, como dissemos antes, ser um fator determinante para isso. Além disso, a disciplina nos jardins de infância russos é bem mais rígida que na Noruega. Provocar amiguinhos pode não ser *tão* fácil assim.

C. O uso do acompanhamento cantado — A canção no âmbito da brincadeira

Este também ocorre claramente entre as crianças russas. Como quando Tanja sai pela floresta para colher cogumelos (os russos adoram cogumelos, uma paixão nacional), enquanto cantarola uma conhecida canção russa, "Katyusha" (*gribitsky* significa cogumelinhos deliciosos!):

Neste caso, "Katyusha" é obviamente utilizada como trilha sonora para a brincadeira de Tanja. A colheita de cogumelos é o elemento central da brincadeira. A canção acrescenta matiz e ritmo emocional, importantes fatores adicionais ao contexto geral. Sim, mas mais que isso. A canção é determinante para a brincadeira dar certo. Ela conecta as imagens interiores que passam na mente de Tanja com a "realidade" do mundo exterior. Talvez seja exatamente a canção o reforço necessário para que ela realmente *enxergue* os cogumelos nas árvores da floresta enquanto caminha pela creche e brinca sozinha. A canção contribui para romper com a sobriedade do mundo real e revelar a ele o caminho até os deliciosos cogumelos "do outro lado da fronteira":

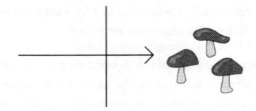

Função e musicalidade

O estudo da canção espontânea na cultura infantil russa teve um escopo limitado para permitir uma análise mais abrangente do papel que tem na interação social das crianças. Porém, parece muito claro que, também para as crianças pré-escolares da Rússia, ela permite representar todo o conjunto de movimentos corporais, formas, verbalizações e canto — elemento crucial dessa variante russa do *ngoma infantil*. Refiro-me, entre outras coisas, ao âmbito "global e multifuncional" que Vigotski (1975) considera tão característico da aproximação social do recém-nascido com o ambiente que o cerca e *não* se perde no período pré-escolar, apesar da especialização em diferentes funções que ocorre com a maturidade. É esse amplo leque de formas de expressão que constitui a base para a experiência de vida, o aprendizado, a socialização, o desenvolvimento da identidade e o amadurecimento também para as crianças russas. Assim como na Noruega, o lúdico tem papel decisivo na arena cultural e na construção de pontes psicodinâmicas entre o eu, o mundo e o (ainda) desconhecido. Temos aqui a premissa para uma discussão da "musicalidade" das crianças russas.

O *Sovietskaya Muzyka* e um olhar para o futuro

Na edição de março de 1988 do *Sovietskaya Muzyka*, prestigioso periódico da associação de compositores russos, a educação musical de crianças e jovens foi objeto de debate, num reflexo da abertura promovida por Gorbachev. Afrouxar as amarras do sistema educacional era importante para seu projeto global.

Na edição, para enfatizar a importância do assunto, o debate foi intitulado "No limiar do século XXI". É interessante observar como figuras centrais do poder na Rússia abordaram o tema criança-jovem-música de uma perspectiva inovadora e crítica um ano antes da queda do Muro de Berlim. Pediu-se a um representativo painel de especialistas que respondesse às seguintes questões:

1. Nosso país, com sua rica diversidade de tradições culturais, necessita de um sistema comum para uma educação musical e estética de crianças e jovens?
2. O sistema de educação musical vigente em nosso país foi concebido há muitos anos. Ele fornece respostas aos desafios de hoje?
3. A maioria das crianças que frequentaram escolas de música não se torna música após os exames de conclusão. E não só: a música não é parte do seu dia a dia e eles nem sequer têm o hábito de frequentar salas de concertos como ouvintes. Por quê? O que é preciso, na sua opinião, para mudar tal situação?

4. Você está satisfeito com o papel que a música tem no cotidiano do seu filho?
5. Existe, na sua opinião, alguma relação entre a preferência musical dos jovens e o estilo de vida que adotam?
6. Para você, o que os compositores profissionais deixam de oferecer à juventude? Por que os jovens preferem a música que eles próprios criam?
7. Por que a educação musical na escola não tem melhorado ao longo de tantos anos?
8. Logo após a Revolução, as autoridades soviéticas afirmavam que bastava abrir a porta aos tesouros culturais e o público naturalmente acorreria a eles. Como sabemos, foi o que de fato aconteceu à época. Hoje, 70 anos depois, não se pode dizer o mesmo. Qual é a razão disso, em sua opinião? (*Sovietskaya Muzyka*, v. 3, 1988, p. 2-3)

Podemos facilmente identificar nas perguntas uma crítica latente a um sistema que já não funciona a contento. Na réplica do psicólogo musical Arnold Gotsdiner ao debate havia várias questões interessantes:

> Um programa para uma educação estética deve levar em conta o contexto e as tradições de cada república, do contrário não será viável. [...] Infelizmente, ignoram-se os princípios psicológicos que norteiam a maturação das crianças, especialmente a sua intensa necessidade de contato social e de autoafirmação.
> Na prática não se ensinam competências essenciais [...] como transposição, improvisação, nem tampouco o jazz como gênero musical.
> Repito: os jovens são compelidos a ser independentes, por isso precisam de oportunidades de socialização e autonomia, além de formas de expressão próprias. (p. 7-8)

Nesse debate não é possível encontrar, até onde sei, uma problematização de conceitos como "cultura musical infantil" e "língua materna musical". Tampouco há uma tentativa de matizar conceitos como "música" (*muzyka*) e "musicalidade" (*muzykalnost*) em relação ao fato de que a cultura infantil está fundada em valores e regras próprios. Durante o lançamento da tradução russa deste livro em São Petersburgo, em 2001, surgiu uma discussão com proeminentes cientistas, pedagogos e músicos sobre se tal perspectiva cultural poderia ser necessária para o subsequente desenvolvimento de uma pedagogia infantil russa. Utilizou-se até o conceito de "*musisk*" usado no título original deste livro — jogo de palavras com os adjetivos "musal" e "musical" até então desconhecido no idioma russo. Algo importante, num país importante, parecia estar a caminho.

DA CULTURA INFANTIL NORTE-AMERICANA

A transição de Oslo a São Petersburgo é tão brusca quanto a de São Petersburgo a Los Angeles. Depois de uma estadia de um ano (1986-1987), meu olhar norueguês ficou marcado pelas seguintes impressões:

Los Angeles — uma das maiores cidades de uma superpotência. Um centro pulsante mundial do *showbiz* num país cuja população é 60 vezes maior que a da Noruega. A cidade onde mais de cem canais de TV transmitem uma programação ininterrupta, 24 horas por dia, recheada de propaganda comercial. Onde 784 pessoas foram assassinadas em 1986. Onde crianças jamais podem brincar no crepúsculo da tarde, pois é perigoso. Mas onde crianças de 4 anos participam de concursos na TV e ganham milhões como estrelas profissionais de comerciais, anunciando pipoca e cereais matinais.

Los Angeles

Los Angeles — uma cidade em que mansões bilionárias e veteranos do Vietnã viciados em drogas dividem os quarteirões, duas facetas do *American dream*. Onde abundam pessoas de todo tipo, de todas as etnias, nesse vasto país do qual tudo pode ser dito, mas nunca com grandes generalizações.

Los Angeles — "a capital mundial do entretenimento", onde os jovens vivem e crescem na companhia de Hollywood, Beverly Hills, Sunset Boulevard e Disneylândia. Cidade natal de muitas das grandes estrelas, de hoje e de outrora, que o mundo inteiro conhece e adota como suas. Aqui, em meio a muitos dos filmes do século XX, um dos maiores e mais cultuados produtos do engenho humano, indutor de comportamentos que desconhecem barreiras culturais e linguísticas e estabelecem normas pelo mundo afora. A única cidade do mundo cujo aeroporto é batizado em homenagem a uma estrela de cinema — John Wayne Airport —, e onde tantas outras habitaram e habitam: Fred Astaire, Humphrey Bogart, Charles Chaplin, Gary Cooper, Doris Day, Kirk Douglas, Ella Fitzgerald, Zsa Zsa Gabor, Judy Garland, Ira Gershwin, Cary Grant, Alfred Hitchcock, Michael Jackson, Elton John, Eartha Kitt, Paul Newman, Gregory Peck, Anthony Quinn, Frank Sinatra, Barbra Streisand, Gloria Swanson, Elisabeth Taylor...

Los Angeles — uma cidade jovem numa jovem nação que não tem o lastro cultural da Europa. Um lugar desprovido de cultura, dizem muitos, ao mesmo tempo que fazem um meneio de cabeça ao ouvir a ironia mordaz do nova-iorquino Woody Allen: "Jamais moraria numa cidade cuja única vantagem cultural é poder dobrar à direita no sinal vermelho".

Los Angeles — a cidade que evoca o melhor do senso de humor norte-americano. Onde estão os arranha-céus, onde fica *downtown*? Aqui só há intermináveis fileiras de subúrbios e casas, dizem os próprios nativos com sua fina e característica ironia: "LA são 40 subúrbios querendo ser uma cidade", "o lugar nenhum da Califórnia".

Los Angeles — onde gangues de jovens se confrontam em embates mortais nas ruas, com problemas de drogas e violência numa escala que Oslo e São Petersburgo desconhecem, numa terra em que o porte de armas é um direito inalienável. Onde as caixas de leite não contêm as mensagens alegres e inspiradoras de desenhos infantis coloridos como na Noruega, mas terríveis retratos de *crianças desaparecidas*, procuradas pela polícia, aos milhares. Onde há quase cem anos, no subúrbio de Pasadena, celebra-se o 1º de janeiro com a *Rose Parade*, uma explosão de beleza na forma de flores desabrochando que encanta adultos e crianças ano após ano.

O sol brilha eternamente no sul da Califórnia, iluminando casas, cidades e praias deslumbrantes onde milhares de pessoas bronzeadas, simpáticas e em geral de bem com a vida aproveitam para relaxar. Como Dana Point, no Condado de Orange, onde eu mesmo morei durante meu trabalho de campo e fiz amizades para toda a vida. Uma Califórnia que tem tudo que ver com pesquisa e tecnologia, sede de um periódico que fez dos Estados Unidos um baluarte da liberdade de imprensa, *The Los Angeles Times*, cuja precisão jornalística ofusca os jornais de Oslo e São Petersburgo.

Como será a cultura infantil nessa parte do mundo, tão diferente das outras que temos como referência? Como será "a infância perdida dos Estados Unidos"?

Os Estados Unidos eram uma escolha óbvia para minha pesquisa sobre a cultura musical infantil através das fronteiras e dos sistemas políticos, relevante o bastante para ser contrastado com o material obtido na Rússia. Ao mesmo tempo, no início da década de 1980 estava em voga nos Estados Unidos a tese de que a cultura infantil era ameaçada pela televisão. *The disappearance of childhood* ["O desaparecimento da infância"] era o nome do livro que fez soar o alarme também na Europa (Postman, 1984). O país prefigurava uma visão aterradora do amanhã na Europa?

Uma leitura da obra de Postman (1984, p. 151) deixa claro que o título do livro é mais dramático que o seu conteúdo: "É fato que não deparei com nenhum estudo que ateste a derrocada das brincadeiras infantis espontâneas, mas me parece óbvio que elas não existem mais".

Era como estudioso da mídia — e *não* da cultura infantil — que Postman adentrava a arena do debate, sem nada a acrescentar para uma observação mais sistemática e científica da cultura infantil norte-americana. No entanto, sua tese deu origem a mitos na Noruega:

Na última década, a indústria de roupas infantis sofreu tantas mudanças que, de forma simplificada, as "roupas de criança" simplesmente desapareceram. [...] Da mesma forma, os brinquedos infantis, antes tão visíveis em nossas cidades, também estão sumindo. Em resumo, as brincadeiras de criança são uma espécie em extinção. (p. 13-14)

Agora não era mais uma simples carência de fundamentação que enfraquecia o livro de Postman. Dissociado de um embasamento na cultura infantil, como pesquisador ele também mistura conceitos fundamentais, o que torna as teses subsequentes do livro extremamente problemáticas. Na citação anterior, Postman discute, portanto, a infância como brincadeira, isto é, a partir de uma compreensão socioantropológica. Mas então fica claro que o autor constrói todo o seu arrazoado sobre a infância como uma categoria pedagógica. Como neste trecho: "O adulto tinha acesso ao conhecimento sagrado e valioso que havia nos livros, às muitas formas de literatura, a todos os segredos registrados da experiência humana. Em geral, com uma criança não era assim. E isso porque se tratava de uma criança. E por isso ela precisava ir à escola" (p. 93).

Somente depois de Gutenberg e da arte de imprimir livros passou a haver uma separação clara entre adultos e crianças, segundo Postman. Com a imprensa, os adultos ganharam acesso a algo de que as crianças não dispunham: a arte da leitura e da escrita. Essa capacidade distinguia adultos de crianças de uma maneira qualitativamente inaudita na Idade Média, em que a cultura oral era partilhada por todos, afirma o autor. À medida que as crianças foram sendo reunidas em escolas a fim de ler e escrever — para então gradualmente se tornar adultos —, cristalizaram-se como um grupo próprio, tanto em termos de conhecimento quanto de desenvolvimento e socialização. As crianças tornaram-se inequivocamente crianças, bem mais que antes, assim como os adultos tornaram-se inequivocamente mais adultos, diz.

A análise histórica de Postman não deixa de ter, ainda hoje, aspectos interessantes. Mas não tangencia a cultura infantil como sociedade lúdica. As crianças brincam — quer tenham ou não acesso a livros. Com essa abordagem histórica, o autor formula sua tese central de que a cultura de massa da televisão, comum a adultos e crianças, faz que a infância desapareça como categoria específica. A forma de comunicação da televisão não pressupõe a capacidade de ler e escrever, diz ele. Com isso, elimina-se uma diferença fundamental no nível de cognição e de conhecimento entre crianças e adultos:

Assistir à TV é algo que não apenas as crianças podem fazer sem nenhum tipo de habilidade e sem desenvolver qualquer tipo de habilidade. [...] Os requisitos necessários são tão elementares que até hoje nunca se ouviu falar em algo como "capacidade de assistir à TV". [...] Podemos também concluir que a televisão rompe a linha que separa crianças e adultos de três maneiras [...]: primeiro, porque não é necessário nenhum tipo de aprendizado para compreender sua forma; segundo, porque não propõe exigências complexas de reflexão; terceiro, porque não distingue seu público. (p. 96-97)

Mas a infância como cultura lúdica é uma coisa e a infância como cultura literária é outra. A primeira é popular, oral, corporal e musical; nela, as próprias crianças estabelecem uma escala de valores e normas. Já a segunda é escrita, disciplinada, abstrata e intelectual; seus pontos de vista, seu ideal de vida e seus valores normativos são eminentemente adultos. Essa questão será aprofundada no próximo capítulo, que analisa a entrada da criança na escola. Por ora basta afirmar que, a meu ver, Postman inverte o mundo de pernas para o ar quando advoga pela escola e pela cultura escrita para assegurar uma infância lúdica. A escrita priva a criança da espontaneidade oral. A TV pode muito bem enfraquecer o interesse de certas crianças pelos livros e também contribuir para certo nivelamento cognitivo entre crianças e adultos. Mas e daí? Se a televisão representa uma ameaça às brincadeiras infantis, não é porque o método com que se comunica é oral e não escrito. Ao contrário, formas orais de comunicação são inteiramente harmônicas com a cultura infantil. Se a televisão é uma ameaça às brincadeiras infantis é porque ela lhes rouba o tempo, e não pela forma como se apresenta.

Essas foram as minhas impressões depois de ter lido o livro de Postman. Eu não consegui me deixar convencer pela tese central de seu livro. Acreditava que até os Estados Unidos, mesmo com sua enorme quantidade de canais de TV transmitindo programação ininterrupta, haveria de ter uma cultura infantil lúdica.

Com essa hipótese, parti para morar durante um ano nos Estados Unidos, observando e ouvindo a tudo como um europeu. Devido ao material obtido na Noruega e na Rússia, eu já tinha ideia de um processo lúdico universal entre as crianças. Agora restava reforçar ou rejeitar essa tese realizando um trabalho de campo com crianças norte-americanas.

O canto infantil espontâneo: nossa língua materna musical global

Passei um ano residindo no sul da Califórnia, tomando notas das brincadeiras e atividades espontâneas de crianças norte-americanas na educação infantil. Mantive a mesma metodologia utilizada em Oslo e Leningrado/São Petersburgo, com o objetivo de comparar os resultados com a maior precisão possível.

De antemão é preciso dizer que as observações não confirmaram a ideia de que a brincadeira infantil é uma "atividade em extinção" nos Estados Unidos. As crianças brincavam tanto em Los Angeles como em Dana Point, onde eu morava, uma cidade litorânea localizada a poucas horas de distância de carro da metrópole.

Nas escolas, logo descobri brinquedos e brincadeiras que pertencem a culturas infantis de todo o mundo, independentemente de fronteiras e sistemas políticos, incluindo jogos com bola, corda, cantigas, palmas e amarelinha. Quando as crianças norte-americanas pulam corda cantando "Teddy Bear, Teddy Bear" ["Ursinho, ursinho"], fazem-no no mesmo ritmo que as criança norueguesas no seu "Bamse, bamse ta i bakken" ["Ursinho, ursinho, toque o chão"]:

Teddy Bear, Teddy Bear, Teddy Bear, turn around!
Teddy Bear, touch the ground!
Teddy Bear, Teddy Bear, do the split!
Teddy Bear, Teddy Bear, that is it![6]

Bamse, Bamse, ta i bakken!
Bamse, Bamse, vend deg om!
Bamse, Bamse, så tilbake
Samme veien som du kom!
Bamse, Bamse, gjør et hopp!
Bamse, Bamse, se nå opp!
Bamse, Bamse, skynd deg ut: én, to, tre![7,8]

Ao contrário das crianças norueguesas, as norte-americanas usavam uma variante da protofórmula da cultura infantil:

---

6. Ursinho, ursinho, vire de lado! / Ursinho, ursinho, toque o chão! / Ursinho, ursinho, faça um espacate! / Ursinho, ursinho, fora já! [N. T]
7. Ursinho, ursinho, toque o chão! / Ursinho, ursinho, troque o lado! / Ursinho, ursinho, olhe atrás! / Pro lugar de onde veio! / Ursinho, ursinho, dê um pulo! / Ursinho, ursinho, olhe pra cima! / Ursinho, ursinho, caia fora, um, dois, três! [N. T.]
8. Em português, essas músicas corresponderiam à seguinte canção, comum quando nossas crianças pulam corda: Senhoras e senhores, ponham a mão no chão. / Senhoras e senhores, pulem num pé só. / Senhoras e senhores, deem uma rodadinha. / E vão pro olho da rua! [N. E.]

Nos pátios das escolas nas quais fiz a pesquisa (os norte-americanos ingressam na escola com 4 ou 5 anos de idade), as crianças brincavam com *bolas* com bem mais frequência que na Noruega, a despeito da avassaladora oferta de canais de TV em comparação à Rússia e ao meu país. Precisamente nesse aspecto a televisão age como fator estimulante para a brincadeira. Quantos garotos de Los Angeles não crescem nutrindo o sonho de se tornar um novo *superstar* dos Lakers, levando seu time a novas vitórias, tanto nos ginásios como nas telas de TV? Meu sonho de garoto de ser Jesse Owens assume novas variantes, mas permanece atemporal, e essa ludicidade não fica restrita aos papéis que assumimos quando temos 6 ou 7 anos. Mesmo os adolescentes a cultuam em sua cultura lúdica. Na Califórnia, a cultura dos *boards* tem uma apelo irresistível, que nem mesmo os programas de TV conseguem eclipsar.

— *Skateboards:* crianças e jovens arriscam-se por calçadas, ruas, postos de gasolina e pátios escolares com seus skates. Virtuosos, ágeis e acrobáticos, transpondo toda a sorte de dificuldades e improvisando manobras cada vez mais arriscadas, frequentemente embalados pelo som do rap e do hip-hop!

— *Surfboards:* nas ensolaradas praias do sul da Califórnia, multidões de crianças e jovens fazem manobras vertiginosas nas ondas espumantes do Pacífico, ignorando solenemente *talk-shows*, *reality-shows*, anúncios e reprises de filmes que a TV exibe, num desdobramento lúdico que os mitos sobre a mídia e os rankings de audiência não alcançam.

Los Angeles é uma cidade bastante cosmopolita e sofre influência determinante de várias culturas estrangeiras, sobretudo do México, cuja fronteira está a menos de três horas de carro. Pessoas de origem mexicana ou latino-americana representam mais da metade da população da Califórnia, e a proximidade com a fronteira atrai levas de imigrantes ilegais, boa parte deles crianças.

Achei interessante fazer estudos tanto com crianças de origem caucasiana como com aquelas de origem mexicana ou hispânica, ambas exemplos representativos da população infantil da área de Los Angeles. Não foi difícil descobrir creches que abrigavam grupos homogêneos de ambas as etnias.

As crianças hispano-americanas eram em boa parte imigrantes sem visto de residência nos Estados Unidos, muitas delas sem o menor domínio do inglês. Elas prefeririam se comunicar apenas em espanhol, tanto entre si como com os professores, cujo domínio dessa língua era apenas parcial.

Ao estilo de uma grande potência, o sistema escolar norte-americano é ambicioso e prevê 12 anos de escolaridade obrigatória e universal. Além disso, as crianças começam na escola mais cedo do que na Noruega e na Rússia.

O *kindergarden* é parte dessa obrigatoriedade, sendo seu conteúdo pedagógico fortemente influenciado pela escola tradicional, com ênfase na formação intelectual. Ao longo de quatro horas, as crianças têm um programa fixo, dividido em *academics* (leitura, matemática, ciências naturais e sociais em dois períodos diários) e brincadeiras supervisionadas por adultos. Nesses intervalos, as atividades supervisionadas de desenho, pintura e corte e colagem obedeciam a um padrão adulto e eram bem mais frequentes que as atividades livres. Erguer o braço e pedir licença para falar era a maneira mais comum de se fazer ouvir. Atividades de música e canto quase não existiam, num contraste gritante com a Noruega e, sobretudo, com a Rússia. Das quatro horas de *kindergarden*, meia hora era reservada ao lanche e às brincadeiras livres. Segundo depoimentos dos professores, o currículo com viés mais *acadêmico* foi sendo implantado ao longo dos últimos 20 anos, notadamente em consequência de uma espécie de *síndrome de superbebês* que transformou as creches num espaço mais de leitura que de brincadeira.

Tal estrutura, em comparação com o que se vê na Noruega, por exemplo, prejudica o desenvolvimento lúdico das crianças. É preciso recorrer às *pre-schools* de tempo integral, privadas, que oferecem a crianças de 4 a 5 anos mais oportunidades de brincar livremente, mas mesmo nestas a rigidez do currículo e a *síndrome do superbebê* se fazem presentes: as crianças também são prematuramente expostas ao alfabeto e aos números, de acordo com a grade curricular.

Para obter uma imagem razoavelmente representativa das atividades infantis espontâneas, minhas observações foram feitas tanto em *kindergardens* como em *pre-schools*.

Vejamos a seguir a versão norte-americana da língua materna musical. Para facilitar a comparação, vou recorrer à mesma sistemática utilizada com as crianças de Oslo e de São Petersburgo.

Formas dos cantos

Também entre as crianças norte-americanas pude verificar a existência das três formas de canto espontâneo como parte de uma tradição viva.

A canção fluida vinha à tona em situações que crianças norueguesas e russas poderiam imediatamente reconhecer e se identificar.

Num canto da sala, Brian, Chris e Fred estão brincando de construir aviões e foguetes com peças de Lego, mexem os braços com uma aeronave em cada mão, combatendo entre si e cantando no mesmo ritmo:

Em todos os países, as estações do ano têm sinais característicos. No sul da Califórnia, a migração das baleias-cinza pela costa é um sinal de que o inverno está chegando ao fim e a primavera se aproxima. Esses gigantes de 40 toneladas seguem em bandos e passam pelo porto de Dana Point na sua extensa rota do mar de Barent até as lagunas quentes de Baja, onde dão à luz seus filhotes, uma jornada que também tem impacto entre as crianças. O pequeno Ted expressa-se desta forma enquanto brinca com uma baleia em miniatura:

Vemos, portanto, uma pequena terça descendente e uma grande terça ascendente sendo utilizadas como vocativos também nos Estados Unidos.

A "protofórmula" também fica evidente, tanto como pura fórmula de provocação como num contexto mais desafiador:

No exemplo seguinte, Judy está pendurada de cabeça para baixo num brinquedo do parquinho e deixa claro quão corajosa ela é:

Qualquer criança norueguesa imediatamente saberia dar aqui o devido valor a Judy. O gestual e as expressões da brincadeira aparentam ser universais. O mesmo parentesco transcultural fica evidente quando Thomas engatinha pelo chão e esbarra nos blocos com seu carrinho de brinquedo:

(Vou te atropelar! Sai da frente, sai da frente!)

Depois disso, Thomas estaciona o carro numa garagem feita de blocos. Com um tom longo e persistente de derrapagem, e então imitando o motor na marcha neutra, ele para o carro no lugar:

Até mesmo fórmulas mais desenvolvidas, "marcadores" cantados, na fronteira entre fórmula e regra, são novamente encontrados, traçando um paralelo entre a Califórnia e Oslo:

O canto pronto espontâneo, por sua vez, era muito pouco presente entre as crianças que observei. Não foi difícil descobrir o principal motivo, uma vez que a minha pesquisa na Noruega revelou que as canções que as crianças adaptavam para usar a seu bel-prazer eram, em maior medida, as que aprendiam com professores da educação infantil. A baixa ocorrência delas entre pré-escolares dos Estados Unidos deve ser analisada em correlação direta com a ausência de atividade musical adulta nos *kindergardens* onde fiz minhas observações. Além disso, a presença ubíqua da TV, permanentemente ligada — produzindo levas e levas de "telespectaniks", no dizer do autor norueguês Kjartan Fløgstad (1986) —, também pouco contribui com o hábito de cantar nos lares norte-americanos.

Não obstante, as crianças americanas não deixavam de improvisar com suas canções prontas. Num curto período, por exemplo, encontrei exemplos de creches em Dana Point que ofertavam uma aula de música por semana, e não tardou para que canções introjetadas na mente dessas crianças viessem à tona na forma de comentários ao seu dia a dia. Esta canção, por exemplo, tinha um grande apelo entre elas:

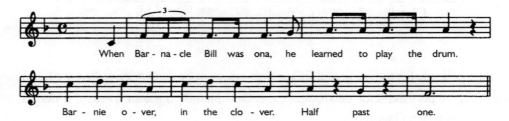

Numa versão mais curta e improvisada, ela se transformava em:

Assim, pré-escolares norte-americanos utilizam a canção espontânea para fazer comentários ácidos após uma hora inteira de aula[9].

Um antigo disco de 45 polegadas que costumava ser tocado na creche — "My wonderful body machine" — usava de uma abordagem pedagógica para falar das "maravilhas da nossa máquina corporal", e a pequena Jennifer não demorou a repetir o refrão da canção, enquanto orgulhosamente comentava o desenho que fizera de uma casa:

Duas canções são muito presentes na cultura norte-americana e passam de geração a geração, de aniversário a aniversário, de Natal a Natal, integrando os rituais culturais e a identidade nacional, embora nem sempre sejam utilizadas nessas ocasiões: "Happy birthday" e "Jingle bells". Elas vivem também em transformações espontâneas nas brincadeiras infantis, adaptadas conforme a exigência do dia, como quando alguns garotos corriam com pequenos aviões de brinquedo e fingiam ser pilotos de acrobacia. Agora eles eram os intrépidos aviadores:

---

9. A primeira partitura traz uma tradicional música folclórica; a segunda faz piada com a canção original, dizendo que quando Johnny foi ler em voz alta se deu mal.

I'm fly-ing a plane, I'm fly-ing a plane!
(Eu piloto aviões, eu piloto aviões)

"Happy birthday" também tem sua variante cômica na cultura infantil. A melodia é usada com a seguinte letra:

Parabéns pra você,
que vive na jaula.
Fede como um gorila,
e tá aqui nessa aula!

"Jingle bells", por sua vez, não é uma canção utilizada somente no período natalino. Em pleno mês de março, embalou uma brincadeira com dinossauros. Tudo começou com Brian engatinhando com seus dinossauros de plástico e fingindo que eles comiam as flores da primavera. A canção imediatamente ressoou em todas as crianças, que passaram a cantar "Jingle bells" em voz alta no parquinho (é preciso dizer que se tratava de uma creche!). Uma canção espontânea adaptada à era dos dinossauros:

Di-nosaurs, di-nosaurs, eating all daylong! Di-nosaurs, oh di-nosaurs, eating all daylong!
(Dinossauro, dinossauro, come até as pedras! Dinossauro, dinossauro, come até as pedras!)

Uso de canções

Identifiquei o padrão típico do uso de canção espontânea por crianças de Oslo e São Petersburgo também nos Estados Unidos. Em várias ocasiões, os exemplos eram tão similares que podiam ser intercambiados, sustentando a hipótese de que a cultura infantil tem um caráter universal e uma identidade musal.

A. *A brincadeira sonora concreta — Imitação análoga*

Os garotos norte-americanos mergulhavam seus foguetes de Lego entoando um canto espontâneo idêntico àquele glissando do garoto norueguês com seu aviãozinho de papel:

A curva descendente, acompanhando o gestual do braço e o conceito do movimento, é o paralelo que podemos traçar de Los Angeles a Oslo.

E, quando Thomas freou seu carro na garagem produzindo um tom longo, estava em sintonia com a russa Natasha, que empurrou a cadeira pelo chão de um jardim de infância a milhares de quilômetros de distância. Estamos falando de uma brincadeira sonora que é traço essencial da cultura infantil e não conhece fronteiras, pois todas as crianças aprendem, brincam e pensam numa plenitude cujos elementos estão organicamente relacionados. É algo inerente à natureza delas.

B. O uso de "palavras cantadas": provocar, contar, chamar, invocar, perguntar, responder — Uma representação simbólica

Também entre as crianças americanas encontrei fórmulas de canções utilizadas como símbolos sonoros intersubjetivos, da mesma maneira que na Rússia ou na Noruega. Os pequenos recorriam a fórmulas que não eram apenas códigos compartilhados e restritos ao contexto norte-americano. Essas fórmulas mostraram-se comuns a todos, a despeito das fronteiras nacionais. As três fórmulas principais do canto espontâneo de crianças norueguesas — terça maior descendente, terça maior ascendente e protofórmula — são essenciais também para as crianças dos Estados Unidos. Parece-me que o conteúdo de provocação da protofórmula será imediatamente compreendido e terá o mesmo efeito num diálogo entre um norueguês e um norte-americano de 5 anos de idade, a despeito da barreira idiomática.

A propósito, reparei que a protofórmula é quase sempre utilizada com uma terça descendente precedendo o ápice do tom provocativo, assim:

Somente uma única vez durante o ano que passei na Califórnia, quando várias crianças estavam numa piscina jogando água umas nas outras, registrei essa fórmula sendo utilizada de maneira diferente. Tenho a impressão de que as crianças norte-americanas costumam usá-la como demonstrei anteriormente, e tal impressão é confirmada por conversas com amigos que a vêm observando há muitos anos.

Essa protofórmula de provocação, portanto, difere daquela utilizada na cultura infantil norueguesa, que costuma omitir a terça descendente antes do tom mais alto. Aqui o material colhido nos Estados Unidos parece confirmar que a protofórmula não é tão universal como se costumava pensar. Há óbvias diferenças de cunho nacional.

C. O uso do acompanhamento cantado — A canção como parte da brincadeira

Num sistema de creches em que prevaleçam valores como disciplina, calma e ordem, não é fácil para a canção espontânea encontrar seu lugar. Qualquer canção entoada num tom mais alto será rapidamente repreendida pelo adulto que ignora que o canto espontâneo é parte do processo de descoberta da criança, embora um murmúrio baixinho às vezes escape da censura disciplinar. Exatamente por isso esse murmurar baixinho, que acompanha brincadeiras e jogos em segunda voz, foi a principal forma de canto que observei no curto tempo que durou minha investigação — sempre num obediente *pianissimo*. Isso ficava bem perceptível também entre crianças de origem mexicana, para quem a canção espontânea era uma espécie de alívio emocional numa cultura diferente, cuja língua pouco dominavam e, portanto, cantarolavam em espanhol.

Nesse caso, trata-se de mais um choque cultural. Obviamente, foram *homens brancos* que definiram o conteúdo pedagógico dos *kindergardens* dos Estados Unidos, enfatizando a atividade intelectual e a disciplina e quase eliminando a música e a dança. Paradoxalmente, o país tem uma riquíssima cultura musical que encanta o mundo inteiro e *está profundamente enraizada no* ngoma *africano, de onde emana sua força existencial:* o blues, o soul, os spirituals, a herança de Billie Holiday e Mahalia Jackson — vozes negras que pertencem a outro lado dos Estados Unidos, uma música que na breve história do país daria mostras da sua importância psicológica e cultural mais tarde, durante o movimento pelos direitos civis.

Centenas de milhares de cidadãos, sob a liderança de Martin Luther King, usaram justamente canções, *freedom songs*, para embalar um movimento irrefreável de unidade e força internas contra o ódio e o linchamento sistemático de turbas racistas. Contra a violência, a canção "Oh, freedom / We shall overcome" [Ó, liberdade / Haveremos de superar].

Foi com surpresa, que eu, um estrangeiro, registrei a total ausência de estímulos da cultura artística de Hollywood — música, dança e artes dramáticas — nos jardins de infância vizinhos à meca mundial do cinema. Mas não existe espaço nem tempo para isso nesta América. Há tantas coisas consideradas mais importantes para o crescimento e o aprendizado das crianças... E tudo isso enquanto a evasão escolar não para de crescer nas escolas norte-americanas.

Função das canções espontâneas

Levando em conta tudo que foi discutido até aqui, os dados da minha pesquisa norte-americana confirmam que as crianças utilizam canções como trilha sonora das suas brincadeiras espontâneas. Também para elas a brincadeira e o canto são parte fundamental do seu comportamento e da maneira como se expressam em relação à vida, algo que partilham com crianças norueguesas e russas — e, certamente, com crianças de todo o mundo. Nas crianças californianas, assim como naquelas que observei previamente, movimentos corporais e expressões sonoras estão organicamente associados num *ngoma* cultural infantil. Os exemplos a seguir mostram como a canção, até para as crianças norte-americanas, pode assumir um caráter linguístico e com isso preencher funções importantes da vida delas, tanto no âmbito individual como no coletivo.

Em trechos anteriores detalhei as funções das brincadeiras e das canções, portanto não julgo necessário ser repetitivo aqui. É preciso apenas dizer que também para as crianças dos Estados Unidos o canto espontâneo está ligado à internalização da experiência de vida e do aprendizado, fazendo parte do seu amadurecimento e do seu processo de socialização. Seguramente há uma Ronja ali que possa gritar: *Tive de soltar esse grito primaveril, do contrário achei que fosse explodir!*

A UNIVERSALIDADE DA NÃO MÚSICA

O sonho de encontrar a chave de uma musicalidade universal é antigo e, de certa maneira, perigosamente fascinante. A música como "língua comum do coração" através dos continentes é uma noção inata e intuitiva, tanto entre leigos como entre especialistas. Existiria uma língua materna musical universal comum às crianças ao redor do mundo?

Meu trabalho de campo tem um escopo muito limitado para que essa questão seja abordada em toda a sua complexidade, senão para discorrer sobre a canção espontânea entre crianças do Norte da Europa, dos Estados Unidos e da Rússia. Sobre as demais áreas do globo não posso me pronunciar. Seria necessário um significativo esforço de pesquisadores, ao longo vários anos, cobrindo grandes regiões do mundo, para podermos afirmar com segurança que estamos próximos do mapeamento e de uma compreensão integral da cultura musical infantil — e, com isso, da origem do crescimento humano na Terra.

Não obstante, é possível fazer certas considerações sobre essa pergunta. Na medida em que a comunicação verbal é um fenômeno humano universal, eu diria que o canto infantil também parece sê-lo. Afirmaria também que o canto espontâneo, como *processo cultural*, pode ser percebido como algo universalmente inerente à infância e à cultura infantil. O *uso* e a *função* da canção espontânea, creio eu, carregam traços universais. Sua importância para a socialização, a formação da identidade, o desenvolvimento da cognição e da competência comunicativa do crescimento humano como um todo é, sem dúvida, algo que não diz respeito apenas às crianças, mas também a todas as culturas orais e populares ao redor do mundo cuja inspiração e criatividade afloram assim. Estamos falando de um fenômeno que não é apenas transnacional, mas transgeracional, uma vez que comporta indivíduos de todas as idades. A discussão que o nigeriano Anyanwu propõe sobre a cultura popular africana (veja as páginas 67-68) traça um paralelo com a minha proposta de uma cultura musical infantil globalmente inter-relacionada.

Quando chegamos à questão *formal* da música como um fenômeno possivelmente universal, creio que há razão para sermos mais cautelosos. Observemos a questão da *universalidade das formas* na cultura musical infantil.

Em minhas pesquisas, julguei apropriado dividir o canto infantil em três categorias: fluido, formal e pronto. Tais categorias gerais, quero crer, podem ser encontradas entre crianças de outras regiões que não aquelas onde coletei minhas informações. Sim, essas formas são tão generalizadas que podemos inferir traços não apenas das canções espontâneas, mas também do próprio comportamento infantil. Por exemplo, a atividade lúdica infantil pode ser estudada e sistematizada estudando-se a função e o uso que a originou, algo que, aliás, é a tese central deste livro: canto e brincadeira são dois lados da mesma moeda.

No que concerne a uma discussão mais específica da gênese de certas formas de canto espontâneo infantil, minhas pesquisas apontam para certa característica universal. Isso é mais intrigante se contrastado com as fórmulas das canções. Terças descendentes, por exemplo, apareciam quando crianças norueguesas, russas e norte-americanas queriam chamar seus amigos ou adultos. A terça descendente, um tipo de "protopadrão" da voz humana, há muito vem sendo estudada. Curt Sachs (1977), por exemplo, acredita que esse padrão deve ser visto no contexto fisiológico da voz humana, isto é, no mecanismo de tensão e relaxamento das cordas vocais para produzir uma breve exclamação. O padrão de provocação, alegadamente uma protofórmula, *não* parece ser tão prevalente. Encontrei-o entre as crianças norueguesas, menos entre as norte-americanas e nunca entre as crianças russas.

Isso, por si só, nos recomenda cautela. Não é necessário, como já apontei, dizer algo sobre a absoluta universalidade com que essa protofórmula é utilizada para provocar crianças em boa parte do mundo.

Tendo a acreditar que todas as expressões humanas estão enraizadas em nossa cultura e são moldadas segundo a nossa realidade concreta. Nenhuma forma de canto nos cai do céu como um maná. Assim, uma das hipóteses possíveis para a fórmula de provocação é compreendê-la como um fenômeno etnocêntrico que gradualmente se espalhou pelo mundo numa espécie de empréstimo cultural global. Como afirmei antes, é *possível* que isso tenha ocorrido em virtude de um país que espalhou sua língua e cultura pelo mundo inteiro: a Inglaterra. Com sua política imperialista, a Inglaterra tentou modificar o idioma de continentes inteiros. Logo, por que não a mesma Inglaterra, com seu poderio e influência globais, não teria influenciado a língua materna musical das crianças? Até que se documente o contrário, devo argumentar que é possível haver bolsões de cultura infantil distribuídos pelos cinco continentes em que as crianças cantem e provoquem umas às outras, porém sem utilizar a protofórmula mencionada.

A origem etnocêntrica do canto espontâneo fica evidente no uso de canções prontas. Mesmo num mundo midiatizado, em que a música é consumida como produto de massa com vertiginosa rapidez, a cultura musical de diferentes países ainda é caracterizada por um núcleo bastante específico, fonte natural de onde emana esse material. Assim, crianças norueguesas são influenciadas por canções norueguesas, crianças russas por canções russas e crianças norte-americanas por canções dos Estados Unidos. Eu diria até que crianças tibetanas cantam suas próprias canções tibetanas, embora jamais as tenha visto cantar.

Esse tipo de canção é transmitido diretamente de pessoa a pessoa, já na primeira fase da vida do ser humano, justamente aquela que é mais suscetível a estímulos. A transmissão de tais canções é um fenômeno *universal* de mãe para filho, de criança para criança, de avós para netos — canções que ficam profundamente assentadas na personalidade dessas crianças bem antes de a influência de CDs, DVDs, MP3, rádio e televisão se fazer sentir. O ser humano larga em vantagem na corrida contra os meios de comunicação de massa, o que permite às culturas infantis de todo o mundo preservar elementos nacionais em meio a processos universais de ludicidade e musicalidade.

Quando a mídia começa a influenciar a criança com estímulos provenientes de outros países, o caráter nacional já ocupa seu lugar, com efeitos que duram a vida inteira — a menos que os adultos tenham se recusado a cantar para suas crianças.

O alcance acachapante das mídias deixa sua marca indelével na cultura musical infantil, e exatamente por isso é possível encontrar exemplos que ilustram bem como o canto pronto pode se manifestar como produto comum a diferentes culturas infantis.

Como nas crianças norte-americanas que usaram o "Parabéns a você" enquanto fingiam ser pilotos de avião:

(*Eu piloto aviões, eu piloto aviões*)

"Happy birthday" aparentemente se tornou uma canção popular em vários países. Comemorar o aniversário é importante para qualquer criança do mundo; trata-se de uma data com forte apelo emocional cuja trilha sonora pode muito bem voltar a ser utilizada em ocasiões em que essas emoções estejam associadas. Encontrei essa canção no repertório de brincadeiras espontâneas de crianças russas e norueguesas.

Na Noruega, ela é utilizada por crianças no tanque de areia enquanto brincam de assar pão:

(*Tô assando um pão, tô assando um pão*)

Decerto as crianças acreditam que a receita de um bom pãozinho quente deve incluir certo ingrediente musical, mas isso não foi algo que aprenderam com adultos. Há adultos que cantam enquanto podam as flores do jardim para que floresçam mais exuberantes, então vale a pena tentar fazer o mesmo enquanto se sova a massa de areia umedecida que vai se transformar em pão.

O uso da mesma canção por crianças russas me pegou de surpresa, mas o fato é que "Parabéns a você" estava também nos jardins de infância russos enquanto as crianças brincavam de esconde-esconde:

(*Eu te ouvi se mexer, eu te ouvi se mexer*)

Esse exemplo mostra primeiramente a canção como elemento lúdico e sociocultural do universo infantil. Utilizar a mesma canção como ponto de partida para embalar suas fantasias é um fenômeno aleatório e mais superficial, que nada nos diz sobre essa canção pronta como fenômeno universal, mas sim sobre a propagação de canções na era da mídia massificada, inclusive no tocante a crianças pequenas.

No debate sobre universalidades, costuma-se embasar o argumento utilizando-se a compreensão ocidental de música. Mais cedo, neste livro, tentei demonstrar como o conceito ocidental de música não se adéqua ao debate das formas de expressão musical infantis, diferentemente de conceitos mais abrangentes e holísticos, como *sikia* e *ngoma*. Não se trata mais de música, mas de *musikia*, para cunhar um neologismo capaz de dar conta da acepção ocidental de "música" e do universo *sikia* infantil.

É essa abordagem integral que ao fim e ao cabo devemos assumir na discussão sobre possíveis caracteres universais das formas musicais e musais da cultura infantil. Só assim teremos um intercâmbio de ideias profícuo e substancial em vez de um debate inócuo e questionável. Como vimos, Kenneth A. Gourlay (1984) discutiu o assunto tendo a cultura africana como premissa. Como manifestações da criatividade e da inspiração, porém, a cultura infantil e a herança ancestral africana estão intimamente relacionadas. Compreendido assim, o postulado de Gourlay nos fornece uma compreensão mais profunda do fenômeno da universalidade também na cultura infantil. Trata-se, afinal, disto: *a não universalidade da música e a universalidade da não música*.

Nesta perspectiva, o estudo do canto infantil espontâneo como língua materna musical é estimulante.

EPÍLOGO: "BUSCADAS"

Ao serem apanhadas pelos pais na escola,
as crianças usam a língua de maneira peculiar.

Na escolinha do meu filho, elas são "buscadas".
"Sunniva, você está buscada!", gritam quando avistam os pais.

Ela deixa cair o que tiver na mão
e dispara em direção ao portão,

Gritando de alegria, atira-se aos braços
de quem está ali para apanhá-la.

Se algum dia eu der com os olhos
em alguém que esteja no portão para me apanhar

quero que seja exatamente assim.
(Johan Grip)

INGRESSANDO NA ESCOLA – UMA TEORIA SOBRE A SOCIOLOGIA DA APRENDIZAGEM MUSICAL

"Estou ansioso. Agora só faltam seis meses para começar na escola!"

6 MÚSICA, INSPIRAÇÃO E CRIATIVIDADE NA SALA DE AULA

MARAVILHOSA É A TERRA

Era o último dia de aula antes do recesso de Natal. Estávamos todos reunidos: 28 alunos do primeiro ano, 33 irmãos, 42 pais e nove avós numa sala que comporta 30 crianças. Mas Natal é Natal, e a despedida das aulas acaba incorporando o ritual tão característico dessa época. Pela primeira vez seu filho se apresentará diante de todos, em algum papel de um auto natalino. A turma, antes tão agitada, graças à varinha mágica da professora agora mais parece um rebanho de cordeiros.

Que auto de Natal eles vão apresentar? A resposta vem na melhor tradição escolar: o bom Jesus menino na manjedoura de Belém.

Os papéis foram pedagogicamente bem distribuídos pela professora de acordo com a personalidade, a idade e o talento de cada um.

O mais fácil era interpretar as ovelhas, o rosto encoberto por uma fantasia feita de acrílico e sem nenhuma fala. O roteiro pedia apenas que engatinhassem de um lado para o outro e balissem de vez em quando. Várias ovelhas perambulavam pela sala de aula, sem nenhuma preocupação em memorizar algum texto difícil.

O protagonista, um Jesus um tanto superdimensionado, ocupava o centro da cena, remexendo-se na manjedoura. O papel coube justamente ao menino mais irrequieto da sala. Suas pernas balançavam meio metro além da manjedoura, mas a ideia de mantê-lo confinado ali pareceu uma ótima solução pedagógica. Nunca ele se mantivera tão quieto por tanto tempo.

Os três reis magos e José e Maria, todos pequeninos, tinham quase o mesmo tamanho do Menino Jesus. Alguns pastores circulavam pela cena, com turbantes coloridos na cabeça e cajados feitos de varas de bambu. E, não menos importante, o enorme grupo vestido de branco: o restante da sala, os anjos que desceram à Terra em Belém naquela noite, mais de dois mil anos atrás, para saudar Jesus com seu coro — todos envoltos em lençóis e com halos dourados adornando-lhes a cabeça.

A professora empenhou-se bastante com os anjos, pois estava reservada a eles uma tarefa muito especial na apresentação. A eles caberia cantar "Deilig er Jorden" ["Maravilhosa é a Terra"], a canção que deveria tocar o coração dos espectadores e fazê-los esquecer da agitação do cotidiano a apenas cinco dias da véspera do Natal. A professora até fez uma série de ensaios adicionais com os alunos, ensinou-lhes a postura certa (pés afastados 30 centímetros), algo sobre respiração e projeção do diafragma e também algumas técnicas de canto, pois ela mesma cantava em coral e dominava o assunto. Conseguiu até surpreender o público inserindo uma segunda voz na terceira estrofe.

Nem todos puderam fazer parte do coro de anjos. A professora deixou claro, de maneira muito amável, porém firme, que quatro dos garotos teriam outro papel. Um deles, Kjell, era o grande pestinha da sala. Cabelos desgrenhados, comportamento e voz idem, uma verdadeira ovelha negra inteiramente deslocada naquele contexto angelical. Sua voz grave e desafinada arruinaria tanto o coro quanto a atmosfera daquela noite, pensou a professora, e discretamente reservou a ele e a seus amiguinhos outros papéis, pois ninguém ficaria de fora da apresentação, é claro. Ninguém. Era um auto de Natal com a participação de todos. Então coube a Kjell e a sua gangue o papel de duendes recém-egressos da fábrica de brinquedos do Papai Noel, com seus chapéus vermelhos e aventais verdes. Uma solução engenhosa e providencial, imaginou a professora.

A apresentação seguiu seu curso, sem maiores sobressaltos, tal como a conhecemos do evangelho de Lucas (2, 1-20). O fato de que uma ovelha começou a balir desbragadamente quando Belquior estava para entregar seu precioso presente a Jesus apenas arrancou discretas risadas do público.

E lá estávamos nós para o gran finale: o coro de anjos vestidos de branco perfilado para cantar "Deilig er Jorden", todos juntos, os pés bem separados por 30 centímetros de distância, ladeados por ovelhas e pastores nas campinas de Belém, contritos no seu louvor celestial:

Paz na Terra, para deleite dos homens!
Entre nós hoje nasceu o Salvador!

O contraponto harmônico das segundas vozes fez-se notar, auxiliado pela bela voz de contralto da professora.

A ocasião deveria ser emocionante. A professora, num silêncio triunfal, saboreou seu feito à medida que os semblantes sisudos dos adultos iam adquirindo uma doçura infantil. Preocupações e aborrecimentos desapareciam e davam lugar à paz e à serenidade. Até eu, apurando os ouvidos lá no fundo da sala, senti uma lágrima escorrer pelo canto do olho. Minha filha, como estava linda, não estava? Maravilhosa!

Agora, num calculado lance para ampliar a tensão dramática, a professora sorri discretamente e dá a deixa para o resto da sala. A porta se abre e adentram quatro marotos duendes liderados por Kjell atirando lembrancinhas ao público, exatamente como haviam ensaiado.

Confusão, risadas e agitação.

Lentamente formamos uma espécie de fila para desejar Feliz Natal à professora, conforme é de praxe.

Por fim ela veio sorridente até mim, no fundo da sala.

— O senhor, que é especialista em crianças e música, o que achou do coral?

O que eu poderia responder? A professora fez tudo conforme o manual, até ensaios extras com os anjos. O que seria mais adequado à ocasião: fazer um comentário superficial qualquer ou externar abertamente a minha opinião sobre os tons desafinados e monocórdicos?

Então a lembrança do pequeno Per cantando como uma borboleta me veio à memória. Aquela canção foi crescendo dentro de mim; lembrei-me do semblante daquela criança, que mal dizia uma palavra mas sabia cantar. Com essa imagem de Per em mente eu disse:

— *Sim, o coral estava lindo. Aquela segunda voz no último verso foi esplêndida!*

A professora aquiesceu com um sorriso e um leve meneio de cabeça.

— *Porém* — *continuei eu, hesitante.*

— *Sim?* — *a professora estancou com o sorriso congelado no rosto.*

Na esperança de que ela fosse compreender, emendei:

— *Mas acho que você poderia ter incluído os quatro duendes no coral. Pois, se o filho de Deus realmente nasceu numa manjedoura, em Belém, dois mil anos atrás, e se naquela noite um exército de anjos desceu à Terra para saudá-lo, estou convencido de que havia alguns querubins desafinados entre eles. Do contrário, a canção não teria força suficiente para subir até os céus.*

UM ESCLARECIMENTO CONCEITUAL COM VIÉS RUSSO

Tão antigas quanto a ideia que lhes trouxe à vida, as musas vieram ao mundo para possibilitar o surgimento de vozes criativas. Naquela época, ainda era o mundo dos *deuses*. As musas eram semideusas olímpicas que, valendo-se da palavra, da dança e do canto, tinham a capacidade de expressar o mundo e lhe dar algum significado. A beleza e a verdade eram uma só.

Na nossa discussão sobre inspiração e criatividade, deixamos de lado os entes sobrenaturais e nossa referência passou a ser *o homem* e as fases da sua vida. Trata-se aqui da essência mais pura do que significa ser humano. A inventividade de uma criança é inspirada pelas musas — das primeiras brincadeiras com seus pais, passando pelo canto espontâneo com amiguinhos de 3 anos de idade, pelo tom emocionado da menina no meio da tempestade, até o projeto de banda de rock com os colegas de classe do 9º ano. Todos temos a capacidade de nos expressar dessa maneira, reafirmando a força da vida e do gênio criativo que habita nossa essência. Sem manifestar a própria criatividade, homem nenhum poderá moldar a própria vida. Todas as crianças também têm essa capacidade, pois a cada dia precisam ousar romper os limites impostos pelo cotidiano e obter novas conquistas na sua exploração de um espaço vital cada vez maior e mais complexo.

A criatividade flui num estado de *estesia*, a capacidade que temos de perceber sensações. Na tradição russa, diz-se que se trata de um estado de alma que confirma a origem divina do ser humano — como a imagem de um ícone sagrado que passasse a brilhar dentro de nós (Waage, 1992). Exatamente por isso a cultura é um fator tão crucial na Rússia. Partindo da origem divina das musas, pode-se traçar uma linha histórica que une o antigo pensamento grego às tradições greco-ortodoxas da Rússia.

A expressão criativa inspirada pelas musas é forjada com um vigor único, embasada num talento singular e burilada ao longo de anos de esforço, estudo e trabalho árduos para então assumir sua representação artística. O acesso a tal representação é garantido a uns poucos, o que em absoluto não significa que o não artístico seja menos importante, humanamente falando. Trata-se apenas de outro gênero, de igual importância à sua maneira, mas nós preferimos nos aferrar a conceitos equivocados e continuar comparando o classicismo dos clássicos sinfônicos de Viena aos corais dos jardins de infância. Não faz bem, nem para a arte nem para a criança, submeter canção espontânea infantil a normas estéticas operísticas. Ambos, arte e criança, têm muito em comum: bebem da mesma fonte, a inspiração. Mais adiante, ambos podem, de maneiras diferentes, inspirar e expirar nosso espírito musal, conjurando os pequenos cavalos azuis da nossa existência com uma força que é única e indissociável da humanidade que está viva e presente, tanto na criança como na arte.

Como o conhecimento ganha vida? A resposta, em sua complexidade, é bem simples: por intermédio dos homens que vivem a vida (Nobel, 2001). Por isso a oportunidade de criar e inspirar é tão fundamental no aprendizado escolar, em *todas* as disciplinas. A disciplina em si não é inspiradora nem criativa, mas pode liberar a criatividade no ser humano tocado pelas musas. É a experiência de vida que precisamos reforçar se queremos alcançar o aprendizado que desejamos, com jovens que vivem a vida e fazem da escola um objetivo e um propósito, a um só tempo. Nenhuma discussão relevante sobre quais devem ser as "disciplinas escolares básicas" será capaz de eclipsar o fato de que a pedagogia deve primeiramente aprofundar a perspectiva com que enfrentamos os desafios que a existência nos impõe.

A SOCIEDADE SERÁ CAPAZ DE OUSAR?

O recém-nascido vem ao mundo com todas as possibilidades em aberto. A criança se encanta e o adulto lhe mostra o encantamento. A criança pergunta e o adulto lhe traz a resposta. Isso é parte da dinâmica interna da educação e do crescimento. Para a criança, o mundo torna-se cada vez mais compreensível e maior, embora diminua como possibilidade. A cada resposta que nos fornece alguma ideia, sobrevêm outras perguntas que trazem a respectiva chave para abrir a porta a outras ideias. Cada dúvida conduz a uma inevitável encruzilhada. Inexoravelmente, como fruto da necessidade, o mundo da criança vai se conformando à imagem do mundo dos adultos, por mais imperfeito que este seja. É como num conto de fadas. Perguntamos ao espelho mágico: "Espelho, espelho meu, com quem parecem as crianças neste reino?" E o espelho responde: "Parecem contigo, ó, adulto, a criatura mais sábia e inteligente de todo este lugar!" Reside aqui um dos grandes dilemas da educação, que por vezes nos faz sentir vontade de inverter os papéis e voltar a ser criança. Stein Mehren expressa-se com admirável delicadeza poética sobre isso:

> [...] as crianças brincam na praia,
> envoltas no nosso amor, gritam livres na areia
> mas já são prisioneiras dos nossos segredos.
> [...]
> Brincando na praia,
> as crianças adentram nossos labirintos.
> O amor que as convida a entrar
> nunca as libertará do nosso implacável olhar.
> ("Diante de uma imagem do sol")

Também poderia ser o oposto: o julgamento livre das crianças às vezes desconcerta e desarma o adulto e o faz, ao mesmo tempo, mais sábio. É exatamente isso que ocorre no famoso livro de Gregory Bateson, *Steps to an ecology of mind* [Passos para uma ecologia da mente] (1972). Numa série de "metálogos", uma filha vai a cada instante despertando a admiração e o deslumbramento do pai.

Na relação entre pais e filhos, o aprendizado é acima de tudo um processo espontâneo. Evidentemente que se trata de escolhas orientadas por adultos, com base em uma incontornável escala de valores. Na melhor das hipóteses, isso deve ocorrer dentro de um contexto em que a criança tenha um senso de pertença social e se considere parte fundamental de um todo.

Com a transição para a escola, esse aprendizado ganha aspecto formal. A escola, em suma, reflete a visão de conhecimento e os valores da sociedade adulta. Trata-se de um ambiente em que o conhecimento, esse lastro fundamental necessário para transformar uma criança num "adulto funcional", é demarcado por aspectos políticos que correspondem às expectativas da sociedade.

Será que essa sociedade, por intermédio da escola, deseja realmente fortalecer o lado musal e contribuir na formação de um ser inspirado e criativo? A sociedade é ousada o bastante para fomentar o desejo criativo, o senso crítico e a diversidade de um ser humano por vezes tão insubordinado e imprevisível? Quantas pessoas um projeto educacional assim pode suportar antes que "transtornos" causem uma ruptura maior?

É fácil saber quando olhamos em perspectiva — para o passado, por exemplo. Durante muito tempo, Edvard Munch foi perseguido na Noruega. Atormentado, ele nos legou seu famoso "Grito" que agora tanto celebramos. Jens Bjørneboe comporta-se muito melhor *post morten* ocupando uma prateleira de livros de literatura do que quando estava vivo causando confusão — até o dia em que tirou a própria vida. Agora nós o celebramos. Quando criança, Edvard Grieg ficava feliz por ter pleurite, pois podia faltar à escola quando chovia. E chuva é algo recorrente na região de Bergen, onde vivia. Ele lutava contra tudo e contra todos em favor da "música folclórica" e rompeu com regras rígidas. Os professores o censuravam, mas agora nós o celebramos.

Mas e quanto a *nós*, reles mortais, e o direito que temos de desenvolver nossa inspiração? Vergaremo-nos a essa força que a tudo conforma? O que perdemos ao travar contato com a escola? E, igualmente importante, o que perde a sociedade? Seria essa uma relação em que ambos perdem? Como enfrentar as mudanças cada vez mais rápidas por que passamos se não houver pessoas aptas a lidar com aquilo que é imprevisível, diverso e acachapante? Conformar-se e obedecer é uma conduta que convém, pois mantém a sociedade funcionando. Mas o que será de nós quando pessoas de pensamento crítico e vontade de ousar forem em maior número? Ordem, disciplina e controle ainda devem ser prioridades da escola? Escrever é importante, mas basta? Calcular é importante, mas suficiente? Ler é importante, mas nada além disso?

Aguçando o argumento: qual é a finalidade do projeto educacional de uma sociedade em relação ao indivíduo? Como compreendemos o conceito de "conhecimento"? Como justificamos as escolhas incorporadas aos planos pedagógicos e aos currículos? Qual é a justificativa para o aprendizado e o sentido dele? Como compreendemos os processos de aprendizagem? Qual é o equilíbrio entre tradição e inovação, estabilidade e criatividade? Noventa por cento *versus* dez por cento? Por que mais caligrafia e menos criatividade, e não o contrário?

Todos sabemos que o primeiro dia de escola é uma experiência tanto trivial como trágica para a maioria dos alunos: uma criança de 6 anos, inexperiente e cheia de expectativas, é confrontada com um novo mundo. No último de aula, um adolescente de 18 anos despede-se da escola conformado, desmotivado e decepcionado.

O que terá acontecido nesse ínterim, ao longo de todos esses anos, não apenas na Noruega, mas em todos os países? Chamemos de trauma, dano ou *estresse (burnout)* escolar, dá no mesmo.

Os dois capítulos deste livro sobre a escola não pretendem ser um discussão puramente didática ou metodológica; para isso existem muitos outros livros, tanto de pedagogia geral como de pedagogia musical. Nossa discussão aqui é antes limitada ao ciclo e ao horizonte da vida, e é neste contexto que a escola é importante do ponto de vista da inspiração e da criação. Por isso esta obra começa no nascimento e na infância e chega ao fim na velhice e na morte. Nesse intervalo está a escola. *Você* tem a sensação de encolher ou de crescer durante as aulas?

7 A RUPTURA DA INFÂNCIA

O ponto nevrálgico da questão é o choque entre a cultura infantil plena de criatividade e inspiração e um contexto escolar que é o oposto disso. Escolas são instituições comprometidas com uma sistemática repressão da infância.

Adotando um ponto de vista polêmico, considere os seguintes contrastes entre essas duas culturas, doravante referidas assim:

Cultura infantil	Cultura escolar
integração orgânica	isolamento pedagógico
desenvolvimento vital	progressão disciplinar
competências para viver	habilidades para competir
autocompreensão	exames nacionais
apropriar-se de si mesmo	tornar-se erudito
entusiasmo	frieza
contexto	texto
existencial	formal
ser	testemunhar
autêntica	indireta
continuidade temporal	fragmentação temporal
plenitude (*ngoma*)	especialização
canto, ergo sum	cogito, ergo sum
brincar	estudar
ser lúdico	ser obediente
oral	escrita
estar em	ler sobre
proximidade física	distância física
testar os próprios limites	respeitar os limites alheios
eu já sei/posso	você ainda não sabe/pode

→ *Continua*

Cultura infantil	Cultura escolar
sentimento de imortalidade	sentimento de inadequação
plenitude	impotência
inspiração	lógica
qualitativa	quantitativa
infantilidade	criancice
carpe diem!	espere até você crescer
enlevo, êxtase	sobriedade
intimidade	fleuma
coragem	incerteza
destreza	cautela
empatia	neutralidade
por quê	o quê
criatividade	reprodução
imaginação	razão
1 + 1 = ≈	1 + 1 = 2
cavalinhos azuis	garanhões castanhos
emocional	racional
original	conforme
improvisada	ensaiada
espontânea	disciplinada
inesperada	planejada
ciente	científica
humor	seriedade
raiva	calma
senciente	abstrata
ritmo	tato
movimento	motilidade
eu me mexo — e aprendo!	fique quieto!
alegria corporal	exercícios físicos
resistência	submissão
autocontrole	controle externo
voluntariado	obrigação
impertinente e dócil	cidadão equilibrado
dionisíaca	apolínea
expandir limites	estabelecer fronteiras

No fundo, trata-se de um clássico choque cultural. O conceito cultural global de uma cultura escolar bem lapidada choca-se contra um conjunto de valores e códigos comuns que permeiam e sustentam uma cultura ainda "bruta", a cultura infantil. Como sempre ocorre nesses entrechoques culturais, o lado mais "cultivado" sempre afirma saber o que é melhor, mais importante e mais valioso, e quer impor sua opinião. Ao longo da história, o contato dos eruditos missionários europeus com "o resto do mundo" é, como sabemos, repleto de exemplos nem sempre edificantes em qualquer aspecto que se analise: cultural, religioso, econômico ou político.

A ruptura entre a cultura infantil e a escolar não se dá de repente. O primeiro ano é, para a maioria dos calouros, um período de paixões, orgulho e alegrias. Paixão pela professora. Orgulho por ser um aluno exemplar. E alegria de aprender tudo direitinho, assim como fazem os adultos que lhe servem de inspiração. Começar na escola é um degrau importante na escada da socialização. Emoção e expectativa podem muito bem acompanhar boa parte dessa escalada. Descobrir as letras, deslindar o código da leitura, compreender a lógica da adição e da subtração, as dezenas, saber que 7 x 7 = 49 e fazer contas de milhares... Tudo isso é um conhecimento que enriquece a alma da maioria das pessoas. Uma fase de descobertas.

As paixões vêm em ondas, podem crescer e se transformar em amor, ou se reduzir à simples indiferença. E quanto à paixão pela escola? A alegria de decifrar o alfabeto e os números é algo duradouro? Descortina as portas para um mundo onde cantam as musas, conduzindo-o a narrativas antes incompreensíveis, solucionando mistérios antes insondáveis? Ou as letras empalidecem numa difusa separação entre o belo e o correto, e os números tornam-se um emaranhado insolúvel de cálculos e gráficos?

Desde que a "ruptura da infância" foi pela primeira vez proposta (com a primeira edição deste livro, em 1989), muita coisa aconteceu nas escolas norueguesas. O debate sobre a pré-escola perdeu força, inclusive entre professores. "A ruptura da infância" tem mais que ver com o gradual enfraquecimento do gosto pelo ensino, um tipo de osteoporose profissional que, em última instância, causa fraturas em tantas pessoas.

De maneira mais ou menos traumática, a força vital choca-se contra o pensamento escolar e uma continuidade é interrompida. A atração pelo que é criativo, inspirador e musal, que já fazia parte da infância desde o período recém-nascido e emanava sobretudo na ludicidade, é confrontada com uma oposição poderosa. Muitos jovens que alçaram voos ousados na primeira infância tornam-se pássaros engaiolados. Depois de 12 anos de escola, muitos nem sequer voltam a voar. Não ousam. Suas asas da inspiração e da criatividade foram podadas.

É uma mudança de paradigma. Para a criança lúdica e independente da pré-escola ainda vale o imperativo musal da maneira como escreveu Ibsen na abertura de *Catilina*:

"Eu preciso! Eu preciso, dita-me uma voz do fundo da minh'alma, e eu devo obedecê-la!" Na escola, vale outro imperativo pedagógico: "Você precisa! Você precisa, dita-te uma voz do fundo d'alma escolar, e tu deves obedecê-la!"

O controle primário passa bruscamente para as mãos de outrem. Quebra-se a autonomia do processo de cognição. A identidade é ameaçada. Tensões afloram. E, em consequência, tantas pessoas sofrem para aprender. A disposição para o aprendizado provém de uma sensação de liberdade que é individual e intransferível.

É tentador, e aliviador, citar o aprendizado escolar tardio de uma criança norueguesa, da forma como descreveu Finn Carling (1988), mantido longe da escola por causa de sua deficiência:

> Fui uma criança que praticamente não falava na escola, mas recorri à interpretação lúdica do meu entorno e adquiri conhecimento segundo a minha necessidade e partindo das minhas premissas [...] Para mim, tudo poderia ser um desafio estimulante. Tudo isso me conferiu segurança para ser quem eu sou, dando valor aos meus pensamentos e experiências.

Para Carling, a aprendizagem lúdica pré-escolar baseou-se no autocontrole, não na ruptura. A escola deve fortalecer, não enfraquecer, a autoestima das crianças. Quando a integridade é ameaçada, a própria sobrevivência corre risco e urge tomar precauções. Não cabem generalizações nem tampouco análises estanques sobre o hiato entre a cultura infantil e a escolar.

Naturalmente, existem em muitas escolas — certamente na maioria — elementos significativos de carinho, espontaneidade e inventividade. *Naturalmente*, há milhares de alunos satisfeitos em salas de aulas acolhedoras, com professores que amam seus discípulos e disciplinas que serão para sempre encantadoras. Presentes de Natal para a "professorinha" do segundo ano são um clássico. Você jamais encontrará declarações de amor, desenhos, pinturas e um carinho infantil tão genuíno como aos pés da árvore de Natal da sala: "Para a melhor professora do mundo!", em geral acompanhado de uma dedicatória e de um "Muito obrigado!" da parte dos pais.

E, *naturalmente*, existem na cultura infantil elementos de dor, sofrimento, racionalidade, cópia, silogismo e até mesmo de tranquilidade. A tranquilidade, a verdadeira paz que acomete uma criança absorta por uma descoberta, pode muito bem ser um traço marcante da espontaneidade infantil.

Além disso importa ressaltar que um sistema escolar mais permeável ao ponto de vista da criança também pode variar de um lugar para outro. Nos países em que observei a cultura infantil, fica evidente que a pequena Noruega, sem ter nos ombros o fardo de ser uma superpotência, tem um sistema educacional menos autoritário e menos atribulado que, por exemplo, os Estados Unidos.

Mesmo assim, algo que sobressai e se repete, a despeito do sistema cultural, é a tensão entre duas formas *fundamentalmente diferentes* que se põem em conflito quando criança e escola se encontram. Isso faz parte da história da educação de todos os países do mundo, até mesmo na fleumática Escandinávia.

DA ECOLOGIA DO APRENDIZADO
À RUPTURA DO APRENDIZADO

Ngoma: a criança vive, brinca e aprende ancorada em processos culturais e holísticos. Lembremos da história de Tan e da bola vermelha (p. 49-51). Assim que completou-se a transição da Noruega para os Estados Unidos, ele passou a *andar* como um nativo norte-americano. O idioma assentou-se no corpo, o corpo adequou-se ao idioma, não havia mais dissonâncias perceptíveis entre corpo, fala, pensamentos, sentimentos e cultura. Tudo passou a ser a mesma e única coisa. O garoto não apenas se tornou completamente bilíngue, mas bicultural. Com certo jeito de Clint Eastwood na sua recém-descoberta língua, ele passou a fluir no mesmo ritmo do restante do grupo. Ele e os Estados Unidos eram um só.

É assim que as crianças foram criadas para aprender. Elas sentem a *sikia*: tudo é *uno* e se complementa, sem divisões. É assim que vivem desde a primeira infância, em constantes descobertas que fazem parte da dinâmica impulsionadora do processo de aprendizagem, uma *cadeia de aprendizado orgânica e em delicado equilíbrio*. Se tiverem êxito, essas crianças se tornarão indivíduos íntegros. Novas fases no seu desenvolvimento serão apenas desdobramentos desse excepcional recurso de aprendizagem.

Caso esse círculo inspirador se rompa, a capacidade de aprendizado da criança também se desmantelará. A ruptura da infância se tornará uma *ruptura do aprendizado*. A cadeia orgânica da aprendizagem terá se partido. Aprender não terá mais o contexto de plenitude, consistência e entusiasmo tão necessário para que seja algo duradouro. Com frequência, uma compreensão pedagógica equivocada trata de cortar os fios dessa teia. Uma vez rompidos os elos, bloqueiam-se as vias entre sentimentos, ideias e corpo, resultando em experiências rasas e num aprendizado superficial. Numa imagem exemplar, eu diria que nem mesmo o melhor pianista do mundo poderá executar o concerto em Lá bemol de Grieg se as teclas pretas estiverem emperradas porque as cordas do piano se romperam. *Para constatar como* as cordas podem arrebentar numa criança, basta observar as consequências decorrentes do choque entre a cultura infantil e a cultura escolar.

Hoje em dia sabemos mais e melhor do que ocorre na natureza quando a cadeia alimentar orgânica é partida ao meio. Quando o ser humano desmata a floresta, a consequência imediata e brutal é de secas e enchentes de proporções bíblicas e grandes emissões de CO_2 que impactam o equilíbrio climático em todo o globo — o que é cada vez mais frequente, a propósito. Mas o que sabemos da ecologia da mente e das catástrofes que sucedem quando a cadeia do aprendizado é rompida, privando a criança da sua *sikia* e apartando-a da liberdade criativa do seu *ngoma*? É obviamente necessário aqui um novo tipo de consciência e percepção ecológicas, capazes de dar conta do homem como ser que habita a natureza e é parte importante e indissociável dela.

Em muitas crianças, esse processo de desconexão começa, é claro, bem antes da entrada na escola. A própria socialização familiar, com pais e irmãos, tem um peso importante na ruptura de processos integrais de aprendizagem, independentemente das expectativas e dos estímulos presentes na criação. Porém, para todas as crianças, o contato com a escola representa uma nova, maciça e contínua pressão que provém de outra origem: a especialização do conhecimento. A organicidade entre corpo e mente (Cobb), imaginação e razão, mundo interior e realidade externa (Winnicott) fica ameaçada. O alicerce do aprendizado autêntico é abalado. A espontaneidade, reprimida. Brincadeiras genuínas ficam restritas aos intervalos de recreio entre aulas formais. Porém, como sabemos, é justamente nas brincadeiras espontâneas que ocorre o aprendizado essencial. Processos de aprendizagem antes tão precoces e comuns tornaram-se hoje, paradoxalmente, *exceções*, no dizer de Ziehe e Stubenrauch (1982).

O pesquisador dinamarquês Sten Clod Poulsen escreveu um livro de importância atemporal chamado *Condições para o desenvolvimento da personalidade versátil* (1980). Ele elabora desta forma a importância da liberdade criativa e da inspiração musal como partes do aprendizado escolar: "Se isso não for introjetado, ocorrerá uma clivagem na consciência da criança, que passará a ignorar os danos desse processo às suas necessidades e à estrutura da sua imaginação" (p. 110).

Provavelmente a ruptura da aprendizagem esteja institucionalizada a ponto de ser inevitável. Provavelmente a criança terá de deixar de lado a impressão de que é imbatível e o desdém pelo aprendizado ao ingressar num sistema escolar formal — em que valores estruturantes da sociedade adulta precisam ser continuamente reafirmados e retransmitidos para a manutenção da estabilidade social.

Porém, a cultura infantil também requer respeito e confirmação, pois é, sim, internacional e reconhecidamente um direito fundamental do ser humano. E não é uma verdade incontestável que uma escola infantil formal deva basear unilateralmente sua pedagogia e sua metodologia em pontos de vista centrados em valores adultos, como é comum hoje. Contribuições da cultura da própria criança deveriam ser fundamentais para aperfeiçoar a educação infantil. E, também, para aprimorar a sociedade como um todo.

CULTURA ORAL E CULTURA ESCRITA

O choque entre a cultura infantil e a escolar reflete em boa medida a relação entre as culturas oral e escrita no Ocidente. Esta última tem a si em alta conta e se considera a única forma de cultura possível, monopolizando, sem nenhum contraponto possível, valores, prestígio e respeitabilidade.

A escrita é o meio e o fim de toda a hierarquia educacional. Quaisquer outras culturas costumam ser descritas, de forma depreciativa, como primitivas, analfabetas ou ágrafas. Na Europa, esses conceitos misturam-se a ideias anacrônicas frequentemente associadas a uma suposta superioridade da raça branca. Ong (1982) sugere que tais conceitos sejam substituídos pelo termo *culturas orais*, pois a neutralidade dos julgamentos é importante para obter uma compreensão mais clara do legado, da vitalidade e dos valores específicos das culturas orais. Ong não se refere apenas às culturas orais propriamente ditas. Sua tese é a de que uma compreensão mais profunda da comunicação e da forma de aprendizado das culturas orais trará contribuições relevantes também para a compreensão da cultura escrita. De que maneira a relação entre escrita e oralidade se revela no *aprendizado musical* é um assunto que abordaremos no próximo capítulo.

A competência infantil rapidamente se perde na superposição da cultura escrita sobre a oral, da forma como a escola tradicionalmente o faz. Aos olhos adultos, as crianças estão duplamente despreparadas para a vida em sociedade. Faltam-lhes letramento e alfabetização; e, dado sua pouca idade, ainda não são considerados seres humanos mental e espiritualmente completos. Essas ideias não são explicitadas ao público no modelo pedagógico atual, mas estão presentes e se fazem perceber num mundo de adultos em que a perspectiva infantil raramente passa de mero detalhe. Em última análise, as escolas são parte do mundo adulto, locais onde os agentes da cultura letrada tentam moldar as crianças à sua imagem. Qualquer um, por menor intimidade que tenha com crianças e o processo de aprendizagem, tem alguma opinião a dar sobre a escola: já a frequentou e não se considera intimidado por especialistas.

O documento "Cultura para aprender", como foram denominadas as diretrizes da reforma educacional norueguesa de 2004, incluiu a oralidade como "competência infantil" para o aprendizado, o que é muito bom. Dar mais peso à oralidade fortalecerá a cultura infantil na escola caso essa oralidade esteja contextualizada nessa mesma cultura infantil. Acima de tudo deve estar a enorme capacidade de memorização da criança. Canções, poemas e histórias são narrativas que elas não têm problema em memorizar, enquanto, nós, adultos de mente limitada, nem sequer ousamos admitir que podem fazê-lo. O épico "Terje Vigen" não é nada para uma criança de 8 anos, para não mencionar os escritos de Wergeland. Que tal uma montagem de Hamlet com três horas de duração voltada para crianças de 9 a 16 anos? É só perguntar aos noruegueses da organização Suttung, que tem mais de meio século de experiência no assunto. Não se trata de decorar, mas de uma oralidade exuberante que se manifesta em crianças de habilidades diversas e em diferentes ocasiões (veja também Bjørkvold, 1985).

Outra área em que a oralidade infantil tem muito a contribuir é a computação. Enquanto a escola conduz seu conteúdo programático baseado na escrita, incompreensível para boa parte dos alunos, desenvolve-se rapidamente uma *oralidade secundária* — uma nova habilidade baseada na escrita, mas transmitida oralmente de criança a criança. Diante da tela, alunos comportam-se como especialistas maduros e em nada lembram a geração dos seus pais e professores, sempre tão tímidos e cautelosos diante de teclados, códigos e programas. Diante da tela de um computador eles instantaneamente compartilham truques e as últimas informações sobre softwares da mesma forma como na cultura infantil, isto é, por meio da voz. *O domínio da internet* é, hoje em dia, uma área de competência sobretudo dos alunos. Crianças e jovens usam *emoticons em programas de bate-papo instantâneo* para trocar mensagens num código resumido, metade oral, metade escrito. O mesmo vale para os aplicativos do gênero para telefones celulares, que misturam inglês com a língua nativa e se tornaram maciçamente populares em todo o mundo, seja para conversas descompromissadas, seja para namorar. Neles, a interação social é um fator-chave. Exemplos como

sk8 = skate,
LOL = "laughing out loud" [rindo alto, gargalhando]
vc = você

misturam letras e números, maiúsculas e minúsculas, abreviaturas e palavras por extenso, inglês e idioma local.

Ou, então, simples abreviações cifradas:
brb = be right back [volto logo]
bff = best friends forever [melhores amigas para sempre]
luv u = love you [amo você]

Os emoticons, ícones que representam emoções, abundam nessa linguagem:

:) para expressar alegria,
:(para expressar tristeza
;) para representar uma piscadela etc.

Essa evolução traz consigo um grande desafio. Pode tornar ainda maior a distância entre crianças e escola, delimitando claramente onde termina o lar e onde começa a sala de aula. Ou, numa perspectiva mais otimista, pode levar a uma *revolução educacional* em que a nova geração mostra o caminho das pedras aos mais velhos utilizando a internet e as novas possibilidades abertas pelos aplicativos e softwares. Uma vez que a oralidade é introduzida como competência escolar, deve valer tanto para as crianças quanto para os adultos. Alunos fazendo o papel de professores e professores aprendendo como alunos transmitem a sensação de igualdade criativa de que a escola tanto necessita. E não apenas no que se refere à melhoria do ambiente de aprendizagem na escola. Tal inversão de papéis certamente seria muito mais barata e eficaz que cursos de informática tediosos que o poder público mal tem condições de implementar.

Na compreensão do desenvolvimento infantil ainda prevalece a noção de fases, quase como uma realidade psicológica determinada por lei: por meio da educação a criança poderá atingir patamares mais elevados de formação e conhecimento. Um dos pontos culminantes seria o que Piaget chama de fase simbólico-abstrata: aos 12 anos, a criança finalmente adquire uma capacidade rudimentar de compreender o mundo ao modo dos adultos. Os neurologistas, por sua vez, podem comprovar que a lateralização do cérebro nessa faixa etária parece ter concluído um longo processo de maturação, em que predomina o funcionamento lógico-linear do hemisfério esquerdo.

Mas o que vem primeiro, o ovo ou a galinha? Não seria o desenvolvimento da capacidade de pensar simbólico-abstrata de um jovem de 12 anos uma consequência natural de processos bioquímicos, neurológicos e psicológicos inatos, comuns a qualquer ser humano independentemente de qualquer outro fator? Não seria essa capacidade de pensar decorrência direta da influência acachapante da cultura escrita na escola? Até que ponto Piaget, com seu modo de pensar ocidental, não enxergou a si mesmo no espelho? Os neurologistas apontam que o cérebro está em processo de formação até a puberdade, sendo significativamente influenciado pelo ambiente externo. Talvez a influência da cultura escrita escolar no padrão funcional dos hemisférios cerebrais também possa ser um dia identificada na sua gênese, isto é, atribuindo-se uma correlação entre os efeitos precoces da escrita nos processos de aprendizado correspondentes à predominância do modo simbólico-abstrato de pensar.

A distância entre a cultura escrita e a oral reflete o culto ocidental ao espírito, inteiramente dissociado do corpo a ponto de quase desprezá-lo. A superioridade espiritual e o culto à razão lógica têm como antítese vulgar a sensibilidade corporal, segundo afirma o historiador norueguês Trond Berg Eriksen no seu livro *Nietzsche og det moderne* [Nietzsche e o moderno] (1989). Num capítulo intitulado "A vingança do corpo", ele diz, entre outras coisas:

> A evolução da civilização moderna europeia ocorreu não sem um disciplinamento do corpo. [...] A polarização entre corpo e consciência no indivíduo levou a uma clivagem entre sentimentos e intelecto. [...]
> À primeira vista, o modelo mecanicista de Descartes não nos parece exatamente cristão, mas a redução do corpo a uma máquina — paradigma principal da medicina que perdura até hoje — é obviamente relacionado à ideia platônica do aprisionamento corporal e do seu caráter instrumental. (p. 214, 217)

Eriksen recorre ao pensamento nietzschiano para demonstrar que justamente a estética é o mediador crucial entre espiritualidade e senciência, entre corpo e alma, na formação integral do ser:

> No exato instante em que a relação entre natureza e cultura, corpo e alma, entra em crise, a estética assume o papel de principal instância comunicante. [...]
> Para Nietzsche, o pensamento não se dissolve na biologia nem na psicologia desenvolvimentista, mas na música. A inspiração, a retórica e a sedução nos textos do filósofo alemão constituem uma lembrança recorrente de que a música e a dança são a verdadeira realidade metafísica.
> A música leva o corpo a sério e fala do ouvido até os músculos. [...]
> O "corpo" nietzschiano abrange o homem *como um todo*; portanto, não se trata de um rejeito ou da separação metafísica entre corpo e alma. Nietzsche não compensa a fixação metafísica na razão com igual fixação no corpo. Para ele, o corpo é uma perfeita edição miniaturizada do mundo. (p. 221, 230, 233)

Repetidas vezes é preciso demonstrar claramente que a "inteligência" infantil abrange infinitas coisas mais que não apenas a pura lógica intelectual. O norte-americano Howard Gardner é um dos intelectuais que apresentam uma sólida argumentação nesse sentido. No livro *Estruturas da mente: a teoria das inteligências múltiplas* (1985/1994), Gardner opõe-se com vigor à monocultura ocidental do intelectualismo lógico. Ele exalta sobretudo a importância da competência estético-musical nos processos de aprendizado e maturação do ser humano e tenta oferecer uma apresentação sistemática de inteligências diversas, todas de importância fundamental para o desenvolvimento: linguística, lógico-matemática, corporal-cinestésica, espacial e musical. Além disso, o autor trabalha com duas "inteligências pessoais": a capacidade de reconhecer a si mesmo e a seus pares.

Sua obra representa um esforço inovador para uma compreensão mais ampla e diversa do conjunto de competências da compreensão humana. Gardner fala com grande propriedade sobre a inteligência musical para a compreensão da realidade. Mesmo assim, infelizmente, ele costuma ser interpretado da típica ótica divisionista ocidental. Em vez de falarmos de diferentes inteligências, na minha opinião é mais apropriado examinar as categorias de Gardner como diferentes *modalidades* de uma e só coisa: *a complexa inteligência criativa do ser humano.*

A PEDAGOGIA DO OPRIMIDO

Em 1970, Paulo Freire lançou sua obra seminal, *Pedagogia do oprimido*. Ele tomou como ponto de partida a América Latina e identificou um abismo assustador entre a escola as pessoas. A cultura escrita escolar nunca encontrou motivos para levar a sério competências, necessidades e modos de pensar daquela região, cristalizadas numa existência de pobreza e sofrimento — algo que, que na melhor das hipóteses, fala a ouvidos moucos e, na pior delas, oprime milhares de pessoas. Freire descobriu escolas que em larga medida matam nossa curiosidade, nosso espírito inquisitivo e nossa criatividade. Onde as escolas brasileiras viam uma sociedade incivilizada e ignorante clamando por instrução, Freire viu uma sociedade latino-americana plena de criatividade, originalidade e vitalidade cultural inspiradoras. Na cultura das massas oprimidas ele encontrou a fonte para a renovação pedagógica de um sistema escolar petrificado. Não mais uma escola que se *oponha* a seu povo, mas uma escola libertária *com* o povo — *a pedagogia do oprimido* — com repercussões profundas não apenas no indivíduo, mas também na divisão do poder e nos sistemas políticos da sociedade do futuro, conforme arguiu Freire. Quinze anos mais tarde, ele lançaria outro livro em sintonia com esse pensamento, cujo título sintomático é *As políticas da educação — Cultura, poder e libertação* (1985)[10].

Qualquer criança de 6 anos de idade que adentre os portões da escola é portadora de uma vitalidade cultural e de uma impressionante capacidade de aprender. A necessidade de aprender, aliada ao apetite pelo conhecimento, é tão forte nas crianças quanto a fome ou a sede, afirma Arthur Koestler (1965). Essa criança é um mestre da inventividade lúdica, a quintessência do ser inspirado pelas musas. Ela sente o mundo de perto, num diálogo orgânico que envolve fala, canto e movimento — não como realização estética ou constituição formal, mas como uma manifestação de vida necessária e espontânea. No âmbito dos valores, normas e bases comuns da cultura infantil, a criança de 6 anos conhece a fundo as regras do jogo; para tanto, utiliza o *ngoma* da cultura infantil, um instrumento afinadíssimo, como meio de exploração e cognição.

Na universalidade e inspiração da cultura infantil, tal como descrita e compreendida anteriormente neste livro, há um potencial enorme para o desenvolvimento de uma

---

10. Em português, o livro foi lançado com o título de *Ação cultural para a liberdade e outros escritos* (Rio de Janeiro: Paz e Terra, 1981).

escola diferente, que acolha o aluno com o devido respeito pelo que já sabe e pode, em vez de recebê-lo com amistosa indulgência diante do que ainda não sabe ou não consegue fazer; uma escola infantil digna do nome, não apenas por abrigar crianças nas salas de aula, mas porque na sua pedagogia a própria forma de aprendizado infantil ocupa lugar central, adaptando a "pedagogia do oprimido" de Freire para os domínios da educação de crianças.

A ideia de que a escola deve ser embasada na criança não traz, em princípio, nada de novo. Remonta aos idos da reforma pedagógica de Rousseau e seu *Emílio, ou da educação*. "Réspectez l'enfance!" — "Respeitai a infância!" — esbravejava Rousseau, cuja relevância influencia a nossa política pedagógica atual.

Relevância? A "reforma pedagógica" da era moderna é eclipsada por uma compreensão equivocada de Rousseau que persiste desde a década de 1970. Sua crítica era dirigida contra a tradição escolástica, tão rígida e tão desproposital que a criança e a infância desapareciam de cena. Como filósofo iluminista que era, Rousseau exaltava a importância do conhecimento. Subestimar a natureza do homem era para ele nada mais que uma herança da obscuridade medieval.

No debate escolar de hoje, essa perspectiva volta a ser relevante. O notável apetite de aprender da criança não pode ser desprezado. Seria um desperdício de conhecimento sustentar que "o elemento lúdico é algo supérfluo na reforma educacional". Como vimos, a brincadeira é algo central na cultura infantil para um aprendizado de qualidade. O garoto com a "red rubber ball" conseguiu aprender inglês fluente em meros quatro meses, concentrando-se na cultura em que estava imerso. Quanto tempo levaria um aluno para aprender um segundo idioma na escola concentrando-se na disciplina? Lillebror, o caçula, desenha suas garatujas e consegue ver claramente "uma ovelhinha que tem lã". Emil sussurra algo enquanto brinca com os bonequinhos de madeira. Pippi diz alguma coisa e sustenta seu cavalinho acima da cabeça. E Lotta pode tudo — às escondidas. Nos livros de Alf Prøysen e Astrid Lindgren, essas crianças são verdadeiros heróis para todos nós. Brincando, elas desejam compreender algo diferente, importante e enriquecedor. Que o adjetivo "infantil" ainda hoje tenha conotação negativa é sintomático da visão que a sociedade tem das crianças — a despeito de Lillebror, Emil, Pippi e Lotta. Por quê?

UM TRIBUTO AOS ANALFABETOS

A oralidade da cultura infantil tem abrangência mundial num planeta em que a imensa maioria dos idiomas é ágrafa, ou iletrada, na forma como esses conceitos são compreendidos no Ocidente. Mais de 850 milhões de jovens de até 7 anos de idade compõem a maioria do imenso contingente mundial de analfabetos.

No nosso mundo esclarecido, também o conceito de "analfabeto" tem conotação negativa. Tendemos a considerar os analfabetos pessoas servis, primitivas, ignorantes e subdesenvolvidas. São eles que carecem de uma vida mais digna, segundo a nossa opinião erudita. Mas o panorama é, naturalmente, mais complexo. Os analfabetos perfazem um contingente muito heterogêneo, como assinala Paulo Freire (1985, p. 13), que ao mesmo tempo dirige algumas palavras de alerta contra os missionários que pregam em nome dessas pessoas sem considerar certas nuanças:

> [...] Em certas circunstâncias, o analfabeto é o homem que não necessita ler; em outras, é aquele ou aquela a quem foi negado o direito de ler.
> Em ambos os casos, não há eleição. O primeiro vive numa cultura cuja comunicação e cuja memória são auditivas, se não em termos totais, em termos preponderantes.
> Neste caso, a palavra escrita não tem significação. Para que se introduzisse a palavra escrita e, com ela, a alfabetização, em uma realidade como esta, com êxito, seria necessário que, concomitantemente, se operasse uma transformação capaz de mudar qualitativamente a situação. Muitos casos de analfabetismo regressivo terão aí sua explicação. São o resultado de campanhas de alfabetização messiânicas ou ingenuamente concebidas para áreas cuja memória é preponderantemente ou totalmente oral.

No argumento de Freire reside uma crítica que pode ser transposta à relação da escola (escrita) com a cultura oral infantil. A ênfase com que a escola prioriza a cultura escrita representa, do ponto de vista da inspiração criativa, uma intervenção de resultados questionáveis em outra cultura, embasada na oralidade. Não se trata, claro, de menosprezar a necessidade ou o valor da alfabetização nas escolas do Ocidente, habilidade essencial na nossa sociedade de cuja responsabilidade as escolas jamais poderiam se furtar. Trata-se, na verdade, de dizer que a ênfase unilateral na superioridade absoluta da alfabetização não se justifica, nem mesmo para crianças que mal completaram 7 anos de idade. Tal ênfase oblitera nossa visão do valor inerente à cultura infantil como recurso pedagógico e também a percepção das falhas dos métodos de alfabetização hegemônicos.

Sabemos muito bem que as escolas de hoje não produzem um contingente lá muito grande de leitores apaixonados ou de entusiastas da escrita. Saber recitar o alfabeto e um punhado de regras de ortografia não constitui um amor genuíno pelo beletrismo.

O autor alemão Hans Magnus Enzensberger (1986, p. 70-71) abordou essa questão de maneira percuciente, saudando a *cultura dos analfabetos* ao receber o prestigioso prêmio literário Heinrich Böll:

Um terço da população do nosso planeta sobrevive sem saber ler ou escrever. Cerca de 850 milhões de pessoas encontram-se nessa situação, e esse contingente só tende a aumentar. [Hoje em dia, são quase 2 bilhões de pessoas.]
[...] Somos apenas nós, uma ínfima parcela de pessoas que sabem ler e escrever, que enxergamos a eles como uma pequena minoria. Tal concepção é de uma ignorância que me recuso a aceitar. Ao contrário. Quanto examino a questão mais de perto, o analfabeto ressurge diante de mim como uma figura honrada e admirável. Invejo sua memória, sua capacidade de concentração, sua destreza, sua inventividade, sua perseverança e seus ouvidos aguçados. [...]
Talvez vocês estejam se perguntando por que um escritor toma partido daqueles que não sabem ler. [...] A resposta é óbvia! Porque foram os analfabetos que inventaram a literatura. Suas formas elementares, do mito às rimas infantis, dos contos de fadas às cantigas, da prece ao enigma, são todas mais antigas que a escrita. Não fosse a transmissão oral não haveria poesia, e sem os analfabetos não existiram os livros.

Estamos falando da grande maioria dos idiomas do planeta. Das cerca de três mil línguas documentadas no mundo, apenas 80 têm uma escrita estruturada (Ong, 1982).

Enzensberger contrapõe o iletrado oriundo das culturas orais ao "analfabeto funcional", alguém que consegue recitar o alfabeto de cor, mas não sabe ler nem escrever no estrito senso desses termos. Estimulado pelo consumismo superficial patrocinado pela TV e pelos tabloides, sem o devido lastro provido pela escola, o "analfabeto secundário", esse indivíduo mecânico e raso, constitui hoje a maior parte da sociedade ocidental, segundo Enzensberger.

[...] o analfabeto funcional [...] sente-se feliz, pois não padece do sofrimento que advém da ausência da memória. Não ter controle sobre a própria existência é algo que não lhe afeta. Não ter condições de se concentrar é algo que ele até preza. Não fazer ideia do que lhe acontece é para ele uma vantagem. Ele é mutável. Ele é obediente. Ele exerce certo poder. Não devemos sentir pena dele. Em favor do analfabeto funcional, há também o fato de que ele não tem a menor ideia de que é um analfabeto funcional. Ele se considera bem informado, sabe decifrar manuais de instrução, pictogramas e cheques bancários, e move-se por um mundo em que está hermeticamente protegido de qualquer tentação de autoconhecimento. [...]
O analfabeto funcional é um subproduto de uma nova etapa da industrialização. Uma economia em que o problema não é mais a produção, mas a venda [...] necessita de consumidores qualificados. [...] Para resolver esse problema, nossa tecnologia desenvolveu a solução adequada. O meio ideal para o analfabeto funcional é a televisão. (p. 73-74).

O que de fato Enzensberger pretende com suas afirmações? Onde estão suas estatísticas? Até que ponto não se trata de mais uma polêmica lançada por um intelectual europeu no intuito de provocar e chamar atenção?

A pequena e rica Noruega nos dá uma pista. Nela, o ensino é público, gratuito, universal e transparente. Nesse país as crianças sabem ler e escrever: não há iletrados, exceto um contingente cada vez maior e indesejável de analfabetos funcionais. Em sua tese de doutoramento, Egil Børre Johnsen (1995) apresentou números alarmantes, baseado nos exames de norueguês do ensino médio realizados ao longo do século XX: "Mais de um terço das respostas aos exames foram consideradas 'muito fracas' ou 'insuficientes'. Ainda que o tempo de estudos no ensino médio tenha aumentado, um contingente cada vez maior de pessoas 'mal sabe falar o norueguês'".

Com a reforma do ensino de 1994 e a "democratização" das diretrizes de ensino, não há razão para crer que esses números assustadores tenham melhorado desde que Børre Johnsen lançou luz sobre eles. Por isso há razões para perguntar: que fim levou, no transcurso da fala pra a escrita, a empolgação que o ser musal sentia por sua língua materna?

Para muitos, o alfabeto não é uma porta que se abre, mas que se fecha. Anos de estudo e investimento são desperdiçados. O país é afetado. A vontade e a inovação necessárias para um melhor aprendizado da língua na Noruega precisam de reforço extra para atingir os efeitos desejados, deixando lado, por exemplo, a inspiração que o *ngoma* poderia oferecer.

É preciso o alarme soar, tantas e repetidas vezes. Quando permitimos que os nossos jovens sintam-se impotentes, promovemos a violência.

A discussão que propõe Enzensberger é extremamente importante não apenas porque ele, a exemplo de tantos que o precederam, aponta para a ameaça real do analfabetismo funcional. Sua argumentação reconhece e homenageia a vitalidade inventiva das *culturas analfabetas orais*, que abrem espaço para uma evolução do pensamento pedagógico e para uma relação mais produtiva entre as culturas erudita e popular. São os recursos musais dos analfabetos que, num paradoxo pedagógico, constituem um excelente material de apoio na construção de uma escola inspirada e inspiradora. O analfabetismo funcional das crianças em idade escolar jamais poderá ser erradicado. Mas a escrita, a leitura e a capacidade de fazer contas devem ser percebidos com a mesma importância que a habilidade infantil de se comunicar na sua língua materna musical enquanto brincam no tanque de areia.

8 DA ECOLOGIA DA APRENDIZAGEM À ECOLOGIA DO ENSINO

Várias áreas de pesquisa estão convergindo para uma compreensão do ser humano como ecossistema senciente, que evolui em constante interação com o ambiente que o cerca. Unindo musicologia, pesquisas sobre o cérebro e informática, por exemplo, um grupo internacional de pesquisadores analisa como a música desencadeia movimentos corporais analógicos. Não se trata apenas de uma investigação "intermodal", isto é, sobre como as diferentes modalidades de sentir se complementam. Rolf Inge Godøy (2003, p. 317), da Universidade de Oslo, é um dos que pensam dessa maneira ecológica: "O termo 'intermodal' (*cross-modal*) diz respeito à interação das diversas modalidades do sentir. E o termo 'ecológico' refere-se à organicidade com que os seres humanos nos orientamos, evoluímos e sobrevivemos interagindo com o ambiente que nos cerca".

Godøy desenvolve o conceito de "motomimese" e postula sobre os processos de aprendizado desencadeados na mente humana a partir do contexto em que ocorrem: "[...] Aquilo que sentimos provoca na nossa mente uma estimulação contínua e criadora, que nos põe a refletir *por que sentimos, o que sentimos e o que devemos fazer em consequência disso*" (p. 318).

Pesquisadores do cérebro caminham na mesma direção:

[...] nossas conclusões sobre o gestual [*gesture*] contribuem para o que se pode chamar de teoria integrativa sobre a cognição social. Acreditamos que os processos neurológicos por trás da fala, dos movimentos manuais, das expressões faciais, da percepção de ações, da imitação, do pensamento social e da interação podem ter vias neurais comuns — especialmente em níveis mais baixos — aos processos de cálculo subjacentes ao movimento instrumental, mas eles envolvem também processos e áreas do cérebro que independem do puro movimento instrumental — e, portanto, se limitam puramente às atividades físicas e motoras. (Gallagher, Cole e McNeill, 2002)

Já vimos que pensamentos semelhantes estão sendo desenvolvidos em estudos multidisciplinares sobre a comunicação no recém-nascido. Num simpósio internacional em Oslo, em 2004, que contou com a participação de proeminentes pesquisadores da área, o tema central foi a correlação entre desenvolvimento cerebral e ambiente, "neurônios-espelho", desenvolvimento emocional e cognição social (Bråten e Galese, 2004). O periódico *Impuls* (março de 2004), da Universidade de Oslo, acompanhou esse simpósio com grande interesse.

É interessante registrar que, de um ponto de vista antropológico, a história de Tan, o garoto da bola vermelha de borracha, confirma tanto a teoria ecológica da "motor-mimese" quanto as discussões mais recentes sobre "neurônios-espelho". Quando estava pronto, o corpo de Tan assumiu movimentos "norte-americanos", mimetizando as brincadeiras que ele havia muito assistia e das quais queria fazer parte. "Hi, there, man!"

Ele assimilou a língua num contexto cultural fecundo, embasado na experiência, em nada acadêmico nem limitado à sala de aula (Krashen, 1984). Entretanto, isso não é bom apenas para a criança; todas as pessoas alegam aprender melhor dessa forma. Sentir-se parte de um contexto social e de sua cultura terá sempre efeitos mais profundos do que frequentar uma aula (Freedman, 1993). Ser capaz de dizer algo sobre determinado assunto (conhecimento declarativo) não é o mesmo que demonstrá-lo realizando (conhecimento procedural; Hillocks, 1986). Tan não passou apenas a falar como um nativo, sem sotaque. A língua assentou-se também no seu corpo, encarnou nos seus músculos, pulsando no mesmo ritmo da cultura em que ele estava imerso e passou a espelhar. O ser humano aprende de maneira orgânica, em etapas liminares (cujos limites podem ser rompidos), num equilíbrio ótimo — criativo, inspirado, musal — entre si mesmo e suas circunstâncias.

Ou, como disse Jacob Brunowski (1978, p. 101-102) em seu clássico *As origens do conhecimento e da imaginação*:

> Caso fosse desmembrado do corpo — e essa é a maior falácia do pensamento cartesiano que opõe corpo e alma —, o cérebro seria uma máquina estática, uma espécie de computador digital. [...]
> Não, basta ver o fato de que a soma do raciocínio e do corpo perfaz um todo no qual o raciocínio não é um sistema fechado. O raciocínio abre a possibilidade de chegar a um sem-número de respostas, e apenas quando materializado em ação ele terá chegado a uma resposta específica. Porém, mesmo tal ação não parte do cérebro apenas, mas do indivíduo como um todo.

Uma vez que a criança adquire o conhecimento de maneira orgânica, a educação escolar precisa necessariamente adotar um pensamento ecológico. A escola deve assumir o compromisso de facilitar essa competência orgânica, inata a todas as crianças.

Claro está que uma escola nunca poderá ser a cópia da cultura infantil, tampouco isso seria desejável. Mas um novo tipo de continuidade deve ser criado, na transição da pré-escola para a escola e mais além, tendo os recursos da criança como ponto de partida. Somente assim a ruptura do aprendizado pode ser reduzida ou mesmo evitada. Todos seriam beneficiados com isso, alunos, escola e sociedade. Deveria ser óbvio: um pianista precisa estar familiarizado com todas as teclas e com como se comportam em relação às demais para ser de fato capaz de tocá-las. Além disso, deve estar sempre atento para distinguir as peculiaridades de cada instrumento: alguns têm um som mais "duro", outros são mais agudos, alguns têm teclas de marfim, outros de plástico. Para poder de fato ensinar, a escola tem de estar ciente de todos recursos inatos e peculiares a cada criança e de como estes se inter-relacionam. Uma formação personalizada é algo determinante.

Há níveis diferentes de necessidade. A seguir relacionarei algumas contribuições para um enriquecimento da escola em bases mais inspiradoras e criativas. Há de haver ideias em profusão para que alguma possa ser aproveitada. Como dizem os jovens: não custa nada pensar!

O PROFESSOR INSPIRADO E INSPIRADOR

Pouco tempos depois do lançamento deste livro na Dinamarca, o Ministério da Cultura daquele país criou um "comitê inspiracional" para, entre outras atribuições, compilar dez mandamentos para a construção de uma "escola do futuro". O sexto mandamento diz: "Deves compreender que no princípio era o sentir. O ensino precisa, pois, empregar corpo e sentidos a fim de possibilitar o intercâmbio entre a mente e a fantasia".[11]

Um ser musal é necessariamente um professor inspirado e inspirador? De modo nenhum. Esse profissional deve ter o devido preparo, ser submetido a capacitações sistemáticas e adotar um olhar dialógico para com seus alunos, além, é claro, de muito entusiasmo e profissionalismo.

Em *A canção da tartaruga* (1988), tracei o perfil de um desses professores. Ele lecionava alemão no ensino médio. A vida escolar, tanto para ele quanto para seus alunos, foi do sofrimento à alegria (capítulo "Duas maletas mágicas"). O que ele tinha? Um profundo domínio de sua disciplina, há tempos oculto, que a inspiração criativa fez brotar e permitiu compartilhar. Ele ousava. Novamente aqui deparamos com o imperativo de Ibsen: "Eu preciso! Eu preciso, dita-me uma voz do fundo da minh'alma, e eu devo obedecê-la!"

Há um vasto abismo entre as pressões externas e as ideias que nos ocorrem. Lembro-me agora do meu tempo de ginásio em Oslo. Quando meu professor de norueguês

---

11. Para conhecer os Dez Mandamentos, veja Bjørkvold, 1998.

demonstrava seu entusiasmo na sala de aula? Quando, generosa e abertamente, compartilhava seus conhecimentos conosco, um bando de adolescentes, numa abordagem "ecológico-disciplinar", por assim dizer? Quando ressaltava a força criativa do norueguês escrito? Nunca. Ele, um sujeito até simpático, não se atrevia a tanto. O papel do professor *era* aquele. Isso foi há muito tempo, mas como será hoje em dia? Quantos professores escrevem com seus alunos? O que a formação pedagógica trouxe de novo aos docentes? O contingente de faculdades de Pedagogia é suficiente?

Para tornar-se um docente, há duas premissas principais, amor e conhecimento. "Filologia", amor pela palavra; "filosofia", amor pelo conhecimento; "filantropologia", amor pelo ser humano. O sentir, que constitui para a criança um talento necessário e inato, deve ser reforçado com uma musicalidade própria. Além disso, a capacitação dos professores é um pré-requisito, e o retorno acadêmico passa ao largo do currículo. Credibilidade, profissionalismo e didatismo são um bônus inspirador.

Escola nenhuma desenvolverá alunos inspirados sem professores inspirados. Por isso, a formação profissional destes deve enfatizar não apenas a compreensão e o respeito pelas inspiração e pela criatividade dos estudantes. Aspirantes a professor devem, em consequência disso e como parte de sua própria formação, sistematicamente cultivar a inspiração e o próprio talento criativo. Que tal uma especialização em "autoconhecimento criativo" para revitalizar o currículo de estudantes de Pedagogia? Refiro-me aqui ao estímulo de um tipo de inteligência qualitativa, que tem em Erling Lars Dale um dos mais destacados porta-vozes no debate escolar norueguês. Que tal ensinar norueguês em aulas de teatro, por exemplo? Seria fundamental! E se ensinássemos economia doméstica combinada com estudos culturais, línguas estrangeiras, música e matemática (T. Bjørkvold, 2003)? Ou ainda ciências sociais e música? Conheço um professor de ciências sociais que sempre leva uma gaita no bolso e é um exímio pianista. Seguramente os processos políticos da sociedade seriam apreendidos de outra maneira, bem mais profunda. A oposição norueguesa à Comunidade Econômica Europeia na década de 1970 teria tido êxito não fossem as canções de protesto? As possibilidades são infinitas quando o *ngoma* é associado às disciplinas e à cultura escolares.

Sten Cloud Poulsen (1980, p. 84) argumenta também que, para uma maior compreensão matemática, são necessários alunos com uma personalidade mais versátil e menos fragmentada:

> [...] se os alunos assumirão uma personalidade integrada, na qual se estabelece uma relação indissociável entre conhecimento, pensamento, sentimentos e ações, a criatividade e a inspiração não podem ser ignoradas. No mais das vezes eles não as têm, e o resultado são personalidades dissociadas, que durante toda sua existência acreditam que sentimento e razão são antagônicos e incompatíveis. É precisamente isso que ocorre na escola quando se dá ênfase ao pensamento racional e se prioriza a aquisição do conhecimento. Isso contribui

para o desenvolvimento de personalidades unilaterais e clivadas, nas quais o conhecimento, os sentimentos, as ações e as relações sociais não interagem. A psique humana é una, o aprendizado pressupõe uma totalidade, os diferentes elementos psicológicos da consciência estão funcionalmente interligados. [...] Todo e qualquer aprendizado de matemática, por exemplo, é emocional e socialmente contextualizado, e, caso essas camadas da personalidade não estiverem integradas harmonicamente ao processo de aprendizado, a aquisição do conhecimento estará limitada não por alguma *restrição ou embotamento intelectual*, mas pela contraposição de elementos fundamentais na formação da consciência.

Um professor vivo é pré-requisito tanto para um aprendizado de vida como para um aluno que queira realmente viver. Eis por que precisamos ter em mente: sem uma abordagem musal da questão, nenhum professor terá êxito, por melhores que sejam suas notas nos exames e por mais sólida e coroada de diplomas que seja sua carreira.

A docência pode ser uma atividade dificílima tanto do ponto de vista pessoal como profissional e, portanto, precisa de apoio e atenção individualizados, não de ferramentas burocráticas — outro fator preponderante para uma escola que se pretenda ensinar para a vida. A falência dos professores é também a falência dos alunos — eis aqui uma verdade cristalina sobre a importância do equilíbrio ecológico, que nos conduz de volta à ponderação de Erling Lars Dale. (Outras críticas à política pedagógica aguardam-nos mais adiante neste livro!)

Erling Lars Dale chega por fim ao tema da *dança*. O mesmo o faz o professor de alemão e suas duas maletas mágicas em *A canção da tartaruga* (Bjørkvold, 1998). Na dança, Dale encontra uma fonte primária daquilo que considera uma contínua e necessária "modernização da psique", numa "circulação aberta de valores vitais":

> A chave para uma relação humana mais profunda é o tato, o contato, o toque. Talvez seja como se saíssemos de algo próximo de um show de rock, parafraseando Ulf Lundell:
>
> Agora estou mais velho
> mas continuo sendo um menino.
> Tudo ainda é mistério
> mas como é excitante o destino.
> (Da canção "Quando eu beijo o mar". Dale, 1986, p. 262)

PARA ONDE CAMINHA A FORMAÇÃO DOCENTE?

A formação dos professores, a meu ver, precisa de renovação profissional, meritocrática e conteudística. Várias questões surgem: quem ensina aos nossos aspirantes a professor? Eles têm a devida experiência prática com crianças e jovens na sala de aula? Não seria esse um pré-requisito para ocupar a posição de ensinar aos que ensinam? Como se premia a boa prática de ensino em relação à pesquisa e à produção teórica? Os professores de Pedagogia são modelos inspiradores para seus alunos? Até que ponto a pesquisa é importante e se reflete no programa pedagógico e na formação dos professores?

Hoje, os aspirantes a professor precisam ter um maior domínio tanto de norueguês como de matemática, e é razoável que assim seja. Espera-se que os mestres saibam fazer contas e escrever com proficiência, mas é necessário também uma abordagem inovadora que una conhecimento e cultura. Nesse caso, as assim chamadas disciplinas estético-práticas têm muito a acrescentar. Pitágoras, primeiro pesquisador empírico da música, sabia muito bem disso. Por que e como? E o que seria da poesia de Ivar Aasen para a maioria das pessoas não fosse "Millom bakkar og berg" ["Entre colinas e montanhas"]? Disciplinas estético-práticas (não gosto do termo, todas as disciplinas têm um lado estético-prático. Pense apenas no aprendizado dos idiomas) hoje não fazem mais parte do currículo obrigatório da formação dos professores, e isso deve ser reconsiderado. O fato de que tais disciplinas, além de permear todas as outras, prestam-se ao aprofundamento e ao fortalecimento dos profissionais, resume a importância dessa capacitação.

E, como última contribuição: os professores dos professores precisam, é óbvio, se atualizar, não apenas na teoria, mas também na prática. As escolas norueguesas estão em rápida e contínua mudança, "caminham no fluxo", como se costuma dizer, e por isso os formadores dos professores devem regularmente exercer, na prática da sala de aula, aquilo que postulam aos futuros docentes. A cada cinco anos seria suficiente? Afinal, jamais se pode perder de vista que o público final são crianças e jovens.

INTERPONDO FAIXAS ETÁRIAS

É necessário reorganizar a composição etária das salas de aula, que é unicamente determinada pela data de nascimento dos alunos. É preciso incorporar a experiência que creches e escolas mais tradicionais têm a oferecer.

Em nenhum outro lugar a vida humana é organizada segundo o ano de nascimento. Antes de entrar na escola, no seio da família ou no jardim de infância, as crianças acham natural o convívio com pessoas de todas as idades. Quando terminam o ensino médio, os estudantes ingressam novamente numa sociedade de grupos etários mistos, seja na vida profissional, seja na acadêmica. É assim que vivemos, é assim que aprendemos, é assim que trabalhamos, antes e depois dos anos passados na escola, e isso faz parte da dinâmica básica das inter-relações humanas. Somente a escola adota um gueto etário para demarcar um suposto abismo que existe entre estudantes do primeiro e do segundo ano, por exemplo, cultivando uma sociedade de castas pedagogicamente embasada. Sem dúvida é algo muito mais conveniente para as autoridades educacionais e os administradores escolares, mas em vários aspectos representa um dano ao aprendizado e à motivação para o estudo.

O sistema é absurdo se observadas apenas as diferenças físicas. Nas aulas de educação física, os mais miúdos são sempre submetidos a uma competição com coleguinhas vários centímetros mais altos e por vezes até mais pesados que o próprio professor, apenas porque estão na mesma classe.

Porém, na maturação psíquica as diferenças podem ser ainda maiores. A mesma criança pode ser brilhante em determinada área e deficitária em outra. Pode ser bom em leitura e fraco e matemática. Há também variações significativas de criança para criança na mesma sala.

Um exemplo nos Estados Unidos teve grande impacto num norueguês que visitava aquele país: após realizar as provas do exame nacional CTBS (*Comprehensive Test of Basic Skills*), na primavera de 1987, meu filho de 8 anos obteve um desempenho comparável às crianças dois anos mais velhas, e isso apenas em matemática! Os mais fracos da sala tiveram um desempenho considerado três anos abaixo da média e sua compreensão matemática era a de uma criança de 5 anos. O aluno mais avançado da sala, por sua vez, despontou no teste como um adolescente de 15 anos. Ponha-se no lugar do infeliz professor que terá de dosar o ensino para um grupo de alunos que vão juntos à mesma sala apenas porque fortuitamente nasceram no mesmo ano... Que professor será capaz de oferecer condições de aprendizagem justas e adequadas a cada uma dessas crianças?

Talvez se tratasse de um caso extremo, quem sabe. Mas, mesmo que a média das discrepâncias não fosse tal alta, estaríamos diante de um enorme problema pedagógico: uma heterogeneidade que impõe desafios extremos ao professor e causa sofrimento aos alunos. Problemas como esse advêm em grande parte de um sistema de divisão mecânico, em que pessoas aparentemente iguais ocupam a mesma sala por terem nascido no mesmo ano, e isso compromete o aprendizado.

Ocorre que o amadurecimento social, motor, intelectual e emocional varia de criança para criança. Algumas são mais rápidas e se desenvolvem sem intercorrências. Outras precisam de mais tempo e avançam aos poucos. Há também diferenças de desenvolvimento mais sistemáticas. Em geral, os meninos desenvolvem-se depois das meninas, como é do conhecimento elementar de qualquer um, especialista ou leigo. Ainda assim, inúmeras crianças são prejudicadas pela segregação imposta por um sistema escolar que equipara fortes e fracos, inteligentes e menos inteligentes, maduros e imaturos.

É preciso eliminar esse apartheid pedagógico baseado numa suposta igualdade. É preciso cultivar as diferenças e inseri-las num contexto em que não sejam percebidas como anômalas nem estigmatizantes, e sim como naturais e normais. Isso se reverterá numa aprendizagem personalizada, individualizada e flexível. E se agrupássemos as salas de aula do primeiro ao terceiro anos e do quarto ao sétimo, por exemplo? Isso, é claro, aliado a um extenso programa de capacitação pedagógica.

Trata-se não apenas de redistribuir diferenças e semelhanças, mas também de canalizar um recurso pedagógico vital. Os jovens aprendem uns com os outros e também com os adultos, sendo a diferença etária é um importante elemento motivador. Com sua bola vermelha, Tan aprendeu absorvendo os truques e observando como jogavam os garotos mais velhos no pátio da escola. Querendo ser igual a eles. Na sala de aula, esse recurso pedagógico deve ser aproveitado por professores que atuem como parceiros e organizadores. A dinâmica deve ser a da cultura infantil. Um amiguinho mais velho é muito mais próximo como objeto de identificação do que o professor. Os maiores mostram o caminho, inspiram e incentivam a autoestima dos menores. Os menores esforçam-se para alcançá-los com empatia e admiração. Todos terão oportunidade de progredir sem abrir mão da responsabilidade de olhar pelos mais jovens. Talvez como ocorre quando trocam truques e dicas de *games* pedalando juntos na saída da escola para casa (Nielsen e Kvale, 1999). Exagero? Em vez de crianças da mesma idade sentadas em carteiras enfileiradas umas atrás das outras, que tal uma forma de aprender mais próxima da realidade, em que muito da espontaneidade criativa possa fluir também dentro da sala de aula, dando mais significado e contexto à aprendizagem? Isso é ecologia.

Pesquisas norte-americanas realizadas anualmente não deixam dúvidas sobre o impacto dessa noção de comunidade no aprendizado e na motivação dos alunos. Levin, Glass e Meister (1984) realizaram um amplo estudo nacional a fim de identificar o que poderia melhorar o aprendizado na escola. Per Dallin (1988) divulgou a pesquisa na imprensa norueguesa. Reproduzo aqui trechos do que ele escreveu:

> O recurso mais importante da escola são seus alunos. A chave para uma melhora qualitativa do ambiente escolar é ter os alunos como parceiros. [...] Para mim, a crise educacional no Ocidente decorre do fato de que a escola ainda trabalha com a perspectiva de que seus alunos são improdutivos. Eles são vistos como clientes que estão ali para ser servidos. A tarefa da escola é transmitir uma mensagem a alguém que precisa dela. [...]
> É inovando a visão que se tem dos alunos e na forma como o ensino deve ser organizado que os problemas da escola podem ser resolvidos. [...]
> Hoje, existem mais de 60 estudos aprofundados sobre os impactos de um aprendizado coletivo na escola. Não só os alunos desenvolvem habilidades sociais, aprendem a colaborar e a resolver problemas coletivamente, mas o aprendizado coletivo também estimula o crescimento pessoal do qual tanto se duvida.
> Uma parceria entre as universidades de Stanford, do Arizona e a organização Research for Better Schools comparou quatro estratégias de melhoria da qualidade escolar:

- aumento do número de horas de ensino;
- redução do quociente de alunos;
- uso sistemático da informática como ferramenta auxiliar de ensino;
- utilização dos próprios alunos como recurso adicional de ensino.

Os resultados são impressionantes. Se compararmos o uso de alunos como recurso adicional com as três outras sugestões, descobriremos que essa estratégia é nove vezes mais eficaz que a primeira e quatro vezes mais eficiente que reduzir o número de alunos em sala ou incrementar o uso de computadores. [...]

É tradição nas escolas norueguesas que os estudantes participem do conselho escolar e de demais órgãos deliberativos; porém, exceto em determinadas escolas [...] temos pouca experiência no uso de alunos como recurso educacional. Podemos também retroceder alguns anos e examinar algumas poucas escolas no interior do país em que essa ferramenta era (e ainda é) completamente necessária. [...] Uma vez que essa estratégia é possível e factível, e uma vez que conduz a melhores resultados, o que estamos esperando?

É a experiência que nos trouxe a dinâmica de aprendizado da *cultura infantil* que está por trás dos efeitos que Levin, Glass e Meister constataram em sua pesquisa. E, à luz daquilo que as crianças em idade pré-escolar têm condições de aprender umas das outras, independentemente de faixa etária, não me surpreende que a utilização de estudantes como recurso didático seja uma ótima estratégia para melhorar o ensino. Ninguém tem mais experiência em fazer cálculos e quebrar o código da leitura do que aquela criança que acabou de romper essa barreira de aprendizado. Ninguém melhor para saber como foi e o que isso significa. Portanto, deixar que as crianças compartilhem essa experiência ainda recente com outros colegas em via de aprendê-las só terá efeitos positivos.

A Escola de Erikstad, em Fauske, é um bom exemplo. Pedagogos e professores do norte da Noruega inteiro acorrem até lá para observar e aprender, embora o processo não tenha começado com a mistura de faixas etárias. Ele teve início com uma infestação por fungo e mofo que resultou na necessidade de demolir boa parte do prédio. O baixo orçamento para a reforma obrigou a busca de soluções criativas, segundo informa o periódico *Hjem og Skole* [Lar e Escola] de fevereiro de 2004:

Quando a nova escola abriu as portas, em agosto de 2003, o diretor recebeu 143 alunos da educação infantil e do ensino fundamental. [...] "Todos se conhecem. Vários professores disseram que jamais haviam se sentido tão seguros, pois sempre há quem olhe pelos alunos", diz [o diretor] Kristensen. Os alunos trabalham em grupos básicos, de faixas etárias mistas. "Na verdade, é uma medida artificial dividir os alunos segundo o ano em que nasceram, como a escola tradicionalmente faz. Todos os que aqui trabalham sabem que o desenvolvimento acadêmico e social dos alunos numa sala de aula normal estende-se por vários anos — talvez três, quatro ou cinco. É muito mais fácil conhecer a personalidade de cada aluno num ambiente em que há várias faixas etárias interagindo", sublinha o diretor. [...] "Nunca estivemos tão realizados com o trabalho que fazemos."

Na Dinamarca, há vários anos a escola insurgente Friskolen 70, de Copenhague, tem funcionado segundo esses princípios (veja Dam, 1989). A escola Bifrostskolen, na Suécia, faz o mesmo — com sucesso. Também nos Estados Unidos tem-se tentado suavizar a malfadada divisão etária das salas de aula, senão ao modo da cultura infantil, ao menos no nome das disciplinas (Kantrowitz e Wingert, 1989). Como se fora a coisa mais natural do mundo, alunos do quarto, quinto e sexto anos da nossa escola do sul da Califórnia alternavam-se em diferentes salas, nas quais encontravam colegas de todas as idades: eram as chamadas *multigrade classrooms*. As crianças tinham um melhor rendimento porque estavam mais à vontade e não se sentiam estigmatizadas.

BANDAS DE MÚSICA E FANFARRAS

A Noruega é talvez o único país do mundo em que cada escola tem sua fanfarra ou banda de música. Após um declínio da década de 1990, esse movimento está em plena ascensão. Afrouxamento das rígidas regras de uniformização, atualização do repertório (com músicas de filmes como "O senhor dos anéis", "Harry Potter" e "Guerra nas Estrelas", entre outros), uso de instrumentos não tradicionais, divisão da banda em grupos menores, tudo isso promove a renovação sem perder de vista a alma e as tradições culturais. O contato com músicos profissionais renomados numa série de "seminários de audição musical" realizados na década de 1990 também contribuiu para a interação e o aperfeiçoamento das bandas de música na Noruega. Em 2003, elas eram 1.717, com 68.848 membros (Pay, 2004). Na data nacional, 17 de maio, elas se apresentam por todo o país em paradas escolares, colorindo as ruas com a identidade da escola. Durante algumas horas, atraem a atenção de todo o país, num ritual único e marcante (Bjørkvold, 2003; 2007).

Exceto por isso, para muitas bandas o restante do ano é de pouco destaque e prestígio, uma vez que elas são relegadas à periferia da escola. Com frequência não encontram locais adequados para ensaiar e têm de driblar a resistência de autoridades escolares, exceto após o horário das aulas, é claro. Essa situação é totalmente diferente nas *high schools* dos Estados Unidos. Ali, a música faz parte do currículo como disciplina própria, ao lado da matemática e do inglês. E, claro, pode contar com salas de ensaio adequadas. Não existe uma escola americana que não tenha uma *marching band* própria para incentivar sua equipe de futebol. Se assim fosse, ela perderia sua alma e sua identidade.

Entretanto, novos acordes começam a ser ouvidos, em geral devido ao trabalho entusiasmado de certos indivíduos. A banda escolar mais antiga da Noruega, Møllergata, de Oslo, esteve prestes a ser dissolvida em 2001, ano em que completaria cem anos. Foi quando Sissel Larsen chamou para si a responsabilidade. Perambulando pelo pátio da escola, dia após dia, ela conseguiu atrair mais músicos, inclusive filhos de imigrantes para quem a banda de música era novidade. Hoje a fanfarra conta com 60 crianças oriundas de 20 países diferentes. Sissel prosseguiu seu trabalho em outras escolas de Oslo onde predominam filhos de imigrantes (Sagene, Sinsen, Gran). "Nada une tanto os jovens quanto a música. Ela é o idioma do mundo!", diz ela, hoje consultora nacional para o assunto (rádio NRK P2, 17 de julho de 2007). Numa nota digna de registro e elogios, as colônias de férias também foram paulatinamente abrindo espaço para as bandas, reconhecendo as possibilidades que abrem em diversos planos ao unir crianças de etnias diversas, diferentes faixas etárias e, claro, interesses distintos, com repercussões positivas tanto em seu rendimento escolar como na socialização e na inspiração e criatividade (Gardner, 1993).

É interessante também notar que o site oficial da Associação de Bandas de Música da Noruega (NMF) enfatiza a importância da liberdade criativa no trabalho que desenvolve (Pay, 2003). Alegria, habilidade, qualidade, amizade e cultura são palavras-chave para nós, diz a NMF. Em outras palavras, é o *ngoma* traduzido para a cultura norueguesa.

O AMBIENTE DE APRENDIZADO NA ESCOLA MELHORA QUANDO HÁ MAIS MÚSICA?

Somente em 2004, após um debate nacional sobre a qualidade do ensino na Noruega, as autoridades escolares por fim vislumbraram os benefícios disciplinares do ensino musical na escola. Quanta ignorância em relação à importância e aos efeitos benéficos da música!

A ideia de que a música é fundamental para a formação do caráter e do raciocínio humanos é tão antiga quando a cultura ocidental. Os historiadores do tema sabem que o *ethos* de Platão considera a inspiração trazida pela música algo essencial na formação da mente humana.

Mais recentemente, Goethe e Pestalozzi foram proeminentes defensores de uma educação musical e musal. Ambos consideram a canção e a música importantes tanto para aperfeiçoar o caráter humano como para estimular o estudo das disciplinas escolares. A música nos é a alegria mais pura e o deleite mais palpável, afirmou Goethe. Em *Wilhelm Meisters Wanderjahre* [Os anos de aprendizado de Wilhelm Meister], de 1821, ele escreve no mais puro espírito neo-humanista:

Para nós, a canção é o primeiro degrau de formação; todo o resto resume-se a isso e é transmitido através dela. O prazer mais frugal é experimentado por meio da canção, assim como ela nos instila o aprendizado mais simples. Sim, mesmo aquilo que nossas crenças e costumes atribuem ao conhecimento nos é partilhado pelos caminhos da canção. (Goethe, 1969, p. 138)

Numa concepção de mundo em que a canção, o gestual e a consciência visual influenciam-se fecunda e mutuamente, Goethe se faz porta-voz de uma espécie de *ngoma* pedagógico. Senão vejamos: "Quando ensinamos as crianças a expressar os tons que executam na forma de caracteres na lousa, e deixamos que a aparência física destes sinais encontre guarida em sua garganta [...] ao mesmo tempo estaremos exercitando a mão, o ouvido e o olho" (*ibidem*).

Goethe argumenta da mesma forma em relação à "arte do desenho" e arremata, na minha opinião de maneira decisivamente moderna: "Portanto, dentre todas possibilidades possíveis, escolhemos a música como um elemento da nossa educação. Pois da música partem caminhos que conduzem às mais diferentes direções" (*ibidem*).

Nossos contemporâneos Carl Orff (Alemanha) e Zoltán Kodály exerceram grande influência por serem compositores destacados, pedagogos musicais e formadores de políticas públicas voltadas para a música. Não surpreende, portanto, que vários países da Europa Central tenham empreendido esforços para fazer do ensino musical um esteio do aprendizado escolar, obtendo com isso excelentes resultados (Hanshumaker, 1980).

PROJETOS MUSICAIS NO ENSINO FUNDAMENTAL

— Pense na década de 1960: a crise dos mísseis em Cuba, a corrida espacial e o pouso do homem na Lua, a emancipação feminina, a guerra do Vietnã, o movimento hippie e, para não esquecermos a música: The Beatles, The Monkeys, The Doors, Jimi Hendrix, Janis Joplin, The Hollies. Eu lhes conto histórias sobre isso e você faz com que se expressem através da música, da dança e do teatro. Isso ainda vai dar numa grande performance! — disse o professor de ciências sociais quando a professora de música Gro Østbø lhe contou pela primeira vez do projeto com os alunos do último ano do fundamental.

De fato, *foi* uma grande performance que levou ao centro do ginásio da escola até um orgulhoso prefeito da comuna, mas mais que isso: criou-se um ambiente musal para o aprendizado. Os alunos assumiram *as rédeas do seu destino*. Puderam escolher a maneira como queriam se apresentar, naquilo que melhor dominavam e lhes falava ao coração. Cresceram e amadureceram, tanto no aprendizado como no âmbito pessoal. Romperam fronteiras. Numa época em que evasão escolar e episódios de violência crônica nas escolas alcançam níveis tão assustadores que extrapolam as páginas de jornais e ganham as telas de cinema, o alcance de tal iniciativa não pode ser ignorado. É uma guinada de cento e oitenta graus.

De 2000 a 2001, Gro Østbø conduziu dois projetos musicais com seus alunos, logo depois transformados em dissertação na Universidade de Oslo (Østbø, 2002). Além de música e ciências sociais, também norueguês, dança, arte e trabalhos manuais (figurino), orientação religiosa, economia, administração, comunicação e tecnologias da informação foram integrados ao projeto, que durou todo um trimestre (e acabou sendo estendido para a turma do ano seguinte).

Com a gentil permissão de Gro Østbø reproduzimos aqui trechos da autoavaliação dos alunos ao final do projeto que abordava a década de 1960:

> Garota, grupo de dança: "A sensação de ensaiar, ensaiar, ensaiar parecia que não tinha fim, especialmente quando eu já tinha assimilado a coreografia e as outras pessoas, não. Havia um misto de alívio, alegria, emoção e nervosismo nas horas que antecederam à apresentação. Senti um nó na garganta. Poder lidar com isso, poder experimentar e aprender dessa maneira foi incrível".
>
> Garota, grupo de dança: "Por meio desse projeto finalmente consegui saber no que sou boa, não apenas unindo teoria e prática, mas também sendo criativa e assumindo responsabilidades. Poder trabalhar com outras pessoas, me atrever a dizer o que penso, fazer algo no palco é uma sensação inteiramente nova que será incrivelmente útil no futuro".
>
> Garoto, grupo de teatro: "Sou o batedor de pênaltis oficial do time de futebol. Tenho de esquecer de tudo e me concentrar apenas no gol. [...] Se tem algo que sei fazer bem, é isso. Por isso não fiquei nervoso".
>
> Garoto, grupo de teatro: "A apresentação de dança foi legal demais. [...] Não conte pra ninguém, mas eu rezei muito antes do ensaio geral. [...] Quando a gente está ali é tanta adrenalina que eu achei que fosse voar!"

Há também alguns comentários feitos por professores:

> O grupo de computação do projeto A consistia de cinco alunos, nenhum deles especialmente interessado pelo que estava acontecendo na escola. Um deles, em especial, não era entrosado com o restante da classe e passava mais tempo zanzando pelos corredores do que propriamente na sala de aula. [...] Esse aluno gosta muito de informática. Durante a apresentação ele foi o fator chave para que nos saíssemos tão bem. Controlou tudo do pró-

prio computador, antes, durante e depois da apresentação. Além disso, os efeitos sonoros utilizados durante a peça e as imagens projetadas na tela foram programados e controlados por ele. O garoto até veio de terno e gravata no dia da apresentação, e nela teve enorme responsabilidade. Quando concluímos o projeto, ele procurou um dos supervisores e disse que estaria disponível se houvesse outras iniciativas como aquela.

[...] O aluno não produziu um diário ou um relatório para melhorar sua nota final. Quando lhe perguntei se não gostaria de tirar uma boa nota em música, ele disse que tudo bem, pois o restante do boletim só teria notas baixas, portanto não faria diferença. [...] O professor que acompanhava a turma havia dois anos ficou bastante impressionado com o desempenho desse aluno, tanto nos preparativos quando na própria apresentação. "Ele não apenas carregou o próprio computador durante todo o projeto, mas na grande noite apareceu de terno e gravata, com o cabelo bem penteado com gel."

Alguns chamaram para si responsabilidades extras durante o projeto.

Um aluno destacou-se. Ele fazia parte do grupo de comunicação e durante os preparativos contribuiu muito para conseguir bons patrocínios, supervisionando pessoalmente a impressão de todo o material de divulgação. Com isso, foi possível alugar todo o equipamento de som e iluminação para a estreia. O programa foi impresso em cores, com o patrocinador principal em destaque. Depois da apresentação, todos os participantes receberam uma rosa e cada professor, um buquê graças a esse aluno, que havia conseguido fechar uma parceria com a floricultura. Ele é um aluno bastante tímido, que costuma passar batido nas aulas, mas nesse projeto destacou-se revelando habilidades que nunca tinha utilizado antes na escola. Na apresentação, ficou responsável por programar e executar a iluminação. Pessoalmente, pediu ajuda a um iluminador profissional. Por sua competência, recebeu elogios e teve o reconhecimento de alunos e professores; posteriormente, conseguiu realizar vários outros trabalhos. Hoje ele frequenta o primeiro ano do ensino médio e montou sua própria empresa de aluguel de equipamentos de som e iluminação, junto com dois colegas de sala. O pessoal dos bastidores demorou a mostrar serviço, mas uma vez que começaram tiveram um desempenho formidável. A peça transcorria numa sala que foi montada ao lado do palco. A sala foi decorada pela equipe de montagem com papel de parede e móveis contemporâneos. Conseguiram o sofá numa loja de móveis usados em Hamar. Os meninos não arranjaram alguém para transportá-lo, então o único jeito foi quatro deles carregarem o sofá pelos cinco quilômetros que separam a loja da escola. Prepararam cada um uma marmitinha, certamente não com a comida mais saudável que havia, e mandaram ver. Nem tinham tempo de fazer tantas pausas, só o suficiente para descansar à beira da rodovia, enquanto os carros passavam zunindo. Se eu os conheço bem, devem ter se divertido um bocado. Veja que esforço pelo bem do projeto!

Claro que houve alguns conflitos ao longo do processo, envolvendo alunos, funcionários e alguns colegas (ciumentos?). Mas a impressão geral foi esmagadoramente positiva. Gro Østbø, a professora de música que liderou o projeto, concluiu assim: "A chave para o sucesso reside no fato de que aos alunos finalmente foi dada a oportunidade de acercar-se da própria subjetividade e externá-la de maneira autêntica, sem o habitual controle exercido pelos professores... Se ligue!"

Há uma grande demanda de "ensino personalizado". A mistura de faixas etárias é um caminho a percorrer, a educação personalizada é outro, embora difícil de ser levado a salas de aula cada vez mais lotadas. Cinco elefantes só cabem num Fusca nas piadas infantis.

Um projeto inovador como esse é um exemplo de educação personalizada que extrapola a estreiteza das paredes da sala de aula e traz em si uma séria de outras vantagens. Nele, cada aluno teve a oportunidade de explorar seus talentos, tomar decisões baseadas nas próprias premissas e expor sua maneira de ver o mundo — uma interação ecológica acontecendo na prática. Alguns mais rápidos, outros mais lentos, alguns mais extrovertidos, outros mais tímidos. Alguns pés de valsa, outros namoradores, outros apaixonados por computador, som e luz. Alguns com talento mercadológico, outros preocupados em "tirar um som" da sua guitarra. E todos interessando-se uns pelos outros, para bem e para mal, materializando-se numa apresentação em que o conteúdo das disciplinas era importante e, por isso, tinha algum significado. Os computadores precisavam funcionar, os textos em inglês deviam fazer sentido, o sofá teve de ser colocado no lugar, o programa tinha de ser executado no tempo preciso. Muito esforço, muito trabalho e ensaio atrás de ensaio. Caso um professor tivesse pedido a quatro galalaus que caminhassem cinco quilômetros com um sofá nas costas para uma apresentação de teatro na escola, provavelmente teriam achado tão descabido que começariam a duvidar da sanidade do mestre. Mas quando eles mesmos optam por agir naquele contexto, carregar o sofá torna-se um trabalho natural. "Eu preciso! Eu preciso, dita-me uma voz do fundo da minh'alma, e eu devo obedecê-la!"

Um projeto como esse também representa certo alívio para o plano pedagógico das demais disciplinas. Nem todos têm talento para a matemática; nem todos têm talento para a música; nem todos têm talento para idiomas; nem todos têm talento para a dança ou para informática. *Mas todos têm algum talento.* Todos e tudo são necessários, tanto no microcosmo escolar como no macrocosmo social. Um conhecimento mais vasto e um domínio maior das disciplinas devem ser pré-requisitos quando o "ensino personalizado" for objeto da política educacional.

Dança, filha minha
Veste aquelas saias vermelhas, filha minha,
e dança.
Não deixa ninguém calar teu canto

ou aprisionar teu sonho.
Dança, filha minha, dança.

Aproveita o dia e o ilumina
com tua força.

Tu és tão linda.
Expande os teus limites.
Não espera a vida escolher por ti.
Escolhe tu mesma.
(Bente Bratlund Mæland)

ALEGRIA ANTES, ALEGRIA DEPOIS

O debate sobre o papel que a música deve ocupar na escola é importante. Antigamente, o cristianismo, no melhor espírito luterano, procurava dar um destaque à disciplina "música" na escola. Os hinos e salmos deveriam aproximar as crianças de Deus. Porém, ao longo do nosso século, o lado utilitário das disciplinas escolares não parou de crescer, resultando num correspondente menosprezo à música.

É importante saber se beneficiar do jogo político, sobretudo porque o ensino da música, é preciso enfatizar, influencia positivamente a criatividade e o aprendizado em todos os sentidos. A música é um meio de *conectar* e não de afastar as pessoas. Não foi à toa que Gro Østbø intitulou sua pesquisa "Se ligue!" Ela testemunhou seus alunos vivendo de verdade a escola.

Ainda assim, a função precípua da música não deve ser ignorada: a de ser uma das fontes mais férteis de *alegria e enlevo* para o ser humano, a base de uma vida mais rica, plena e criativa. E isso deve ser capaz de "ligar" uma sociedade que padece de um déficit crônico de energia, em todos os sentidos. Que outra função mais importante do que a de criar um terreno fértil para o surgimento de pessoas mais alegres, mais dispostas e mais entusiasmadas com a vida poderia haver?

O MARAVILHAMENTO COMO RECURSO DIDÁTICO

O ensino é tributário da capacidade que temos de nos maravilhar. A criança anseia ultrapassar os limites do conhecimento imposto pelo cotidiano fazendo uso da inteligência criativa que lhe é inata. Essa urgência a mantém em contínua evolução, explorando formas, cores, sons e ruídos que nunca antes havia visto ou escutado. O maravilhamento ocorre quando a criança associa sons desconhecidos a palavras, palavras a frases, frases a sentido e sentido à realidade. Edith Cobb (1977) argumenta que a capacidade de olhar o mundo com admiração é o ápice da atividade intelectual e remete a Sócrates: "Pois nessa experiência (*pathós*) de maravilhamento reside uma característica marcante da filosofia. É precisamente esse o seu princípio" (De *Theaitetos* 155).

Se a razão é a medida de certeza do aprendizado, a capacidade de maravilhar-se é a mola propulsora que lhe quebra a inércia. Nessa fricção dialética entre razão e maravilhamento, convenção e visão, reside a resiliência espiritual do processo de aprendizagem, o lugar onde os cavalinhos azuis de Dom Hélder convivem com os garanhões castanhos. A criança deve saber sem titubear que 1+1 = 2 e ter a mesma segurança para imaginar que 1+1 = x+y+z+a+b+c. Só assim haverá meios para explorar as múltiplas facetas da realidade com o autêntico desejo de compreendê-las. Deter-se diante da realidade fria e estabelecida é enfraquecer a própria capacidade de maravilhar-se; estimulá-la é também estimular a capacidade de aprender. Não apenas a criança precisa romper os limites da razão e maravilhar-se para crescer e adquirir experiência: toda a sociedade depende desse potencial transgressor para evoluir e adquirir novos *insights*. Em diversas ocasiões, são os números — e somente eles — a única testemunha a quem recorremos para uma argumentação persuasiva. Se os pesquisadores baseassem seus estudos apenas nas respostas corretas, a evolução do conhecimento haveria estancado; não teríamos aviões nem a internet. São os cavalinhos azuis galopando pela consciência de muitos cientistas os responsáveis por manter as fronteiras do conhecimento abertas, provendo-lhes com um maravilhamento que é ao mesmo tempo infantil e maduro:

> Tem pena, Senhor,
> tem carinho especial
> com as pessoas muito
> lógicas, muito práticas,
> muito realistas, que se
> irritam com quem crê
> no cavalinho azul.
> (Dom Hélder Câmara)

E não se trata apenas de expandir os limites do conhecimento. Também se trata de preservar a sensibilidade e a empatia, dois fatores que nos permitem acessar um novo tipo de compreensão e de sentido para a nossa vida, algo que os números jamais poderão nos oferecer, nem mesmo na era da informática em que vivemos.

Os processos imaginativos da criança devem permear o aprendizado, compreendido como uma necessidade orgânica, uma vez que dentro do círculo mágico da brincadeira tudo é permitido. Num jogo em que todas as associações são possíveis, novas possibilidades de compreender emergem, mutações que rompem barreiras e viabilizam a nossa existência. O historiador da ciência Jacob Bronowski (1978, p. 111-13 e 123) assim explica o assunto:

> Por isso precisamos aceitar o fato de que todas as inovações e invenções são, em alguma medida, um desvio em relação à norma. [..] Digo isso porque quero muito abordar o lado humanístico das descobertas e do progresso. E me parece tremendamente importante dizer isso numa era em que quem não produz ciência exata sente-se desanimado e desorientado. [...] Não desejamos ser programas de computador. É preciso ter em mente que, no dia em que a ciência for um sistema fechado, isto é, um projeto que possa ser executado por uma máquina, ela deixará de ser ciência. [...]
> "Por que sabemos hoje mais do que sabíamos há dez mil anos ou há dez anos?", podemos perguntar. A resposta seria: porque sempre ousamos dar um passo adiante e cruzar as fronteiras estabelecidas e avançar num terreno onde podemos errar. A personalidade criativa está sempre mirando um mundo fértil para a mudança. Do contrário, por que ser criativo?

Alguns países vêm tentando aproximar o maravilhamento próprio da criança a uma dimensão filosófica na escola. Paul Martin Opdal foi um dos pioneiros nesse campo quando escreveu um artigo na *Norsk Pedagogisk Tidsskrift* [Revista Pedagógica Norueguesa] (junho de 1987). A disciplina "Filosofia para crianças" começou nos Estados Unidos, com Matthew Lipman, que desenvolvera um programa abrangente no Institute for the Advancement of Philosophy for Children [Instituto para o Progresso da Filosofia Infantil], em Nova Jersey, com disciplinas adequadas a cada faixa etária, a partir dos 7 anos: "Raciocinando sobre a natureza", "Raciocinando sobre a linguagem", "Habilidades básicas do raciocínio" e "Raciocinando sobre a ética". Segundo Opdal, em 1987 esse programa foi traduzido para 15 idiomas e utilizado em países tão diferentes como Estados Unidos, Brasil, Austrália, Inglaterra, França, Áustria, Islândia e Dinamarca. Opdal concluiu que há desafios imensos também para a escola norueguesa, pressupondo que esse aprendizado "tome como ponto de partida o pensamento infantil sobre temas e questões que as próprias crianças considerem de seu interesse" (Opdal, 1987, p. 359).

Finalmente a Noruega está recuperando o tempo perdido. Nota-se com satisfação que desde 2004 a filosofia foi instituída como disciplina na educação fundamental. Quero crer que o enorme sucesso mundial do livro *O mundo de Sofia*, de Jostein Gaarder, tenha em muito concorrido para isso. Nessa obra, é justamente o impulso de curiosidade e maravilhamento da criança que conduz à viagem pela história da filosofia. O historiador da filosofia Håvard Løkke afirma termos razão para antever um futuro promissor para essa disciplina dentro da escola:

é preciso fazer duas distinções entre os níveis inferiores e superiores de ensino. [...] Os defensores mais proeminentes da iniciativa enfatizam que um diálogo filosófico com essas crianças lhes possibilitará reconhecer e desenvolver virtudes intelectuais características de uma abordagem filosófica ideal, especialmente considerando-se sua capacidade de se abrir ao mundo e se maravilhar. Esse é um trabalho importante, mas o trabalho é dirigido primeiramente ao ensino fundamental e não é adequado a crianças mais velhas.

Creio que os jovens do ensino médio são maduros o bastante para responder por si sós a questões filosóficas. [...] O que é uma pessoa? O que significa a beleza? O que é um bom amigo? Até que ponto eu de fato sou livre? Tudo é relativo? Quais são os meus direitos e deveres? Esses temas são material filosófico que alunos do ensino médio podem abordar com admiração, humildade e compromisso. (*Aftenposten*, 17 de janeiro de 2005)

Cabe mencionar, em decorrência disso, a ênfase que o Conselho Nacional de Pesquisa passou a dar a feiras de ciências e olimpíadas de curiosidade realizadas pelas escolas norueguesas, que aproximam o maravilhamento tão típico das crianças de um raciocínio científico mais sistemático. É incrível perceber como as crianças têm a competência necessária para problematizar e abordar, com rigor metodológico, temas extremamente originais.

Que a Noruega esteja na lanterna do *ranking* de pesquisa da Europa setentrional é algo que deve ser visto como um paradoxo. Em 1981, apenas a Suécia investiu mais recursos em pesquisa que a Noruega (em relação ao Produto Interno Bruto, PIB). Hoje a Noruega fica em último lugar. A Suécia de hoje investe quase três vezes mais em pesquisa do que a Noruega (OECD, Main Science and Technology Indicators, 2003).

Ouve bem, ó, menininha
Estes olhos tão atentos
Sopra aqui na minha orelha
Faz-me bem o teu alento.

Nesta trilha caminhamos
Pés descalços ao relento
Cada dúvida, um silêncio
Céu e terra, sopra o vento.

Para ti sei tudo quanto
E se não sei, adivinho
És tu porém, no entanto,
Quem me guia no caminho.

O bom Deus faz mesmo birra?
E Jesus, será que apronta?
Tu perguntas e me alegras
Nestas horas de tormenta.

Cai a noite, vem o medo
Tu na cama encolhidinha
É só chuva na janela
Dorme bem, ó menininha.

Vai passar, não te importes
Deixa vir o sono bom
Já lá fora não há som
Está bem fechada a porta!

Inda queres vir comigo?
Consolar-te nos meus braços?
Minha mente embevecida
Sente a música, sente a vida.

Conta os dias, dizem uns
Outros lutam contra o tempo
Não há pressa, te asseguro
Guarda bem este momento.
(Erik Bye)

"Salve a infância e salvarás a humanidade inteira!" Era isso que a poeta italiana Elsa Morante tinha em mente quando, em 1962, lançou a coletânea *Il mondo salvato dai ragazzini* [O mundo salvo pelas crianças]. Com o olhar inspirado e criativo — musal — infantil, dizia Morante, o poeta "tem o poder de retribuir ao outro com a realidade, compreendida aqui como um valor sempre vivo, mas oculto atrás das coisas" (Klem, 1985).

Essa perspectiva tampouco pode se perder no debate sobre a transição da cultura infantil para a cultura escolar. As feridas precisam ser curadas. As crianças percebem o valor sempre vivo mas oculto atrás das coisas. É exatamente isso que conquistarão e externarão em palavras, canções e brincadeiras. É assim que vivem. Uns com os outros. Uns contra os outros. Uns pelos outros. É assim que o cotidiano ganha forma e significado e se torna inspirador e humano.

No próximo capítulo, lançarei luz sobre o assunto discutindo mais detidamente a relação entre cultura infantil e o primeiro aprendizado musical. Mas a questão envolvendo crianças e aprendizado musical é sobre *isso?* Absolutamente! Também é sobre isso.

9 CULTURA INFANTIL E APRENDIZADO MUSICAL

> *Em teu coração, sente*
> *antes da mente a razão.*
> Henrik Wergeland

CAMINHOS DO APRENDIZADO CRIATIVO DA CULTURA INFANTIL: UM GUIA MÚSICO-PEDAGÓGICO

Numa de suas canções, Leonard Bernstein permite que uma menina cante as coisas como são, deixando clara a diferença entre a alegria espontânea da cultura infantil e a rigidez da cultura adulta, num protesto veemente, brincalhão e, ao mesmo tempo, *molto serioso*:

> Eu odeio música!
> Mas adoro cantar:
> la-ri, la-la-ri, la-ri-la-ri-la.
> Mas isso não é música de valor.
> Não o que chamo de música, não senhor.
> Música é um bando de homens
> vestindo casacas,
> tagarelando como um bando de matracas;
> música é uma plateia a contragosto numa sala escura;
> enfileirada em cadeiras, franzindo o rosto,
> coberta de peles e diamantes!
> A música é boba! Eu odeio música!
> Mas adoro cantar:
> la-ri, la-la-ri, la-ri-ri
> La-ri-la-ri-la.[12]

---

12. I hate music! / But I like to sing: la dee, da da dee, la dee da dee. / But that's not music. / Not what I call music. No sir. / Music is a lot of men / in a lot of tails, / making lots of noise / like a lot of females; / music is a lot of folks / in a big dark hall / where they/ really don't want to be at all; / with a lot of chairs, / and a lot of airs, / and a lot of furs and diamonds! / Music is silly! I hate music! / But I like to sing: / la dee da da dee la dee da dee / la dee da dee.

CARL NIELSEN E A INFÂNCIA

Muitos compositores consideram a infância a principal inspiração de um trabalho artístico. No âmbito cultural nórdico, o dinamarquês Carl Nielsen talvez seja quem melhor se expressou sobre isso. No seu livro de memórias *Min fynske barndom* [Minha infância sinfônica] (1970, p. 7), ele descreve o clássico choque cultural entre crianças e adultos:

> Muitas vezes me pergunto por que nos passa despercebido aquele instante em que uma criança repara em algo, algo que lhe causa uma impressão tão forte e duradoura que esta se fixa indelével na memória. Nesse momento a criança é na verdade um poeta com talento especial para acolher aquela impressão, guardá-la na memória ou reproduzi-la a seu modo único. Certa vez nós todos já fomos poetas, artistas, cada um com sua habilidade própria. A maneira abrupta com que a vida e os *adultos* retiram a criança da beleza do seu mundo poético e artístico e a introduzem na realidade dura e racional só pode ser a razão pela qual muitos de nós perdemos para sempre essas habilidades e abandonamos definitivamente o divino dom da imaginação que nos é inato. Os grandes poetas, pensadores, pesquisadores e artistas que nos restaram são apenas as exceções que confirmam a regra.

No capítulo anterior, discutimos a transição da cultura infantil para a cultura escolar, ilustrada com uma tabela de termos antagônicos para ilustrar o contraste que a "ruptura da infância" nos impõe. Se observarmos apenas o lado esquerdo dessa tabela, podemo-nos concentrar no campo sensorial da cultura infantil e na dinâmica das suas forças criativas. Partimos de um *ngoma-sikia lúdico e holístico* para um *musikia igualmente holístico*, o mesmo em que Carl Nielsen viveu a sinfonia da sua infância:

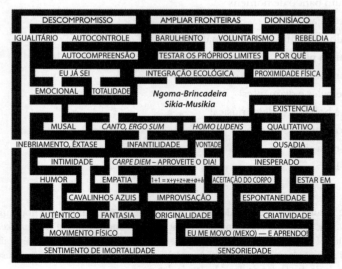

Contexto e equilíbrio, natureza humana e ecologia — em tal rede de forças dinâmicas existe uma competência criativa infantil, algo tão vasto quanto essencialmente rico. Assim, haverá de ser possível construir uma consciência músico-pedagógica específica da cultura infantil tomando por base a *pedagogia do oprimido*, de Paulo Freire. Isso é especialmente importante na fase crítica de transição do canto espontâneo para a instrumentalização e a educação musical da criança. Estou convencido de que a relação das crianças com a música e com a própria vida seria significativamente fortalecida.

BOBBY MCFERRIN

Para mim, Bobby McFerrin é a própria encarnação da soma *sikia-ngoma* num músico adulto profissional. Vi-o se apresentar no palco pela primeira vez nos Estados Unidos, em 1986-87, e desde então acompanho seus shows na Noruega. Um dos tesouros que mais prezo é um vídeo de um show que McFerrin fez em 1986: "Spontaneous inventions: Bobby McFerrin, live and completely improvised" [Invenções espontâneas: Bobby McFerrin ao vivo e completamente improvisado] (Pioneer Artists, Picture Music International), um exemplo definitivo de canção espontânea transposta para a versão adulta, com risadas, todos os registros possíveis de brincadeiras vocais, às vezes soprano, outras vezes baixo, percussão corporal, guitarra imaginária (além de bateria imaginária e baixo imaginário), *parceria com o público, abolição da relação entre palco e plateia* — um típico *ngoma* da cultura infantil. O título do show, "Invenções espontâneas", está explicado na ficha técnica do vídeo. O show não tem refinamento acadêmico, mas vem ao encontro do canto espontâneo e lúdico, cerne do capital cultural infantil:

Espontâneo (adj.)
1 Surgido naturalmente, sem causa externa: instintivo.
2. Original e incontinente.
3. Graciosamente natural e incontido (sobretudo movimentos corporais).

Invenções (pl.)
1. Atos derivados de criações originais.
2. Arroubos de imaginação.
3. Aquilo que é concebido pela primeira vez; criações inéditas.

IMPRESSÕES DE UM NOVATO APÓS SEU PRIMEIRO ANO DE INSTRUMENTO

Achamos o trompete num brechó no coração de Nova Orleans, quando já estávamos para ir embora. O estojo ainda tinha vestígios das palavras "Ronnie King" pintadas com tinta branca. Uma das fechaduras estava quebrada. Dentro da caixa ele repousava, um trompete Conn. O bocal estava solto bem próximo do tubo. Metal dourado contrastando com o feltro azul escuro. Lindo. Ao nosso redor recendia um aroma de bagre, ostras, alho, pecãs e cana-de-açúcar. Estávamos no coração do bairro francês. Sentimos o coração palpitar e compramos o instrumento num impulso. Trinta e cinco dólares.

Enfiamos o trompete no porta-malas do carro, onde já estava a bola vermelha de Tan, como que à espera:

— Hi there, man!

Lado a lado, o trompete e a bola começaram a conversar sobre crianças, a vida e as brincadeiras. A bola contou de um arremesso mágico que Tan fez contra a porta da garagem. O trompete contou de um blues que Ronnie tocou para uma plateia. O trompete gabou-se de conhecer Ronnie King, amigo de um pessoal que havia tocado na banda do mestre Louis. E a bola gabou-se de Tan, que aprendeu a jogar com os meninos da Califórnia e passou a falar igualzinho aos colegas de classe.

— Só porque começou a jogar comigo! —, disse a bola orgulhosa.

— Jogue comigo também, garoto![13] disse o trompete, com um quê de ciúmes, tentando se fazer ouvir pelo garoto sentado no banco de trás.

— Vamos lá, cara! Tem muita música boa aqui dentro. Experimente. Quero ser seu amigo!

E assim foi.

Começamos em setembro de 1987. A primeira regra era clara: nada de partituras! A música deveria ir direto ao corpo e à mente, sem desviar-se em notações técnicas; afinal, ele dominara o idioma da mesma maneira, com maestria natural inerente à criança. Agora dominaria também o trompete, como uma extensão orgânica da sua língua materna. Para nós, bola e trompete seriam dois lados da mesma moeda.

O primeiro som extraído do instrumento foi de fato um grito primal, rouco e estridente, produzindo um eco que logo me fez lembrar da primeira vez que tentei tocar um instrumento de sopro. Estava na caminhonete do meu pai segurando uma tuba velha, amassada e caindo aos pedaços. Mas em minhas mãos de aspirante a tocar numa banda, ela era novinha em folha.

— Toque aí! — disse meu pai, num tom encorajador.

---

13. No trecho, em inglês no original, o autor faz um trocadilho com o verbo *play*, que pode ser traduzido como jogar (bola) e tocar (instrumento). [N. T.]

E eu soprei um acorde ruidoso, estufando tanto as bochechas que mais pareciam dois balões.

— Uau, estou vendo que você está louco para tocar! — balbuciou meu pai, e deu a partida na caminhonete. Mas para mim não era loucura, era paixão.

Aquele som do passado se misturou ao do trompete de agora. Eu compreendi. Kjartan estava perto de completar 9 anos. Ou seja, não era nenhum virtuose de 4 anos de idade que estivesse se preparando para apresentar num programa de TV. Ao contrário. Kjartan ainda se atrapalhava para tocar "Frère Jacques" em Dó maior, interrompendo-se bruscamente e respirando fundo a cada sopro. Sim, pois de outra forma como tirar algum som daquela corneta? Os lábios finos ficavam inchados de tanto esforço.

Modelos e exemplos de socialização são fundamentais na dinâmica do processo de aprendizagem dos jovens. A rotina de ensaios individuais combinados com práticas semanais com o professor de música é totalmente estranha às crianças, sobretudo quando se trata do aprendizado de piano. Aprender dessa forma priva-as do senso de identificação, motivação e humanização tão importantes para que elas possam direcionar suas forças e aprender mais e melhor.

Os modelos que inspiraram Kjartan foram as duas irmãs mais velhas, que já sabiam tocar algum instrumento.

— Conquiste um novo território! Explore um pouco mais a terra prometida cheia de segredos, habilidades, privilégios e reconhecimento adulto. Trilhe o seu caminho pela música, com o trompete como instrumento de exploração!

Claro está que o garoto conhecia intuitivamente os padrões, os meios e os porquês de tocar com outras pessoas. Ele por acaso não teve diante de si um mundo inteiramente novo quando aprendeu inglês?

Daquela vez foram as brincadeiras no pátio da escola que lhe forneceram o necessário contexto de aprendizagem. Agora, era o piano tocado pelo pai que dava ao trompete o compasso para ser tocado.

É a mesma história, comum a qualquer ser humano em qualquer época, sendo recontada: sem um contexto vivo, o aprendizado cai no vazio. Criança nenhuma aprende as sutilezas do idioma sem estar imersa na fluência da língua, desde a primeira vez que se põe desajeitadamente a falar. Minha premissa é a de que nenhuma criança aprenderá as sutilezas da linguagem musical sem conviver com seu instrumento e sentir a própria música desde que o instante em que produz as primeiras e desafinadas notas. Até mesmo "Frère Jacques" precisa de um coração musical pulsando para ganhar vida no trompete de um iniciante.

Uma semana depois e "Frère Jacques" já tinha adquirido uma importância maior. O duo transformara-se num trio. Como de costume, eu continuava ao piano marcando compasso, ritmo e criando um ambiente musical. Kjartan acompanhava, aos trancos e barrancos, e a irmã do meio tocava trompa, potente como um canhão antigo. Instintivamente, sabíamos que um mais dois pode ser muito mais que três, mesmo tocando algo tão rudimentar. *Sinergia!* Apesar do compasso mais lento, apesar das notas desafinadas aqui e ali, o pulso precisa se manter no ritmo. Quando cai, cai também o *feeling* como um balão de borracha que se esvazia e murcha. E o que é um trapinho de borracha diante de um enorme balão que pode alçar-se aos céus? Nem foi preciso explicar a diferença. Kjartan pôde senti-la por si dois meses depois. Fiz a seguinte anotação no meu diário:

15.11.87
Kjartan fez um súbito progresso no trompete. Tocou "Let it be", dos Beatles, em Fá maior. Eu acompanho Kjartan no piano num compasso que o deixa à vontade. Ele rapidamente captura a melodia e imprime à música um suingue jazzístico.

Por que justamente "Let it be"? Porque foi a música que a irmã do meio aprendera na colônia de férias. Tuva já está crescida, no sexto ano e tal. É difícil, pensou o caçula Kjartan. A classe da irmã ensaiara "Let it be" para tocar na colônia de férias. E Tuva não parava de cantar a melodia dos Beatles em casa. *Let it be, let it be...* Havia algum tempo Kjartan cantarolava essa canção movendo braços e pernas no ritmo: *Let it be*. À sua maneira, ele adentrou o mundo da colônia de férias de Tuva.

A conexão pedagógica era bastante simples: por que não tocar "Let it be" com ele, avançando do repertório musical infantil para o adulto sem mais delongas? O caçula, por sua vez, tinha nos olhos um brilho de quem estava ansioso para aproveitar aquela chance de progredir. O pretexto de tocar estava associado ao desejo de ser igual à irmã. Em pouco tempo a canção estava pronta. Ele ainda estava um passo atrás do fascinante mundo da irmã do meio.

Como aprendeu a o caminho das pedras? Muito simples. Eu havia tocado "músicas de menino" (era o nome que se dizia à época) durante 9 anos e sabia muito bem: toquei diante dele, repetidas vezes, demonstrando como dedilhar o trompete, para Kjartan ouvir, ver e sentir a melodia. E os jargões e conceitos musicais naturalmente foram absorvidos: *coloratura, Fá agudo, terceiras, oitavas*. Tudo isso fazia parte do jogo, assim como o linguajar típico do *handball* da Califórnia. É assim que os jovens absorvem tudo: basta que depreendam algum sentido do que estão aprendendo. Mesmo assim, nada de partituras ainda! A música precisa alcançar o corpo e a mente sem desvios ou interrupções, numa experiência sensorial completa. *O método é espontâneo. Ngoma, sikia-musikia.*

Engana-se quem pensa que Kjartan precisou de muitos ensaios ao longo desse processo. Ao contrário. Alguns minutos apenas, quase todos os dias, e foi tudo, pois uma criança de 9 anos tem mais o que fazer, outras brincadeiras para brincar. A prioridade de Kjartan ainda era um monte de mais de 300 carrinhos de brinquedo e duas mil peças de Lego. Além disso, ele tinha pela frente uma grande descoberta por fazer, como ocorre com garotos nessa idade. Voltemos ao diário:

31.9.87
Semana passada Kjartan progrediu bastante nas leituras. Terminou hoje seu primeiro livro: *A turma do Hardy e o tesouro na torre*. Estava totalmente imerso e empolgado: "Descobri o mistério *antes* da turma do Hardy!" Sim, ele ficou encantado com o livro.
Certa noite, bem depois da hora de ir para cama, lá estava o corpo magrinho do menino deitado no sofá da sala. Sabíamos que ele estava lendo o segundo volume, *As novas aventuras da turma do Hardy*, mas agora parecia preocupado:
— Aconteceu uma coisa triste!
— Não diga! O quê?
— Fenton desapareceu!
Kjartan tem pela frente 40 volumes de Hardy para ler. E muito, muito mais.

A experiência de Tan ilustra um ponto importante. As crianças aprendem trilhando caminhos paralelos que se intercruzam. Os livros e o trompete eram o foco naquele outono de 1987.

À medida que o Natal se aproximava, "Let it be" ainda era a melodia favorita. Nós percebíamos o esforço que ele fazia para alcançar notas mais agudas, contrastando com a maneira mais contida de tocar da irmã. Ainda o diário:

8.12.87
Kjartan está encolhido na cadeira apertando o trompete no meio dos joelhos, louco para tocar "Let it be". Uma rápida introdução de piano e lá vamos nós. Ele se espreme todo, consegue alcançar um Ré e diz todo orgulhoso: "Consegui! Consegui!" Enquanto isso, o piano nos mantém no compasso.

Nenhum progresso é constante e harmônico. Com Kjartan não poderia ser diferente. O diário revela:

25.1.88
Kjartan teve um péssimo dia na escola antes de a greve dos professores começar. Primeiro os garotos o provocaram por usar "luvinhas de menina". Depois lhe deram uma sova. Um colega de classe acertou-lhe um soco na boca que arrancou os dois dentes de leite que já

estavam para cair. Sangue e lágrimas. A vovó, que mora ao lado, levou Kjartan ao dentista. Com direito a radiografia e tudo o mais. Agora, ele vai passar um bom tempo sem poder mastigar direito. Tampouco poderá tocar trompete. O dentista proibiu. Felizmente as raízes dos dentes não foram prejudicadas. Será que isso vai terminar bem? Serão nada menos que três anos de controle e acompanhamento.

Hoje, o amiguinho que bateu em Kjartan veio fazer uma visita. Acompanhado do pai, que dirigia um Jaguar vermelho 1961, modelo JDU 877E, *made in Italy*: "Desculpe. Espero que ele fique bem!"

Dois meses depois, o dentista deu o sinal verde: "Pode voltar a tocar, rapazinho!" Veio a primavera derretendo o gelo e anunciando que o trompete estava de volta. Retomamos então com "Where have all the flowers gone" depois daquele longo intervalo, e as notas do trompete explodiram como as flores que abrem caminho nos montes de neve de abril e resistem até a chegada do Natal anunciar o próximo inverno: "Down by the riverside"; "Oh, when the saints"; "Barn av regnbuen"; "We shall overcome"; "Waltzing Mathilda"; "I natt jag drömde"; "Pippi Langstrømpe"; "He's got the whole world in his hands"; "Streets of Laredo"; "Mitt eget land" (em ritmo de valsa jazzística modulando Fá e Lá) e "Mary's Boychild", além de uma série de canções natalinas norueguesas, pois o Natal também deve ser celebrado com um trompete.

Os tons do instrumento foram ficando cada vez mais límpidos, os lábios cada vez mais fortes, os agudos mais livres: Dó-Ré-Mi-Fá. E, finalmente, Sol, alternando aqui e ali para um Lá. Tan estava tocando um instrumento ou brincando?

Estava fazendo um pouco de cada e ao mesmo tempo aperfeiçoando o inglês. Em consequência, ritmos e sons das músicas já estavam introjetados nele antes mesmo de começarmos a tocar — algo muito importante, pois a marcação do texto tem de estar presente quando se toca trompete. O texto deve ressoar no metal.

Não perdemos tempo com exercícios nem ensaiando trechos mais difíceis. Evitamos esse caminho. Nosso modelo foi a maneira impressionante como Kjartan aprendera inglês no ano anterior, sem precisar exercitar-se na pronúncia de palavras difíceis nem decorar regras gramaticais. Confiamos na sua competência criativa — *ngoma* — e seguimos adiante. Sem deixar de lado conceitos musicais e certamente à custa de um grande esforço, mas sempre imbuídos de um espírito lúdico e ainda sem recorrer a partituras.

Como abordávamos questões como erros, notas fora de tom e modulações? Essas são dúvidas adultas que jamais afloraram ao longo do processo. Os jovens não pensam assim. Um senso de totalidade dá conta dos detalhes, assim como a criança um belo dia aprende a sincronizar o movimento de braços e pernas para engatinhar pelo chão sem que isso constitua um esforço sobre-humano, a propósito. Quando as notas dissonantes afloram — inexorável e frequentemente —, convém ao parceiro adulto lembrar-se do poema "A prece do dente de leão" como se fora um metrônomo imaginário: "Deixai vir a mim a criancinha, que não sabe o que é a erva daninha".

E assim ela não será admoestada com frases do tipo "Não, agora você errou!" e poderá seguir tocando, com maior ou menor dificuldade, embalada pelo ritmo da melodia que você, adulto, tratará de manter vivo. Não tenha dúvida de que a própria criança saberá ouvir e identificar os erros que comete; porém, a liberdade de ir em frente é mais importante e verdadeira, pois mantém o fluxo de energia que liga o corpo ao instrumento. Fica, assim, assegurado ao coração o direito inalienável de tomar parte nesse processo, sem medo nem ressalvas, à medida que o novato vai se aventurando por territórios nunca antes explorados.

Mas será que estamos deixando uma névoa de sentimentalismo romântico encobrir a boa e velha música? De modo nenhum. Crianças são exigentes e sabem muito bem quando estão no caminho certo. São resistentes, esforçam-se e não desistem fácil ao primeiro arranhão. Repetem tudo de novo se preciso for, pois sabem que trilhar o caminho mais fácil nem sempre é a escolha certa. Já examinamos neste livro que a maneira de alcançar novos conhecimentos e habilidades tem como premissa o *triunfo do desconforto*. Logo, as crianças repetem a fio as notas até os lábios ficarem dormentes e os dedos, enrijecidos. Porém, se pretendem o domínio completo do instrumento, é preciso preencher todos os vazios, é preciso o coração pulsando e os pés batendo no ritmo da melodia, e não estudos fragmentados e detalhados de notas e partituras que entediam e desanimam. *Em teu coração, sente antes da mente a razão.*

Um caminho direto unindo corpo e mente controla a música e alia subjetividade e habilidade. A criança determina, a criança realiza. Se a nota que produz é um Mi e não um Mi sustenido, essa é uma questão que diz respeito apenas à própria criança. Não há professor mais severo que a própria experiência, literalmente falando. Erros cometidos ao longo do caminho servem como estímulo para soerguer-se e repetir, milhares de vezes se preciso for, mas o controle total deve estar nas mãos da criança.

Se ela for apresentada à partitura logo no início, o processo será bem diferente. Ao tocar um Mi em vez de um Mi sustenido, incorrerá em erro e interromperá a execução da música. Para novatos e amadores, a partitura facilmente assume o controle total, intimidando e exigindo: "Toque essas notas!"

A partitura passa a ser o imperativo: a música deve ser tocada exatamente assim! O controle interno é substituído por uma ingerência externa. O sujeito fica subordinado ao objeto. O desejo interno torna-se uma imposição exterior. A criança transforma-se num intermediário da partitura em vez de usar a música como meio de se expressar. A prática do instrumento fica inteiramente desprovida de emoção. O contato corporal e sensorial com o instrumento, crucial para que a música seja importante para o jovem, é substituído por um contato indireto feito pelos olhos e pelas notas. A temperatura criativa cai. A música não mais se aproxima do sentimento da criança e torna-se secundária. E, para ter significado, o aprendizado da criança requer tangibilidade, proximidade, sentimento. Somente assim haverá uma autêntica experiência de vida.

Na reta final do ano, ficou evidente que Kjartan tocava suas melodias com a mesma espontaneidade que, alguns meses antes, ajudou-o a falar inglês com sotaque californiano "num passe de mágica". Ele não era nenhum virtuose dedilhando o trompete, longe disso. Seu desempenho não sugeria uma carreira promissora pela frente, por assim dizer assim. Mas o ritmo e o a vibração eram impressionantes. Ele movia-se à vontade, sem amarras, naturalmente, como um músico experiente no palco, não como um novato atrapalhado. Sem sotaque.

Em meados de novembro de 1988, depois de um ano tocando trompete, a título de exercício pedagógico, deixei que ele transcrevesse para o papel as notas de "Where have all the flowers gone" e o resultado foi este:

O padrão rítmico é o mesmo da música. Perceba os trios, três contra dois. Repare na sofisticação da ocorrência das síncopes ao longo da melodia. Tudo isso naturalmente, sem intercorrências, como é próprio dos músicos que têm sensibilidade auditiva e tocam no pulso da melodia, acompanhando o compasso da música. O piano está ali, conferindo ao som do trompete harmonia e ritmo, como se provesse rega e calor àquela planta que precisa crescer — estabelecendo, como deve ser, um diálogo entre instrumentos. As crianças aprendem *interagindo* com o contexto e suas circunstâncias, por meio de processos *espontâneos* nos quais a parte forma o todo e o todo forma a parte. Organicamente. Ecologicamente.

E o que é mais importante: essa canção não foi executada por nenhum menino prodígio, mas por um garoto comum a quem foi dada a oportunidade de um aprendizado musical alternativo, que qualquer um pode dar, utilizando-se de meios muito simples. Acima de tudo, a experiência de Tan demonstra o poder do processo de aprendizagem da cultura infantil, comum a milhões de crianças por todo o mundo. O impressionante domínio que têm da língua materna é uma referência universal, caso alguém questione a sua competência. A percepção *sikia* do *ngoma linguístico*, as sutilezas de entonações, ritmos, dinâmicas, compassos e melodias pode muito bem ser aplicada no aprimoramento de um ouvido musical.

Quanto tempo seria necessário para Tan executar sua versão de "Where have all the flowers gone?" se a tivesse aprendido da maneira tradicional? Talvez um ano inteiro estudando partituras. Muitos dos meus alunos carecem, mesmo na idade adulta, dessa naturalidade. Tocam "com sotaque".

Mais importante ainda que a evolução e o tempo de aprendizado é a possibilidade qualitativa de manter contato com essa poderosa fonte de energia chamada música, capaz de instantaneamente unir corações. Duvido que algum dia uma partitura permitisse a Kjartan tocar com a mesma liberdade e naturalidade — característica comum também aos grandes talentos artísticos, apesar dos estudos e dos ensaios solitários, e não por causa deles. Contudo, considerando o panorama da música ocidental, a maioria dos jovens que leem partituras jamais atinge esse patamar.

Heróis e ídolos sempre tiveram grande importância na vida das crianças. Jesse Owens, Muhammad Ali, Marilyn Monroe, Elvis, Elizabeth Taylor, Marlon Brando, Carl Lewis, Pelé e David Beckham são exemplos de vida e sonho entrelaçados. Então por que não incluir nesse grupo Louis Armstrong, o velho Satchmo — para muitos, maior que Pelé, Owens e Lewis? O trompete não foi comprado em Nova Orleans, cidade onde Louis nasceu?

Achamos que era hora de fazer algo novo e fomos à cidade comprar um disco de Louis Armstrong, *Twenty golden hits — Satchmo at Symphony Hall, 1947*, coletânea de canções cultuadas e reverenciadas em todo o mundo: "Muskrat ramble", "Black and blue", "St. James Infirmary", "Blueberry Hill", "Basin Street blues". Considere uma imersão nessas músicas. Ponha o disco para tocar e aproveite!

Kjartan foi logo arrebatado pelo jazz. Ele não demorou a perceber por que nós, adultos, somos apaixonados por Armstrong. Até mesmo a irmã de 18 anos descobriu um jeito de tocar inteiramente novo, logo ela que não passava o dia inteiro grudada ao instrumento. Essas coisas são muito importantes para um irmão caçula de 10 anos.

— Melhor trompetista de jazz do mundo!
— Com lábios de aço em brasa.

— Rei Louis! Punha qualquer um no bolso!

Mitos são criados e recriados infinitamente, mantendo aceso aquele brilho nos olhos tanto de adultos como de crianças. Sonhos e ídolos nos compelem a uma compreensão maior, mais profunda, mais enriquecedora, mais lúdica e mais musical.

E assim Kjartan partiu determinado rumo à biblioteca, atrás de um livro sobre Louis! Ele voltou contente para casa com *A história de Louis Armstrong*, de Jeanette Eaton, debaixo do braço. Certamente não é a maior obra sobre Louis Armstrong, mas Kjartan estava satisfeito, porque ele mesmo a escolhera. Tan enfiou-se no quarto durante um ou dois dias e devorou tudo que podia sobre Louis, da banda que criou aos 13 anos para cantar "Tiger rag" na famosa Storyville, em Nova Orleans, às surras que lhe davam no orfanato. Descobriu que Satchmo era a abreviatura de *satchel-mouth*, boca de alforje, devido ao seu largo sorriso. Leu sobre o cruel professor Davis, que lhe batia por se comportar mal, mas depois se arrependeu e deu a Louis uma corneta e lhe permitiu tocar na banda do orfanato. Aprendeu que Louis ouvia King Oliver às escondidas, para tocar igual a ele. E então Louis se tornou famoso em todo mundo, tocando melhor que qualquer um, e foi até condecorado pelo Papa. Rei Louis!

Kjartan leu com avidez e dedicou-se ainda mais ao próprio trompete — comprado num brechó na própria Nova Orleans, onde Satchmo nasceu. Algo nele estava amadurecendo. Era chegada a hora de tocarmos uma canção de Louis Armstrong! Mas qual? Primeiro era preciso escutar, aprender e sentir o clima, para só então tocar. *Come on, boy!*

Depois disso, fomos em frente.

Mais uma descoberta: "On the sunny side of the street", no ritmo dos discos de Armstrong. *Pound plenty:* a todo vapor. Estávamos absolutamente tomados pela melodia, chegamos até a improvisar um pouco, finalizando com o trompete sustentando um Mi agudo antes de alcançar o Sol (Fá em um trompete em Si bemol, claro):

Fiz o seguinte registro no diário:

28.1.89
Kjartan arrebentou no trompete. Passamos o dia de hoje ensaiando "On the sunny side of the street". Em cerca de meia hora estávamos tocando como dois profissionais, fazendo um som ousado, intenso, complexo. Logo ele, sempre tão tímido, que mal abre a boca para falar quando estamos diante de outras pessoas.
Ontem exploramos outras canções de Armstrong com a mesma pegada: "That lucky old sun" e "Blue moon". É o que eu chamo de felicidade.

E continuamos. Fomos novamente à cidade, a uma loja de discos. Finalmente comprei aquelas coletâneas que sempre quis ter e ainda não tinha. Verdadeiras preciosidades. Estava que não cabia em mim: *Big band memories — The best of the swing era*; *Jazz standards — 100 great jazz favorites ultimate*; *The best jazz songs of all times*; *80 great songs that no jazz singer can live without*; *Songs from the golden eras, 1930-1949. 76 of the greatest standards*, apresentando: "God bless the child", "Boogie woogie bugle boy", "I'll remember April" e "Mood indigo"

"Mood indigo"? Mergulhamos nela. Para o garoto de 10 anos, *blues* passou a ser um termo familiar. Nostalgia, dor, com terças e sextas fugidias em Fá sustenido:

You ain't been blue,
No, no, no.
You ain't been blue,
Till you've had that mood indigo,
That feelin'
Goes steelin'
Down to my shoes,
While I sit and sigh: Go 'long, blues![14]

Há tempos Tuva estava meio enciumada ao me ver tocando jazz com seu irmão caçula. Com ela, paralelamente, eu tocava bastante Bellman: "Hvila vid denna källa", "Ulla, min Ulla", "Käraste bröder", "Blåsen nu alla"... Melodias igualmente maravilhosas, mas nada de jazz. Eu percebia quanto ela queria fazer parte do nosso duo. O caçula,

---
14. Você ainda não sacou o blues / Não, não, não / Você ainda não sacou o blues / Até perceber aquele clima índigo / tomando conta do seu corpo até os pés. / Enquanto eu fico aqui e suspiro / Vai em frente, blues! [N. T.]

por sua vez, notou que o jogo tinha virado: agora era ela quem queria tocar a música dele. *Go 'long, blues!,* um lamento que as notas de blues deixavam ainda mais pungente: "Ei, pessoal, eu finalmente estou aqui!"

Um trompete e uma trompa não são exatamente uma combinação padrão no jazz. De repente, me ocorreu a ideia, impensável até então, porém óbvia agora: vamos montar uma banda! Kjartan no trompete, Tuva na trompa, a irmã mais velha, Tiril, no sax tenor tipo *King* recém-adquirido e eu no piano de apoio e nos arranjos.

Novamente folheio o diário:

29.1.89
Mais música: percebi em Tuva um discreto ciúme do suingue com que Kjartan toca jazz enquanto ela se restringe a Bach, Bellman, Mendelssohn e à transposição de melodias infantis. Então no sábado tive a ideia: vamos formar uma banda!
Começamos domingo com uma joia do blues, "Basin Street blues". Kjartan conduzindo com notas límpidas e rascantes. Tuva em paralelo, um tom abaixo, e Tiril "respondendo" com seu sax tenor na primeira parte. Na segunda parte, os três continuavam em uníssono com o sax fazendo a linha do baixo. Tuva rapidamente pegou o ritmo sincopado de Kjartan. Eles ouvem uns aos outros e ajustam seu jeito de tocar. Ainda desafinam aqui e ali, mas como estão tocando bem! Que balanço! Fiquei empolgadíssimo. A combinação dos quatro instrumentos abriu novas possibilidades de composição para nós. Tudo aprendido de ouvido, sem nada por escrito. Eu era o quarto homem, ao piano. Uma orquestra completa. Só precisamos de um nome para batizar a banda. Ensaiamos o tema principal antes do jantar. Agora devemos voltar à segunda parte. Tuva sorriu e achei que foi um bom sinal.

Naquela tarde, tocando "Basin Street blues" tive a sensação de que levitamos. A música nos deu asas e nós alçamos voo. Até chegamos a ouvir a voz rouca de Satchmo murmurando lá de cima, quando tocamos juntos, todos amadores, sim, mas completamente felizes:

Basin Street
Is the street
Where the elite
Always meet,
In New Orleans
Lan' of dreams
[...][15]

---

15. Basin Street / É a rua / Onde a elite / Sempre se junta / Em Nova Orleans / Terra dos sonhos [...] [N. T.]

É isso que acontece quando os cavalinhos azuis se transformam em música: *blues*. A música penetrava cada vez mais em nós:

3.4.89
Hoje Kjartan disse:
— Papai, quando você está tocando aqui e eu estou lá em cima brincando, meus dedos ficam se mexendo como se eu estivesse segurando o trompete.

É assim que as crianças também podem "ouvir" com os dedos, uma percepção que envolve ouvidos e mãos. Depois de uns bons quatro meses, continuamos a tocar juntos, complemente apaixonados. O repertório consistia de *standards* do período entre guerras: "Tenderly", um jazz-valsa lírico; "After you've gone", igualmente poética e com uma batida mais tranquila, mas já sincopada. Também tocamos algumas canções mais suingadas: "Make love to me" (alternando a condução entre o trompete e a trompa) e a alegre e jovial "Oh baby mine". E, por último, talvez a melodia com mais suingue de todos os tempos: "Sentimental journey", que soou surpreendentemente coesa com as terças paralelas entre trompa e trompete, com uma levada mais baixa. *Very slowly*. E, abrindo e fechando tudo, "Basin Street blues", naturalmente.

As crianças se ouviam o tempo todo e acompanhavam um ao outro, alinhavando o compasso e o fraseado da melodia. Era o método espontâneo sendo posto em prática, fruto da competência da cultura infantil.

Tudo isso aconteceu em pouco mais de um ano, com um garoto que também adorava brincar com carrinhos, montar Lego e jogar bola, assim como a maioria das crianças de 10 anos de idade. Os recursos de aprendizado eram todos dele, um patrimônio comum à cultura infantil disponível no mundo inteiro. O que ele teve de especial foi um adulto que sabia tocar e buscou criar um ambiente de aprendizado.

Adultos capazes de tocar piano que possam servir de apoio existem muitos por aí. E o papel da educação musical sistemática é formar ainda mais deles. Aprender técnicas simples para soprar e dedilhar um instrumento também não é difícil. Crianças, trompetes e outros instrumentos de sopro, aliás, existem em demasia. Por isso eu digo apenas: vá em frente e tente, quantas vezes for necessário. Há muitas crianças à espera de uma boa oportunidade para fazer a transição do lúdico para a expressão musical espontânea. É necessário procurar novos caminhos, de modo que pelo menos alguns desses jovens continuem a tocar porque se sentem enriquecidos com essa experiência, mesmo que deixem de lado aqueles poucos instrumentos dos quais não gostem.

O propósito desse resumo da experiência com um novato e seu trompete é lançar luz sobre um de tantos caminhos possíveis, gerar estímulos e ideias, sem perder de vista a abordagem pedagógica, o repertório, o desenvolvimento e a contextualização. As particularidades dessa caminhada serão infinitas, assim como é infinito e particular o temperamento de quantas forem as pessoas envolvidas. Mas o horizonte da competência única, criativa e inspirada de cada criança deve, ao mesmo tempo, funcionar como um norte para que não se perca de vista o que é mais importante neste encontro com a música:

> Won't cha come along with me,
> To the Mississippi?
> We'll take the boat to the lan' of dreams,
> Steam down the river down to New Orleans.
>
> The band's there to meet us,
> *Children* to greet us,
> Where all *the kids* and *the adults* meet,
> This is Basin Street![16]

À GUISA DE UM ESBOÇO DE HISTÓRIA

Vários exemplos de educação musical alternativa têm na criança seu ponto de partida. Entre os nórdicos, é natural citarmos o dinamarquês Bernhard Christensen e o sueco Knut Brodin entre os pioneiros nessa seara. O sueco Bertin Sundin apresentou o trabalho desses dois desbravadores primeiramente em forma de artigo (1986) e, mais tarde, aprofundou o tema no seu livro *Musiken i människan* [A música no ser humano] (1988)

Tanto Brodin como Christensen começaram seu trabalho como músicos e pedagogos no período entre guerras, inspirados pelos ritmos populares norte-americanos e pelo jazz. Ambos depararam com enormes críticas. Na Dinamarca, o debate acirrado que sobreveio levou a uma cisão na educação musical que ao fim dividiu o sistema de conservatórios do país em "rítmico" e "clássico".

Na Suécia, o trabalho de Knut Brodin foi praticamente interrompido, conforme relata o próprio Sundin. A título de registro histórico, é interessante perceber como a ideia entusiasmada de uma pedagogia musical mais centrada na criança foi, há pouco mais de 70 anos, rechaçada por uma rancorosa oposição. Bertin Sundin (1986, p. 10), ele mesmo um pioneiro na pesquisa pré-escolar e musical na Suécia, esclarece o que aconteceu:

---

16. Não quer vir comigo para o Mississípi? / Vamos pegar um barco para a terra dos sonhos / Descer o rio num vapor até Nova Orleans? / A banda estará lá nos esperando, / Crianças nos aguardando, / O lugar onde crianças e adultos se encontram / Esta é a Basin Street!

Eles agora tentam penetrar o mundo específico da criança, não mais impor um objetivo musical a ela. Com um conceito próprio do que é "infantil", deflagraram críticas a um sistema que, ao contrário, demandava que o ensino de música fosse visto da mesma maneira que as disciplinas escolares "rígidas", provesse o mesmo tipo de conhecimento e fosse avaliado com as mesmas notas. Tanto Brodin como Christensen trabalhavam em escolas particulares. Essa iniciativa teria sido impensável na rede pública.

Sundin (1988, p. 64-65) reproduz a seguinte citação do próprio Brodin, que deixa claro a maneira franca e centrada na criança com que costumava lecionar música:

Como a decisão caberia às crianças e não e mim, tive de engolir alguns sapos e prestar atenção ao que tinham a dizer, no que *queriam* cantar e no que *não* queriam cantar. Precisei repensar a minha percepção e a minha abordagem, tanto para as classes iniciais como para as mais avançadas. Primeiro de tudo, fui forçado a descer do pedestal artístico-musical em que me encontrava.
[...] Tantas vezes fiquei aflito ao descobrir que meu arcabouço musical, ao fim e ao cabo, consistia de formalidades vazias, que não diziam nada ao impulso, ao desejo e à emoção que nos deixa atraídos pela música. Por fim, não tinha como deixar de constatar que o ensino de música na escola estava perdendo o rumo. Com o tempo, cada vez mais crianças passaram a me apoiar; na verdade, percebi que quem estava aprendendo alguma coisa naquele processo era eu. O que eu mais precisava era me livrar da miopia que me fazia desprezar a canção popular, a música folclórica e o jazz.

O artigo de Brodin atingiu em cheio os educadores musicais, que imediatamente o denunciaram às autoridades suecas. Nem mesmo a experiência de uma década como pedagogo foi suficiente para acalmar seus colegas de profissão. Sundin ressalta que, em 1942, os jornais publicaram uma carta aberta intitulada "Ele trai a nossa causa!" A voz da crianças foi abafada por uma furiosa defesa do repertório e dos métodos estabelecidos, da "partitura como linguagem musical". Infelizmente, a acepção original do termo "conservatório musical" foi, nesse caso, tomada ao pé da letra: "um local onde se conserva a música".

Na Noruega, duas obras contribuíram para moldar uma visão da cultura infantil das canções, do idioma, da musicalidade e do aprendizado infantis: *Barnas egen sangbok* [O livro de canções infantis das crianças] (Bjørkvold, 1979) e a tese de doutorado *O canto espontâneo infantil — Nossa língua materna musical* (Bjørkvold, 1981). Tais trabalhos se mostraram importantes para uma nova perspectiva do tema também na Suécia e na Dinamarca. *Música, inspiração e criatividade – Uma linguagem universal* é tributário direto deles.

No mundo anglófono, Christopher Small é um expoente de destaque, embora não empregue a cultura infantil como base teórica do trabalho que desenvolve. As culturas musicais africanas e também em grupos étnicos de Java Oriental são a referência utilizada por Small em seu livro *Music — Society — Education* [Música — Sociedade — Educação] (1977). Foi nas manifestações culturais originais, não ocidentais, que Small encontrou a fonte para uma necessária e abrangente renovação da pedagogia musical vigente hoje para as crianças ocidentais. Sua perspectiva, complexa e embasada, oscila da crítica escolar à utopia social. Uma nova educação musical infantil tendo as crianças como centro é a chave de uma experiência de vida mais profunda. É assim que ele se expressa ao criticar o exclusivismo intelectual predominante nas escolas ocidentais:

> Este livro mostra como a atividade artística, assim compreendida, pode contribuir para [...] uma reformulação do ensino, quiçá até mesmo da nossa sociedade. (p. 5)

> A tese central desta obra é uma experimentação da realidade [...] à qual não se chega pelo método científico, mas pode ser manifesta e explorada por meio da arte. (p. 97)

> Se reconhecemos a capacidade criativa das crianças, devemos também reconhecer sua capacidade de criar outro tipo de conhecimento [...] de formular as próprias questões, que com frequência romperão os limites impostos por nossas disciplinas e especializações acadêmicas vetustas. (p. 216)

> Ouso até afirmar que a crescente tensão nos sistemas escolares ocidentais deve-se a este fato: nada do que temos a dizer às crianças corresponde àquilo que elas desejam ouvir. [...]

> O modelo de ensino científico, baseado em fatos, é uma catástrofe que abala os alicerces dos jovens. (p. 220)

> Em tempos de mudanças profundas e bruscas, restringir o ensino de música aos valores musicais tradicionais do Ocidente compromete a diversidade da imaginação infantil; foi essa crítica à maneira como pensam as crianças que conduziu a nossa cultura à situação calamitosa em que se encontra. (p. 220)

Como Small não recorre diretamente à inspiração e à criatividade infantis como referência e base teórica, ignora certos conceitos-chave no debate músico-pedagógico que propõe. Entre outras coisas, não enxerga o *lúdico* como força motriz da criatividade infantil e, mais adiante, da sua atividade artística. Mesmo assim, muitas das observações de Small têm a criança como centro. Uma compreensão mais holística, para além da questão artística, ele desenvolve em outro livro, sobre música afro-americana: *Music of the common tongue* [Música da língua comum] (1987). Com esse pano de fundo, seu livro seguinte, *Musicking* [Musicando], faz um ataque direto à cultura musical ocidental, considerada enrijecida e desprovida de alma.

Small criou o termo *musicking* para referir-se a um conceito musical embasado num contexto radicalmente holístico, que engloba não apenas a música, mas também os seres humanos e o ambiente onde ela é tocada. Ou seja, *musicking* tem tudo que ver com *ngoma*. É uma abordagem original e instigante. No entanto, o autor propõe uma discussão multicultural que ignora o aspecto existencial do ciclo da vida.

Em *Música, inspiração e criatividade – Uma linguagem universal,* a ambição sempre foi maior. O foco deste livro é a capacidade de administrar as forças criativas inatas ao ser humano, do nascimento à morte. Este projeto musal, portanto, discorre sobre algo que extrapola a compreensão musicista no seu senso mais amplo; trata-se da importância de cada ser humano encontrar, numa infinidade de possibilidades, a sua expressão criativa, apercebendo-se do sentido da própria vida e dando significado a ela.

Com efeito, não é tarefa do educador musical ensinar cultura infantil e canto espontâneo às crianças. Agindo assim, ele instilará nelas a *sua* cultura musical. Uma música dos adultos. Muitas vão deparar com ela ao longo de seu processo de crescimento e socialização. Mozart, Bach e Grieg as esperam com seus tesouros. Também Ligeti, Cage e Shostakovich. E Bellman, Charlie Parker, Louis Armstrong e os Beatles — uma infinidade de riquezas musicais as aguarda, caso sigam pelo caminho pavimentado e iluminado pela criatividade e pela inspiração.

Mas *como? E quando?* E com *o quê?* São dúvidas recorrentes, que sempre serão motivo de preocupação para qualquer educador musical atento à personalidade e à singularidade de cada criança. Ao mesmo tempo, sabemos que as mesmas e repetidas melodias vêm sendo repassadas de geração a geração, e a absoluta maioria das crianças que começa a tocar um instrumento na primeira infância o abandona na adolescência, tanto na Noruega como na Suécia, nos Estados Unidos e na Rússia, como se partilhassem do destino trágico e ordinário de um personagem de Gabriel García Márquez em O *amor nos tempos do cólera*: "Os melhores anos de sua infância tinham transcorrido nas galeras das aulas de piano". Ninguém deseja isso, criança ou educador musical.

TONS E NOTAS: AS CULTURAS ESCRITA E ORAL NO MUNDO MUSICAL

No livro *Orality and literacy* [Oralidade e alfabetização] (1982), Walter J. Ong discorre sobre a relação entre culturas orais e escritas tendo o *alfabeto verbal* como valor de referência.

Se tomarmos o sistema de escrita da música, a notação musical, a relação mantém-se a mesma. A notação, ao contrário da escrita verbal, destina-se necessariamente a representar os sons. No livro, ela é apresentada como estágio final e tem autonomia para existir numa cultura escrita. Um romance ou um livro acadêmico não são escritos para serem lidos em voz alta; são obras que se mantêm firmes sobre as próprias pernas, como produto final, artístico ou acadêmico.

Porém, uma partitura de notas é algo totalmente distinto. Nela, os sinais escritos representam também algo artístico e independente, mas, em relação ao destinatário, a partitura é bem diferente de um livro. O leitor absorve o conteúdo do seu livro em silêncio. Com a partitura não é assim. Ela requer uma execução musical para chegar ao seu destinatário. As notas devem retornar à forma de sons audíveis ao ser humano para ser percebidas e sentidas. No idioma verbal, percorremos uma via de mão dupla que une oralidade e escrita. A notação musical, por sua vez, nos aponta um caminho de *três vias*: da oralidade para a escrita e em seguida para outra oralidade, secundária. (Para efeito de comparação, a matemática é um exemplo de escrita inteiramente autônoma, sem relação implícita com uma modalidade oral de expressão. A notação matemática é um sistema de escrita próprio, conscrito a si mesmo, um universo simbólico fechado e autossuficiente.)

Uma criança que toca e produz música lendo uma partitura tem sua atenção desviada de uma experiência primária (do canto espontâneo da cultura infantil, entre outras coisas) para uma *experiência secundária*. Nesse processo, aquilo que chamamos de capacidade de musicalização é irremediavelmente perdida. Enquanto a criança que tem contato com o alfabeto jamais perde sua competência oral (embora a língua escrita possa influenciar radicalmente o discurso), o contato com a notação musical pode arruinar sua competência musical. As razões são várias.

As notas exigem um sofisticado domínio tecnológico e motor para ser produzidas, bem diferente da escrita ao ser reproduzida na forma de sons. Considerando aspectos técnicos e motores, é indiscutivelmente mais difícil tocar piano do que escrever. Visto assim, a trilha que leva à música, percorrida com um instrumento, é bem mais tortuosa que a estrada que nos conduz à escrita por meio do lápis.

Como sistema de registro, as notas musicais são bem mais complexas que o alfabeto. Enquanto a versão de boa parte dos idiomas ocidentais do alfabeto latino, por exemplo, consiste de um sistema simbólico-digital puro, de 20 ou 30 símbolos claramente diferentes, a notação musical é expressa em centenas de sinais. Em parte estamos falando de símbolos análogos (um *crescendo* é expresso como uma representação gráfica do aumento do volume de um som, entre outros), em parte de símbolos puramente abstratos, sem qualquer correspondência análoga (# e b para elevar e diminuir tons, entre outros). Também aqui, numa cultura alfabetizada, o caminho das crianças até a música é mais árduo se comparado àquele que leva ao alfabeto escrito.

Tomando como base a análise abrangente de Ong, listamos a seguir algumas contradições importantes entre a oralidade e a escrita, a fim de ilustrar o contraste entre a percepção do som e a sua notação correspondente.

Sons percebidos	Notações musicais
Auditivo	Visual
Experiência interior	Imposição externa
Subjetividade	Objetividade
Internalização	Exteriorização
Sensualidade	Racionalidade
Excitação	Resfriamento
Magia	Ciência
Sequência de fatos	Registro
Fluidez	Permanência
Dinâmica	Estática
Plenitude	Fragmentação
Socialização	Individualização
Sikia	Audição especializada
Ngoma	Partitura

Naturalmente, não se trata de dizer que os tons representam o único lado positivo e as notas, o único lado negativo da questão. Na herança cultural e artística a música anotada perpetua um histórico de beleza e pujança indiscutíveis. Os quartetos de corda tardios de Beethoven certamente jamais teriam sobrevivido para ser executados por terceiros, nem no seu tempo nem cem anos depois, não fosse a arte de escrever partituras, o que comprova a importância essencial da notação musical qualquer que seja o contexto. Além disso, é evidente que a possibilidade de anotar as composições permitiu a compositores de todos os gêneros canalizar, organizar e difundir seu talento, algo relacionado a processos psicodinâmicos que derivam do fecundo contato do ser humano com a escrita, gerando aquilo que Ong chama de "a mente literata". Que falta nos fazem as canções da Antiguidade grega que não chegaram até nós por nunca terem sido escritas! Como soariam aos nossos ouvidos contemporâneos as escalas das quais nos fala Platão, segundo ele essenciais para a educação da juventude daquela época e para o desenvolvimento da sua filosofia? Ninguém sabe, as notas não sobreviveram.

Com a informática, sobreveio uma nova questão envolvendo escrita e oralidade. Com os modernos sintetizadores e softwares musicais é possível tocar a música, de ouvido, diretamente num teclado, para em seguida imprimir as notas ou partituras, sem que o músico tenha o menor conhecimento de notação musical. Já é possível estudar composição em prestigiadas instituições de ensino sem saber ler nem escrever partituras — assim como compor com o auxílio de computador já faz parte da grade curricular dos estudantes de música. Tudo isso abala os próprios alicerces da tradição musical, mas é antes um problema ou um sinal dos tempos?

Oralidade e escrita sobrepõem-se uma à outra na sociedade musical contemporânea. Vejamos o que Ong tem a dizer (1982, p. 175): "Tanto a oralidade como o seu desdobramento evolutivo na forma da escrita são necessários ao desenvolvimento da consciência humana".

A música é uma forma de expressão que ressoa, daí a relevância, ainda maior que na linguagem verbal, de jamais perdermos o contato com os sons vivos. Isso é especialmente importante quando se pretende lançar as bases de algo que impulsiona a autonomia criativa das crianças em relação a esse meio — justamente o que todos nós desejamos.

SENSIBILIDADE AUDITIVA E CULTURA POPULAR

As culturas populares ou folclóricas são orais. Tocar um instrumento de ouvido é algo que pertence à esfera da cultura popular. Música folclórica norueguesa, cantos populares russos, jazz norte-americano e *ngoma* africano são manifestações da cultura popular baseada na audição. A música erudita ocidental é apenas uma pequena fração da música do mundo. Como sabemos, sua influência sobre culturas populares tem sido acachapante.

Já no fim do século XVIII, é possível identificar na música popular europeia uma submissão à cultura escrita característica da música erudita. Jan Ling (1989) ressalta que o instrumento mais influenciado pela música erudita foi o violino (ou a rabeca). Pouco antes, mestres e virtuosos italianos como Vivaldi, Corelli e Torelli tornaram-se inspiração para os músicos das aldeias, que haviam aprendido a escrever e a dominar a nova técnica. Alguns dos manuais de violino mais populares de hoje foram escritos no final do século XVIII, o que ilustra bem o poder desestabilizador da notação musical numa seara tão tradicional como a da música folclórica: o *Étude pour le violon, formant 36 caprices,* op. 3, de Fiorillo, data de 1740, enquanto os *42 Études ou Caprices pour le violon (seul)*, de Kreutzer, é de 1796. Muito embora certos violinistas tenham passado a confiar mais no texto e registrar suas canções, nunca se aventuraram a anotar mais que a estrutura geral das melodias, como que para avivar a memória. O cerne da música e a execução estilística, inspiração primeira dos músicos profissionais, sempre passaram longe da notação musical, pois jamais podem ser captados no papel. Era uma ideia óbvia do ponto de vista dos músicos profissionais de então. Contudo, para os estudantes de música, a notação musical constitui uma espécie de bezerro dourado desde o primeiro dia de aula. *Pour Élise*, executada num ritmo mais lento, converteu-se numa espécie de rito de passagem.

Vejamos um pequeno exemplo oriundo dos rabequeiros da Noruega. O primeiro exemplo mostra uma melodia tradicional original de Røros ("Lifligt" significa "vivaz" e "vals" é "valsa"). Não há nela nenhum tipo de adorno, somente a estrutura, que em princípio poderia funcionar também no jazz tradicional norte-americano:

No exemplo seguinte, transcrito pelo rabequeiro contemporâneo Sven Nyhus (1983), a mesma melodia é ampliada e expressa com uma série de complementos:

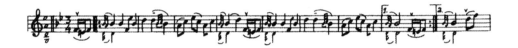

Porém, mesmo essa transcrição mais detalhada serve apenas como uma moldura. Filigranas rítmicas e a própria "alma" da execução são características próprias de quem tem sensibilidade auditiva apurada, e Sven Nyhus é o primeiro a transmitir esse sentimento quando executa uma melodia profundamente enraizada na sua terra natal.

Na música folclórica norueguesa não há dúvidas de que as notas foram assumindo papel central com o passar do tempo, mas a base ainda está no ouvido para a música e em encontros *ngomáticos*.

A relação entre ouvido musical e as partituras chegou a ser expressa numa canção popular norueguesa:

> Relva tinge a colina,
> Flor de maçã perfuma o ar,
> Para todos é essa a rima,
> Tem juízo o meu cantar.
>
> O meu canto sai do peito,
> Acalenta e embala o sonho!

>   Tanta coisa nos abate
>   Neste mundo tão medonho.
>
>   Mas o coração palpita
>   Só de ouvir a melodia.
>   Deixe estar a partitura!
>   Essa página tão vazia!

Esta rima ressoa em todas as canções populares, infantis ou adultas, seja na pequena Noruega ou na poderosa Rússia, nos Estados Unidos do Deep South à Nova Inglaterra.

No século XVIII, também é possível encontrar a tradicional habilidade de tocar de ouvido na arte erudita europeia.

Johann Sebastian Bach era um improvisador notável quando se sentava ao órgão em Leipzig. Qualquer organista barroco daquela época deveria dominar o *baixo cifrado* (também chamado de baixo contínuo) e completar os tons médios sem recorrer a notas escritas. A improvisação também era uma questão meramente prática: o coral luterano aceitava o improviso, com prelúdios e entonações, como parte do culto. Visto em perspectiva histórica, o órgão foi, quando comparado a qualquer outro, o instrumento que mais deu margem à arte da improvisação. Podemos traçar uma linha direta ligando Bach a um dos grandes organistas do século XIX, Anton Bruckner, que também preferia improvisar ao tocar suas músicas na igreja. No nosso século, o organista francês Marcel Dupré é conhecido por suas improvisações ao órgão. Na prova de admissão ao conservatório de Paris, onde leciona, ele exige dos aspirantes nada menos que improvisem uma fuga em três tons sobre um tema que só é conhecido no ato do exame. O organista Svein Erik Tandberg (2000) realizou um trabalho minucioso sobre a história da improvisação em órgãos dos séculos XV e XVI à prática pedagógica atual em escolas da Europa Central.

Se retornarmos ao século XVIII, precisamos lembrar ainda que Mozart era uma criança dada aos improvisos. Para o deleite dos nobres europeus, segundo os historiadores da música, ele brincava de improvisar cobrindo o teclado em que tocava com um pedaço de pano. Sabemos que, já adulto, Mozart compôs seus concertos de piano permitindo uma *cadenza* solo no primeiro movimento, para que o solista pudesse improvisar livremente. O que poucos sabem é que outras peças de seus concertos são baseadas na improvisação. No livro *Mozart in Wien* [Mozart em Viena] (1986), Volkmar Braunbehren salienta que na introdução da partitura escrita à mão por Mozart para o segundo movimento do famoso *Concerto da coroação* (KV 537), de 1788, não há notas para a mão esquerda:

Mozart executou de improviso a parte da mão esquerda, mas não viu necessidade de registrá-la por escrito. Na peça orquestrada, anotou somente a parte das cordas. Para os instrumentos de sopro, anotou apenas *ad libitum*, dando aos músicos da orquestra a possibilidade de improvisar dentro de um contexto predeterminado pela estrutura melódica. Tem-se como certo que a parte anotada na abertura do segundo movimento do *Concerto da coroação* atribuída a Mozart não foi feita por ele, mas por um terceiro que achou por bem incluir as notas ali, contrariando o espírito e as ideias do mestre.

Contemporâneo de Mozart, Rousseau também considerava a sensibilidade auditiva aguçada importante para o aprendizado musical. Ele escreve assim em *Emílio, ou da educação* (1966, p. 190-91): "O leitor certamente compreendeu que não tenho pressa de ensiná-lo a ler e tampouco desejo que aprenda a ler notas musicais. [...] Em vez de lê-las, o leitor pode ouvi-las, pois a música fala com mais propriedade aos ouvidos que aos olhos".

Ao longo do século XIX, houve mudanças radicais para os músicos amadores no que concerne à notação, sendo um dos motivos a ausência, no sul da Europa, do tradicional coro improvisado da igreja luterana. O historiador da música Idar Karevold identifica uma linhagem histórica que começa com o manual de contraponto de J. J. Fux, *Gradus ad Parnassum* (1725), escrito, portanto, durante a maturidade de Johann Sebastian Bach. Dali a linhagem prossegue até o professor de Beethoven, Albrechtsberger, e chega ao primeiro conservatório de música do mundo, o de Leipzig, fundado em 1843. O conservatório de Leipzig baseou-se no manual de Fux, dando ênfase à notação — tradição que acabou sendo adotada e perpetuada no ensino de música, fosse ele ministrado em residências ou em instituições. Ao mesmo tempo, sabemos que Robert Schumann, uma das figuras centrais nos primeiros anos do conservatório de Leipzig, era um notável improvisador ao piano.

A doutrina de Fux foi disseminada nos vários *études* publicados no século XIX. Clementi, grande virtuose do piano, compositor e pedagogo, publicou de 1817 a 1826 uma grande coletânea de estudos inspirados no já centenário *Gradus ad Parnassum* de Fux. O ensino sistemático de música migrara da composição para a execução, numa progressão gradual consubstanciada na partitura. Mesmo o mais tímido amador deveria percorrer por escrito o caminho dos estudos ao Parnaso, o lar das Musas. Os ensinamentos de Clementi são até hoje o padrão para o ensino de piano em todo o mundo, seja qual for a categoria ou nível, e o Parnaso das Musas é a eterna *fata Morgana*, para o desalento de tanta gente.

O surgimento de editoras e instituições de ensino de música na Europa central do século XIX levou ao florescimento de um novo tipo de literatura pedagógica musical massificada. A música e o mercado passaram a tocar num dueto. A editora Peter, por exemplo, foi fundada em 1800. A editora musical Wilhelm Hansen chegou aos países nórdicos em 1857. Era a fundação do conservatório de Leipzig repercutindo em grandes partes da Europa — da Rússia, a leste, à Noruega, ao norte. Essas instituições impulsionaram a educação musical europeia, dando à notação uma importância que não apenas se estende até hoje como contribui para toldar o ânimo de quem se dispõe a estudar o assunto.

CRIANÇAS E PÁSSAROS: APRENDENDO DE OUVIDO

É notável como crianças pequenas passam a falar um idioma estrangeiro ou mesmo um dialeto como se fossem nativas, utilizando expressões e inflexões vocais à perfeição, tudo isso após um curto intervalo de adaptação. A história de Tan, que aos 7 anos dominou o inglês da Califórnia com a ajuda da sua bola vermelha, é apenas um exemplo entre milhões. No livro *Människans språk* (1984, p. 112), o sueco Per Linell resume a questão de seguinte maneira:

> Nossa capacidade de aprender naturalmente línguas estrangeiras e dialetos parece se deteriorar na puberdade. As crianças podem, em condições favoráveis, ser naturalmente bilíngues ou poliglotas, com domínio perfeito da pronúncia e da gramática, em ambos (ou todos) os idiomas. Qualquer pessoa que precisa aprender uma nova língua após a puberdade, ao contrário, enfrenta dificuldades para assimilar todas as regras fonológicas, fonéticas e gramaticais do novo idioma e evitar nele a influência das regras da língua materna. A influência mais óbvia e perceptível está na pronúncia. Quase todos aqueles que aprendem um novo idioma tardiamente mantêm o sotaque, mesmo que tenham um perfeito domínio da língua estrangeira no que diz respeito a outros fatores.

É interessante traçar aqui um paralelo com descobertas recentes das pesquisas ornitológicas.

Primeiramente, é preciso dizer que os próprios ornitólogos salientam que é muito difícil identificar o processo de aquisição de canto nos pássaros. A pesquisa nessa área conclui que, para certas espécies, há fases críticas para a aquisição de um padrão sonoro (Clayton, 1989), enquanto para outras — o pardal canoro, por exemplo — essa fase crítica acompanha o crescimento do pássaro até sua maturidade sexual.

Resumindo, um jovem pardal canoro, tendo aprendido o padrão típico do seu território natal, pode, até determinada idade, modificar seu dialeto ao adentrar uma área com outro padrão sonoro vigente.

Durante a juventude, o pardal demonstra uma plasticidade de aprendizado similar à das crianças humanas. Quando chega à fase madura, com suas respectivas alterações hormonais, o pássaro *vincula-se* permanentemente ao seu dialeto (Kroodsman e Miller, 1982; Nottebohn, 1984; Ealse, 1985; Nordeen e Nordeen, 1988; Clayton, 1989).

Quando se trata da evolução da linguagem humana, há muito se pode constatar que o domínio da pronúncia e da entonação vai gradualmente declinando a partir da puberdade. O ser humano também tem o que podemos chamar de fase crítica para o aprendizado da língua. Linell (1987) observa que o declínio da habilidade linguística a partir da puberdade pode estar relacionado ao fato de que o cérebro passa a funcionar de outra maneira nessa fase. Tão logo os processos de lateralização são concluídos, a dinâmica entre os hemisférios cerebrais muda. Isso ocorre exatamente na transição da infância para a puberdade.

O mesmo tipo de lateralização é percebido pelos ornitólogos, que podem assim realizar experimentos bioquímicos e hormonais relacionados à aquisição e ao desenvolvimento da linguagem (Nordeen e Nordeen, 1988). Tais experimentos não podem ser reproduzidos em seres humanos, mas tudo indica que em muitas espécies de pássaros os hormônios sexuais têm papel determinante na duração da fase crítica de aprendizado e na plasticidade do cérebro. Analogamente, a fase crítica do aprendizado entre seres humanos está relacionada a processos hormonais, tendo a puberdade como divisor de águas.

Em ambos os casos, a capacidade única de aprender que a criança possui é irrefutável e está bem documentada, tanto por leigos como por estudiosos do tema. A criança aprende sua língua materna através do ouvido e do corpo, não por intermédio de livros e da escrita. A língua materna musical, o canto espontâneo da criança, também é aprendido por meio dos mesmos processos culturais, bem antes da explosão hormonal da adolescência.

A ornitologia e os estudos sobre a aquisição da linguagem humana nos dão vários motivos para afirmar algo que o aprendizado lúdico possibilitado pela cultura infantil também registra: a primeira aquisição musical da criança acontece oralmente e é baseada na audição, tendo o *ngoma* e o *sikia* como referência, para então avançar gradualmente na direção de algo mais específico na chegada da fase auditivo-sensitiva.

A NOTAÇÃO MUSICAL COMO LIMITE À EXPRESSÃO

O imperativo musal habita o coração de qualquer músico que toca com a alma e experimenta uma sensação de indescritível beleza. Nesses instantes, o músico e a música estabelecem uma conexão tão íntima que parecem unidos fisicamente um ao outro.

Partituras, entretanto, costumam impor limitações estranhas àqueles com uma sensibilidade auditiva mais apurada. Identificar um Dó agudo numa folha de papel representa um imperativo *externo* que, com sua autoridade — a autoridade do compositor —, pode subjugar o imperativo interior e domesticar gerações inteiras de músicos profissionais. O músico sabe "enxergar" esse Dó agudo e chegar até ele, pois esse é o seu ofício, mas não ousa ir além, limitando-se às fronteiras externas definidas pelo instrumento.

Para o músico que toca de ouvido, não existe essa carga autoritária. Ele percebe seus semelhantes como parceiros e modelos a ser seguidos. Nesse caso, quem governa todo o processo é o desejo interno, liberto de quaisquer convenções e limitações.

Deixemos que Lars Næss, trompetista da orquestra da Ópera Norueguesa, explique essa questão da perspectiva do próprio músico, tomando como exemplo um instrumento sobre o qual já falamos neste capítulo, o trompete. Ele me escreveu a seguinte carta:

[...] Tanto obras de referência como manuais didáticos ensinam que a extensão tonal do trompete vai do Fá sustenido, três oitavas abaixo do Dó central, ao Dó, duas oitavas abaixo do Dó central, e afirmam taxativamente que esse é o limite.

[...] Estudando o trompete ou mesmo tocando na orquestra deparamos com colegas que ignoram essa limitação. Exceto na música barroca, que não costuma fazer parte da literatura musical e é algo muito específico para os trompetistas, podemos facilmente relacionar alguns compositores que extrapolaram esses limites. Wagner, no prelúdio do *Parsifal*, requer um Dó duas oitavas acima do Dó central "sehr zart und ausdrucksvoll".[17] Richard Strauss eleva o trompete ao Dó sustenido agudo e ao Ré em "Der Rosenkavalier", "Salomé", "Electra" etc. Embora não sejam mudanças significativas, são grandes o bastante para criar notórias armadilhas para os trompetistas.

Se examinarmos os trompetistas de jazz, a situação é bem diferente. Já na década de 1920 Louis Armstrong passou a tocar cada vez mais agudo a cada disco que lançava. Louis tocava em Mi agudo e costumava variar três oitavas em torno do Dó agudo. Entre as décadas de

---

17. "Muito delicado e expressivo." Em alemão, no original. [N. T.]

1930 e 1940, as três oitavas de Fá agudo eram o padrão entre os trompetistas de jazz. Na década de 1950, Maynard Ferguson ignorou os limites e acrescentou mais uma oitava ao Fá, quatro além do Dó central! Charlie Shavers, num disco de 1948, alcança uma oitava acima, o Fá mais alto do piano. "So what's new?"

[...] O trompete do jazz tem uma função totalmente diferente do trompete da orquestra. No jazz, cabe ao trompetista muito mais criar do que simplesmente reproduzir aquela melodia indicada pela partitura. A ideia musical e seu desenvolvimento vêm à tona *enquanto* ele está tocando; logo as fronteiras estabelecidas se dissolvem e os recursos físicos e psíquicos do músico atuam como limitações. Isso demonstrou antes, como demonstra ainda hoje, que a imaginação musical facilmente empurra os músicos de jazz para além das fronteiras tonais. Por isso mesmo, tocar notas altas passou a ser uma conduta adotada pelos trompetistas de jazz, assim como o almejado tom "vermelho cobre" (no dizer de Fröding) o é para os trompetistas clássicos.

Não vou nem mencionar os anos mais recentes, que talvez ensejem falar sobre certa "revolução" nos instrumentos de sopro clássicos, cada vez mais tocados num tom mais agudo!

Encerro citando o encarte de um disco que um dia me pertenceu, de uma *jam session* em que Dizzy Gillespie e Roy Eldridge revezavam-se tocando "Blue Lou". O encarte do disco, ao mencionar a monumental exegese dos "leather-lunged men" ["homens de pulmão de couro"] era curto e grosso: "Take that — if you can" [Aguente aí — se você puder"].

Reza a lenda que trompetistas brancos europeus não acreditaram quando ouviram pela primeira vez o crescendo de tons agudos de Satchmo (entre três escalas de Dó e Mi). Disseram que o trompete de Armstrong só podia ter sido "maquiado" e exigiram que o instrumento passasse por uma perícia, mas não encontraram nada além de um trompete estropiado de três simples pistões, feito em Nova Orleans.

Eram os sopros de dor e alegria que emanavam da alma e dos pulmões de Satchmo que elevavam os tons *beyond infinity* [além do infinito], o mesmo local aonde acorrem tantas crianças com suas brincadeiras e seus cantos — tão existenciais e ousados quanto os acordes de Armstrong. A mente de Skorpan viajou para Nangijala, Per transformava-se em borboleta, Ronja enchia seu coração de felicidade por si e por Birk. É para esse mesmo lugar que vão os jovens quando se apossam do primeiro instrumento — um marco fundamental, não importa se algum dia alcançarão o Mi agudo de Satchmo. Quando seca a fonte da inspiração, eles param de fazer música, embora possam continuar tocando em nome de um sentimento que já não existe mais.

A ARTE DA TRANSPOSIÇÃO MUSICAL

Para as crianças, a transposição musical é naturalmente identificada com o ouvido pleno próprio a todas elas. A multiplicidade lúdica da cultura infantil as deixa à vontade diante de regras e sistemas que devem explorar e conquistar. Com grande naturalidade, elas facilmente aprendem a lógica do sistema de transposição: a equivalência entre as teclas e as notas da escala musical. O acorde tônico ocupa o primeiro grau da escala, a base. O acorde dominante localiza-se no quinto grau, sendo responsável por criar uma espécie de tensão, um ambiente de expectativa. Um acorde no segundo grau da escala maior produz outros matizes tonais, e torna-se o dominante do dominante quando elevado à sua terceira. Um acorde no terceiro grau é chamado de mediante e facilmente conduz às escalas menores.

Parece árido, complicado e teórico? Nenhum conceito teórico é difícil para uma criança que possa imediatamente pôr as mãos num instrumento e dedilhar músicas que já lhe são familiares. Quando o contexto é lúdico e inspirado, ela aprende a teoria sem maior dificuldade. O domínio desse sistema traz consigo uma sensação de alegria e realização; também resulta em mais destreza dos dedos e em ouvidos mais apurados.

No caso dos adultos, o processo não costuma ser o mesmo. Sei de vários professores de piano que padecem com seu instrumento devido a uma aguda deficiência de aprendizado. Agora, na idade adulta, a oportunidade já passou. Aprender a transpor uma música de maneira simples e funcional é, para muitos adultos, uma tarefa impossível. De quando em vez surgem situações embaraçosas:

— *Não podemos baixar um pouco, professor? Não estamos conseguindo alcançar os tons mais altos* — diz a classe inteira em altos brados.

— *Hoje não é possível mudar o tom, lamento* — responde o professor, sem desgrudar as mãos das teclas do piano.

— *Hoje não é possível? O senhor está doente?*

— *Claro que não. Mas na próxima semana tudo bem, vamos fazer em Fá maior.*

— *Próxima semana? Mas aí já estaremos de férias!*

Não se trata apenas de uma deficiência técnica, mas da ruptura de toda uma interação social, o elo que une música e seres humanos. Esse instante deixa de existir. E, caso os professores não dominem a própria arte, como querem transmiti-la aos seus alunos?

Felizmente não é assim com todos. Muitos dominam a técnica de tocar de ouvido, a transposição, a leitura de partituras e o improviso com enorme naturalidade. Mas boa parte deles, talvez a grande maioria, jamais chegará a tanto. Não tiveram a oportunidade quando crianças, e eram obedientes e cordatos demais para pedir à professora para brincar de improvisar. Se hoje se tornaram músicos profissionais e/ou professores de música, carecem de fluência, pois para eles a música não é um meio de comunicação. A espontaneidade infantil os abandonou. Eles deixaram de acreditar que podiam voar.

MÚSICA E NOTAÇÃO, PROXIMIDADE E DISTÂNCIA

Certas instituições superiores de ensino de música passaram a questionar a importância da notação musical no processo de aprendizado. Na Escola Superior de Música da Noruega, Dolores Grøndal (1988) realizou uma pesquisa que, entre outras coisas, lança luz sobre a relação dos pianistas com as partituras durante o ensaio de novas músicas. Da pesquisa participaram pianistas profissionais formados ali e alunos que ainda cursavam a mesma escola. Grøndal descobriu, sem surpresa nenhuma, que os pianistas profissionais conservavam sua espontaneidade diante da partitura, ao contrário da maioria dos alunos. As notas não impediam que eles sentissem a música mais de perto, em toda a sua plenitude e complexidade:

> É interessante afirmar que os professores não apenas "veem" as notas grafadas no papel, mas as experimentam por intermédio dos diferentes sentidos. Eles "escutam o som", "percebem" o movimento e o toque e "sentem" os sinais musicais como se estivessem diante de um mapa e ao mesmo tempo "enxergassem" as teclas. Além disso, percebem a partitura verbalmente pelo nome do acorde, da nota etc. Vemos, assim, que a percepção dos símbolos musicais como "sons audíveis" é muito difundida. (p. 29)

Ao deparar com a imagem da nota musical, esses experientes profissionais desfrutam uma sensação próxima da plenitude do *ngoma* infantil. O bom pianista não enxerga divisões, mas percebe diretamente a totalidade, seja pela audição, seja no corpo inteiro, quer se trate de movimentos ou apenas do som. Ele é capaz de enxergar além dos modelos visuais expressos na partitura e adentrar a música de corpo e alma. O fluxo do aprendizado não foi interrompido: ainda é coeso.

Entre os estudante, Grøndal descobriu uma relação mais fragmentada com a partitura e bem mais distanciada da música:

> Os estudantes não "empenham" os sentidos da mesma maneira que os professores. Tampouco associam as notas com impressões audíveis como fazem os docentes, talvez porque não percebam a importância de desenvolver reações sensoriais diante do que está impresso. [...] Não residiria essa diferença no fato de que alguns pianistas experimentam a partitura

instantaneamente, com todo o seu ser, enquanto outros apenas "leem" as notas e precisam traduzi-las para então senti-las?

Eis aqui a questão central: uma vez que parece haver uma diferença palpável entre professores e estudantes, o ensino da música não deveria permitir que os alunos experimentassem a partitura valendo-se de todos os sentidos?

[...] O domínio dessa habilidade não lhes apresentaria outra experiência musical, contribuindo não apenas para acelerar o aprendizado, mas também para criar outra maneira de sentir e desfrutar a música? (p. 31)

Grøndal não investiga os motivos do hiato entre música e percepção das notas musicais que aflige os estudantes. Portanto, não chega a sugerir uma via mais direta à música ou a um instrumento musical em que a mediação se dê pela totalidade dos sentidos, e não por uma folha impressa. Mesmo assim, as questões levantadas por ela têm relação com uma pedagogia *ngomática*. Mesmo ignorando as crianças e a cultura infantil, sua pesquisa lança luz sobre as possibilidades que se abrem em decorrência de um aprendizado holístico, inato ao ser humano e evidente no brincar infantil. A maioria de nós é privada dessa singular capacidade de aprender ao imergir num sistema pedagógico que prioriza a visão, a especialização e a compartimentalização. Os pianistas profissionais que não perderam a capacidade de experimentar a música de maneira plena, senciente e direta são os poucos exemplos de sobrevivência a esse sistema. Talvez seja essa a razão principal para terem se profissionalizado: jamais abandonaram o contato íntimo com a música.

A MÚSICA QUE DESAPARECEU: DE COMO "EVA VIU A UVA" NA PEDAGOGIA MUSICAL

"Era uma vez" — dirão os professores de idiomas com um sorriso indulgente referindo-se a um *passado remoto*, quando os livros infantis contavam a história de Eva que viu a uva para ensinar o abecê. Sim, pois as crianças precisavam aprender a ler segundo princípios pedagógicos muito bem fundamentados.

Pronúncia correta e domínio do alfabeto eram palavras-chave na pedagogia de antanho. "O negócio é construir palavras e combinar letras como as crianças já sabem fazer", pensava o professor do tempo da Eva, apresentando seus pupilos a um mundo estranho e desconhecido, pois mesmo crianças fluentes no idioma materno precisavam ser apresentadas a uma nova língua, o abecê. "E + v + a = Eva", pensava o sensato professor sem maiores questionamentos. "Vamos trabalhar a alfabetização de maneira simples e gradual, do conhecido ao desconhecido: u + v + a = uva." Ou, num nível mais avançado: "V + o + v + ô = vovô".

As crianças se questionavam: "É tão estranho escrever na escola. Não escutamos ninguém falando assim!" E tinham razão! Pois aquela não era a língua viva, mas uma espécie de pedagoguês. Quem mais seria capaz de dizer "E + v + a = Eva" no dia a dia? Os pedagogos fizeram uma autocrítica e constataram que as crianças eram capazes de aprender a mecânica da leitura dessa forma, identificando letras e combinações entre elas, mas seria esse o caminho mais empolgante para chegar ao coração pulsante e vivo do idioma, o *Parnassum linguae*? "Não", eles mesmos concluíram, e isso há bastante tempo.

Infelizmente, no que concerne ao aprendizado da língua ainda prevalece o modo de pensar do tempo da Eva. Exercícios e práticas análogas à junção de letra com letra para formar um som ainda são as mais difundidas em todo o mundo. A exemplo dos antigos clássicos, o bê-a-bá é imorredouro. Apesar disso, muita renovação houve nos últimos 15 ou 20 anos. Digno de nota é o livro *Instrumental-undervisining* [Ensino instrumental] (2002), de Olaud Forstås, que mostra um caminho possível das notas e partituras para um ensino centrado no aprimoramento do ouvido musical.

Tomemos este exemplo do ensino de flauta doce na escola fundamental:

O objetivo é simples: praticar duas notas musicais, Dó e Lá. Melodia e texto são desprovidos de sentido, embora complementares e interdependentes. Trata-se de um exercício introdutório voltado ao instrumento, à música e, sobretudo, à criança.

Observe como a melodia se assemelha às terças infantis. Não teríamos aqui um exemplo feliz de adaptação da própria cultura infantil na transição crítica da canção espontânea para o domínio do instrumento?

No fundo, essa é uma questão equivocada. As fórmulas da cultura infantil são propositadamente simples porque precisam comunicar algo, com o maior impacto possível, num contexto emocional e emergente. Todas as fórmulas de canções infantis têm uma traço singular: são a resultante de um contexto social, vivo e autêntico. O exercício de flauta descrito há pouco não tem nada disso. Não é tentando mimetizar essas fórmulas, ainda que com pretextos educativos, que conseguiremos nos aproximar da cultura infantil. Suas peculiaridades e seus fundamentos só podem ser encontrados nela própria.

Exercícios musicais igualmente vazios são comuns, como seria natural supor, também na grande indústria que trata o ensino musical como mero produto. Eis aqui apenas um exemplo da extensa literatura voltada a aprendizes de piano, cujos fascículos vêm sendo reimpressos desde a sua primeira edição, duas gerações atrás (Thompson, 1936, p. 10):

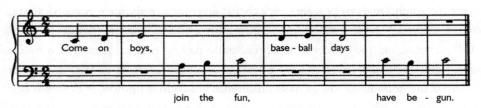

Um verdadeiro anticlímax em forma de estudo. Uma verdadeira travessia no deserto, se compararmos essa forma de aprender à sensação lúdica com que a criança está habituada. As notas estão lá, silenciosas, severas, autoritárias. Qualquer desvio daquilo que estão a exigir é um erro. Caso reproduza todas as notas com exatidão e correção, o aprendiz tampouco terá uma recompensa satisfatória e inspiradora. Caso as notas sejam tecnicamente mais difíceis de executar, sobrevirá então um embate entre técnica, inspiração e necessidade de autoexpressão. Caso sejam por demais fáceis, a expressividade é inibida em vez de ser estimulada. Ao concentrar-se nas notas, o aprendiz negligencia o contato físico com o instrumento, que desaparece enquanto extensão orgânica do seu corpo. Quantas crianças não passam anos ao piano sem um contato mais profundo, capaz de aproximar teclado e corpo? O instrumento passa a ser percebido como um entrave à música, não como um meio que possibilita uma gama de manifestações criativas.

Seria essa uma abordagem maniqueísta ou unilateral? Nem tanto ao mar, nem tanto à terra. Naturalmente há de haver professores satisfeitos e alunos afortunados que frequentam aulas de piano proveitosas e instrutivas, e experimentam a sublime e revigorante sensação que só a música é capaz de proporcionar. E também, como não poderia deixar de ser, alunos que tiveram sua primeira aula de piano bem antes mesmo de ingressar na escola (Doornbos, 1993). Por outro lado, há quem tenha um ouvido musical treinado sem jamais ter frequentado uma escola de música.

Mesmo assim, a realidade descrita aqui é válida para a maioria das pessoas. Travando um contato precoce com as notas da mesma forma como aprende pelo método do bê-a-bá, o aluno adquire o domínio da técnica, mas não da música enquanto vibração humana. Podemos traçar um paralelo com o capítulo anterior, quando vimos um autor como Enzensberger descrever o que classificou de analfabetos funcionais: pessoas que conhecem muito bem a mecânica das letras, mas nunca aprenderam a ler ou escrever no sentido mais profundo do termo. Essa mesma malfadada história se repete com crianças que se iniciam na musicalização da mesma maneira que o fizeram na alfabetização. São duas variações temáticas de um mesmo problema, cujos efeitos nocivos são perceptíveis até na idade adulta, como veremos.

Na apostila Thompson, de onde pinçamos o exemplo anterior, há um prefácio que defende o método segundo fundamentos físicos e técnicos: "Estas melodias foram cuidadosamente escritas da maneira mais simples possível para que estejam adequadas ao alcance da mão das crianças, que é naturalmente limitado".

Não há dúvidas de que a mão da criança é pequena. Assim como também é limitado o controle motor dos dez dedinhos dessa mão. O movimento refinado dos dedos normalmente não está completamente desenvolvido antes dos 9 ou 10 anos de idade. Então por que obrigar uma criança a iniciar seu aprendizado musical num piano, afinal de contas? Seu desejo de brincar e a importância de fazê-lo não são nada limitados. Limitadas tampouco são as possibilidades musicais oferecidas pelo piano. Uma aproximação prematura entre criança e piano representa um sério risco de traumas para ambas as partes. A criança perde o ânimo, a música cessa e o piano adquirido por pais orgulhosos e cheios de expectativa torna-se uma peça de mobília abandonada na sala de estar. Costuma ser assim.

Com consequências claras para o domínio da notação musical como parte do processo de aprendizado, Thompson publicou também outra apostila introdutória: *note speller: "For the teacher who, for the sake of thoroughness, desire to have the pupil practice writing"* [soletrando notas: "Para os professores que, por uma questão de rigor, desejam que seus pupilos pratiquem a escrita"].

Thompson mostra-se disposto a estimular a prática da escrita em conjunto com a notação musical. Para quem acredita no método, ele ao menos se propõe a ser integrado. E, para quem acredita que o método Thompson caiu em desuso, devo esclarecer que suas apostilas continuam vendendo muito bem, segundo informa a principal loja de música de Oslo.

Mas há razões para otimismo no horizonte. Uma delas está em nas duas apostilas iniciais de *Min egen pianoskole* [Minha escola de piano] (Selberg e Skøyeneie, 1994, 1997). Para os mais miúdos (7 a 8 anos), o início é feito da maneira tradicional, incluindo notas musicais. As peças escolhidas são igualmente sombrias. Músicas girando em torno de Dós e Rés agudos não são exatamente um sucesso de público. Mas na apostila dois, para os mais jovens, vê-se um quê de renovação, um *boogie woogie* sincopado que transmite certo clima de *ragtime*. A apostila faz também uma discreta menção às cifras.

Ingrid Bjørnovs pianobok [O livro de piano de Ingrid Bjørnov] (2005) traz uma abordagem totalmente diferente, embora seja baseado, em certa medida, no aprendizado das notas musicais. Mas Bjørnov, ela própria uma musicista de inspirada veia cômica, é dona de uma sagacidade e de um amplo repertório que eleva o aprendizado da música a outro patamar, alternando entre a música popular e o clássico, construindo pontes entre o novo e o tradicional. A distância que separa a canção "Killing me softly" do adágio em Sol bemol de Albinoni não é tão longa como podemos imaginar, e com isso fica mais fácil aprender as cifras e a sistemática de círculos de quintas. Truques para exercitar a mão esquerda, dicas e atalhos também fazem parte do programa, pois são elementos importantes no dia a dia de qualquer pianista. E, não menos importante, o livro enfatiza a dimensão social do piano. Mas eis que aí as crianças começam a crescer!

"ANTES ERA ASSIM, AGORA NÃO É MAIS"

Na primeira edição de *Música, inspiração e criatividade – Uma linguagem universal* (1989) ataquei abertamente uma prática de aprendizado de notação musical que eu considerava hostil e era bastante corriqueira na Noruega de então. Escrevi, entre outras coisas:

> Na realidade pedagógica norueguesa, por exemplo, não é de todo incomum que os jovens cursem um semestre ou mesmo um ano aprendendo notas, sem ter contato com o instrumento. A compreensão das notas é o ingresso para chegar ao instrumento e à execução musical, o primeiro funil pelo qual se é obrigado a passar. O contrato é claro e direto: sem dominar as notas, nada de instrumento. Essa é a prática pedagógica corrente, embora irrefletida, em várias bandas de música na Noruega. Sinto-me quase tentado a parafrasear a Bíblia: música, música, por que me abandonaste?
>
> Este método me faz lembrar da traumática experiência que tive nas aulas da natação no quarto ano. Os meninos que não sabiam nadar tinham de treinar além da conta. Queríamos a todo o custo alcançar a meta, atravessar os 25 metros da piscina. Lá estávamos nós, suando frio enquanto nos aquecíamos no chão do ginásio antes de cair na água.
>
> — Girando os braços para a frente e para trás! — comandava o treinador, sem parar de soprar o apito. E nós dávamos braçadas a seco, sobre o velho assoalho de madeira, com tal esforço que terminávamos com mãos e cotovelos arranhados. A piscina mesmo ficava em outro local, na Rua da Praça, no centro da cidade, a quatro quilômetros do ginásio. Nadávamos sem água. Nenhum de nós alcançou o objetivo. Mas isso foi há muito tempo. Hoje em dia as crianças aprendem a nadar dentro d'água.

Antes era assim, agora não é mais.

A Associação de Bandas de Música da Noruega (NMF) passou a considerar a inspiração e a criatividade na sua visão de mundo (veja o capítulo anterior). Aprender notação antes de empunhar o instrumento são águas passadas. O consultor musical da região de Oslo relata que hoje os aspirantes aprendem a tocar de ouvido, acompanhados dos professores, um ano antes de serem introduzidos ao universo das notas. Também são expostos a ritmos mais suingados e a batidas modernas para manter o repertório atualizado e a chama da inspiração acesa. Agora não são apenas os ensaios, mas uma atualização permanente do que se passa com a música. Até nas bandas principais dá-se à sensibilidade auditiva a mesma importância que a notação, diz o consultor. "Nas apresentações sempre tentamos incluir um número tocado de ouvido ou na base do improviso. Nos cursos de verão, aprendemos um número de jazz e exercitamos nossa capacidade de improvisar."

— E os Brazz Bross? — perguntei.

— O impacto positivo dos Brazz Bross é tremendo — disse ele. — A maneira como tocam de ouvido é importantíssima.

Não tenho como afirmar se outras bandas além de Oslo têm essa mesma orientação, mas está claro que uma mudança significativa está ocorrendo. A procura por bandas de música na Noruega só cresce.

Quero mencionar três fatos que, nos últimos 15 anos, contribuíram para dar o devido valor à sensibilidade auditiva: os cursos com o saxofonista Jon Pål Inderberg, os Brazz Bross e Kuame Sereba.

Não foram poucos os que saíram impressionados dos seminários sobre improvisação ministrados por Inderberg. Para ele, a música deve em primeiro lugar ser cantada e experimentada pelo corpo inteiro antes de ser transposta ao instrumento, tal como ocorre no universo infantil. Inderberg agora ministra a professores de música cursos de formação com reconhecimento acadêmico que transformaram o aprendizado musical na Noruega. (*Trøkk,* junho de 2004). No Conservatório de Jazz de Trondheim, onde trabalha como professor associado, Inderberg tem sido o grande responsável por atrair jovens jazzistas e catapultá-los a um patamar internacional. Enquanto a Escola Superior de Música da Noruega (NMH) manteve-se numa postura conservadora em relação ao tema, Trondheim tornou-se uma espécie de ímã que não para de atrair jovens talentos. Hoje, até a própria NMH mantém um estúdio para estudantes de jazz. Já não era sem tempo.

A mais significativa promessa pedagógica a surgir nas duas últimas décadas na Noruega é, a meu ver, os Brazz Bross. O grupo constituído por cinco sopristas — Stein Erik, Runar Tafjord, Jan Magne, Jarle e Helge Førde — e dois percussionistas — Egil Bop Johansen e Marcus Lewin — deu o toque profissional que faltava ao improviso e à capacidade de tocar de ouvido — em outras palavras, ao *ngoma*. Milhares de crianças e jovens, sobretudo oriundos das bandas de música, já puderam sentir diferença proporcionada pela maneira mais seca e selvagem de tocar. Não à toa, os Brazz Bross batizaram um dos seus CDs de "NGOMA" (1999). Afinal, as raízes do jazz estão em solo africano. Em 2002, criaram sua "Academia de Sensibilidade Auditiva", uma trupe itinerante que faz oficinas e apresentações-relâmpago, reafirmando a crença na competência musical da criança (Fostås, 2002, p. 22-25).

Em certa ocasião, eu mesmo dividi o palco com os Brazz Bross no Oslo Plaza, diante da plateia composta por centenas de estudantes de música, e tivemos alguma dificuldade — não para transpor notas para o som, mas para decifrar o alfabeto russo e cantar as músicas. Ninguém, exceto eu, conhecia o alfabeto cirílico. Acompanhados de 25 jovens membros de bandas, terminamos numa grande *jam session* russa, contagiando o auditório inteiro com a energia do *ngoma*. Que espetáculo!

A terceira grande promessa chama-se Kuame Sereba. Enquanto Inderberg e os Brazz Bross vêm do "norte" e são mais próximos do jazz, Sereba vem do "sul", da mesma África que também inspirou os Brazz Bross nos últimos anos. O curso de "dança africana" rapidamente se popularizou em todo o país, e os djembês, típicos tambores africanos, tornaram-se instrumentos comuns nas mãos tanto de amadores como de profissionais. O grande responsável por isso foi Kuame Sereba. Há vários anos ele ministra aos meus alunos um *"curso de ngoma"*, embora em seu país natal, a Costa do Marfim, *ngoma* seja mais conhecido pelo termo *sa*.

Quando os djembês soam, os corpos tremem, as vozes ecoam, o suor escorre pela testa e o riso aberto contagia a todos. "Irmão!", ele me sorri cada vez que nos vemos, e só de ouvir sua voz já me sinto mais empolgado.

— Nem precisamos ler seus livros depois de passar uns dias com Kuame! — dizem-me os alunos tentando recuperar o fôlego após um semestre com Sereba.

Mas vivenciar na prática, de corpo e alma, o *ngoma* na companhia de Kuame é apenas parte do show:

— Tem que ver também com o *jeito* com que ele faz as coisas —dizem meus alunos. Todos são acolhidos no primeiro instante, ninguém se sente estúpido, todos se tornam imediatamente parceiros.

— É a pedagogia do *ngoma na prática* — eu assinto e percebo que o curso de outono vai se encerrando mais uma vez com chave de ouro — graças a Kuame Sereba.

Isso também tem implicações acadêmicas. No outono de 2004, Stig Roar Wigestrand apresentou seu trabalho sobre improvisação. Ele também tece críticas à estreiteza do ensino clássico de música para crianças fundamentado em notas musicais, o que acabou reverberando num debate público nos jornais pouco antes do Natal daquele ano. O então diretor da Escola Superior de Música da Noruega, Harald Jørgensen, reagiu e apoiou a posição de Wigestrand, que defende um ensino baseado na sensibilidade auditiva:

Compreendo bem o porquê da inquietação de Wigestrand, mas a opinião dele é mais bem compreendida hoje pelas instituições de ensino do que era há dez ou 15 anos. [...] Uma das razões principais para tanto são os próprios estudantes. [...] A Escola Superior de Música oferece hoje um curso de improvisação. [...] Ao longo da última década, o número de professores que ensina a tocar de ouvido cresceu em relação ao método tradicional, baseado em notas. E isso abre grandes possibilidades para a improvisação. (*Dagsavisen*, 21 de dezembro de 2004)

O diretor do instituto de música da Universidade de Ciência e Tecnologia de Trondheim, Erling Aksdal, somou-se ao coro: "As críticas (de Wigerstrand) dizem respeito ao ensino e à compreensão da música. [...] Mas a questão principal é aumentar o foco da música aprendida de ouvido no ensino dessa disciplina, e aqui tivemos um grande avanço nos anos recentes" (*ibidem*).

Fica evidente que uma grande mudança está em curso. Já era tempo!

QUANDO A NECESSIDADE APERTA, O PEDAL ESTÁ ALI (TIA LULLY E O SUSSURRO PRIMAVERIL)

Ele tinha 13 anos e sua voz começara a mudar. Comprido como um poste, um pouco encurvado e magricela como todo adolescente.

— Só tem ossos — dizia o pai.

Tia Lully completara 69 e já estava velhinha. Tinha unhas vermelho-carmim, sempre combinando com o batom, e vários anéis de ouro nos dedos. O aroma pungente do perfume estava sempre à sua volta.

Ele era estudante de piano.

Ela era a professora. A tia Lully de sempre.

Ele era daqueles que quase desmaiavam só de sentir todo aquele perfume, e passou a enfiar pequenos chumaços de algodão nas narinas antes de a aula começar. O pavor que adolescentes têm de tudo que é feminino está profundamente enraizado num garoto de 13 anos.

— O nariz dele está sangrando — murmurou a mãe sem a menor convicção quando tia Lully lhe perguntou o que tinha acontecido.

— Mas toda aula? — perguntou ela, sorrindo com aquela voz melíflua, na quinta vez que ele apareceu com os chumaços nas narinas. Ele assentiu mudo e sentou-se obediente no banco do piano, com tia Lully a seu lado. Já eram quase cinco anos naquela simbiose, toda quinta-feira, das duas e meia até três e quinze, logo após a escola.

Dessa vez foi mais sério que o de costume. Na semana anterior, num voto de confiança, tia Lully lhe dera uma nova peça: "Frühlingsrauschen", op. 32, n. 3. Aquilo não era para novatos, não senhor. Era realmente algo destinado a pianistas experientes, do primeiro time!

— Você não imagina como estou ansiosa! — disse tia Lully com sua voz doce, arrastando sua cadeira para mais perto, do aluno e da partitura de Sinding. O que você tem para me mostrar, meu querido?

Era difícil falar direito com os chumaços enfiados no nariz, então ele foi logo tocando. Afinal, estava ali para tocar, não para falar.

Agitato, escrevera o compositor. Faz sentido, pensou o garoto consigo mesmo, com o coração palpitando de apreensão: Ré bemol maior, um montão de trechos em fusas e um ritmo enlouquecido da mão esquerda, justo a que sempre lhe falhava.

A introdução correu muito bem, com a melodia no segundo plano e o sussurro primaveril aumentando de intensidade:

Mas logo a coisa pioraria:

Ele continuou tocando e já estava banhado em suor. Os chumaços dificultavam-lhe a respiração. A mão esquerda, enrijecida, já não alcançava o ritmo acelerado das notas. Em desespero, ele pisou firme no pedal, o manteve pressionado e transformou os arpejos da mão esquerda numa difusa cascata de sons. Era uma versão um pouco diferente, mas soava um pouquinho como o sussurro da primavera, não? Ele deu uma espiadela à direita, onde tia Lully estava sentada numa cadeira toda estropiada, dos tempos do pré-guerra. Não é possível. Aquilo seria um sorriso? Sim, um sorriso franco e satisfeito!

— Maravilhoso! É mesmo o "Sussurro Primaveril"! Que belo trabalho você fez!

Tia Lully, sensível como era, deve ter se deixado levar pelo efeito do pedal. Enlevada, aparentemente nem reparou nos improvisos da mão esquerda, que tocava uma versão bem diferente dos "impossíveis" arpejos.

Tia Lully lhe abriu o caminho para descobrir outras possibilidades de tocar. As notas e sua imposição absoluta já não eram tudo. Ele percebeu a descoberta revolucionária e livrou-se da partitura escrita.

Quem poderia detê-lo? Decerto não seria Christian Sinding, morto havia muito tempo. Nem tia Lully, que aparentemente já estava perdendo a audição. Suas mãos de repente controlavam o que ele queria ouvir.

Ele passou a tocar canções populares da sua época, de "Love letters in the sand" a "Only you". Primeiro seguindo as notas, mas com o tempo foi tocando de ouvido. Comprar aquelas apostilas era muito caro, e tocar daquele jeito era bem melhor. Rapidamente ele dominou os clichês da música popular e aprendeu a melhorá-los com seu toque pessoal. Em pouco tempo já firmava os dois pés no mundo da música.

Pelos seis meses seguintes ainda continuou tocando em companhia da tia Lully. Às quintas tocava pisando no pedal e no resto da semana improvisava, oscilando entre dois mundos musicais, o dele e o dos outros.

Na última quinta-feira de aula ele apareceu na casa da tia Lully sem os chumaços no nariz e com o cabelo recém-cortado. O barbeiro aparara-lhe as madeixas à máquina, bem acima das orelhas e ao redor da nuca. Parecia que tinha sido escalpelado. Era uma tosa e não um corte, mas era mais barato.

— Veja só, você foi ao barbeiro! — reparou uma sorridente tia Lully ao abrir a porta.

— Tenho uma canção nova que quero tocar para você! — disse ele a sério.

— É mesmo? — retrucou ela ansiosa, os pômulos cor de rosa agora ainda mais corados.

A melodia foi escolhida com muito cuidado. Afinal, não foi a tia Lully quem primeiro lhe ensinou as notas e um pouco da técnica, para que então ele pudesse, mesmo sem ter certeza de que estava preparado, trilhar seu caminho no piano?

E ele começou. Primeiro em Dó-maior, salpicando um bocado de bemóis e acordes diminutos pelo caminho: C-Am-Em-C7-F-G7-C-Cmaj7-C#dim-Dm7-G7-Am7-D9-Dm7-Dm7-G7/9 C. No universo das cifras há espaço bastante para os arroubos próprios do músico!

> You are my special angel,
> Sent from up above.
> My fate smiled down on me
> And sent an angel to love![18]

Tia Lully agora exibia um sorriso de satisfação ainda maior que da primeira vez que ouviu "Frühlingsrauschen". Ela estava maravilhada, de verdade. Encantada como se houvesse sido tocada por um anjo.

Quando terminou a aula, ele lhe entregou a partitura que havia comprado com os caraminguás da sua mesada. Era um presente de despedida para ela. Na partitura estava escrito: "Para tia Lully, de alguém que renasceu e agora toca de ouvido".

Ele fechou os olhos, aspirou o aroma pungente daquele perfume, lhe deu um abraço e se foi. Não foi tão ruim como esperava.

Ele não disse, mas tia Lully percebeu muito bem: aquela era a sua última aula. Ele desceu as escadas do quarto andar penteando os cabelos ao estilo de Elvis, sentindo no estômago e na cabeça o borbulho da liberdade. Com as mãos deslizando pelo corrimão, percorreu os últimos degraus numa só passada, exultante:

> I feel your touch, your warm embrace,
> And I'm in heaven again![19]

O eco da canção ainda ressoava pelo hall enquanto ele saía pelo dia ensolarado e fechava a porta ao passar.

O INSTRUMENTO E O CORPO

Maurice Merleau-Ponty é uma um dos muitos pensadores que se opõem à visão cartesiana e dualista do ser humano, argumentando que o corpo é a origem e o centro dos processos de cognição. Dag Østerberg (1984, p. 13), filósofo e sociólogo norueguês,

---

[18]. Você é meu anjo especial / Enviado lá do céu / Minha sorte me sorriu / E enviou um anjo pra me amar. [N. T.]
[19]. Eu sinto seu toque, sinto seu abraço quente / E estou no céu novamente. [N. T]

escreve sobre o assunto: "Merleau-Ponty quer nos libertar do intelectualismo, a mais difundida forma de percepção. [...] A relação pré-objetiva do corpo humano é comunicativa; o corpo comunica-se com o seu entorno".

Vemos aqui como a concepção do corpo enquanto meio comunicante com seu entorno relaciona-se diretamente à inspiração como característica própria do ser humano, ideia que tem raízes na comunicação sensorial do recém-nascido com sua mãe.

Em seus escritos, Merleau-Ponty toma o corpo como base para as relação homem-instrumento. Partindo disso, o filósofo norueguês Carl Erik Grennes (1984, p. 18) propõe uma discussão sobre a relação do músico com o seu instrumento:

> Merleau-Ponty relaciona uma série de exemplos dessa forma de existir. É típico do ser humano relacionar-se com o seu entorno por meio de instrumentos. A máquina de escrever representa uma extensão do meu corpo ao possibilitar meu trabalho como escritor. Mais intensa ainda é a relação do cego com a sua bengala. Esta é para ele não apenas um objeto físico exterior ao corpo, mas uma extensão e um reforço do corpo sensorial.
>
> A relação entre corpo e instrumento tampouco pode ser compreendida como uma percepção intelectual ou uma reação mecânica. Quando deparamos pela primeira vez com o instrumento, logo sentimos um estranhamento que nos impele a tentar compreendê-lo por intermédio do intelecto. Porém, quando passamos a dominá-lo, o instrumento torna-se parte da competência corporal. [...] o aparelho sensorial do cego é composto tanto pela bengala como pela mão. Do mesmo modo, não se pode descrever a relação do músico com seu instrumento como a de um corpo que toca um objeto físico. O músico "afinou" seu corpo ao instrumento, assim como o instrumento afinou-se ao seu corpo. [...] Na acepção moderna, podemos dizer que corpo e instrumento constituem um "sistema" que, em conjunto, tem as mesmas propriedades da "mente".

Mais uma vez, trata-se de uma percepção sensorial do tipo *ngoma-sikia*, com raízes na ecologia existencial da infância. O músico vive em permanente simbiose criativa com seu instrumento. Os lábios do soprista "escutam" ao mínimo contato com o bocal. Ao roçar os dedos nas teclas brancas e pretas, o pianista é tomado por uma força criativa até então latente. Os instrumentos não cerram portas: abrem-nas. Quando tocam, músicos e meios são um só. Separados, músicos e instrumentos são mudos. Juntos, tornam-se muito mais que a soma de um com o outro, dão asas à criatividade e geram encantamento.

Como vimos, para Winnicott, o elemento lúdico serve como construtor de pontes entre os mundos interior e exterior do ser humano. No encontro com o instrumento, é igualmente importante para a criança construir uma ponte entre a urgência de manifestar-se — tendo aquele instrumento como extensão corporal — e o produto sonoro dessa relação, a música. Além disso, para que tenha algum sentido, é crucial que esse produto sonoro, a resultante audível da relação, corresponda *exatamente* ao desejo mais íntimo da criança:

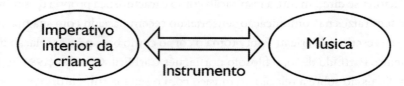

Eis por que é tão importante escolher de um instrumento adequado às premissas físicas, emocionais e culturais da criança, abrindo uma vida direta entre ouvido e corpo sem a necessidade de intermediação de uma partitura escrita. A lógica desse aprendizado é tão simples quanto pode ser complicado executá-lo: quanto mais próximo o contato entre criança e instrumento, tanto mais intensa a sua imersão na música.

A relevância da dimensão física da execução musical fez que Roland Barthes distinguisse dois tipos de música (1982, p. 149):

> Existem dois tipos de música. [...] aquela que se ouve e aquela que se toca. Ambas são manifestações artísticas totalmente diferentes, cada uma com história, sociologia e erotismo próprios. O mesmo compositor pode soar medíocre quando executado, mas fabuloso quando é um terceiro quem o executa. [...]
> Quando alguém toca uma música realiza uma atividade que tem muito pouco que ver com a audição. Ela é, acima de tudo, uma atividade manual (e por isso muito mais sensual), um tipo muscular de música em que a audição apenas ratifica o que o corpo, e não a alma, está ouvindo.

Na discussão sobre Merleau-Ponty, Grennes menciona o cego e a bengala como exemplo de uma senciência orgânica em que um instrumento indispensável faz as vezes de extensão da mão e do corpo humanos. Quantos músicos se reconhecerão assim quando estão tocando? Veja as imagens do trompetista Louis Armstrong: ele *fecha os olhos* durante suas improvisações. A intimidade com o instrumento e a música é total; a sensação de plenitude interna cresce quando seus olhos se fecham, assim como a introspecção na alma de quem o ouve, como se o metal do instrumento se transformasse em ouro.

Isso não pertence apenas à esfera dos músicos profissionais, é algo que até os mais jovens sentem e compreendem com uma imediata naturalidade. Eles reconhecem a música de inúmeras variantes de brincadeiras da sua cultura. Deixemos as crianças à vontade para que toquem de olhos fechados, profundamente concentradas, com seus sentidos aguçados em contato íntimo com o instrumento e a música, a anos luz dos ditames externos impostos pelas notas. Como conceito pedagógico, vale a pena brincar sistematicamente de cabra-cega na tentativa de construir pontes entre a criança, o instrumento e a música.

Essa ideia nos leva a uma das canções mais conhecidas de Evert Taube. Ele, um marinheiro já adulto, beberrão e mulherengo, dança uma valsa com sua filhinha Ellinor. Não há nenhum tipo de instrução ou explicação dos passos. Não, os dois encontram o ritmo, de olhos fechados:

[...]
Ah, Ellinor minha,
Faz silêncio, ouve o som,
sente o pulso no teu peito,
esta prece feita ao vento.
Pensa em nada: dança e ri.
Dá-me um beijo, do teu jeito
Com a doçura que há em ti.
(Evert Taube, "Ellinor dansar")

Tenho certeza de que num instante Ellinor aprendeu a dançar valsa com seu pai.

QUANDO E COM QUÊ?

Duas perguntas costumam vir à mente quando falamos de crianças e aprendizado musical: quando elas devem começar a tocar um instrumento? Que espécie de instrumento devem começar a tocar?

Ninguém tem a resposta exata para tais questões. A seguir apresentarei alguns pontos de vista sobre o assunto que decorrem da minha pesquisa sobre desenvolvimento musical e criativo de crianças com base na perspectiva cultural infantil.

A passagem da canção espontânea para o domínio de um instrumento é crítica, um dilema do tipo "seja o que Deus quiser". Muitas crianças são introduzidas à educação musical formal numa fase da vida em que ainda não estão maduras para tanto, seja do ponto de vista psíquico, seja do ponto de vista físico-neurológico. Desenvolver-se como ser humano requer algum tempo. Muita coisa precisa estar no lugar certo para que a criança, com alegria e empolgação, comece a tocar um instrumento. O movimento dos dedos tem de estar completamente amadurecido. O alinhamento dos hemisférios direito e esquerdo do cérebro já deve estar em curso. O elemento lúdico precisa ter sido cultivado junto com a criança sem nenhuma imposição dos adultos nem pressão social. O estresse, sem falar na enorme quantidade de desistências e abandonos, é comum nos conservatórios e nas aulas de música.

Mas e quanto a Mozart? — alguém pode perguntar. A criança prodígio por excelência? Ele não começou tão cedo e foi capaz de fazer o que fez? De quando em vez não lemos nos jornais sobre crianças prodígio que começam a carreira como músicos completos antes de terem perdido os dentes de leite e completado 5 antes de idade? Seriam parentes distante de Mozart?

A *maioria* das crianças tem a capacidade de dominar um instrumento com absoluta competência. Elas já não adquiriram um mundo inteiro de conhecimento, idioma e códigos sociais? Que faz parte do crescimento orgânico, independentemente de pressões externas, orientação adulta, especialização disciplinar ou pedagogia acadêmica? Porém, é justamente quando a aprendizagem infantil é submetida muito cedo à pressão adulta que as coisas podem desandar, seja no âmbito da escola, seja no aprendizado musical. Aprender um instrumento numa idade precoce não é atalho para chegar ao nível de um virtuose — nem garantia de que um dia isso vai acontecer. Nesse sentido, o exemplo de Mozart não tem serventia nenhuma. Para cada criança prodígio que surge tocando o segundo concerto para piano de Brahms antes dos 10 anos de idade há milhares de outras que, traumatizadas, largaram a música para sempre.

Não há dúvida de que todos queremos repassar às crianças, desde a mais tenra idade, os valores nos quais acreditamos. Impedir que saciem sua fome de aprender é também um problema na educação infantil. Porém, não deve haver pressa em impor nossa vontade à força aos pequenos, sobretudo nos anos que antecedem a escola. Com frequência damos a eles sugestões que esperamos sejam assimiladas e reproduzidas num curto intervalo, numa espécie de "colheita pedagógica". Muitas crianças cresceram ingerindo uma dieta musical pobre em nutrientes, e seu repertório estético acabou sendo bastante comprometido. Ouvir uma sonata de Mozart, ou até mesmo assistir de corpo presente "A flauta mágica" num teatro, tem repercussão direta nas crianças em vários aspectos, potencializando sua sensibilidade, sua imaginação, suas brincadeiras e suas ideias. Uma coisa é inserir Mozart no cotidiano das crianças organicamente, enriquecendo a vida delas; outra coisa é esperar que uma criança toque Mozart à perfeição enquanto estudante de música. Se é isso que nos move, não tardará a ficar evidente que não é essa a motivação da criança; é, sim, uma mera aspiração parental que vai de encontro a valores que o próprio Mozart teria em alta conta. Na música do gênio austríaco não encontramos apenas desafios técnicos a superar: ela é também resultante de uma vida que criança nenhuma tem como interpretar. Não à toa somente em 2002, aos 34 anos, o maior pianista norueguês, Leif Ove Andsnes, atreveu-se a interpretar Mozart e lançou dois de seus concertos para piano num CD (Nº 9 em Mi-bemol e Nº 18 em Si-bemol, K456). Leif Ove dominava com maestria a técnica para tocar Mozart desde os 10 anos de idade, mas levar a audiência às lágrimas com um contraponto em segundo plano é algo que vem com a maturidade.

RONJA, A FILHA DOS LADRÕES, LUCIANO BERIO E A CANÇÃO

O primeiro e principal instrumento da criança, utilizando o corpo como caixa de ressonância, corda e arco, é a *canção*. Bem antes de saber cantar em coro, é aqui que as portas se abrem.

Muito já se disse neste livro sobre a canção espontânea infantil como língua materna musical que perpassa fronteiras. Todos os jovens precisam da canção para crescer como seres humanos. A canção é um mecanismo natural que permite às crianças, desde a primeira infância, desenvolver habilidades complexas de linguagem e comunicação interpessoal. Nenhuma estética de *bel canto* deveria impedir isso.

Porém, em nome da exatidão factual, é preciso ressaltar que até expoentes da tradição musical "séria" rebelaram-se contra o culto exclusivista do *bel canto* nas salas de concerto e buscaram novos caminhos para legitimar outras formas de expressão musical e vocal. Luciano Berio, por exemplo, escreveu uma peça exclusivamente para solistas femininas, "Sequenza III" (1966), que nos parece firmemente ancorada na língua materna musical infantil. Com ela, abrem-se novas possibilidades sem prejuízo da riqueza expressiva e da experimentação vocal no limite entre fala e canto, algo igualmente característico da canção espontânea. Podemos identificar aqui um parentesco direto com Per e a canção da borboleta e também com o grito primaveril de Ronja no meio da floresta encantada. Basta ver o texto de instrução de Berio, escrito em ordem alfabética no "prefácio" da canção, listando um universo de nuanças vocálicas familiares a todas as crianças e alternando naturalmente canção e fala como dois lados da mesma moeda:

> acolhedor, alegre, aliviado, ansioso, apreensivo, aquiescente, calmo, chorão, confuso, cômico, desesperado, desvanecente, distante, ecoante, esperto, estático, excitado, exultante, frenético, hesitante, hilário, impassível, intenso, nervoso, nobre, obediente, preguiçoso, rabugento, resmungão, sagaz, sarcástico, sereno, sonhador, tenso, terno, tímido, urgente, vertiginoso.

Apesar de pretender tal nível de detalhe, Berio sabia muito bem que se trata apenas de uma estilização composicional da infinita riqueza das nuanças vocais. A abordagem ousada e demandante de Berio exigiu, é claro, que fosse expressa numa forma de notação extremamente pessoal e distinta. A abertura, por exemplo, é anotada da seguinte forma:

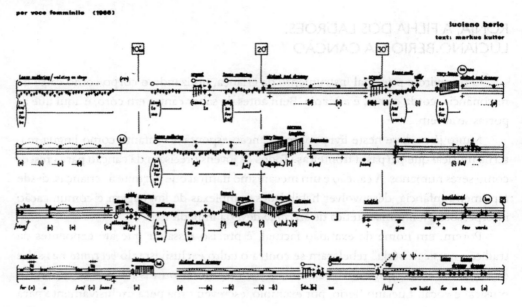

Minha experiência ensina que uma canção como essa requer a mediação de um artista maduro. Do contrário, a inspiração e a criatividade estarão postas de lado, como afirma o cantor norueguês Guri (Gulle) Egge, a quem não hesito em citar como exemplo nesse particular.

TAMBORES + CANTO + DANÇA

A etapa seguinte será, para muitas crianças, a aproximação com tambores e outros instrumentos rítmicos, numa combinação genuinamente *ngomática* que adiciona ludicidade à canção. Mesmo aqui não seria uma boa ideia precipitar as coisas, embora as crianças desde cedo brinquem com a percussão. Fala, canto, dança e percussão devem estar conectados o quanto possível, cabendo à canção (e ao idioma) das crianças determinar o ritmo. Com o tempo, tamborilar os dedos e batucar os tambores, com o máximo de contato corporal possível, passará a ser percebido como mais natural. Pode-

-se também fazer a percussão diretamente sobre o corpo, de preferência assistindo a um vídeo de Bobby McFerrin como inspiração. Nesse aspecto, temos muito que aprender com a herança africana. A participação de adultos cantando, dançando e tocando ao redor das crianças é outro ponto a favor. Além disso, creio que os jovens sentem-se mais estimulados se de início fizerem a percussão acompanhando músicas gravadas, para só então aventurar-se a batucar em rodas de música ao vivo. Com o passar do tempo, a percussão age como elemento naturalmente agregador. Que bom!

O mais importante é que durante todo o processo as crianças possam participar ativamente do contexto musical em que estão inseridas. A nós, adultos, cabe torná-lo possível. Tudo de que elas precisam para aprender e desenvolver suas habilidades é estar inseridas, não excluídas do contexto — uma receita que vem da própria cultura infantil.

OS TAMBORES DE BERNHARD CHRISTENSEN

Numa autêntica celebração *ngomática*, tal como Karen Blixen a descreve (veja as páginas 70-71), é impossível pensar em percussão dissociada de dança e canto. As batidas dos pés no chão e das mãos no couro dos tambores são diferentes manifestações do mesmo movimento. Quando um vibra, o outro responde. Quando um para, o outro também. É assim que funciona a ecologia da mente musal.

Bertil Sundin e Annika Sääf (1971, p. 6-7) recontam uma instigante história do pedagogo musical dinamarquês Bernhard Christensen sobre um garotinho e seu tambor:

A seguinte história [...] deixa muito claro o risco de criar situações artificiais quando se pretende estudar o assunto crianças e música.

O pedagogo musical dinamarquês Bernhard Christensen relata que, numa viagem que fez à Iugoslávia, ficou muito impressionado com a apresentação de um percussionista que não conseguiu identificar, pois os músicos estavam ocultos no poço da orquestra.

Depois da apresentação, ele dirigiu-se aos bastidores para conversar com o percussionista, que descobriu ser um garoto de não mais que 6 anos de idade! Com a ajuda de um intérprete, pediu ao garoto que repetisse algumas das músicas que havia tocado antes, mas o resultado não passou de alguns batuques vagos e desritmados. Cada vez mais constrangido, Christensen reparou que as dançarinas voltaram ao palco e começaram a dançar.

Somente então, quando o garoto conseguiu associar a música a um contexto significativo, isto é, os movimentos das dançarinas, ele recobrou a confiança para tocar os ritmos complexos que deixaram a plateia tão maravilhada. Ritmos que, dissociados da dança e dos movimentos, não faziam sentido nenhum para ele.

O PIANO COMO PRIMEIRO INSTRUMENTO?

No que concerne à canção e à percussão, é relativamente simples conceber a musicalização como um desdobramento orgânico da ludicidade infantil. As coisas ainda fazem sentido: nem a criança, nem a música nem o instrumento foram expulsos do Jardim do Éden. Mas então sobrevém a fase crítica, o *rite de passage* da educação musical, a transição do canto espontâneo lúdico para um instrumento melódico.

No Ocidente, o piano ocupa o posto de instrumento preferido para fazer essa transição, uma herança do nosso passado burguês. Na perspectiva da criança, são muitos os fatores que depõem contra esse costume tão presente nos conservatórios e nas salas de estar de tantas residências pelo mundo. Vamos contrapor os pressupostos de uma criança pequena às exigências idiomáticas do instrumento:

Criança	Piano
Palma das mãos pequena	Exige mãos maiores
Lateralização ainda imatura	Requer independência entre direita e esquerda
Coordenação motora em desenvolvimento	Requer motricidade fina dos dez dedos
Música e corpo são uma única instância	É preciso sentar-se quieto numa cadeira por longos períodos
Corpo, canção e respiração são uma só coisa	A respiração não está diretamente ligada à música
Demanda a companhia de outros	Prática e execução solitárias

É claro que uma criança de 5 anos pode brincar com as teclas, descobrir melodias, explorar sons. E não fará mal ela ensaiar uma melodia de ouvido no piano, caso tenha vontade. Crianças têm habilidades distintas, que se desenvolvem em tempos diferentes, mas o açodamento é algo a ser evitado sempre. E o ensino do piano *clássico*, com domínio pleno da mecânica do instrumento, pode muito bem esperar alguns anos. Creio que a maioria das crianças só tem a ganhar com isso.

A mãe de Dmitri Shostakovich, ela mesmo professora de piano do conservatório da então Leningrado, deu-se conta exatamente disso. Ela percebeu que a brincadeira era mais importante que as aulas de piano para o pequeno Dmitri, que, por sua vez, não fez nenhuma objeção. Somente quando completou 9 anos a mãe passou a lhe dar aulas regulares. Tenho para mim que Sofia Vasilyevna não foi apenas uma boa professora, mas uma excelente mãe. E, mais importante: assim que começou a lecionar ao filho, as aulas eram divididas entre os clássicos e as improvisações tocadas de ouvido. Shostakovich teve duas grandes paixões na vida: a música e o futebol.

OS INSTRUMENTOS DE SOPRO

Os instrumentos de sopro são em vários aspectos os mais adequados para as crianças, pois:
- requerem menos coordenação motora manual que o piano e não exigem o mesmo grau de independência entre as mãos esquerda e direita;
- possibilitam o contato com a respiração, a boca, os pulmões e os músculos abdominais, elementos decisivos para as formas de cognição infantil;
- permitem que a criança se mova enquanto toca; ela pode literalmente se mexer enquanto toca, criando uma música tanto corporal quanto instrumental: "Eu me mexo — e aprendo!"

Outro argumento tem tudo a ver com a cultura infantil. Nós os conhecemos muito bem: as crianças assobiam, sopram em folhas de árvores, produzem sons com o auxílio de bambus e garrafas, e essas experiências não podem ser jamais ignoradas. Em qualquer aprendizado é preciso construir pontes.

Há várias opções de instrumentos de sopro. O temperamento e as preferências da criança devem ser levados em consideração. Algumas se identificam com a doçura pastoral e o som melódico de uma trompa, outros se sentem mais à vontade com a agressividade de um trompete. Tubas e trombones, no entanto, podem esperar alguns anos, pois exigem mais músculos, um coluna fortalecida e braços mais longos.

Claro está que não há garantia nenhuma de que o aprendizado musical de qualquer criança terá êxito. Não é o caso de ela apaixonar-se pelo instrumento à primeira vista e lhe declarar amor eterno. Sempre será mais importante uma abordagem pedagógica baseada na criança e nos recursos de que ela dispõe. Com esses fundamentos em vista, é possível divisar várias maneiras de aproximar crianças da música, com o mesmo apelo e naturalidade com que se sentem atraídas por baldes e pás num tanque de areia.

No ensino formal, um instrumento de sopro sobressai diante dos demais: a flauta doce. Para muita gente, ela foi o primeiro e único contato com um instrumento. O trauma de um grupo ensurdecedor de crianças tentando aprender os rudimentos da flauta numa sala de aula talvez explique o porquê disso. Que desperdício para um instrumento de tanta tradição musical!

Por isso reafirmo hoje a essência do que escrevi em 1989: "Vamos acabar com o uso abusivo das flautas na sala de aula!" Apesar disso, na parede de casa tenho uma foto de uns 20 alunos concentrados tocando flauta doce numa celebração de Natal, tão contentes quanto a professora lá no fundo, que insistiu em ensiná-los a tocar o instrumento, a despeito dos meus conselhos. Por que estão contentes? Porque percebem que alguém ali admira o que estão fazendo — pais, avós e irmãos orgulhosos que os assistem na sala lotada e no entanto não aparecem na foto. O toque das flautas vai provocando uma espécie de reação de felicidade em cadeia, embora o fato de soarem completamente fora de tom seja mero detalhe. E quem teria feito a foto, profundamente emocionado? Devo admitir que fui eu, logo alguém tão cético em relação ao aprendizado precoce da flauta.

Minha experiência ensina que a escaleta ou melódica é uma alternativa razoável à flauta na musicalização de crianças no caso do aprendizado coletivo, pois:
- Não requer tanta coordenação motora (bem menos que a flauta doce). Pode-se tocá-la usando apenas uma mão. A sintonia fina entre as mãos esquerda e direita não é necessária.
- Não requer uma técnica especial de sopro para produzir qualquer tom.
- Não requer grandes esforços labiais ou linguais para ser tocada. Como vimos, a boca tem reações próprias que remontam ao período pré-natal.
- As teclas pretas e brancas da melódica permitem visualizar claramente a gradação da escala cromática (bem mais que a flauta, por exemplo).
- Diferentemente da flauta, permite tocar acordes mais simples. Um grupo de alunos tocando melódica numa sala de aula não produz o mesmo ruído ensurdecedor de meia dúzia de flautas, algo que beira a tortura física.
- A disposição das teclas da melódica é equivalente às do piano e do acordeão.

É possível tocar "música de verdade" na melódica? Evidente que sim! Música de verdade e de qualidade! O jazzista Josef Zawinul tocava melódica no grupo Weather Report. Escute o disco *Mysterious Traveller*, por exemplo. Alfred Janson, compositor e jazzista norueguês, costuma recorrer ao instrumento para dar um colorido especial às suas apresentações.

Acima de tudo, como de resto em qualquer aula de musicalização infantil, é muito importante que o professor trate o instrumento com o devido respeito. Ao tocá-lo, ele deve ser capaz de encantar as crianças e também a si mesmo.

UM BREVE COMENTÁRIO SOBRE O MÉTODO SUZUKI

E o que dizer do método Suzuki de ensino musical, em que crianças muito pequenas aprendem a tocar violino? Ele não nos permite aferir resultados impressionantes? Esse assunto sempre vem à tona na discussão sobre o ensino da música.

Qualquer instrutor musical bem informado conhece os benefícios do método japonês, em que a criança aprende a tocar violino estimulada de perto pela mãe. Vale notar também que nesse aspecto o método reforça a importância do ouvido pleno em detrimento da partitura escrita. Isso, aliado ao sentimento de comunhão entre mãe e criança, tornou o método Suzuki reconhecidamente efetivo. Mas estamos falando de algo muito maior do que aprender a tocar de ouvido, em que proximidade corporal é um fator determinante. O próprio método Suzuki é uma espécie de *ngoma* à maneira japonesa.

Por outro lado, o tradicional apreço japonês pelo perfeccionismo e pelo rigor pressiona as crianças a atingir um padrão de excelência que reflete as ambições dos pais e de forma nenhuma está em consonância com a cultura infantil.

Não há dúvidas de que a pedagogia Suzuki permitiu a inúmeras crianças alcançar tal nível de excelência. Ao mesmo tempo, pouquíssimos dos maiores violinistas do mundo aprenderam a tocar o instrumento assim. Podemos relacionar isso com o fato de que essas crianças — mesmo as mais talentosas — não fazem uma transição adequada da infância para a musicalização, e muitas delas até abandonam de vez o violino? Eram crianças promissoras, mas jamais chegaram aonde podiam, ou aonde a expectativa de pais e professores *supunha* que chegariam. Quantas continuam tocando como amadores e quantas deixam de tocar para sempre? E por quê? Seria interessante realizar uma pesquisa sobre o assunto.

As tentativas de transpor o método Suzuki para outros países cultural e socialmente diferentes é sempre problemática. Assim como o sistema Kodály (veja a seguir), que surgiu da cultura folclórica húngara, o método Suzuki é um desdobramento da cultura nacional japonesa, em que os laços familiares são muito fortes e a mãe tem papel afetivo destacado (Suzuki, 1977). Foi isso que Suzuki enxergou no seu país, mas dificilmente poderia dizer o mesmo de uma família ocidental, alicerçada em outros valores, em que a mãe assume outras funções dentro e fora do núcleo familiar. Os Estados Unidos, por exemplo, são bem diferentes do Japão nesse aspecto. Mesmo assim, tenta-se aplicar o método ali e em outros países com as devidas adaptações. Para funcionar em outras culturas, precisamos pôr em prática as ideias de Suzuki, não as copiando mecanicamente, mas tomando-as como base pedagógica. É preciso acomodar o método às próprias tradições, contextualizando criança e música à sua realidade sociocultural. Nesse caso, o método pode funcionar para todos, abrindo novas e instigantes perspectivas de musicalização, mas não enquanto *commodity*, descontextualizado da realidade em que está inserido e marcadamente influenciado pela estética ocidental. As apostilas para iniciantes publicadas pela editora Suzuki Method International, de Princeton (Estados Unidos), assemelham-se muito aos *études* Thomson na sua insipidez. Carecem da visão original de Suzuki, capaz de empolgar os jovens numa simbiose entre o ouvido pleno e a ligação mãe-filho.

VERSATILIDADE

As crianças são generalistas e versáteis. É preciso deixar isso muito claro antes de avançar na discussão sobre instrumentos e musicalização. Elas precisam dominar uma série de competências para ingressar na irrequieta cultura infantil.

A especialização vem com o tempo, mais como decorrência do olhar adulto em busca daquele talento promissor que um dia desabrochará e se tornará, quem sabe, um grande músico. E assim as bailarinas do futuro vão às aulas de balé, os craques do amanhã vão às escolinhas de futebol e os cantores de sucesso da próxima década estão agora nas aulinhas de canto.

Mas os jovens precisam também manter sua personalidade versátil. Por que tocar um instrumento apenas, justo quando se está começando? Existem tantos instrumentos diferentes, de diferentes tons e timbres! Se uma criança aprender de verdade a tocar determinado instrumento, facilmente aprenderá a tocar outro. Ela sabe por inteiro o que é necessário para isso. Assim, uma criança que começou aprendendo percussão e depois migrou para o trompete, aos 14 anos pode estar tocando guitarra e finalmente desaguar no violino. Na diversidade musal, tudo pode acontecer.

QUANDO INTRODUZIR A PARTITURA?

As notas devem fazer parte da musicalização, e o farão. Mas quando? E com base em quais fundamentos?

A iniciação ainda deve ocorrer longe das notas, tocando o instrumento de ouvido. Neste capítulo procurei apresentar diversas justificativas para isso: históricas, culturais, desenvolvimentais, fisiológicas e neurológicas. O ouvido pleno que a criança naturalmente possui é a porta de entrada para que ela toque um instrumento, e esse acesso jamais deve ser fechado no futuro. Na minha ótica, preservá-lo durante toda a vida é algo inspirador para qualquer ser humano — portanto, um fator essencial na musicalização.

Ao longo do caminho, porém, o contato com as notas é inexorável. Para muitos, tal contato provoca secura na boca e constitui um verdadeiro anticlímax. Para outros, é uma experiência enriquecedora e revitalizante. A pedagogia é o que diferencia uma coisa da outra.

Existe uma enorme variedade de notações musicais, de simples acordes para violão a uma partitura detalhada para uma sonata de piano. Será importante então encontrar a forma adequada à necessidade de cada aprendiz. A notação deve ser apresentada aos poucos, respeitando a faixa etária de cada grupo de alunos.

Uma criança que tenha iniciado sua musicalização aos 8 ou 9 anos de idade pode continuar alguns anos sem o auxílio das notas; assim o aprendizado fluirá livre e diretamente. Se tivermos êxito, ela internalizará o instrumento ao corpo e aos próprios sentidos, assim como o cego faz com a bengala.

Quando chegar o momento, as notas devem ser apresentadas tendo como premissa a *organicidade* do aprendizado, e não outro pretexto qualquer. A criança deve sentir a necessidade de aprender a notação e compreender por que o sente.

As notas podem, por exemplo, ser usadas como meio de avivar a memória quando a criança não conseguir lembrar-se de todas as melodias que já sabe tocar. Eis aqui uma boa justificativa para recorrer às partituras: utilizando-as como apoio, não como objetivo final. As notas também são necessárias quando se toca em conjunto e o número de músicos é tal que demanda certa organização para os jovens saberem o que fazer, e quando. As crianças já estarão maduras para perceber isso na prática. Com um contato próximo do instrumento que tocam, não haverá mais risco de que se transformem em autômatos reproduzindo notas, pois a vitalidade intrínseca à música pode ser evocada pelas partituras. Os verdadeiros músicos não deixam a menor dúvida quanto a isso.

Além disso, a notação musical pode ser empregada para permitir à criança tocar músicas cuja complexidade exija a companhia da partitura. As notas tornam-se então o passaporte para aquelas melodias mais difíceis que povoam o imaginário infantil. No primeiro contato, o professor deve apresentar a partitura à criança demonstrando na prática como as notas impressas correspondem aos sons. A criança deve estar acompanhando atenta e ser capaz de reproduzir as notas no seu instrumento. Uma vez que a melodia esteja aprendida, a partitura deve ser retirada. A criança pode então voltar a tocar da forma habitual, de ouvido, empregando todos os seus sentidos — *sikia*. A única coisa que não podemos fazer é subestimar a sua capacidade de aprender. Uma criação bitonal de Bach, por exemplo, pode muito bem ser apresentada à criança sem o auxílio das notações.

Mesmo assim, permanece a questão: em que etapa do desenvolvimento infantil seria razoavelmente benéfico introduzir a partitura?

Cada criança desenvolve-se a seu modo, mas é na transição para a puberdade que se nos apresenta um limite muito importante. A puberdade é a fase na qual as crianças passam a compreender, sistematizar e pensar em categorias mais abstratas e simbólicas. Além disso, pesquisas que demonstram que ocorre uma redistribuição funcional entre os hemisférios cerebrais exatamente nessa faixa etária. O corpo caloso — ligação neurológica entre os hemisférios esquerdo e direito do cérebro — está maduro. E, como vimos, os hormônios adolescentes parecem afetar nossa capacidade inata de adquirir um novo idioma sem sotaque.

O tempo parece estar se esgotando também para aguçar a sensibilidade auditiva e tirar o máximo proveito das notas e dos sons. Naturalmente, as crianças podem muito bem aprender a teoria das notas como puro exercício intelectual, mas isso resultará num entendimento superficial e mecânico daqueles símbolos. É nesse nível *iconográfico* que a compreensão da notação musical chega ao fim para a maioria das pessoas (Panovsky, 1980). A criança estará do lado de fora, como se observasse a tudo separada por um painel de vidro. A compreensão das notas precisa ir além e alcançar um nível *iconológico* em que a notação possa ser interpretada e imediatamente associada aos sons. A pesquisa levada a cabo por Dolores Grøndal com os pianistas profissionais deu-se justamente nesse nível iconológico. Para eles, as notas musicais eram a um só tempo audição e movimento. O "som impresso", isto é, a notação, pode na melhor das hipóteses ampliar a intimidade entre instrumento e música existente desde a infância.

O mais comum é que não haja esse tipo de critério na iniciação das crianças ao aprendizado de um instrumento. Ao contrário, espera-se que elas sejam capazes de cumprir as seguintes tarefas ao mesmo tempo:
- aprender a mecânica do instrumento;
- desenvolver as habilidades físicas necessárias para tocá-lo (boca, dedos etc.);
- relacionar tudo isso com uma compreensão profunda da iconografia da notação e sua respectiva iconologia.

Fazer disso uma receita básica de musicalização, considerando tudo o que sabemos sobre crianças e pedagogia infantil, é na melhor das hipóteses pura ingenuidade, e não dará certo na esmagadora maioria dos casos. Minha experiência ensina que a grande taxa de abandono das escolas de musicalização e a alta incidência de traumas psicológicos no ensino superior de música têm relação com isso. O nível de exigência acaba se tornando incontornável para a maioria das pessoas. Até mesmo aqueles que conseguem dar seguimento aos estudos musicais em níveis avançados costumam sofrer as consequências de um aprendizado infantil equivocado.

Uma transição mais natural pode muito bem ser feita usando as *cifras*. Muito difundidas na música popular e no jazz, elas são uma forma intermediária entre a execução livre, de ouvido, e o detalhamento da partitura, que os alunos de piano conhecem tão bem. Numa melodia mais simples, as cifras não demandam tanto quanto as notações que atormentam os aprendizes. Por serem uma plataforma aberta, os acordes cifrados funcionam antes como sugestão e suporte para a execução da música, e não como uma imposição restritiva. Novos acordes podem ser acrescentados e outros subtraídos sem maiores problemas. O grau de dificuldade e também o gênero da música podem ser adaptados à idade e à habilidade motora do aprendiz. E o mais importante: as cifras contribuem para a socialização e são um convite a tocar em grupo. Minha vida seria muito mais pobre sem elas.

Quando a empunhadura da mão passa a ser suficientemente grande — o que em geral ocorre no início da puberdade —, é tentador usar outro instrumento para usar as cifras: o violão. Muitos músicos finalmente se encontram nessa transição, tendo ou não de recorrer ao auxílio do capo ("pestana fixa"). A moda do violão no final da década de 1960 foi tão avassaladora que chegou até a impedir uma guerra (veja o próximo capítulo).

Aproximar-se "de ouvido" ao instrumento e à música não implica desprezar a técnica e a partitura, como alguns afirmam. Nesse aspecto, o professor/instrutor tem papel decisivo. As duas modalidades devem, ou deveriam ser, enriquecedoras e complementares. Seja uma música de Taube cifrada, seja a partitura de uma sinfonia de Mozart, pode-se transitar de uma a outra sem intercorrências.

Talvez nesse ponto o leitor tenha a impressão de que estamos tratando de uma espécie de hierarquia: primeiramente a simplicidade auditiva infantil, em seguida as cifras intermediárias e por fim a sofisticação da partitura. Há, portanto, razões de sobra para enfatizar que estamos falando de diferentes ramos do mesmo assunto. Todas as formas têm o seu valor, assim como suas virtudes e seus defeitos. Há quem queira restringir-se à execução de ouvido que já domina bem e ser feliz assim. Para outros, as cifras serão a maneira mais natural. Já outros cultivarão a melhor tradição das notas escritas.

Não pretendo aqui um afrouxamento dos padrões artísticos e estéticos, nem uma relativização de valores, mas defendo um alargamento dos conceitos do que é musicalmente legítimo. Se compararmos as diversas tradições musicais, não devemos nos ater apenas ao grau de originalidade e complexidade de cada uma. Se forem esses os critérios, uma singela canção infantil jamais estará à altura do "Réquiem" de Mozart. Mas outras qualidades são importantes, como a autenticidade e a capacidade de tocar o coração de quem escuta. As instituições superiores de música têm pela frente grandes desafios se quiserem contribuir para ampliar nossa visão a respeito de música e valores musicais.

Preciso arrematar com um epílogo confessional. Como terminou a história de Tan, aliás Kjartan, que começou a tocar trompete usando o método da bola vermelha? Quando ele tinha de 13 para 14 anos e cerca de cem melodias no repertório, pensei: "Agora ele vai entrar na puberdade, o ouvido musical está mais evoluído... Chegou a hora das notas!" Mostrei-lhe as partituras de algumas das suas músicas preferidas e expliquei do que se tratava. Instantaneamente o garoto aprendeu a teoria. Ao mesmo tempo, nunca conseguiu compreender a necessidade de visualizar notas de melodias que, afinal, sabia tocar instintivamente (e nunca soariam precisamente iguais ao papel, precisei admitir quando ele me perguntou). Então, uma vez que tínhamos prazer em tocar daquela maneira, deixamos as partituras de lado. As duas irmãs mais velhas tocam de ambas as maneiras, com ou sem o auxílio das notas. Mas Tan, aliás, Kjartan, permanecerá por toda a vida tocando de ouvido o seu trompete. Foi assim que aconteceu.

OS DEZ MANDAMENTOS DO ESTUDANTE DE MÚSICA

Para muitos aprendizes, executar uma partitura de maneira tradicional às vezes pode ser como uma paródia dos Dez Mandamentos:

1. Não cultuarás outros ídolos musicais que não a mim.
2. Não abusarás das claves.
3. Santificarás a partitura.
4. Honrarás as correções e exercícios e, se tudo correr bem, terás uma longa carreira no conservatório.
5. Não desafinarás.
6. Não transgredirás os compassos.
7. Não criarás tuas próprias fermatas.
8. Não esquecerás das armações.
9. Não cobiçarás o ouvido musical alheio.
10. Não cobiçarás outras formas ou técnicas musicais ou qualquer outra coisa que pertença ao teu próximo.

Esses mandamentos costumam ser rigorosamente observados uma vez na semana, durante aulas de música ordeiras e previsíveis, nas quais professor e aluno já sabem de antemão o que vai acontecer. A criança aprende a lição do dia e no seu íntimo percebe onde estão os pontos fracos. O professor, temperado ao longo de anos fazendo a mesma coisa, também sabe identificar tais pontos fracos, não apenas naquele aluno como em todos os outros que encontrará pela frente padecendo das mesmas inseguranças. O repertório instrumental é uma espécie de herança que vai sendo repassada de geração em geração, em aulas particulares ou mesmo no currículo escolar. Ao final de meia hora, todo aquele sofrimento chega ao fim, conforme o previsto. Às vezes com uma crítica aqui, outras vezes com um elogio acolá, mas sempre assim, sem nenhum desvio da norma preestabelecida.

DO ERRO AO HUMOR

Tocar errado ou desafinar não é um defeito moral. Pode até parecer, quando o professor, nem sempre tão paciente, arqueia as sobrancelhas e ordena: "Pare!" É então que o erro salta aos olhos e ganha uma importância que acaba prejudicando o aprendizado.

Professores que reproduzem uma conduta pedagógica considerada normal e tendem a ser demasiado críticos dos erros dos seus alunos têm muito a aprender com as modernas teorias pedagógicas. O medo de incorrer em mais um erro é fatal: prejudica o aprendizado, paralisa os músculos e compromete a execução musical. Que mal há em tocar a introdução de "Bæ, bæ, lille lam" ["Béé, béé, carneirinho"] em Dó e terminar a música num tom diferente?

A coexistência do previsto e do inesperado é um dos princípios mais básicos da criatividade. Nessa canção, sustenidos e bemóis podem conviver muito bem e até acrescentar um quê de humor a ela. Ou não há ovelhas brancas e pretas convivendo no mesmo rebanho? Qualquer criança entenderá.

Nas suas brincadeiras cantadas, as crianças espontaneamente fazem o mesmo, tanto na letra como na melodia. Por que não o fariam ao tocar um instrumento? O professor que não acompanha esse raciocínio prejudica o aprendizado. Será que ele sente que de alguma forma perde o controle (e o respeito do aluno) quando as notas são postas de lado e a fantasia assume o primeiro plano? É isso que o paralisa? Com um pouco de imaginação podemos fazer uma versão blues de "Bæ, bæ, lille lam" em bemol. "Achei! Achei! Um novo carneirinho!"

O importante é que as crianças não sejam deixadas a sós nesses exercícios de criatividade, para que não se sintam negligenciadas ou abandonadas. Seu senso crítico é bastante apurado e elas podem facilmente se magoar. Mas se estiverem imersas num ambiente seguro e se sentirem protegidas e estimuladas, o resultado será outro.

Junto com os professores, os alunos perceberão na música algo que lhes permitirá externar seus sentimentos de maneira única. Num contexto enriquecedor, didático e, sobretudo, lúdico, as fronteiras da criatividade podem ser expandidas a limites que o próprio professor nem imaginava.

Autoconfiança e paz de espírito no início do processo de aprendizagem são a vacina mais eficaz contra eventuais fobias no futuro. A ideia é tão banal que chega a constranger, mas, num sistema de ensino que costumar ser estressante e hostil, vale a pena tê-la em mente para enfatizar a importância de algo que trazemos conosco desde a infância. Pergunte a Victor Borge, por exemplo. Ele formou-se pianista clássico, mas não suportou a pressão do palco e as amarras do perfeccionismo. Um dia, o garoto dinamarquês que existia dentro de si despertou e levou ao palco a sua alegria infantil — e então conquistou o mundo!

MUSICALIZAÇÃO SEM MEDO?

Muitas vezes a ansiedade, o medo do palco e o pavor da performance afastam a pessoa da música e da própria musicalização. Para a maioria de nós, as exigências técnicas para executar uma música parecem tão formidáveis que a ponte entre ser humano e música é rompida. A musicalização torna-se, assim, não apenas uma questão de tocar bem, mas também de não errar. Na trajetória da espontaneidade da cultura infantil para a intimidade do estudante de música, a lógica do grito primaveril de Ronja na floresta encantada é completamente invertida. Ronja disse: "Tive de soltar esse grito primaveril, do contrário achei que fosse explodir!"

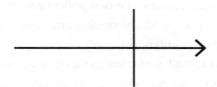

O estudante diante de um instrumento costuma pensar: "Se tiver de tocar agora, acho que vou morrer!"

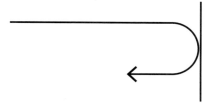

A angústia e o medo de tocar perseguem o aluno em todas as etapas do aprendizado. Conhecemos muito bem os seus sintomas: medo de falhar, desconforto ao tocar na companhia de outrem, transpiração excessiva, cólicas, descargas de adrenalina, tremores, boca seca, mãos frias e emplastradas de suor. As crianças sabem disso, os adultos sabem disso, os amadores sabem disso, os profissionais sabem disso. Anthony Kemp (1981) fez um estudo sistemático do problema e conseguiu mapeá-lo. Uma pesquisa na Escola Superior de Música da Noruega realizada em diferentes turmas de todos os níveis mapeou algumas das causas do medo de subir ao palco e da angústia que antecede uma apresentação. O psicólogo Knut Olseng fez soar o alarme há vários anos quando escreveu o seguinte:

- muitos estudantes chegam a desmaiar durante os concertos realizados pela instituição;
- uso indiscriminado de ansiolíticos, betabloqueadores e "remédios para o coração";
- uso esporádico de haxixe durante a etapa de provas e de estudos mais intensos.

Num universo de cerca de mil estudantes, Olseng descobriu que quase metade das mulheres foram obrigadas a sair de licença médica ao longo do ano devido a sintomas psicossomáticos decorrentes dos estudos. Ele afirma (1989):

Fiquei impressionado com o número de pessoas que apresentavam esses sintomas. Aterrorizadas pelo medo do palco, sentiam a autoestima corroída pelo trabalho ou pelo estudo. Evitavam a todo custo ocasiões em que fossem se apresentar como solistas. No meu trabalho como psicólogo na Escola Superior de Música, deparei com um grande contingente de estudantes que se sentiam fracassados e despreparados para enfrentar a pressão psicológica e o nível de exigência de seus professores, de seus colegas, da família e deles mesmos. [...] Como então exigir que estejam íntegros, com o raciocínio aguçado, emocionalmente equilibrados, e subam ao palco para se apresentar? Por acaso não estaremos matando nossos músicos mais promissores no início da carreira por que nos falta o domínio técnico do processo pedagógico em si?

Olseng não publicou novos relatórios nos anos subsequentes. Mas quando o procurei, em janeiro de 2005, ele me contou que a situação deve ter se deteriorado desde a pesquisa de 1989. A acirrada competição do mercado de trabalho, passo seguinte de quem concluiu sua formação musical, contribui para essa piora. Um contingente cada vez maior de músicos jovens e talentosos adentra o mercado e sofre com isso.

Nos Estados Unidos, uma pesquisa realizada com músicos clássicos mostrou que quase metade deles luta contra problemas psicossomáticos associados à execução musical e às apresentações em palco. O uso abusivo do betabloqueador propranolol, medicamento considerado *doping* desde a Olimpíada de Seul (1988), fazia parte da rotina de um quarto dos músicos entrevistados (Lockwood, 1989).

O alarme soou também na Suécia. A Escola Superior de Música de Gotemburgo reconheceu publicamente o problema com o *doping*. O clarinetista solo da sinfônica de Gotemburgo admitiu que fazia uso regular de betabloqueadores em concertos havia mais de 15 anos (Schenck, 1989).

É natural então perguntar: estamos testemunhando a perda do lado inocente e libertador da música, a exemplo do que ocorreu com o esporte nas últimas décadas? Até que ponto isso repercute não apenas nos adultos, mas também nas crianças?

As causas desse tipo de reação não estão apenas na maneira como a música é ensinada nas escolas, que apenas reforça um tipo ensino que os estudantes vêm recebendo desde sempre. Por essas e por outras razões é necessário promover uma discussão franca sobre o que podemos fazer de diferente para ampliar nossos horizontes quando se trata de ensinar música a crianças.

Sintomas de ansiedade podem ser inerentes ao indivíduo e aflorar em várias outras atividades, e o aprendizado da música talvez apenas reforce essa ansiedade. Ainda assim, em nome da própria música, não a abandonemos. Por outro lado, aprender a tocar um instrumento pode servir também como meio de aliviar a ansiedade. Seja em sessões de musicoterapia, seja participando de um grande concerto — como músico ou como ouvinte —, a música tem a capacidade de aliviar tensões internas e proporcionar relaxamento e alegria, voltando assim a exercer seu papel revitalizador. Portanto, é crucial aprofundar e manter sempre atualizado nosso conhecimento sobre os efeitos da inspiração e da criatividade no ensino da música, na comunicação e em todos os assuntos a isso relacionados.

Algumas importantes instituições de educação superior de música estão reavaliando sua forma de pensar e libertando-se dos antiquados princípios pedagógicos do século passado. Um exemplo é a Guildhall School of Music and Drama, de Londres, que adotou uma sistemática de ensino bem diferente de outras escolas de música europeias voltadas a músicos profissionais. Consciência corporal e dança ganharam mais peso curricular, assim como improvisação, meditação e comunicação. O músico deve voltar-se para si mesmo e encontrar sua musa interior. A procura de vagas parece ter aumentado, dizem Peter Renshaw e Peter Wiegold, pioneiros nessa nova fase da Guidhall. Inúmeros músicos profissionais sentem necessidade de renovar-se e experimentar uma nova relação com a arte. As ideias de Guidhall foram adaptadas na Suécia, justamente na Escola Superior de Música de Gotemburgo. No Instituto de Musicologia da Universidade de Oslo, eu mesmo desenvolvi uma abordagem mais ampla da música, em total sintonia com os meus alunos. Cursos de *ngoma* ministrados por Kuame Sereba, oficinas de improvisação incluindo teatro e esportes, mais destaque para a música nas apresentações teatrais e uma maior integração dos estudantes foram fatores fundamentais ao longo desses mais de 20 anos de trabalho, cujos resultados me motivaram a escrever este livro.

CONTATO PRECOCE COM A MÚSICA E AMPLIAÇÃO DE REPERTÓRIO

Quando vi Per cantando sua canção da borboleta, aprendi uma lição que jamais esqueceria. Maravilhado, precisei reavaliar todas as minhas concepções sobre o que as crianças pequenas estavam em condições de cantar e de apreciar em termos musicais. Pois não se trata apenas de saber o que a criança é ou não capaz de discernir e realizar, mas do que está em condições de *experimentar e vivenciar*. Nesse caso, nós, adultos, representamos uma limitação, pois a nossa racionalidade nos faz acreditar que existem limites musicais para as crianças, os quais devem ser respeitados em nome de conceitos pedagógicos vigentes. Ocorre que a imaginação e a receptividade emocional das crianças não conhecem limites qualquer que seja a forma de manifestação musical. A canção da borboleta era complexa em termos de ritmo, tons e melodia. Até nós, adultos com alguma experiência musical, precisaríamos de um bom tempo para assimilá-la. Per, por sua vez, tinha 5 anos e dificuldades de se expressar — não conseguia nem falar o próprio nome e ser compreendido —, mas havia uma conexão tão profunda entre ele e aquela música que as coisas de repente se encaixaram. Com tal intensidade que a canção tornou-se a preferida não apenas dele, mas de todos os seus amiguinhos de sala, que a adotaram e passaram a cantá-la no dia a dia. Depois disso, ninguém será capaz de me fazer acreditar na tese de que "crianças pequenas precisam de canções curtas e simples". Tal tese deve ser descartada para sempre, em respeito às crianças e também à missão dos educadores.

Pesquisas com pré-escolares noruegueses e seus cantos espontâneos (Bjørkvold, 1985) constataram que crianças expostas a canções mais complexas são naturalmente atraídas por elas, por mais distantes que sejam do ramerrão pedagógico de sempre. Cabe aos adultos apenas apresentá-las às crianças com consciência e critério, sem se importar se são canções "infantis". Com um apetite insaciável por novos desafios, essa atração é uma faceta da ousadia e da inventividade típicas das crianças. Faz parte do triunfo do desconforto infantil o desejo de buscar mais e mais desafios como reafirmação de um propósito de vida. Para as crianças, escalar aquela árvore alta e perigosa para alcançar o fruto é mais atraente que passear no pomar dos adultos. Pelo mesmo motivo, a complexa melodia da borboleta fala mais ao coração das crianças do que um "bate palminha" qualquer. Pelo mesmo motivo, elas ficam fascinadas com versinhos mais simples e também com os poemas de Fröding ou "Terje Vigen", de Ibsen. Tudo de que precisam são opções de qualidade e saberão escolher por si.

Uma pesquisa mais abrangente poderá nos esclarecer sobre a relação estreita entre o que a criança apreende da literatura e da linguagem no primeiro ano de vida e como isso influenciará a competência linguística e verbal do adulto. A correlação é muito simples: quanto mais versátil e rica for a influência do idioma, tanto mais diversificada e sofisticada será a competência verbal da criança, um recurso que poderá usufruir pelo resto da vida. A moral da história, portanto, é autoexplicativa: crianças precisam de adultos que leiam para elas, em grande quantidade e variedade. Precisam de adultos que conversem com elas em vários níveis de complexidade. Felizmente, pais e educadores cada vez mais vêm agindo dessa forma. Na Noruega, o interesse crescente pela literatura infantil — partilhado por crianças, pais e escritores de qualidade — é um claro sinal dessa tendência.

Os mesmos conselhos dizem respeito, *mutatis mutandis*, à relação entre crianças, canções e música. As crianças entrelaçam impressões musicais às brincadeiras, e isso é parte essencial da comunicação na sua língua materna musical. Quanto mais rico for esse material, mais a criança estará preparada para sentir a realidade e externar esses sentimentos. A criança tem uma predisposição natural para absorver tudo aquilo que lhe é apresentado. Uma competência musical mais ampla contribuirá para uma vida adulta mais plena e mais criativa. Quem se ocupa da educação musical de crianças precisa deixar claro às autoridades de ensino que a musicalização não é uma disciplina supérflua, que pode ser descartada ao menor aperto orçamentário. Ao contrário, é essencial para o desenvolvimento da criança, e se negligenciada terá consequências irreparáveis no futuro.

Aqui é preciso chamar atenção para a falta de ousadia musical e textual na escolha das músicas cantadas/transmitidas às crianças. Trata-se de canções monótonas, quase sempre em tom maior. Em *Den spontane barnesangen — Vårt musikalske morsmål* [A canção infantil espontânea — Nossa língua materna musical] (1985) constatei que cerca de 90% do repertório cantado para crianças nos jardins de infância noruegueses eram canções simples, em tom maior. Até melodias tradicionais em bemol eram raríssimas.

E canções modais eram a mais absoluta exceção. O fato de uma canção modal — "Den prektigkledde sommerfugl" ["A borboleta esplendorosa"] (veja a página 97) ter caído nas graças de Per e de seus amigos é algo digno de reflexão. As condições não parecem ter mudado significativamente desde que esse material foi coletado, em meados da década de 1970. Tradições desse tipo são muito difíceis de reverter.

Insistir numa única variante melódica — um "envenenamento maior", no dizer de um colega sueco — obviamente empobrecerá a percepção tonal das crianças. Esse é um fenômeno bastante disseminado também em outros países ocidentais, uma geração depois que Arnold Schönberg rompeu com a estética tonal vigente no século XX.

Um primeiro e cauteloso passo para quebrar o monopólio do tom maior seria aumentar a exposição das crianças ao rico repertório de canções em bemol presentes na cultura e no folclore de cada país. Abre-se assim a possibilidade de realizar um intercâmbio cultural e ao mesmo tempo enriquecer o repertório das crianças com novos idiomas. Os países nórdicos já se beneficiam de um intenso convívio que facilita esse intercâmbio, e mantêm viva a tradição do cantar. Na Noruega, é quase impensável uma festa de adultos estender-se noite adentro sem ser embalada por uma música de Bellman, Evert Taube, Dan Andersson ou Olle Adolphson, para mencionar apenas alguns expoentes tradicionais da Suécia. Até as criações infantis de Carl Nielsen também não perdem por esperar, assim como todo o legado de canções em inglês (dos Estados Unidos e da Inglaterra), do folclore aos musicais. Partilhe tudo isso com as crianças. Inspire-se também nas minorias étnicas, que nos anos recentes coloriram a paisagem cultural na Noruega. Os Concertos Nacionais Noruegueses e o professor Kjell Skyllstad fizeram um trabalho pioneiro chamado "Comunidade Multissonora", no qual expõem os jovens a uma grande diversidade musical proveniente de outras culturas. As crianças tomam parte naturalmente e com entusiasmo, sem a menor preocupação em saber se aquelas músicas são "adequadas" à sua faixa etária. A música constrói pontes como ninguém.

AS CRIANÇAS E A MÚSICA CONTEMPORÂNEA

Que tal adicionar uma tonalidade mais livre ao ambiente musical infantil? É importante que a criança tenha contato com a música contemporânea antes que o preconceito trate de lhe fechar mais uma porta. Um repertório mais moderno e anticonvencional oferece-nos experiências singulares, com outros sons e outros ritmos. Por isso, considero importante enriquecer o cardápio musical infantil com as múltiplas opções desse repertório. Até a música eletrônica, constituída de elementos de dramatização, dança e improviso, pode fazer parte do cotidiano infantil.

A carga de preconceito é imensa. Este tipo de música vem mesmo a calhar para as crianças? Novamente o nosso limitado horizonte adulto nos impede de enxergar além. Se pensarmos no canto espontâneo, percebemos que esse tipo de música *não é* estranho às crianças. A *canção fluida* acomoda justamente elementos tonais livres, uma criação marcadamente contemporânea.

A distância entre os monólogos cantados no tanque de areia e as grandes salas de concerto é menor do que costumamos supor. Em termos de maturidade musical e representação artística, a canção fluida e uma partitura moderna derivam da mesma urgência humana de se expressar. Os exemplos são inúmeros.

O compositor norueguês Knut Nystedt abre assim o *Exultate, op. 74*:

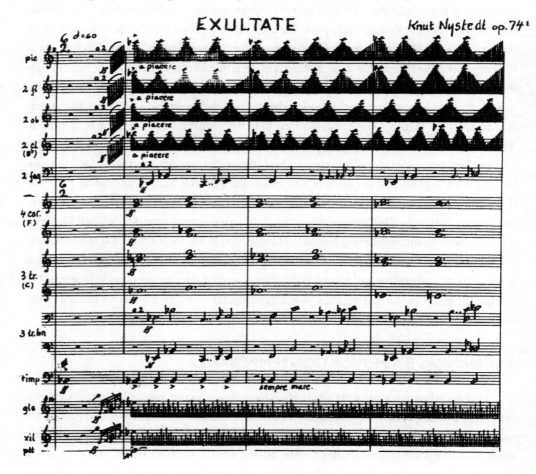

Aqui podemos ver uma grande ocorrência dos glissandos infantis, fluidos e improvisados!

Ou examinemos o lituano Barkauskas e seu concerto para viola e orquestra:

No norte-americano John Cage não encontramos somente a canção fluida em sua representação musical. Cage (1982) foi além e, deixando que a criança dentro de si se manifestasse, recriou a expressão infantil original num formato erudito:

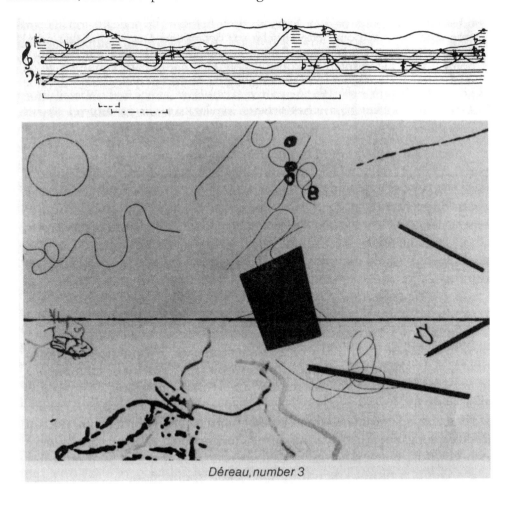

Déreau, number 3

MÚSICA, INSPIRAÇÃO E CRIATIVIDADE 247

Na história musical norueguesa temos um bom exemplo de como a canção infantil lúdica, fluida e atonal pode inspirar o trabalho de um compositor adulto. Estamos falando de Fartein Valen. Valen era um modernista solitário e incompreendido na Noruega do entreguerras. Seu estilo dodecafônico não era bem aceito pela onda nacionalista germânica de então. O pesquisador Olav Gurdinn (1962, p. 130-31) nos fala de uma criança chamada Arne, que chamou a atenção de Valen para a dodecafonia.

> Arne era filho de parentes do compositor que moravam nas imediações [...] O menino também era muito musical. Aos 5 anos já se punha a cantar e imaginar melodias; nada muito específico, mas procurando expandir os tons de uma ou outra vogal. Certo dia, Valen reparou que ele não usava a escala diatônica comum de sustenidos e bemóis, mas tomava emprestado tons aleatórios da sequência dodecafônica. De certa maneira, seu cantar era "atonal". Isso foi na época em que Valen estava prestes a abandonar de vez a música tonal, mas não tinha certeza de que faria a coisa certa. Talvez algo dentro da sua mente insistia que a "música atonal" não era natural, senão apenas devaneio ou pura invenção. Mas, uma vez que a criança cantava daquela forma, só podia ser algo natural. Não havia nada que o impedisse de usar a escala cromática sem recorrer à camisa de força da clave musical. Ao ouvir o cantar de Arne, Valen reforçou sua convicção de que estava no caminho certo.

Em outras palavras, o contato dos jovens com a música contemporânea também amplia sua competência linguística e musical e lhes permite explorar as nuanças e riquezas da própria realidade. Deixemo-las ouvir "línguas" mais "modernas", como Fartein Valein, Schönberg, Arne Nordheim, Ligeti, Cage, Stravinski e Shostakovich e consolidar sua identidade. Na maioria das vezes, a criança terá uma sensação de *déjà entendu* ecoando na mente, como que para confirmar as sensações que está experimentando.

Há razões de sobra para preservar esse paraíso modernista na vida das crianças, sobretudo quando se aproximam da vida escolar e das ameaças de um maniqueísmo reducionista: beleza *versus* feiura, acerto *versus* erro, sustenido *versus* bemol, retilíneo *versus* curvo, sucesso *versus* fracasso, bem *versus* mal, alegria *versus* tristeza. Quando essa concepção adulta de mundo — inflexível, enfadonha, chata — ameaça se impor, nada melhor que adicionar às brincadeiras infantis aquela pitada de modernismo que traz consigo um elemento de irracionalidade e desordem. Desafiando todas as regras, quando o coringa surge o jogo torna-se mais emocionante.

UM REPERTÓRIO MUSICAL EM RETROSPECTO

É fato que, no que se refere à música clássica, o Ocidente tende a cultuar os mestres do passado. Em todas as orquestras do mundo, a produção musical dos séculos XX e XXI ainda é eclipsada pelas composições dos mestres oitocentistas e novecentistas, mais ainda no que tange aos livros pedagógicos de música. O aprendizado de um instrumento é em boa parte motivado pelo que o público "deseja" ouvir e pelas vicissitudes do mercado. A rápida aceitação dos sucessos de sempre movimenta um círculo vicioso e conservador.

É natural que desejemos ouvir Bach, Brahms, Mozart, Schumann, Vivaldi e Chopin. O mundo seria muito mais pobre e monótono sem suas músicas. Mas o culto unilateral ao passado é autocomplacente e corre o risco de se converter num reducionismo cultural e pedagógico. A musica tradicional deixa então de ampliar limites; transforma-se num acessório convencional e num guardião de fronteiras.

O acervo de compositores contemporâneos é totalmente negligenciado. Porém, em minha opinião, no complexo repertório da educação musical há um enorme espaço para abrigar a música contemporânea. Com seu pendor único para ultrapassar os limites que lhes são impostos, a criança precisa ter a oportunidade de vivenciar as representações artísticas do seu tempo. A música não serve apenas para elevar o espírito, mas também para perturbar, para chamar a atenção e anunciar o novo. Christopher Small (1977, p. 161) elabora a seguinte questão ao discutir o tema do repertório na educação musical: "Uma vez que uma obra tenha se tornado um clássico, jamais poderá recuperar seu poder de abalar nossos sentidos, por mais que tentemos. Ela continuará a nos elevar, a nos tocar, até mesmo a nos surpreender, mas nunca mais será capaz de nos provocar".

É bem verdade que muitas músicas compostas para uso pedagógico são por demais técnicas e, por conseguinte, muito difíceis de ser executadas por uma criança. É difícil dizer até que ponto estamos falando dos impedimentos de sempre ("Soa tão estranho") ou de problemas técnico-motores. São questões que impõem enormes desafios aos próprios compositores contemporâneos. Certo é que o acervo disponível hoje é muito mais vasto e acessível do que era, por exemplo, logo após a Segunda Guerra Mundial, e algum equilíbrio sempre será difícil de atingir. Porém, combinando execução *e* audição musical (a oferta de gravações é imensa), não será difícil oferecer às crianças uma introdução mais adequada ao mundo musical contemporâneo. Associando a isso imagens, filmes, teatro e histórias, essas músicas assumirão um componente *ngomático* e terão outro significado. Como sabemos, as crianças percebem todo o contexto em que estão inseridas, numa abordagem *sikia*, sinestésica.

Além disso, há também um repertório de músicas cifradas, "mais rudimentares", que possivelmente elas já dominam — cantigas e canções pop, por exemplo. Estas também refletem o espírito do tempo, tanto na melodia como na letra, de uma maneira que as músicas tradicionais, "mais complexas", não se prestam a fazer. O domínio e a familiaridade que os mais jovens têm com esse tipo de música nem por isso deve inibir os professores, que podem eventualmente se sentir desatualizados e fora de contexto. Sua posição hierárquica não deve ser ameaçada por isso. Ao contrário, os professores precisam tirar proveito do interesse genuíno dos seus estudantes para motivá-los a dominar o instrumento.

Minha pesquisa com o repertório de canções espontâneas infantis mostra que este abrange músicas em quantidade e variedade surpreendentes. Ouvi crianças cantando melodias tradicionais norueguesas de quatro gerações atrás, um patrimônio cultural que decerto vem sendo repassado de geração em geração há mais de 150 anos (veja *Barnas egen sangbok* [O livro de canções infantis das crianças], Bjørkvold, 1979-2006). Essa continuidade é importante não apenas por marcar a identidade cultural das crianças como de todo um país. As canções da geração atual são relevantes para manter essa continuidade.

As canções infantis de hoje serão necessariamente os clássicos dos pais de amanhã. Juntas, contribuirão para enriquecer a experiência e a competência de quem quer que esteja iniciando sua musicalização. Diversidade é uma palavra-chave não apenas na escolha de gênero e estilo, mas também na perspectiva histórica das canções.

KODÁLY E A ESCALA PENTATÔNICA

Um dos sistemas de ensino musical mais populares atualmente é o método Kodály, que se baseia em solfejos, música folclórica húngara e pentatonismo (escalas de cinco tons). Historicamente falando, o método Kodály deriva da melhor tradição musical ocidental e é consequência direta da onda nacionalista que sobreveio após a dissolução do Império Austro-Húngaro.

Na esteira da Primeira Guerra Mundial, a Hungria queria libertar-se das amarras políticas, econômicas e culturais impostas pela poderosa Áustria, numa união em que esta sempre exerceu o protagonismo. Era hora de os húngaros se livrarem da influência germânica e restituírem um sentimento de nacionalidade autenticamente magiar. Considerando o peso de nomes como Haydn, Mozart, Schubert, Mahler e Schönberg, não se tratava de um desafio trivial.

A ideia de Kodály era genial na sua simplicidade. Ele enxergava a música, a música folclórica do seu país, como força unificadora profundamente enraizada no povo húngaro. Interessava-o sobretudo a música vocal e sua proximidade com o idioma húngaro, uma representação artística capaz de unir e mobilizar seus concidadãos. A visão política de Kodály era usar o poder da música como uma espécie de trilha sonora do movimento de independência magiar em vários aspectos, todos inter-relacionados. Como compositor, pesquisador e, mais tarde, educador musical, Kodály tinha plena consciência desse poder. Assim ele se expressou em 1945, num período em que o aspecto pedagógico da sua impressionante profissão de fé começou a ganhar mais relevância:

> Até pouco tempo atrás a formação de compositores profissionais estava nas mãos de aristocratas estrangeiros que não dominavam o idioma húngaro e aqui viviam isolados como numa ilha, sem qualquer contato com a vida e a cultura magiares. [...] Haverá muitas batalhas até que finalmente os acordes nativos vibrem na alma dos nossos músicos educados com melodias estrangeiras. [...]
> Mas não seria mais simples educar nossas crianças dessa forma? Todas aprenderiam de um modo muito mais natural. [...]
> Precisamos de uma educação musical própria, que inclua o ponto de vista húngaro e também o ponto de vista internacional. Quanto mais autênticos formos enquanto nação, mas despertaremos o interesse de outras nações. [...] Dito isso, precisamos fazer uma escolha: continuaremos sendo uma colônia ou nos tornaremos um país política e culturalmente independente, no qual possamos afirmar nossa personalidade? (Kodály, 1974, p. 154)

Essa visão político-cultural foi encampada pelo governo húngaro. Do alto de seu prestígio, Kodály conseguiu que as autoridades locais levassem a cabo o mais ambicioso plano de ação político-musical que a Europa jamais vira. Da infância até a puberdade, as crianças húngaras eram obrigadas a aprender e cantar melodias folclóricas, seus ritmos peculiares, intervalos, motes, regras e canções. E, naturalmente, a escala pentatônica que lhes é tão característica. Esse aprendizado era sistemático e progressivo. Composições de Kodály e Bartók, inspiradas na mesma tradição húngara, reforçaram o projeto e lhe deram uma chancela artística internacional.

Os resultados foram impressionantes. A música popular húngara realmente conferiu ao país uma consciência nacional e uma dignidade nunca vistas. A música e a maneira como é ensinada podem desempenhar papel crucial, como de fato o fizeram no exemplo da Hungria. Com o tempo, levas de pessoas de todo o mundo acorreram à nova meca mundial da educação musical para observar de perto a pujança, a visão, a sistemática e os resultados obtidos pelos húngaros.

Até então, tudo eram só flores.

Ao mesmo tempo, a comunidade musical internacional precipitou-se em conclusões equivocadas sobre o exemplo da Hungria. A admiração pela pedagogia de Kodály e sua escala de cinco tons era tamanha que provocou reações extremas, quase irrefletidas. O método Kodály foi importado e posto em prática numa série de países, sem a devida reflexão sobre o papel do nacionalismo como âncora do projeto. Era, afinal, um método de comprovada eficiência. A questão era apenas traduzi-lo e dar a ele uma dimensão global. E a escala pentatônica foi, por assim dizer, convertida numa espécie de escala musical primordial, sem a devida contextualização nas diversas culturas nacionais em que passou a ser adotada. É bem verdade que podemos reconhecer, em maior ou menor grau, a ocorrência da escala pentatônica em vários outros países. E é bem verdade também que o próprio Kodály tinha noções da universalidade dessa escala. Mas daí a empregar sua pedagogia por toda parte, indiscriminadamente, equivale a dar um passo além das próprias pernas.

Os entusiastas de Kodály ignoraram um ponto primordial dessa metodologia: o fato de que a música deve necessariamente ter um *caráter nacional* derivado do seu folclore ou da sua cultura, do contrário não terá o mesmo valor e a mesma relevância pedagógica. A doutrina de Kodály cabe muito bem em qualquer lugar, desde que seja adaptada às circunstâncias locais. Na música folclórica húngara, a escala de cinco tons é um traço essencial. O mesmo vale para as canções infantis húngaras. Exatamente por isso, o método Kodály vale-se da escala pentatônica para ensinar música às crianças do país.

Mas e quanto às crianças norueguesas, russas, espanholas, italianas, gregas, alemãs e brasileiras? Baseados em que fundamentos os entusiastas de Kodály podem argumentar que o pentatonismo é a panaceia que faltava para a educação musical do mundo?

Até onde sei, não há hoje em dia material crítico suficiente nesse particular, nem se levando em conta a cultura musical tradicional dos adultos nem considerando a ótica infantil.

Com base nos dados que coletei em três diferentes culturas infantis pelo mundo, a escala pentatônica *não* parece ser um traço característico da canção espontânea infantil entre pré-escolares. Não a encontramos nas canções fluidas, tampouco nas fórmulas ou no repertório pronto de canções da cultura nacional. Nem na Noruega, nem na Rússia, nem nos Estados Unidos. É bem possível identificar vestígios de pentatonismo, por exemplo, em canções folclóricas russas, mas não estamos falando de elementos marcadamente característicos.

Para os kodálystas, o corolário da eficiência e da universalidade do método está na fórmula de provocação (que é na verdade bem pouco conhecida na Rússia, por exemplo, como já demonstrei). Diz-se que esta fórmula cai como uma luva na escala de cinco tons e portanto atestaria a validade universal do método Kodály:

Eller...:

Aqui temos não mais que *três* tons diferentes! Onde estão afinal os dois últimos tons para provar que a fórmula primordial seria genuinamente pentatônica? Pois a escala pentatônica consiste de fato de *cinco* notas diferentes, geralmente com a nota mais grave reproduzida no topo, como que para confirmar que a escala é uma unidade fechada — por exemplo assim:

Afirmar que a fórmula básica de provocação possa se *adequar* a essa escala *não* é a mesma coisa que dizer que seja uma fórmula pentatônica. Especular nesse sentido é inútil quando sabemos que as próprias canções espontâneas infantis não deixam dúvidas sobre que escala as crianças têm em mente:

Temos aqui a *terminação* típica da protofórmula, muito utilizada sobretudo nos países nórdicos, com intuito deliberadamente provocativo. Ela contém *degraus semitonais* de Mi a Fá e nela não há nada da escala pentatônica típica.

Creio que vimos mais um exemplo de como a leitura e a interpretação da cultura infantil pelos adultos acomoda conceitos e fenômenos totalmente fora de contexto. Uma concepção de mundo elementar e seletiva regulará o modo como compreendemos e interpretamos esse mesmo mundo. Assim como nosso conceito de "musal" não pode ser indiscriminadamente aplicado e tampouco deve servir para estreitar nossa visão, escalas musicais tipicamente adultas não dão conta da dimensão própria da tonalidade das canções infantis.

Melhor dizendo, podemos afirmar que as crianças *não* expressam seus sentimentos associando seu cantar fluido e suas fórmulas a *uma escala específica*. Talvez seja mais correto dizer que o traço mais marcante dessas manifestações é justamente o de não se encaixar em nenhum tipo de escala. Se abandonarmos ideias preconcebidas sobre escalas e simplesmente nos guiarmos pelas canções que estão de fato na boca e na mente das crianças, não será difícil perceber isso.

Desde 1840, a Noruega vem preservando um vasto acervo folclórico e, mais recentemente, pesquisadores investigaram nele a possível influência da escala pentatônica da Kodály. O resultado é desanimador. Apenas um punhado de melodias tem inegáveis elementos pentatônicos, que não ensejariam uma insistência maior na metodologia de Kodály. Mesmo assim, as escalas de cinco tons de Kodály continuam sendo largamente empregadas na Noruega, em outros países nórdicos e pelo mundo afora, por entusiastas que continuam impressionados com o que viram em Budapeste.

As observações que fiz aqui não devem ser vistas como demérito nenhum a Kodály e à aplicação do seu método na Noruega ou em qualquer outro lugar. A escala pentatônica ajuda a ampliar o repertório da musicalização infantil.

Minha objeção diz respeito apenas ao seu uso indiscriminado, como se fora uma verdade universal acima de qualquer crítica, especialmente naqueles países que veem em Kodály uma espécie de Bíblia, especialmente no que tange à educação musical infantil, sem que esse método tenha raízes na cultura local e sem uma maior fundamentação acadêmica para tanto. Em outras palavras, sem que haja aquele mínimo de embasamento científico que nós, no Ocidente, consideramos tão necessário.

Até onde sei, este livro é o primeiro a propor uma discussão sistemática e multicultural das diferentes formas de canções de crianças em idade pré-escolar. Seria preciso realizar pesquisas semelhantes em outras partes do mundo para termos um panorama mais abrangente, mas nunca é tarde para discutir a educação musical infantil tendo a cultura local como pressuposto.

O método Kodály e seus educadores devem ser incluídos num debate franco sobre o desenvolvimento de uma pedagogia musical infantil alicerçada nesses mesmos fundamentos. Há muito por ser feito, em diferentes campos de estudo. A escala pentatônica pode ter seu valor, mas é preciso tomá-la com um grão de areia; não devemos monopolizar o debate em torno de algo que também mobiliza os entusiastas do método Kodály: uma pedagogia musical infantil que tome por base a criança e seus pontos de vista.

DA SOMBRA DE MOZART AO *GRADUS AD PARNASSUM*

Em meados do século XVIII, todos os olhos do mundo voltaram-se para duas personalidades que, a seu modo, contribuiriam sobremaneira para a educação musical infantil: Rousseau e Mozart.

Em 1762, Rousseau publicou *Emílio, ou da educação*. A criança, o homem original, passou a ocupar o centro de uma educação e de um aprendizado cujo propósito era o de formar uma sociedade melhor e mais esclarecida. Foi Rousseau quem, nesse contexto, propôs o lema "Respeitai a infância!" A própria criança e seu desejo eram agora tanto o meio como o propósito do aprendizado, em detrimento de uma cultura adulta artificial e excludente que Rousseau tanto desprezava.

Quando *Emílio* foi lançado, Mozart tinha 6 anos. *Emílio* deu relevância a Wolfgang, Wolfgang deu relevância a *Emílio*, num verdadeiro capricho do destino.

Em alguma medida, ambos pareciam o mesmo fenômeno na teoria e na prática. Ou não seria o jovem Wolfgang a própria representação daquilo que Rousseau escreveu? A criança abençoada que tudo podia e sobreluzia diante de tudo e todos, fosse aprendendo ou se apresentando num palco? Não seria Wolfgang uma espécie de *Emílio*, a encarnação do ideal de Rousseau, a criança que emergiu na história no momento exato, no auge do Iluminismo, e ao atrair para si a atenção do mundo personificou todas as crianças do mundo? Muita gente acreditava que sim.

Mas o fenômeno Wolfgang Amadeus Mozart não era simplesmente uma personificação de *Emílio*. Wolfgang foi pressionado a representar o contrário das ideias que Rousseau defendia em seu livro. Em 1763, aos 7 anos, já fazia a primeira grande turnê pela Europa, acompanhado por sua igualmente prodigiosa irmã Nannerl, de apenas 11 anos, e de seu pai, o extremamente ambicioso Leopold. A turnê durou três anos e incluiu inúmeras apresentações pelas cortes das metrópoles europeias, inclusive Paris e Londres. Para aquele menino imerso num universo adulto, onde estavam a liberdade e a naturalidade que Rousseau tanto preconizava? A maneira como Leopold expunha o filho ao mundo não era nada natural para uma criança, segundo a compreensão de Rousseau. Ao contrário, vestido como um pequeno adulto, Wolfgang era estimulado a tocar tudo aquilo que os adultos queriam ouvir.

Mozart aos 6 anos de idade

Ele, um talento infantil prodigioso, conseguia executar qualquer peça de qualquer gênero ou estilo de uma maneira que adulto nenhum seria capaz. Não havia, no entanto, o menor respeito por seu caráter infantil. Mozart era tratado como se um pequeno adulto fosse, uma apoteose musical em forma de criança, capaz de com sua inocência alcançar o mais alto grau de refinamento artístico. Enquanto durou a turnê, as poderosas cortes europeias tiveram naquele garoto um álibi para disfarçar sua decadência. Mais tarde, ele trataria de se vingar com suas óperas.

Desde então, Mozart tornou-se uma espécie de padrão-ouro da pedagogia musical, um objetivo a ser alcançado, um meio de chegar o mais rápido possível ao *Gradus ad*

Parnassum. O próprio Mozart ainda usava calças curtas quando lhe meteram uma peruca e lhe empoaram o rosto.

Tudo era uma questão de seguir seus passos e tentar a sorte. A mesma coisa sucedeu a Beethoven. É notório que o pequeno Ludwig apanhava do pai, que tinha na imagem de Mozart um ideal a ser alcançado. Mesmo assim, Ludwig conseguiu trilhar seu caminho. Muitas crianças são fortes e conseguem, mas nem todas.

A exploração do talento infantil não parou de crescer. Cem anos depois de Fux e de seu famoso manual de composição, Clementi elaborou uma nova e extensa pedagogia musical para o ensino de piano, *Gradus ad Parnassum*. As crianças tocavam, aos trancos e barrancos, um passo atrás do outro. *Poco a poco muriendo*.

O sonho de produzir um novo Mozart tornou-se de certa forma um *mito fundador* da pedagogia musical moderna, ainda que com o passar do tempo esse sonho tenha adquirido dimensões mais modestas. Mas ele ainda existe, e resiste, em inúmeros corações paternos: "Vamos começar cedo e tentar! Quem sabe você, meu filhinho, minha filhinha, não tem um milésimo do sangue de Mozart correndo nas veias?" Daí a pressa para começar as aulas de musicalização quanto antes. Já não lemos em algum lugar a história do garoto que estreou com 8 anos, estudou nos melhores conservatório antes de completar 10, e aos 12 já viajava o mundo em turnês que ganhavam as manchetes de todo o globo? Logo, por que não você, meu filhinho ou minha filhinha?

No passado — ou ainda hoje —, quantas crianças de algum talento musical não viveram uma vida miserável à sombra de Mozart? Uma sombra que nem sempre é palpável, é bom que se diga. A maioria talvez prefira nem mencionar, mas está profundamente arraigado na nossa consciência que é papel de um zeloso pai ou de uma devotada mãe levar o filho regularmente à aula de música, na esperança de estar ajudando a presentear o mundo com mais um prodígio. Assim como muitos de nós nutrimos o desejo, jamais realizado, de ganhar na loteria, sabemos que para uns poucos esse sonho é real. O professor de música talvez seja mais comedido. Afinal, ele já viu inúmeras crianças desistirem de aprender a tocar um instrumento. Mas, de vez em quando, a sombra aterradora de Mozart ou a atração exercida pelo Parnaso também acomete o pobre professor. A expectativa dos pais está à flor da pele. Além do mais, um professor que tenha ajudado a dar à luz uma criança prodígio passará a gozar de enorme prestígio entre seus pares.

Sabemos muito bem que a maioria das crianças desistirá no meio do caminho e jamais galgará o topo do monte Parnaso, reproduzindo assim a teoria evolucionista de Darwin no contexto músico-pedagógico (Bjørnstad, 2004). Estatísticas suecas mostram que a grande aposta do ensino musical naquele país nas décadas de 1960 e 1970 não repercutiu num aumento da atividade musical na população adulta no intervalo entre 1965 e 1987 (Nylöf e Nordberg, 1988). Quarenta anos depois, a porcentagem de suecos que tocam instrumentos não parece ter aumentado. Como vimos, também na Rússia há certo incômodo pelas taxas de abandono nas escolas de música. Na Noruega, cerca de 60 mil crianças estudam em escolas de musicalização e assemelhadas. A frequência diminuiu nos últimos tempos, não se sabe exatamente em que porcentagem.

É óbvio que não se espera que essas crianças continuem a tocar pelo resto da vida. Elas têm o pleno direito de parar de tocar se julgarem que há coisas mais importantes a fazer. Mesmo assim, com base nesses milhares de crianças que se interessam cedo pelo assunto, seria de esperar um relativo aumento do contingente de músicos na população em geral. Afinal, durante um período a musicalização foi importante no seu cotidiano. Que fim terão levado todos aqueles que tocavam em escolas e conservatórios?

O caminho que une as fórmulas e canções fluidas da cultura infantil, das cantigas no colégio e das escolas de música às salas de concerto, passa por filtros cada vez mais rigorosos. Nem todos sabem tocar as sonatas de Mozart ou cantar as árias de Puccini, e tanto o classicismo vienense como as grandes óperas demandam anos de estudo e prática para ser executados a contento. Ao mesmo tempo, é importante lembrar que outras formas de canto e ensaio musical têm sua importância, seu valor e seu significado. Se não para as salas de concerto e os palcos de ópera, pelo menos no cotidiano de centenas de milhares de pessoas que não almejam tanto, mas precisam da dimensão musal que música traz à vida delas — seja como meio de conectar-se aos próprios sentimentos, seja intensificando o convívio familiar, seja tocando com e para os amigos numa ocasião social. Já vimos que a música estimula o lado criativo e, portanto, é algo essencial na vida de todo ser humano, desde as brincadeiras infantis até suas realizações como adulto.

O método Gradus por definição exclui a borboleta de Per. Junto com ele, milhares de crianças são sumariamente diagnosticadas com amusia antes mesmo de alguém cogitar iniciá-las na musicalização. Elas se conformam à sua ignorância musical e são privadas de um recurso vital de expressão em nome de uma estética excludente. Sou tentado a concordar com os compositores suecos Lill Babs e Lars Norander: "O som da floresta seria terrível se pudéssemos ouvir apenas o trinado dos pássaros".

Na insistência de muitos educadores musicais deslumbrados com a estética do belo, a canção fluida infantil é desprezada e esquecida durante aulas de canto solo ou em coro. Uma evolução do canto infantil pronto, de preferência o *bel canto*, é o que interessa para prosseguir na musicalização formal segundo a escala de valores do método Gradus. Justo aquilo que mais se parece com a tradição adulta é o principal elo entre a educação infantil e a formação musical. Conceitos pedagógicos e acadêmicos passam a ser aceitos de forma geral e acrítica, embora totalmente distantes da espontaneidade infantil e da expectativa de dar à música a devida importância na nossa vida.

Fazer da escala de valores adulta o princípio fundamental na musicalização infantil terá como consequências um processo de seleção impiedoso e altas taxas de abandono, consequências essas que todos lamentaremos.

Tal modelo não deriva de algum tipo de intolerância cultural, mas da falta de domínio sobre o assunto. Muito disso é responsabilidade de estudiosos e pesquisadores. As pesquisas até hoje não lograram produzir um conhecimento crítico e sistemático do caráter musical infantil e das suas implicações, muito menos apresentar ao público as poucas conclusões disponíveis. Interessa mais a nós, pesquisadores, saber se as crianças conseguem distinguir sustenidos de bemóis ou compassos diferentes — questões típicas da psicologia experimental — , do que investigar a fundo a comunicação musical de crianças. É natural surgirem enormes problemas decorrentes de uma pedagogia musical feita por adultos. O próprio conceito de "música", assim como nós adultos o compreendemos no Ocidente, pode ser questionado como base da musicalização infantil. Como vimos, o *ngoma* da cultura infantil implica um fenômeno sociomusical muito mais abrangente. Faz-se necessária uma perspectiva contextual mais ampla para compreender o ponto de vista infantil e a necessidade única que a criança tem de expressar sua musicalidade, sua criatividade e suas emoções. Em vez de uma aproximação elitista-idealista, uma visão psicoantropológica embasada na própria música, mais próxima da maneira como fez John Blacking, por exemplo. Em seu livro *How musical is man?* [Até que ponto o homem é musical?] (1973), o próprio título já propõe uma pergunta retórica. Podemos responder à maneira de Blacking: o homem é musical. Durante a infância, todos nós fomos seres musicais. Porém, quando confrontados com as normas e os valores do sistema educacional perdemos muito da nossa inspiração musal — perda que ocorre não apenas na educação *lato sensu*, mas também numa especialização musical alicerçada inteiramente no intelecto.

Do ponto de vista pedagógico, o ideal seria que crianças e até mesmo adultos aprendessem a tocar um instrumento ou a cantar num coral *con amore*, sem se preocupar com qualquer tipo de pressão, como as relacionadas à profissionalização. Em minha opinião, seria também o melhor para aquela minoria de crianças e jovens que descobre a vocação para viver profissionalmente da música. Pois o desenvolvimento humano *pela* música é também um pré-requisito para uma educação *para a música*. Não importa o objetivo, deve haver uma premissa fundamental: zelar pelo significado existencial da representação musical que há em cada criança, em cada ser humano. Uma vez perdido, perde-se o propósito de educar uma criança para a música.

"NÃO PRESTE TANTA ATENÇÃO AOS SONS!"

O velho John Bell não tinha uma voz bonita, grunhia mais do que cantava, diziam. E mesmo assim as pessoas apenas calavam e prestavam atenção quando ele cantava suas melodias pungentes e expressivas. Charles Ives (*apud* Cowell, 1955, p. 23-24), compositor norte-americano por muitos rejeitado devido ao seu modernismo vanguardista, relata orgulhoso a história que seu pai lhe contou:

> Certa vez, quando perguntaram a seu pai "Como você suporta escutar o velho John Bell (que era o melhor pedreiro da cidade) desafinando desse jeito quando vamos acampar?", sua resposta foi: "O velho John é um músico divino. Olhe no rosto dele e escute a música das eras. Não preste tanta atenção aos sons. Se fizer isso, deixará escapar a música. Você não vai subir aos céus feito um herói tocando um sonzinho qualquer".

Esse é um atributo intrínseco à canção — basta querermos lhe dar ouvidos. Ele reside no núcleo da musicalidade infantil, um imperativo nas vozes que cantam querendo viver. Ao priorizar o que é belo e certo, perdemos o rumo da pedagogia musical e deixamos de voar como a borboleta de Per.

"EM TEU CORAÇÃO, SENTE ANTES DA MENTE A RAZÃO"

A cidade de Leipzig é um centro da cultura musical europeia. Johann Sebastian Bach passou ali metade da sua vida adulta como "kantor" da igreja. Nela foi fundado o primeiro conservatório musical, cujos expoentes foram figuras como Schumann e Mendelssohn. Nela, Edvard Grieg atingiu sua maturidade musical, rebelando-se contra a rigidez das regras do conservatório e da doutrina musicista do Ocidente. Grieg começou a escrever músicas em norueguês, com quintos paralelos e pausas que lhe soavam muito bem.

Sobre o órgão no Gewandhaus de Leipzig pode-se ler um velho adágio de Sêneca: *Res severa est verum gaudium* — "A seriedade é a verdadeira alegria".

A canção espontânea infantil é uma dessas verdadeiras alegrias e poderia estar lado a lado com a música de Bach, Schumann e Grieg se a pedagogia ao estilo Gradus não tivesse feito vista grossa a isso. Qualquer educador musical deveria propor a seus alunos trilhar o caminho oposto ao Parnaso das musas. Não por meio dos meandros da técnica, mas necessariamente percorrendo a via que conduz à cultura infantil. Como diz Henrik Wergeland: "Em teu coração, sente antes da mente a razão".

LIBERDADE E ADOLESCÊNCIA – *FOREVER YOUNG*

*E então sumiram sem deixar vestígios.
Diz-se que se tornaram adultos.*
HÅVARD ENGE

Colagem em três línguas:
"música", "liberdade" e "amo você" em norueguês, inglês e russo.

10 *IF YOU LOVE SOMEBODY, SET THEM FREE!*[20]

> *A dor do broto é dor à vera.*
> *Por que tardar na terra fria*
> *Se o calor da primavera*
> *Outra estação anuncia?*
> *Que novidade vem à luz?*
> *A dor do broto é dor à vera,*
> *dor de quem parte da raiz.*
> Karin Boye

MORTE AO JUIZ!

No coração de todo adolescente residem as reminiscências do canto espontâneo infantil como legado da primeira infância. Agora e antes, em momentos críticos, as forças primais ocupam novamente a proa.

Eu estava assistindo a um jogo de futebol. Meu time favorito desde a infância estava em campo, e era um jogo decisivo. Se a equipe vencesse, permaneceria na primeira divisão. Se perdesse, iria para a segunda divisão com a pecha de fracassada. Não era um jogo fácil, pois os noruegueses levam o futebol tão a sério quanto os brasileiros.

O estádio estava lotado com milhares de sofredores como eu, todos suando frio. Eu estava cercado por torcedores adversários, todos rindo, celebrando e se divertindo. Um bando de jovens no fim da adolescência com bonés e cachecóis pretos e dourados dominava as arquibancadas.

Eles tinham motivo de sobra para comemorar. Seu time vencia por 3 a 0 e faltavam apenas cinco minutos para o fim do jogo. Não havia esperança; eu já estava à beira das lágrimas. Meus heróis estavam prestes a enfrentar a desonra e a derrota! Comecei a imaginar as manchetes garrafais nos jornais de segunda-feira e senti como

---

20. Em inglês no original. O autor recorre aqui à conhecida estrofe do primeiro disco solo do cantor Sting: "Se você ama alguém, liberte-o!" [N. T.]

se eu próprio tivesse sido humilhado. Os torcedores do outro time tinham cornetas e aproveitaram que a partida estava prestes a acabar para soar um ensurdecedor hino da vitória. Minha adrenalina estava a toda. Eu sentia tanta raiva que parecia que ia explodir.

Então aconteceu. O juiz apitou e apontou com autoridade: pênalti a nosso favor. Uma quietude misteriosa se apossou da multidão. Senti um laivo de esperança enquanto aguardava pelo inevitável. Finalmente uma pitada de justiça nesse mundo tão cruel!

Os torcedores adversários estavam atônitos. O que era aquilo? Eles balançavam a cabeça, descrentes, e olhavam mudos para o campo. De repente, como se alguém tivesse dado um comando, eles se livraram das cornetas e dos bonés pretos e dourados e começaram a gritar com olhar assassino:

(Morte ao juiz! O juiz é louco!)

Eles cantavam com fúria agressiva. O som das cornetas não lhes era mais suficiente. A situação pedia uma expressão de ira pura, e nada mais ultrajante que aquela música que saiu do âmago de cada um, onde ficara indelevelmente marcada durante a infância. O canto persistiu até o apito final. Para os torcedores, aquela música aniquilara o juiz para sempre e por completo.

O goleiro caiu para o canto errado e o pênalti foi convertido. Gol! Mas o outro time ganhou por 3 a 1. Permanecemos na segunda divisão desde então.

GRITO PRIMAL E PUBERDADE

No outono de 1986, uma ampla pesquisa de opinião realizada com adolescentes ganhou as páginas de diversos jornais dos Estados Unidos. A pergunta era a seguinte: "O que é o mais importante na sua vida?" Os entrevistados podiam escolher entre 54 alternativas possíveis. Este foi o resultado, do melhor para o pior: nº 1: música; nº 31: mãe; nº 48: pai; nº 54: professores e escola.

Gritos primais e puberdade. Vida e amor. O imperativo musal acorda para um novo e tempestuoso capítulo durante a adolescência. Todo o potencial criativo infantil ressurge inexoravelmente em formas novas e onipresentes:
- erotismo e sensualidade;
- necessidade de proximidade;
- curiosidade;

- novas brincadeiras e palhaçadas;
- desejo de autonomia;
- novos limites;
- necessidade de uma nova identidade;
- intransigência;
- rebeldia;
- dúvidas;
- fantasias e sonhos;
- emoções;
- irracionalidade;
- improvisações;
- vazio existencial;
- novo senso de comunhão;
- nova sociabilidade.

Winnicott, que procurou aplicar sua teoria psicodinâmica do brincar à puberdade, lançou algumas palavras lacônicas de sabedoria aos exaustos pais de adolescentes, sobretudo àqueles que procuravam exercer a paternidade e a maternidade de modo criativo. Mais tarde, na alegria e na tristeza, eles colheriam o que haviam plantado, descobrindo que a sinceridade que haviam estimulado era a prova viva da autenticidade e da força avassaladora da adolescência:

> Se nossos filhos vierem a se descobrir, não se contentarão em descobrir qualquer coisa, mas sua totalidade em si mesma, e isso incluirá a agressividade e os elementos destrutivos neles existentes, bem como os elementos que podem ser chamados de amorosos. Haverá uma longa luta, à qual precisaremos sobreviver. [...] (226-7)
> Se a criança tem de tornar-se adulta, então essa transformação se faz sobre o cadáver de um adulto. Sou obrigado a tomar como evidente que o leitor sabe que me refiro à fantasia inconsciente, material que fundamenta o brincar. [...] Mas lembremo-nos de que a rebelião é própria da liberdade que concedemos a nossos filhos, criando-os de maneira tal que ele ou ela existem por seu próprio direito. Em certos casos, poder-se-ia dizer: "Semeamos um bebê e colhemos uma explosão" [...] (Winnicott, 1971/1975, p. 226-7 e 229-30)

Nessa fase da vida, a rebeldia é naturalmente direcionada tanto contra a escola e a sociedade quanto contra os pais. Como sabemos, as tensões entre puberdade, escola e sociedade são comuns na cultura roqueira. Basta lembrar de filmes como *Sementes de violência* e de suas variações mais radicais, como *The Wall*, do Pink Floyd.

Como vimos, a escola não contribui para desenvolver o tipo de criatividade que os alunos trazem consigo da cultura infantil. A cultura escolar reflete a cultura adulta, que tende a dissociar em vez de unificar. Em países como Noruega, Estados Unidos e Brasil, a música é relegada a segundo plano no currículo escolar, a despeito do interesse pessoal e de ser uma necessidade básica dos alunos. Letras e números têm importância; ritmos e sons, não. Por outro lado, a quantidade de alunos cuja criatividade é acolhida pela escola é ínfima. Na verdade, alguns professores sentem-se frontalmente intimidados por esse tipo de estudante.

Porém, os jovens sempre dão um jeito de buscar a música fora da escola. A música é um de seus principais meios de canalizar seus sonhos e tormentos, sua raiva e sua identidade.

A cultura musical adolescente é uma continuação natural do *ngoma da infância:* oral, corporal, espontânea, articulada e existencial. Muitas estrelas do rock deliberadamente encarnam esse estereótipo, como é o caso do Eurythmics (Annie Lennox e David Stewart). Muitos anos atrás, pouco antes de um show em Estocolmo, eles declararam ao jornal *Dagens Nyheter*: "Temos de ser o tempo inteiro como crianças, observando e vivenciando tudo como se fosse a primeira vez. É assim que a criatividade flui. Não é fácil viver dessa forma, mas é nossa obrigação cuidar para que seja assim".

Hoje, debate-se a diferença entre a cultura escolar e a cultura do rock como forma alternativa de expressão. Robert Pattison, um dos principais estudiosos do tema, afirma que o imediatismo e a energia do rock criaram um novo tipo de letramento na sociedade norte-americana. De certa forma, suas ideias vão ao encontro das de Paulo Freire a respeito da pedagogia do oprimido e da admiração de Enzesberger pela vitalidade da cultura do analfabeto. Todos esses pressupostos estão relacionados com a teoria de Ong (1982) a respeito da emergência de uma nova *oralidade secundária*. Pattison (1982), que é especialista em literatura inglesa, afirma que o rock é a nova forma idiomática de expressão da juventude e da sociedade como um todo:

> O rock exige respeito porque é a arte primeira do novo letramento. Os críticos do ritmo o condenam baseados nos antigos cânones tão rejeitados pelo próprio rock. Este traz dentro de si um novo conjunto de padrões de beleza e de linguagem [...]
>
> O novo letramento, disponibilizado pela mídia eletrônica, obrigará o rígido sistema linguístico de classe média a se tornar mais solto e mais idiomático. [...]

O PODER DO TRANSITÓRIO

Independentemente do contexto cultural em que é difundido, o sentido primeiro do rock é sempre o mesmo: rebeldia e existência. A cultura do rock origina-se sobretudo da música, a qual arrebanha fãs e preenche estádios com energia pura. Cultura roqueira e música são uma coisa só.

Desde o princípio, o rock sempre teve uma característica de dissidência. Muito da estética do rock baseou-se no blues. Porém, esse ritmo era muito menos emotivo, chegando às vezes a ser primitivo. Não havia tempo para subterfúgios ou circunlóquios: as letras lidavam diretamente com os sentimentos e o sexo. Aos poucos, jaquetas de couro, motocicletas e batidas pesadas se transformaram numa força superior. Foi assim que o rock começou na década de 1950. À época, o roqueiro era um representante da cultura popular tradicional — espontânea, física, visual e sonora —, em claro contraste com os fraques dos grandes concertos.

As letras de rock, obviamente, não existem apartadas da batida inconsequente e sexual da música. Palavras e sons interagem de forma dinâmica, como luz e sombra sob o sol da tarde. O grito primal do rock e suas letras cadenciadas retiram seu poder dos recônditos da música. O som amplificado muito além do limite da dor nos atinge no peito como o coice de um cavalo — e paradoxalmente abre caminhos para um novo tipo de sensibilidade. Cada ouvinte se torna um oásis de calma em meio à tempestade. Os shows de rock se transformam em sugestivos rituais de purificação que nunca existiriam nem em casa nem na escola. Todos os adereços do show — maquiagem, luz, cenário — criam o ambiente ideal para compartilhar sensualidade e experiências. O artista é o intermediário, o palhaço performático, o sumo sacerdote, desde que seja bom de verdade e que sua mensagem carregue a mágica pela qual o público anseia. Então ele cantará, assim como Ronja, com um desejo interior que jamais será calado.

A energia incessante do rock é fruto da turbulência da puberdade. Ele é erótico e onírico, emotivo e instável, selvagem e rebelde, veemente e vulnerável, ingênuo e visionário. O rock é tocado com seriedade mortal; compõe um arco-íris *mus*(ic)*al* entre os mundos interior e exterior no cotidiano muitas vezes caótico dos adolescentes.

O debate a respeito da qualidade do rock em geral deriva para o confronto entre a "alta" cultura do mundo adulto e a "baixa" cultura juvenil. A comparação com Beethoven é sempre pobre. Segundo um grande maestro mundialmente conhecido, "a grande diferença é que dentro de cinco anos ninguém saberá quem é Bruce Springsteen. A função social do rock é efêmera. Já a música de Beethoven continua viva mesmo depois de 150 anos".

Tal comparação é forçada. O rock e a música de Beethoven não são duas manifestações do mesmo fenômeno; trata-se de fenômenos diferentes. Seria o mesmo que comparar Beethoven ao cubismo ou ao conservacionismo. É óbvio que uma sinfonia de Beethoven tem qualidades de forma, contraponto, instrumentação, desenvolvimento temático e harmonia que vão muito além de muitas boas canções de rock. Mas essas características, embora sejam admiradas no universo clássico, não melhorariam a qualidade do rock. Ambos os fenômenos são incomensuráveis. Claro que o rock é música, mas sua função e seu significado são deveras diferentes dos da música erudita.

Como experiência musical associada à juventude, o rock está ligado sobretudo a processos de identidade psicológica e cultural. Os hits musicais, a moda e os ídolos são símbolos importantes por meio dos quais a busca pessoal e coletiva de individualidade se torna evidente. Sem hesitação, o jovem fã de rock lida com a mediocridade do dia a dia ouvindo música, a fim de adotar uma posição que lhe permita resistir às enormes pressões da sociedade adulta. É uma questão de entrar no mundo adulto pelos próprios meios. Dessa perspectiva, a indiferença diante dos grandes mestres da arte erudita é parte da psicologia e da dinâmica da rebeldia adolescente — que é tão elementar quanto necessária. O rock é música de atrito, música como declaração selvagem de independência. A *Nona sinfonia* de Beethoven jamais poderia servir a esse propósito para milhões de jovens, independentemente de sua excelência e de ser admirada por amantes da música no mundo todo. As palavras arrogantes do maestro a respeito de Bruce Springsteen na verdade confirmam que os valores e necessidades do rock jamais seriam preenchidos pelas sinfonias de Beethoven.

A natureza do rock é tal que os adolescentes não precisam se limitar ao papel de meros espectadores. É relativamente fácil aprender alguns acordes de guitarra, conseguir o equipamento necessário e se tornar cantor de rock — com banda própria. Reside aí a força da cultura e do poder de identificação do rock: ele aparenta ser uma estrada reta e plana entre o fã e o estrelato.

O fato de a expectativa de vida dos roqueiros ser tão baixa de modo nenhum contradiz a relevância desse tipo de música na vida de tantos jovens. Ao contrário, a alta rotatividade é resultado da própria dinâmica do rock. É justamente sua efemeridade que lhe confere força. Se esse tipo de música se tornasse durável, perderia a eficácia crua do momento. O rock só pode ser possuído no presente pulsante, na carne da revolta explosiva. *Carpe diem*. Aproveite o dia. Cada novo grupo de adolescentes tem *sua* urgência de encontrar o caminho para o futuro — *agora*. E cada um desses grupos faz as próprias escolhas, num equilíbrio complicado entre a rebeldia individual e a manipulação comercial. O rock como provocação e revelação é sempre o rock de hoje, nunca o do passado, de novo e de novo. Enquanto isso, os adolescentes mais velhos são inexoravelmente empurrados para mais perto do mundo adulto, onde o rock evoca sentimentos agradáveis de nostalgia e a *Nona sinfonia* de Beethoven aguarda pacientemente nos bastidores.

DO ROCK AO RAP

1955: estreia o filme *Sementes de violência*. Revolta! O poder do professor transforma-se em impotência numa escola de ensino médio norte-americana. O líder de uma gangue, Artie West, comanda o movimento, cheio de ódio no coração depois de tantos anos de escola. O professor está esprimido contra o quadro negro, seu instinto de sobrevivência lhe diz apenas uma coisa: "Não dê as costas a eles!"

No filme, Bill Haley e seu "Rock around the clock" foram o rastilho de pólvora que incendiou os corações adolescentes dos Estados Unidos e da Europa. Discos na vitrola, salões lotados de saias marcadas e corpos suados, garotas gritando e garotos exalando o desejo no ar, corações em brasa. Nascia então uma poderosa cultura juvenil, praticamente do dia para a noite. *Salto, ergo sumus: danço, logo somos!*

"Rock around the clock" começa como uma fanfarra em tons crescentes. É o rock anunciando a vida o dia inteiro, "around the clock", impregnando-a com o seu ódio e toda a sua alegria:

Acorde básico: *One, two, three o'clock, four o'clock rock!*

Terça: *Five, six, seven o'clock, eight o'clock rock!*

Quinta: *Nine, ten, eleven o'clock, twelve o'clock rock! We're gonna rock around the clock tonight!*

Naquela época nem desconfiávamos, mas agora temos certeza. Aquela rebeldia mudou o mundo, social, cultural, comercial e musicalmente:

Put your glad rags on and join me, hon,
We'll have some fun when the clock strikes one,
We're gonna rock around the clock tonight
We're gonna rock, rock rock 'till broad daylight,
We're gonna rock, gonna rock around the clock tonight.[21]

---

21. Vista seus trapos de festa e venha comigo, amor / Vamos nos divertir quando o relógio der a uma / Vamos passar a noite dançando rock / Vamos dançar até o dia raiar / Vamos passar o dia inteiro dançando rock. [N. T.]

Da insurreição escolar de *Sementes de violência* podemos traçar uma linha direta até "The Wall" (1982). Agora é o Pink Floyd quem diz:

> We don't need no education
> We don't need no thought control
> No dark sarcasm in the classroom
> Hey! Teacher! Leave them kids alone!
> All in all it's just another brick in the wall
> All in all you're just another brick in the wall.[22]

Com o Public Enemy, a música popular norte-americana ficou cada vez mais politizada. Em vez de rebelião na escola, revoltas na sociedade. O rock transformou-se em rap. Liderado por Chuck D. no final da década de 1980, o Public Enemy emergiu como reação aos Estados Unidos de Ronald Reagan e manteve sua relevância durante toda a década de 1990. Em *Fight the power*, de 1989, o rap aponta sua metralhadora de ritmos e rimas dançantes contra o coração do poder. A ideia é antiga, mas expressa de uma nova maneira. A música lhe dá vida:

> Sound of the funky drummer
> Music hittin' your heart 'cause
> I know you got a soul
> (Brothers and sisters, hey!)
> Listen if you're missin' y'all
> Swingin' while I'm singin'
> Givin' whatcha gettin'
> Knowin' what I knowin'
> While the Black bands sweatin'
> And the rhythm rhymes rollin'
> Gotta give us what we want
> Gotta give us what we need
> Our freedom of speech is freedom or death
> We got to fight the powers
> Let me hear you say

---

22. Não precisamos de educação nenhuma / Não precisamos que controlem nossos pensamentos / Nada de sarcasmo na sala de aula / Ei, professor, deixe as crianças em paz / Afinal de contas, você é só mais um na multidão / Afinal de contas, você é só mais um na multidão. [N. T.]

Fight the power (7X)
As the rhythm designed to bounce
What counts is that the rhymes
Designed to fill your mind [...]²³

Em 1992, o Rage Against the Machine levou adiante a rebeldia, bebendo na mesma fonte de Bill Haley, Pink Floyd e Public Enemy. Os rifes de guitarra têm a mesma ira de um dos maiores rebeldes do rock, Jimi Hendrix. Numa fusão do rock com o rap, o ataque é novamente à escola:

We gotta take the power back!
We gotta take the power back!
The teacher stands in front of the class,
but the lessons he can't recall.
The students' eyes don't perceive the lies
bouncing off every fuckin' wall.
His composure is well kept,
I guess he fears playing the fool.
The complacent student sits and listens
to the bullshit that he learned at school.
We gotta take the power back!
We gotta take the power back!²⁴

Se avançarmos até a eleição presidencial de 2004, veremos que o *rapper* Eminem inspirou-se no *pledge of allegiance* que as crianças perfiladas no pátio da escola toda manhã recitam com a mão no peito. Convertido numa espécie de sábio, vidente ou bardo, ele denuncia a hipocrisia do governo de George W. Bush e quer desmascará-la. A batida é extremamente sombria, um *ostinato* em Mi-bemol menor:

---

23. O som da bateria dançante / A música atingindo seu coração, pois já sei que você tem alma / (Ei, irmãos e irmãs!) / Escutem se estiverem perdidos / Dançando enquanto eu danço / Dando o que recebem / Sabendo o que eu sei / Enquanto as bandas negras suam a camisa / E o ritmo rola solto / Pra nos dar o que queremos / Pra nos dar o que necessitamos / Nossa liberdade de expressão é liberdade ou morte / Temos de lutar contra os poderes / Quero ouvir você dizer / Lute contra o poder (7X) / O ritmo foi feito pra dançar / O que conta é a rima / Que foi feita pra pensar. [N. T.]
24. Precisamos retomar o poder! / Precisamos retomar o poder! / O professor lá na frente da sala / Nem se lembra das lições / Os estudantes não enxergam as mentiras / quicando em cada parede / Ele mantém a compostura / Acho que tem medo de fazer papel de bobo / O aluno complacente / Senta e escuta a merda que aprende na escola / Precisamos retomar o poder!/ Precisamos retomar o poder! [N. T.]

> I pledge allegiance to the flag
> Of the United States of America [...]
> It feels so good to be back...
> [...] You scrutinise every word
> Memorise every line
> I spit it once, refuel
> Re-energise and rewind
> I give sight to the blind
> My insight through the mind
> I exercise my right
> To express when I feel it's time
> [...]²⁵

O refrão assume um tom religioso e Eminem torna-se uma espécie de Moisés liderando seu povo:

> Come along, follow me
> As I lead through the darkness
> As I provide just enough spark
> That we need to proceed
> Carry on, give me hope
> Give me strength
> Come with me [...]²⁶

BRANCO E PRETO

O rock norte-americano transformou-se com incrível velocidade numa cultura majoritariamente da juventude branca de classe média. Não era a cultura negra que os jovens brancos dos Estados Unidos queriam para si, mas elementos dela capazes de chacoalhar o tédio em que estavam imersos. E Elvis Presley foi, como sabemos, um artista branco de inegável alma negra, "requebrando nos ritmos negros com seus quadris

---

25. Eu juro fidelidade / À bandeira dos Estados Unidos da América [...] / É ótimo estar de volta... / Examinando cada palavra / Memorizando cada frase / Eu cuspo uma vez / Reabasteço, recarrego as energias e volto / Olho e não vejo nada / Meu insight está na mente / Exerço meu direito de me expressar quando achar que for a hora [...] [N. T.]
26. Chega junto, vem comigo / Vou na frente pelo escuro / Garantindo só a centelha / Que precisamos para prosseguir / Vamos nessa, me dê esperança / Me dê força / Vem comigo [...] [N. T]

genuinamente brancos", no dizer de Pattison (1987, p. 33). Era a combinação perfeita para a época. A rebeldia estava no auge de seu impacto, mas ao mesmo tempo era culturalmente legitimada e fortemente domesticada pelo empresário e agente do rei do rock, Sam Phillips, e a sua Sun Records. O mercado poderia facilmente engoli-lo, numa época em que a Ku Klux Klan e a segregação racial eram coisas triviais e cotidianas para boa parte da sociedade norte-americana.

Nos Estados Unidos de hoje, o rock é sobretudo um fenômeno de massas, um refúgio cultural para diversas gerações e etnias. Nele, pessoas comuns podem levantar sua voz, sobretudo para se contrapor à rigidez da sociedade da informação e à pasteurização das emoções. Essa mesma necessidade une adolescentes e pessoas de meia-idade com o mesmo apelo. *The triumph of vulgarity* [O triunfo da vulgaridade] é como Pattison a define (1987). Na esteira da Guerra do Iraque, Bruce Springsteen, The Boss, enfrentou George W. Bush não como insurgente, mas como cabo eleitoral adversário. E quando Dolly Parton tomou partido de Bush, não o fez exatamente por consciência política, o que é bastante compreensível.

Na verdade, o rock ianque jamais foi político, afirma Pattison. A sociedade norte-americana é alheia aos conceitos europeus de classe, a despeito de suas enormes diferenças sociais e políticas. Os Estados Unidos de hoje ainda se baseiam na utopia do imigrante que origina uma sociedade com liberdades e direitos iguais para todos, independentemente de idade, riqueza e privilégios. Tal sociedade, por sua vez, dará ao rock um espaço muito pequeno na arena política. É justamente o oposto do que ocorre na Inglaterra, por exemplo, onde o rock das grandes metrópoles adquiriu um caráter de protesto político e social: o movimento punk. Pattison fez essa análise há mais de vinte anos. Porém, ele se deteve apenas no rock, deixando o rap de lado. O rap não precisou de um atalho "branco" para assumir seu lugar no mundo. E tem, sim, caráter político.

FLOWER POWER

Foi em outra órbita da cultura juvenil que a música se politizou e ganhou relevância de fato. As canções e a perspectiva cultural das décadas de 1960 e 1970 certamente tinham raízes na rebeldia do passado e trouxeram consigo muito da tradição roqueira. Mas com poesia e, de preferência, um violão, o movimento *flower power* procurou outras vias para se expressar. Novamente o alvo eram os Estados Unidos. A vítima da vez não era o Iraque, mas o Vietnã; a ameaça não era o terror global, mas uma guerra atômica. Com sua guitarra, Jimi Hendrix estraçalhou o hino nacional norte-americano com rajadas de glissandos e acordes que mais pareciam explosões de granadas.

Trovadores empunhavam seus violões, poetas brandiam suas penas. "Dê uma chance à paz!", exortava John Lennon. E a juventude do mundo inteiro fazia coro a Pete Seeger, Bob Dylan, Woody Guthrie, Simon & Garfunkel, Stevie Wonder e Joan Baez:

> How many times must the cannon balls
> fly before they are forever banned
> The answer, my friend, is blowin' in the wind,
> the answer is blowin' in the wind. [...][27]

*

> Where have all the soldiers gone, long time passing?
> Where have all the soldiers gone, long time ago?
> Where have all the soldiers gone?
> They've gone to the graveyards, everyone.
> Oh, when will they ever learn?
> Oh, when will they ever learn? [...][28]

*

> Imagine there's no countries,
> It isn't hard to do,
> Nothing to kill or die for,
> No religion, too
> Imagine all the people
> living life in peace [...][29]

*

> Ebony and ivory live together in perfect harmony
> Side by side on my piano keyboard
> Oh, Lord, why don't we? [...][30]

*

---

27. Quantas vezes as balas de canhão ainda irão voar pelos ares / Até serem banidas para sempre? / A resposta, meu amigo, está soprando no vento/ A resposta está soprando no vento [...]. Trecho de "Blowin' in the wind", de Bob Dylan. [N. T.]
28. Que fim levaram todos os soldados, um longo tempo atrás? / Que fim levaram todos os soldados, um longo tempo atrás? / Eles foram para a cova, todos eles / Ó, quando é que vão aprender? / Ó, quando é que vão aprender? [...] Trecho de "Where have all the flowers gone", de Peter, Paul & Mary. [N. T.]
29. Imagine que não existam países / Não é tão difícil assim / Nada por que matar ou morrer / E nenhuma religião também / Imagine todo mundo / levando a vida em paz [...] Trecho de "Imagine", de John Lennon. [N. T.]
30. Ébano e marfim vivem juntos nas teclas do meu piano / Ó, Deus, por que nós não? [...] Trecho de "Ebony and ivory", de Paul McCartney e Stevie Wonder. [N. T.]

Last night I had the strangest dream
I'd ever dreamed before.
I dreamed the world had all agreed
To put an end to war [...][31]

O ADOLESCENTE ETERNO

Cada nova geração de adolescentes experimentou aquele estranho arroubo de felicidade ouvindo uma banda, fosse numa pista de dança, num show de rock ou em frente do aparelho de som. Beatniks, moderninhos, punks, glam rockers, metaleiros, fãs de new age e de rap — as preferências mudam de uma geração para outra. Ídolos, formas de se vestir e cortes de cabelo; músicas, textos e danças; sons, ritmos e celebridades; vivências sociais e raciais; politização e consciência social; fuga, agressividade e apatia: tudo isso compõe, de formas diversas, o universo jovem.

Essas oscilações dão vazão às tensões adolescentes, tendo a música como instrumento. A fúria, por exemplo, é mais bem expressa num solo de guitarra que na violência e na destruição cegas. A necessidade de se expressar, de colocar a mágoa para fora, encontra uma vazão aceitável num rock, vencendo assim os tradicionais estereótipos de gênero (Fornäs, Lindberg e Sernhede, 1988). Os meninos também podem chorar sob a proteção da música. Os números falam por si: cerca de 90% dos roqueiros dos países nórdicos eram (ainda são?) são jovens do sexo masculino. Quando a escola impõe barreiras, quando a linguagem se transforma em obstáculo, quando os pais ficam entalados na garganta, é a música quem *liberta*. Ela é a chave que abre as portas dos porões da mente e também dos salões iluminados da sociedade e dos meios de comunicação. Os rocks que os adolescentes adoram com paixão desenfreada são manifestações gigantescas de sua necessidade de viver sob regras próprias. Um roqueiro norueguês falou por jovens do mundo todo quando respondeu à seguinte pergunta: "O que há de tão fenomenal no rock?"

> Liberdade. Liberdade absoluta. Para mim, o rock tem sido um lugar de liberdade desde que eu tinha 13 ou 14 anos. Um retiro aonde eu podia ir para ser eu mesmo. Onde eu tinha algo que não pertencia a mais ninguém. Aquilo era meu! Foi assim que passei a me sentir depois que ouvi Doors, Hendrix e Eric Burdon. (Morten Jørgensen no *Arbeiderbladet*, 25 de abril de 1987)

---

[31]. Noite passada tive um sonho estranho / Que nunca havia sonhado antes / Sonhei que o mundo inteiro concordava / Em pôr um fim à guerra [...] Trecho de "Last night I had the strangest dream", de Simon & Garfunkel. [N. T.]

Essa declaração revela um dos muitos paradoxos do rock: ele evoca sentimentos individuais genuínos em meio à cultura de massa global. Os Doors pertencem a milhões de pessoas e, ao mesmo tempo, a um único indivíduo.

Hoje em dia, a propósito, a zona de liberdade do rock não se limita apenas à cultura adolescente. Vivemos uma situação sociocultural totalmente diferente, condicionada tanto pelo passado histórico do rock como pela necessidade incontornável que a indústria cultural tem de conquistar mercados.

Mas não é só isso. Tem que ver também com a psicologia do homem musal. Os conflitos surgidos a partir da explosão do rock na década de 1950 eram tipicamente adolescentes, para o bem e para o mal. Hoje é bem diferente. O mercado musical há muito conquistou pessoas de todas as faixas etárias, que sempre podem recorrer ao conforto das suas músicas de décadas passadas.

A carreira de Elvis Presley começou ainda em sua adolescência e chegou ao fim quando ele já era um senhor de meia-idade. Tocar não era bem o seu negócio. O que ele sabia era cantar. Cada vez mais sedutor, cada vez rebolando mais os quadris, cada vez mais empunhando o instrumento à guisa de falo durante os solos de guitarra. E os fãs o seguiam por onde fosse, incondicionalmente. O rock, Elvis e sua legião de fãs envelheceram. Juntos. Uma vez roqueiro, sempre roqueiro. A música assentou-se tão profundamente que não era mais possível livrar-se dela sem perder a si mesmo. Convém repetir aqui o que escreveu Pattison (1987, p. 100-101): "O rock aponta estratégias para evitar o envelhecimento inexorável [...] O rock não define a juventude segundo a idade, mas segundo as atitudes. A geração do rock é feita de legiões unidas pelo espírito, não pelo tempo".

O envelhecimento de tantos ídolos internacionais do rock é um fenômeno naturalmente aceito pela atual sociedade de massas. Nem o mercado nem o público abandonaram artistas como Tina Turner e Rolling Stones.

O adolescente de hoje compartilha seus ídolos com a sociedade midiática de uma maneira que seria impensável quando o rock dava seus primeiros passos. Com isso, essa cultura musical remove as barreiras que impedem milhares de pessoas de externar seus sentimentos, algo de vital importância numa sociedade em que a tecnocracia e a burocracia ameaçam pasteurizar toda e qualquer forma de emoção. Um tipo de cultura adolescente evoluiu e transformou-se numa cultura de massa para além das gerações.

O gênero "rock família" não seria uma espécie de sinônimo da estupidificação patrocinada pela sociedade da informação? De jeito nenhum. O fato de que as gerações mais velhas atêm-se a uma cultura musical que certa vez, numa fase crítica da puberdade, lhes permitiu rebelar-se e crescer demonstra sobretudo uma coisa: a capacidade do ser humano de preservar um pouco da sua sensibilidade e da proximidade que um dia teve com a música que embalou aquela fase da sua vida.

No entanto, o rock família não é bem uma forma de rebeldia, embora possa, sim, ter herdado uma fração dela. Na ânsia de romper convenções, o adolescente precisa encontrar suas referências musicais em outros artistas e ídolos, o mais distante possível do mundo dos pais. Caso esse rock compartilhado em família ameace lhe sufocar, sua rebeldia musical assumirá outras formas.

O ciclo de obsolescência da indústria cultural é cada vez menor e mais efêmero. A rebeldia musical mal tem tempo de crescer antes que seus dentes de leite caiam e restem apenas as gengivas. O que hoje é rebeldia rapidamente converte-se no conformismo de amanhã. Igualzinho àquele punk que entra no salão de beleza, cumprimenta a recepcionista, uma provecta senhora, e vai sentar-se na cadeira do cabeleireiro para aparar o seu moicano.

BEM ALÉM DO ROCK

Numa discussão sobre puberdade e música importa ter em mente que nem todos os adolescentes conseguem saciar seu enorme apetite por música ouvindo variações de rock, rap e pop. O interesse que a mídia comercial tem de manter a cultura do rock em permanente evidência distorce a imagem da cultura musical da juventude, pois existe também uma importante e abrangente cultura musical *fora* dos holofotes midiáticos: jovens entusiastas de jazz (que existem em Los Angeles, Oslo e São Petersburgo!), fãs de música clássica, à capela e corais e, principalmente, de bandas e fanfarras. É muito comum que o adolescente abra espaço para vários gêneros a um só tempo. Para ele, tocar numa fanfarra, apreciar Mozart e gostar de rock não é contraditório.

De acordo com o antigo pensamento helenístico, podemos dizer que cada ser humano, cada adolescente, tem sua clave própria, com suas respectivas modulações e alternâncias de tom. Personalidade e temperamentos diferentes expressam-se em tipos diversos de instrumento, seja na qualidade de ouvinte ou de artista. As opções são muito variadas:

- o tom suave da trompa, o rompante erótico do sax tenor;
- a lírica introspectiva da guitarra andaluz;
- o vibrato escarlate do trompete;
- o doce valseado do acordeão;
- o ondulado melódico do piano;
- a alma negra do gospel;
- as pomposas fugas do órgão tubular;

- a batida marcada da tuba do jazz tradicional;
- a coesa irmandade do coral vocálico;
- a sensualidade arrebatadora do violoncelo;
- as dissonâncias ásperas da rabeca;
- a cornucópia de sons da orquestra;
- as distorções ásperas da guitarra;
- a respiração ofegante da gaita;
- as notas simultâneas do violino;
- o glissando metálico do trombone.

Tudo pode coexistir numa infinita riqueza de sons, que varia não apenas de instrumento a instrumento e de gênero a gênero, mas também de execução a execução, de ouvinte a ouvinte, de um estado espírito mais alegre a outro, mais introvertido.

O adolescente bebe ávido desse fonte, profundamente concentrado na música que está ouvindo. Ela é o oásis quando tudo em volta é deserto. Hora após hora, dia após dia, semana após semana, ano após ano o adolescente está numa busca incessante de felicidade, que momentaneamente encontra quando a música vibra no mesmo acorde da sua personalidade. Esses momentos fugazes são uma espécie de Santo Graal, uma epifania que a inocência adolescente ainda é capaz de experimentar — sobretudo na música e no erotismo. A força vital da música e da inspiração adquire uma nova dimensão na passagem da infância para a adolescência: *Canto et amo, ergo sumus*, "Canto e amo, logo *vivemos!*"

A TEMPESTADE À ESPREITA

Cai a noite no quarto de uma adolescente norueguesa, a zona de liberdade de uma garota de 16 anos. Lá estão amontoados seus livros, revistas, roupas, violão, cosméticos, CDs, pôsteres e fotos de amigos e namorados.

Os pôsteres e as fotos estão de cabeça para baixo. Protesto. Os tênis debaixo da cadeira são de cores diferentes: um é vermelho; o outro, azul. Desleixo, sim, mas não deixa de ser uma forma de protesto.

Sobre a cama está um texto escrito com pincel atômico vermelho: "Enquanto vocês continuarem a vandalizar nosso futuro, não vamos nos solidarizar com o seu presente".

Ela está enrodilhada debaixo das cobertas, dormindo profundamente, metade criança e metade adulta. Vulnerável e incrivelmente forte. A rebeldia repousa antes de uma nova jornada de tormentas. O travesseiro ainda está manchado de gel de cabelo. Sob os olhos ainda há vestígios de rímel preto.

Acalantos de boa noite pertencem a um passado remoto. Em vez deles, a adolescente de 16 anos agora prefere escolher as canções de ninar no seu iPod. A mensagem subliminar transmitida pelos fones firmemente presos à orelha induz ao sono noturno, pois também à noite a busca da felicidade continua. Um acorde inesperado é capaz de aliviar a dor e o ódio. Uma súbita mudança de tom na melodia é o bastante para alegrar seu humor. A inspiração das musas sempre estará no âmago de qualquer adolescente.

O aparelho de som sobre a escrivaninha continua ligado e dá ao seu coração ávido outra dose de música, a toda altura, espremido entre pilhas de livros escolares. A música e a letra escapam pela fresta da porta, fazendo vibrar as paredes e o chão da casa. Desta vez é o Rage Against the Machine:

> [...]
> So called facts are fraud
> They want us to allege and pledge
> And bow down to their God
> Lost their culture, their culture lost
> Spun our minds and through time
> Ignorance has taken over
> Yo, we gotta take the power back
> Bam! Here's the plan
> Motherfuck Uncle Sam
> Step back, I know who I am
> Raise up your ear
> I'll drop the style and clear
> It's the beats and the lyrics they fear
> The rage is relentless
> We need a movement with a quickness
> You are the witness of change
> And to counteract
> We gotta take the power back
> [...][32]

---

32. [...] os assim chamados fatos são uma fraude / Eles querem nos fazer prometer / E nos curvar ao Deus deles / Perderam a sua cultura, sua cultura perdeu / o contato com a nossa mente e com o tempo / A ignorância assumiu o poder / Ei, temos de retomar o poder / Bum! O plano é esse aqui / Tio Sam filho da puta / Dê um passo atrás, eu sei quem eu sou / Ouça bem direitinho / Vou mandar o meu estilo e ser bem claro / Se é a batida e a letra que eles temem / A raiva não dá trégua / Precisamos de um movimento que seja rápido / Você é a testemunha de uma mudança / E do troco que vamos dar / Precisamos retomar o poder [...] [N. T.]

Durante um breve instante, um pai detém-se diante da porta e observa imóvel a sua filha. Ele se sente confuso, vazio, inútil, um estranho ouvindo aquela música que contribui para que se sinta assim. A garota que sempre lhe foi tão próxima agora está tão distante.

— As coisas são assim mesmo — dizem as pessoas alheias àquela luta pela independência.

— Nós estamos sofrendo — dizem os que estão no olho do furacão.

Ele compreende e quer muito fazer o que é certo. Mas de que adiantam as fórmulas e receitas racionais quando a rebeldia e o carinho estão à solta pelo campo como se fossem dois cavalos azuis em disparada?

Do lado de fora da porta do quarto da adolescente, um pôster de Sting marca a entrada naquele mundo. Seus dizeres, imperativos e absolutos, açoitam o cérebro e o coração do pai e fazem seu corpo inteiro tremer: "If you love somebody, set them free!"

MATURIDADE — O IMPERATIVO INSPIRADOR DA CRIANÇA A DMITRI SHOSTAKOVICH

Dmitri Shostakovich

11 A CRIANÇA E O ARTISTA

> *[...] Agora eu fiz 61*
> *E sou tão esperto*
> *Acho que quero esses 6*
> *sempre por perto.*
> A. A. Milne

Na arte adulta sobrevivem o olhar e os ouvidos da criança. Nela, o temperamento do *homo ludens* se manifesta. Sua originalidade provém do maravilhamento, sua força provém da infância. Essa expressão artística desafia gêneros e convenções e permite o surgimento de algo novo.

Tomemos alguns exemplos: o que seria da vida artística de Picasso se ele não recorresse às imagens que tinha da infância? A imagem a seguir ele criou quando tinha 46 anos:

"Banhistas com bola", 1928. Museu de Arte Moderna de Estocolmo.

A história é pródiga em exemplos de como a infância pode ser desprezada e vista como algo primitivo segundo critérios e normas adultos. A sociedade ocidental sempre colocou a razão acima do lúdico. Em muitos idiomas, a palavra "infantil" é carregada de uma conotação negativa. Mas, ao mesmo tempo, há uma contracorrente que aclama e reconhece o lado lúdico infantil como recurso essencial para a vida humana, independentemente da idade.

Qual seria, então, esse lado positivo da palavra "infantilidade?"

"Uma espírito brincalhão que devemos cultivar ao longo de toda a nossa vida, acho eu", respondeu Astrid Lindgren, então com 80 anos, a um programa de rádio norueguês (Bøhle, 1988a). Na *brincadeira* infantil reside uma sensibilidade autêntica que, de certa maneira, *restitui* ao adulto o imediatismo da nossa humanidade e a mantém viva, por assim dizer. *Growing young* ("enjuvenescendo"), como prefere Ashley Montagu (1981). No poema "O artista", André Bjerke diz: "Expulse o artista de dentro de si: brinque o quanto puder, tenha essa sorte / ou não brinque jamais, e espere a morte".

Ao revisitar a ludicidade inerente à infância não vemos nenhuma regressão infantil — nem em Pablo Picasso, nem em Astrid Lindgren, nem em André Bjerke. Numa abordagem psicanalítica da realidade, temos nessa oscilação dinâmica a chave para compreender a criatividade humana.

Todos somos, a todo tempo, a soma dos anos da nossa existência. Cada etapa da nossa vida, com suas descobertas, está latente em cada indivíduo. O pensamento linear ocidental contribui para que percebamos o ano presente como a nossa idade real. Os anos passados tornam-se assim remotos, distantes da nossa consciência e irrelevantes. Porém, no confronto com as luzes e sombras de uma realidade multifacetada, necessitamos recorrer a todos os nossos sentidos. As experiências acumuladas com a idade constituem um repertório notável de registros e sons que todos podemos usar em situações as mais complexas, caso queiramos experimentar a vida e toda a sua amplitude. Música, poesia, dança, artes plásticas — e sobretudo o contato com a criança lúdica — estão ali, à disposição de qualquer adulto que queira revigorar a vida. O olhar brincalhão de uma criança de 10 anos numa mente adulta é determinante para dar sentido ao cotidiano de um homem de 50, numa interação fértil entre infância e maturidade. A passagem do tempo para o homem musal é circular, não linear.

Essa experiência pode ser muito bem verificada nas artes. Novamente recorremos a Astrid Lindgren discorrendo sobre seu método criativo com palavras muito simples (*apud* Bøhle, 1988a):

Há em cada indivíduo um recipiente que, acho eu, está cheio de experiências da infância. Pois é nessa época que experimentamos tudo aquilo que podemos experimentar, e com enorme intensidade. Quando vou escrever um livro, claro que espio no meu íntimo, atravesso meus pensamentos e busco aquela criança que eu era. [...] Trazemos em nós todas as nossas idades, de quando viemos ao mundo ao tempo presente. [...] Todas as pessoas são mais ou menos infantis, mas talvez eu seja um pouco mais infantil que a maioria.

A *regressão infantil* é restritiva e estagnante, a própria contradição de criatividade. Os processos criativos são, por sua vez, um produto da necessidade de expressão daquele determinado e atual momento. Nesses processos, a ludicidade infantil é um elemento dinâmico no desenvolvimento e no crescimento humanos, na *progressão da vida*. Edith Cobb (1977) também aborda esse tema:

A questão é que não são os momentos de regressão que fortalecem a criatividade real, ideia que costuma ser difundida por estudos psicanalíticos. Antes, é a capacidade de sempre podermos recorrer àquilo que é universal, ao "material" [da infância] que dá ao ser humano o poder de ser criativo, que inspira a criatividade nos adultos. (p. 94-95)

[...] Ser "como uma criança" é uma ideia muito mais sutil do que costumamos pensar. A força do poeta e a capacidade de [...] ser tudo o que deseja saber ou compreender aflora de uma combinação entre a capacidade de maravilhar-se e a aceitação do não saber — um misto de humildade e de alegria. (p. 107)

Estamos falando aqui da vitalidade pulsante e criativa da infância, de um potencial criador em que a ludicidade e a criatividade insaciáveis, livres das amarras do racionalismo, são elementos fundamentais. O poder inquisitivo e descobridor da infância é uma das principais características que vêm à tona no artista adulto, na sua inspiração, no seu talento. Consciente ou inconscientemente, ele está organicamente conectado à criança dentro de si, às estratégias vitais e formativas de significado que perpassam as fronteiras do passado. Traços fundamentais da personalidade criativa estão profundamente enraizados na infância. A criança e o artista são parentes consanguíneos. A criança não é nenhum artista. E o artista adulto não é criança nenhuma. Mas ambos são *seres musais*. Ambos sentem a pressão interna de um imperativo que é natural e espontâneo na criança e cultivado e estimulado no artista adulto, seja ele compositor, pintor ou poeta. A infância como processo de maravilhamento e descoberta é o pressuposto essencial para todos eles: *Canto, ergo sumus!*

DMITRI SHOSTAKOVICH E GOGOL

Dmitri Shostakovich nasceu em São Petersburgo, em 1906. Uma cidade em cuja história, literatura e música se acomodam a beleza e a feiura, a angústia e o riso, as convenções e os escândalos. Um dia, o Eugene Onegin de Púshkin frequentou os salões aristocráticos e opulentos de São Petersburgo. Mas foi também por suas ruas desertas e cobertas de bruma que perambulou o fantasma de Akaki Akakievitch, o sombrio homenzinho concebido por Nikolai Gogol em busca do manto que o cobriu durante sua vida miserável. A crítica social era imbuída de um realismo vívido, mas ao mesmo tempo revestida de uma sátira bizarra e de uma fantasia alegórica. Toda a literatura russa posterior foi influenciada de alguma forma por *O capote*, de Gogol. Mas essa tese pode ser estendida: também grandes vultos da música russa terminaram por se deixar influenciar pelo capote gogoliano. Shostakovich relacionou sua primeira rebeldia musical a Gogol, como já veremos.

A juventude de Shostakovich deu-se numa época de grande fermentação cultural na Rússia. Já em 1908, o cubismo passou a ter grande influência na arte do país. Poucos anos depois, o abstracionismo ganhou destaque. A poesia russa era igualmente plena de rebeldia. O *Zeitgeist*, espírito do tempo, é assim expresso na história da literatura russa: "Os cinco anos anteriores à Revolução despertaram uma inquietação rebelde no lirismo russo. A sensação de que os antigos pilares existenciais estavam prestes a ruir e o novo precisava ser criado perpassava toda a literatura russa" (Stender-Petersen, 1952, p. 268). É sintomática desse *Zeitgeist* a evocação do manifesto futurista de 1912: "um tapa na orelha do gosto popular".

A música russa, por sua vez, movimentou-se mais lentamente nesse processo. Não foi sem razão que o *conservatório* fez jus ao seu nome também na Rússia de ricas tradições musicais: "lugar onde se *conserva algo*". Como Stravinski uma geração antes, Shostakovich sentiu que o conservatório de Leningrado era conservador demais para a sua educação musical. Uma rebeldia natural contra as autoridades era parte intrínseca do seu processo de amadurecimento pessoal e musical. Stravinski, em seu tempo, desafiara a "proibição" de viajar para a França e escreveu *A sagração da primavera*. Shostakovich permaneceu em seu país natal e, 14 anos depois, escreveu a ópera *O nariz*, uma discreta ruptura com a convenção operística, assim como *A sagração da primavera* o fez com a tradição do balé.

Essa ruptura foi importante em vários aspectos. Renovou os ares e criou um distanciamento natural entre o jovem compositor e os mestres que tanto respeitava e amava, embora ela tenha sido mais que uma expressão de independência adolescente. Tratou-se também de uma ruptura com normas estéticas preestabelecidas.

De todos os *gêneros* da música clássica russa, talvez a ópera seja o maior e mais "sagrado". O passado brilhante e orgulhoso das óperas nacionais de Glinka, *Boris Godunov* de Mussorgsky, as óperas de Tchaikovsky sobre Púshkin, as fantasias de Rimsky-Korsakov...

De certo modo, tudo isso estava em linha com a ideologia político-cultural da Rússia pós-revolucionária. A revolução política e a revolução estética eram percebidas como uma só coisa. A nova sociedade daí surgida precisava de novas manifestações artísticas, de preferência igualmente revolucionárias, para dar à luz ideias e visões do novo tempo. Essa concepção era apoiada pelos líderes políticos e pelo ministro da Cultura, o erudito Lunatcharsky. Em 1927, quando Shostakovich começou a compor *O nariz*, o debate estético na União Soviética ainda fervilhava. Ele se filiou à Associação para a Música Contemporânea (AMC), que com o seu modernismo confrontou a Associação Russa para a Música Proletária (ARMP). Shostakovich foi desde cedo um oposicionista da banalização de melodias tradicionais russas por essa organização e pôde contribuir com seu testemunho para um debate público.

Apesar disso, pressões políticas contra pensamentos divergentes já estavam em curso e tornaram-se cada vez mais fortes ao final da década de 1920. Vários artistas foram afetados. Para Shostakovich, um protesto político puro e autêntico era cada vez mais importante e necessário, e por essa razão ele decidiu compor *O nariz*.

Não reconhecemos aqui a necessidade infantil de extrapolar fronteiras como dinâmica de sobrevivência? Todo dia a criança faz o que está ao seu alcance para descobrir novos territórios cognitivos, emocionais e sensoriomotores:

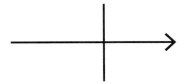

O NARIZ: DA GARGALHADA À ANGÚSTIA

A ópera juvenil *O nariz*, de Shostakovich, foi composta com base num conto de Gogol extraído da sua renomada coletânea de novelas e contos de São Petersburgo. Equipara-se em grandiosidade à novela *O capote*, sendo em si ainda mais absurda. Gogol escreveu *O nariz* em 1836. Na sua concepção alegórica e fantástica, ele faz uma crítica às mazelas, desigualdades e à censura social sob o regime do czar Nicolau I.

Vejamos um pouco mais detidamente a história de Gogol, que sobreviveu viva e pulsante aos dias de Shostakovich, 90 anos depois. A introdução parece conferir à narrativa uma pátina de sobriedade e verossimilhança, logo matizada por detalhes e acontecimentos misteriosos:

> Em 25 de março sucedeu em Petersburgo algo assaz incomum. O barbeiro Ivan Yakovlevich, que morava na Vosnesenky Prospekt, acordou muito cedo e logo sentiu o aroma do pão quente. Ele ergueu-se um pouco na cama e avistou a esposa, uma senhora de meia-idade que muito apreciava beber café, prestes a tirar os pãezinhos do forno.
> — Hoje, Praskovia Osipovna, não quero beber café —, disse Ivan Yakovlevich. — Quero comer um naco de pão fresco com cebola em vez disso.
> "Melhor deixar esse tolo comer o pão, tanto melhor assim", pensou a esposa consigo mesma, "pois sobrará mais café para mim". Então dispôs os pãezinhos sobre a mesa.
> Ainda em pijamas, Ivan Yakovlevich, cobriu-se com um robe para se fazer apresentável e sentou-se à mesa. Tomou uma pitada de sal nos dedos, apanhou duas cebolas, a faca, revestiu-se de certo ar senhorial e se pôs a fatiar o pão. Assim que terminou, percebeu com espanto algo esbranquiçado no miolo do pão. Cutucou delicadamente a massa com a ponta da faca e ensaiou tocá-la com os dedos. "É algo duro", disse a si mesmo, "o que poderia ser afinal?"
> Enfiou os dedos no pão e retirou de lá... um nariz! Atônito, Ivan Yakovlevich esfregou os olhos e novamente tocou na coisa: um nariz, um nariz de verdade! Teve, inclusive, a impressão de que se tratava de algo familiar. O horror se refletiu no semblante de Ivan Yakovlevich. Mas esse horror era nada se comparado à indignação que se assenhoreou da sua esposa.
> — Seu animal, de quem é esse nariz que cortou? — gritou ela enfurecida. — Bandido! Suíno imundo! Vou chamar a polícia, seu patife! Sim, já mais de três homens me disseram que quando você vai barbeá-los quase lhes arranca o nariz!
> Mas Ivan Yakovlevich parecia quase anestesiado. Ele havia descoberto que o nariz pertencia a ninguém menos que seu cliente assíduo das quartas e domingos, o major Kovalyov.
> — Praskovia Osipovna, espere! Vou costurá-lo num pano e jogá-lo fora. Deixe-o aqui um instante, mais tarde tratarei de me livrar dele.
> — Nem uma palavra a mais! Acha bem que eu quero um nariz decepado aqui por casa? Seu vagabundo! A única coisa que sabe fazer direito é amolar uma navalha, seu beberrão! Quer que eu receba os policiais quando baterem à porta? Seu estúpido, seu grande estúpido! Já para fora com isso! Livre-se deste nariz! Atire-o onde for, apenas tire-o das minhas vistas já!
> (Gogol, 1973, p. 76)

Depois dessa cena somos apresentados ao contexto da própria vítima, o honorável camarada Kovalyov, já sem o nariz, assim que acorda desavisado e logo descobre a catástrofe.

O major Kovalyov despertou muito cedo e fez um ruído com os lábios: "Brrrr..." Era o ruído que sempre fazia ao despertar, e nem ele mesmo sabia explicar por quê. Kovalyov espreguiçou-se e pediu à criada que lhe trouxesse o espelho que estava sobre a mesa. Queria dar uma espiada numa espinha que no dia anterior brotara justo ali; para sua enorme surpresa, porém, deu apenas com a superfície lisa onde antes havia um nariz. O grito de horror fez que a criada imediatamente lhe trouxesse um pouco de água. Ele enxugou as lágrimas com a toalha: não havia mais nariz algum no lugar. Apalpou-se com a mão como para ter certeza. Ainda estaria dormindo? Não, não parecia assim. O major Kovalyov deslizou para fora da cama e sacudiu o rosto sem nariz! Ordenou então à criada que o ajudasse com as vestimentas e precipitou-se para a delegacia. (p. 79).

Depois de uma busca feérica pelas ruas de São Petersburgo, Kovalyov encontra seu nariz envergando um uniforme do Estado defronte à catedral de Kazan (junto da rua principal da cidade, Nevsky Prospekt):

De repente ele estancou diante de uma porta e pareceu petrificado. Seus olhos divisavam algo inexplicável. Ali mesmo estacionou uma carruagem, as portas se abriram, um senhor uniformizado saltou para fora e rapidamente subiu as escadas. Qual não foi o horror e a consternação que tomaram conta de Kovalyov quando descobriu que aquele era o próprio nariz. Ao presenciar essa cena medonha foi como se o mundo girasse à sua volta; ele sentiu que seus joelhos estavam a ponto de ceder. O corpo tremeu inteiro num acesso febril, mas ele estava decidido a esperar que o outro voltasse à carruagem. Depois de alguns minutos, o nariz estava realmente de volta. O nariz, envergando um uniforme de colarinho alto e debruns dourados, calças de camurça e uma espada embainhada no flanco. Pela enorme pena no chapéu, podia-se inferir que era alguém que ocupava um alto posto na hierarquia estatal. Tudo indicava que estava a caminho de um compromisso. Ele olhou para ambos os lados, gritou "Vamos!" para o cocheiro, sentou-se e partiu.
O pobre Kovalyov estava a ponto de perder o juízo. Ele não sabia mais no que pensar diante de um acontecimento tão extraordinário. Como era possível que o nariz, até ontem no seu devido lugar no seu rosto, sem fazer menção alguma de querer sair por aí, agora envergasse um uniforme de passeio! (p. 81)

Por fim, o pobre Kovalyov reencontra seu nariz após uma série de episódios que expõem de forma cruel as autoridades corruptas e a própria corrupção que grassava na hierarquia social russa daquele tempo. Aparentemente inocente, e por isso mesmo duplamente cáustico, Gogol conclui sua novela retomando o tom sério da introdução. Ao mesmo tempo, faz troça com a censura imposta sob Nicolau I:

É portanto muito estranho que tal relato possa ter ocorrido na capital setentrional do nosso vasto império! Somente agora, quando levamos tudo em conta, é que percebemos o grau de absurdo em toda ela. Para não mencionar a circunstância peculiar e sobrenatural de um nariz separar-se do corpo e aparecer em diversos lugares como ministro de Estado.
[...] Não, não posso crer, para mim é absolutamente incompreensível! Mas é ainda mais estranho e incompreensível que escritores possam escolher escrever sobre tais assuntos. Admito que é inconcebível, é verdade... não, não, eu nada sei. Por primeiro, não é algo que convenha à pátria; e depois... nem mesmo depois posso enxergar nessa história algum proveito. Eu simplesmente não sei do que se trata. [...]
Mesmo assim, tudo considerado, é possível admitir que, ao fim e ao cabo, onde é que não deparamos com absurdos nesta vida? Logo, refletindo muito bem, deve nisto haver alguma coisa. Quem poderá supor que acontecimentos semelhantes não ocorram neste mundo? Por mais raros que sejam, eles acontecem. (p. 101)

Um brincalhão virtuoso? Absolutamente! Duzentos anos atrás, o que teria a dizer um pobre e obscuro censor do *czar* diante de tantos absurdos? De início, a censura proibiu categoricamente a novela. Em seguida, numa nova tentativa, Gogol obteve uma aprovação hesitante. O desfecho astuto e aparentemente inocente teve o efeito desejado, afinal. Além do quê, uma história sobre um nariz vagando a esmo não teria como ser assim *tão* perigosa! A perda do nariz como metáfora da perda de identidade em uma sociedade desumanizada não era um argumento simples de ser percebido. Foi assim que Gogol desgarrou-se das limitações e do controle político impostos no seu tempo. Como autor visionário que era, logrou romper esses limites e para isso lançou mão de uma série de recursos que puseram abaixo as convenções literárias da época. O imperativo musal mais uma vez triunfava.

Foi Mikhail Bakhtin (1979) quem primeiramente demonstrou características genuinamente *carnavalescas* da literatura russa. Bakhtin tomou como base as obras de Dostoiévski, cujos traços típicos podem ser reconhecidos também em Gogol. A obra de Dostoiévski foi de fato inspirada nas novelas de Petersburgo de Gogol, tanto no que diz respeito à temática como no realismo fantástico que marca a escrita de ambas. O mais importante nesse contexto: de Gogol a Dostoiévski, podemos traçar uma linha direta que chega até o século XX com Dmitri Shostakovich e seu estilo singular. Eis por que reiterar aqui alguns pontos centrais de Bakhtin, traços característicos do estilo de Dostoiévski e de Gogol em *O nariz,* mas também da música de Shostakovich:

- O excêntrico em oposição à razão lógica.
- A paródia grotesca, o reflexo retorcido que subverte a hierarquia social e estilhaça dogmas, valores, normas e regras.

- O escandaloso, que recorre ao ritual carnavalesco e às risadas para criticar as condições políticas e sociais da sua época.
- Os estados psíquicos incomuns, pesadelos, colapsos nervosos e delírios ensandecidos.
- As conexões e os relacionamentos interditos e inaceitáveis, tanto no plano pessoal como no social. A elite torna-se ralé e a ralé, elite. Como na antiga tradição carnavalesca, o tolo é feito rei. No romance *Crime e castigo*, Dostoiévski faz de uma prostituta Nossa Senhora. E, em *O nariz*, Gogol transforma um pequeno nariz humano num poderoso conselheiro de Estado.

Podemos ver como *O nariz*, com seu rigor lúdico, soma-se a essa tradição carnavalesca na literatura russa, e com grande repercussão. O que Shostakovich fez foi emprestar ao texto folclórico de Gogol do século XIX uma roupagem musical de vanguarda do século XX, trazendo-o para o fronte da cultura musical europeia contemporânea. Com sua miscelânea de estilos, rebuscamentos e frenesis, ela remetia diretamente a Gogol. Como mais tarde ficaria claro, Shostakovich nunca mais teve a chance de escrever algo tão vital e modernista como esta ópera. Aos 21 anos, ele ainda conservava o autêntico espírito infantil dentro de si.

Essa ópera consiste de uma variedade de estilos musicais superpostos. A mulher do barbeiro, a resmungona Praskovia Osipovna, grita seus impropérios num tom que remete mais ao grito primal que a uma ópera italiana, bem distante da beleza do *bel canto*, mas muito próximo da rebeldia do *mal canto*. É possível divisar esses traços na ópera *Wozzeck*, de Alban Berg, que na década de 1920 visitou a Leningrado de então.

O canto mais harmônico fica a cargo de Kovalyov, o homem cujo nariz foi decepado, mas trata-se de um *bel canto* distorcido e paródico. O major Kovalyov é tão pomposo e tão cheio de si que só consegue se expressar por meio de clichês. Habilmente, Shostakovich o concebe encarnando trechos da *opera seria* do barroco, a forma mais solene das óperas do passado, mas a combinação é totalmente descabida. Numa imagem, é como se uma noiva de vestido e grinalda calçasse luvas e colocasse um capacete. Ao raiar do dia Kovalyov canta para despertar; ele tosse, boceja, tartamudeia e começa seu recital pomposo sem se dar conta que não tem o *nariz!* O resultado musical é de um ridículo extremo. Não à toa, Brecht deixou-se influenciar justamente pelos russos e concebeu seu teatro épico ao mesmo tempo que Shostakovich escrevia *O nariz* (Bjørkvold, 1984).

Shostakovich valeu-se de determinados estilos para caracterizar personagens centrais da ópera. Ele deu a cada um características melódicas fundamentadas na *sociolinguística*. Shostakovich escreveu assim no prefácio da ópera: "Os trechos vocais são embasados na entonação da própria fala. Eu quis criar uma síntese entre a arte inerente às palavras e à música".

Cada pessoa recebeu um papel específico relacionado a sua posição social, da arraia-miúda ao próprio Nariz, no papel de conselheiro de Estado. Os mecanismos sociais, presentes tanto na Rússia de Gogol como na de Shostakovich, são representados em categorias musicais tão reais quanto inovadoras.

Shostakovich rompeu convenções também na categorização psicológica dos personagens. Tomemos uma cena como exemplo.

O barbeiro, vexado pela esposa, deixa a mesa do desjejum com o nariz embrulhado num lenço. Tomado por um forte sentimento de culpa, ele sai pelas ruas de São Petersburgo. Tem de se livrar do nariz o mais rápido possível. A prova fatal da sua culpa deve desaparecer, é preciso erradicar todos os vestígios dela. E então ele vagueia pelas margens do Neva para atirar o nariz no rio, suspeitando de que está atraindo os olhares de todas as pessoas, um caso clássico de delírio paranoide que acomete os malfeitores. Shostakovich inicia a jornada do homem com um tema um pouco agitado, que logo passa a imitar uma salva de canhão. A pulsação do barbeiro acelera, todos só podem estar vendo que ele fez algo terrivelmente errado. E a música aumenta de intensidade. Novas vozes imitam salvas de canhões, cada vez mais caóticas, cada vez menos obedientes às regras operísticas vigentes. O barbeiro apressa o passo, cada vez mais rápido. A inquietação e a angústia crescem ao limite do suportável. A música se perde numa profusão de sons e gritos, inteiramente desconexos e desestruturados. A pulsação do barbeiro em pânico é marcada com densos acordes sob a desbragada cacofonia.

Então sucede o inevitável: a jornada sem rumo do barbeiro pelas ruas começa a despertar a atenção dos transeuntes. Um policial chama-o com tom autoritário, totalmente fora de qualquer registro operístico aceito: "Pare! Venha aqui!" O barbeiro, em choque, perde o senso. O teatro fica então inteiramente às escuras, causando um mal-estar também na plateia. A angústia explode com o público partilhando dos sentimentos do barbeiro. Em queda livre, no saguão escuro, o público é arrastado para o centro da loucura enquanto Shostakovich conduz uma orgia de percussão até então inaudita no universo musical europeu. Pelos próximos quatro minutos, uma orquestra de percussão preenche todo o teatro, desdobrando-se em sons que vão do sussurro discreto ao trovão reverberante. Nunca a ópera tinha sido apresentada assim na vanguarda do teatro contemporâneo.

É preciso ressaltar outra característica de *O nariz*. Em determinadas cenas, os instrumentos adentram o palco do teatro como atores. A cena do despertar de Kovalyov é famosa. Nela, os instrumentos brincam e interagem com os movimentos corporais de Kovalyov. Um maravilhoso dueto entre glissandos de violino e trombone refletem em sons a respiração de um entorpecido Kovalyov sentado à beira da cama, espreguiçando-se, tossindo e limpando o pigarro da garganta. A música é *análoga* aos movimentos corporais, e nos faz lembrar de como as crianças usam as canções quando brincam.

Quando os islandeses chamam um compositor de *tonleikar*, isto é, alguém que "brinca com os sons", deixam clara uma acepção que em outros idiomas europeus já foi perdida. Com *O nariz*, Shostakovich é ao mesmo tempo a criança lúdica e o adulto zombeteiro, um verdadeiro *tonleikar* na sala de espetáculos.

Não que *O nariz* seja uma ópera marcadamente modernista. Trechos vanguardistas, alinhados ao *Zeitgeist* europeu, alternam-se com outros bem mais ingênuos, ao estilo folclórico. Mas justo essa mescla improvável, justapondo o que parecem ser músicas totalmente incompatíveis, quase ao estilo pós-modernista, é o que dá a essa ópera um sabor tão carnavalesco.

Em 1836, quando Gogol publicou *O nariz*, a sociedade russa era submetida a uma forte censura artística e política. Com sua abordagem alegórica e fantástica, podemos divisar o próprio Gogol oculto atrás da máscara do escritor. A máscara pertence ao universo carnavalesco. Seu uso lhe permite "ser" outra persona; daí a função carnavalesca que ocupa como elemento das novelas de Petersburgo de Gogol.

YURODSTVO

Na Rússia de outrora não era apenas a máscara carnavalesca que encobria os críticos do regime, à maneira como Gogol fez com suas novelas. Havia também outra máscara tipicamente russa, chamada *yurodstvo*, que franqueava espaço para uma crítica aberta aos poderosos e às autoridades políticas. Ao mesmo tempo, a figura por trás da *yurodstvo* estava imune, inviolável, protegida por uma espécie de manto sagrado. O *yurodivy* tinha originalmente caráter religioso; era tido como alguém excêntrico, a quem as normas sociais não se aplicavam. As pessoas consideravam esse desvio da norma um indício de santidade. Protegido por esta, o *yurodivy*, com sua sabedoria sobrenatural e seu espírito indômito, quase profético, podia expressar-se livremente acerca da sociedade e dos homens que estavam ao seu redor. Em seu livro *Infância*, Liev Tolstói escreve sobre o *yurodivy* Grisha e "suas palavras tão enigmáticas que mais parecem profecias". A liberdade de expressão e manifestação dos *yurodivy* era inviolável. Ofendê-los ou molestá-los significaria má sorte, e nem mesmo o czar ousaria tocá-los.

Gogol não era nenhum *yurodivy* no sentido tradicional, mas em seus escritos fica evidente que ele assumia esse papel de consciência psíquica e juiz moral da sociedade.

Enquanto Gogol precisou de uma máscara para escrever *O nariz*, Shostakovich compunha sem nenhum tipo de disfarce. A música de *O nariz* é o Shostakovich real, direto, sem dissimulações. Em breve, tudo isso mudaria drasticamente.

ATRÁS DA MÁSCARA

Não tardaria para Shostakovich lamentar amargamente a ousadia de ter composto *O nariz*. O alerta veio ainda em 1928, quando Shostakovich apresentou em Moscou uma suíte de sete movimentos da ópera para tenor, barítono e orquestra. A reação dos tradicionais oposicionistas de Shostakovich na ARMP foi mais violenta que de costume. O tom foi mais incisivo; os ataques, mais abertos.

Então, em 1929, ocorreu uma guinada radical nos rumos da vida cultural soviética. O liberal Lunatcharsky, um ministro da Cultura afeito às artes, renunciou ao cargo. Como parte do plano quinquenal implementado no ano anterior, Stálin precisava de um homem de pulso firme que fosse capaz de manter a vida cultural sob controle do Estado. Andrei Jdanov, mais tarde o carrasco da cultura soviética, era esse homem. Foi sob esse novo regime que Shostakovich estreou sua ópera em 1930. Catorze outras apresentações se seguiram, com plateias lotadas e enorme sucesso. Mas o ARMP, cada vez mais atuante e repressor, enxergava nelas uma provocação pura e simples. A ópera foi descrita como uma "granada na mão de um anarquista".

Choviam críticas e acusações formais contra ele. Boris Asafyev, proeminente pesquisador musical e colega de Shostakovich na AMC, saiu em defesa do compositor e classificou *O nariz* de "genial transposição musical do delírio fantástico de Gogol". De nada adiantou. As cartas estavam na mesa. Depois de mais duas apresentações, a ópera foi proibida em 1931. Levaria 30 anos para que *O nariz* voltasse a ser encenado nos palcos soviéticos.

Obviamente, Shostakovich subestimou as reações à sua ópera. No ano fatal de 1931, quando sua música conheceu o machado da censura pela primeira vez, o artista já trabalhava numa nova ópera, *Lady Macbeth de Mtsensk*. Shostakovich sentiu a pressão. Ele viu diante de si o perigo iminente de interromper a carreira de compositor livre, o risco de sua próxima ópera ter o mesmo destino que *O nariz*. E assim passou a comportar-se como um *yurodivy*. Em 1931, Shostakovich fez uma autocrítica pública usando a própria retórica do regime: "Eu digo que o artista deve servir ao maior contingente possível de pessoas. Esforço-me para ser compreendido por todas as camadas sociais. Se não lograr êxito nessa causa, terá sido por meus próprios erros" (Shostakovich, 1980, p. 28).

No ano seguinte, 1932, quando Jdanov impôs uma reorganização das associações de compositores russos, Shostakovich sentiu-se compelido a fazer uma crítica pública ainda mais incisiva a *O nariz*. Ele queria apresentar sua nova ópera e precisava deixar claro que se tratava de algo menos mordaz: "O conteúdo musical de *Lady Macbeth* é muito diverso daquele da minha ópera anterior, *O nariz*. Estou plenamente convencido de que essa ópera deve ser encenada" (*ibidem*, p. 31).

E assim Shostakovich conseguiu levar a termo sua nova obra. Em janeiro de 1934, *Lady Macbeth* estreou em Leningrado e em Moscou com estrondoso sucesso de público.

A mulher oprimida que se rebela numa condição heroica falava ao coração de muita gente na mesma situação, muito embora as anotações de próprio punho de Shostakovich revelem que ele mesmo estava cheio de dúvidas. Os ataques e as reações odientas que sobrevieram à estreia de *O nariz* ainda remoíam na sua mente. Nesse ínterim, introduziu-se no país a censura musical em nome da busca do socialismo real. Shostakovich tentou oficialmente conspurcar o próprio passado e abafar as críticas e o preconceito sofridos com *O nariz* em nome do êxito de sua nova peça. Ele sabia muito bem que os poderosos de plantão tinham um especial pendor por melodias antigas, as *cantilenas*, e assim procurou oferecê-las numa espécie de barganha no debate público:

> Esforcei-me para tornar a linguagem musical da ópera *Lady Macbeth* o mais simples e expressiva possível. Não posso dizer que compactuo das teorias, até recentemente muito populares entre nós, segundo as quais a nova ópera pode prescindir de uma linha vocal, ou que esta seja meramente um discurso com ênfase na entonação. Uma ópera é acima de tudo um trabalho vocal, e os cantores devem assumir a tarefa que lhes cabe: cantar, não falar, não declamar, não impostar a voz. Todos as minhas vozes são concebidas como cantilenas. (*ibidem*, p. 39)

Quem está falando aqui? Seria um oportunista, arrivista e sem escrúpulos? Ou uma espécie de *yurodivy* que aproveita-se do dom de iludir em público e assim assegura a possibilidade de continuar a compor músicas?

Em seu livro *Dmitri Shostakovich — Memórias* (1980), Solomon Volkov apresentou pela primeira vez ao público do Ocidente a ideia de Shostakovich como um *yurodivy* sob o jugo de Stálin. Essa perspectiva é importantíssima para examinarmos o trabalho e a vida de Shostakovich. Quem ele era na verdade? O que queria exatamente? Por que escrevia dessa forma? Era favorável ou contrário a Stálin? O Ocidente revirava-se em dúvidas, numa crescente indignação política, mas ignorando a referência do *yurodstvo* e as possíveis respostas que ele daria a tais perguntas. Solomon Volkov faz um comentário preciso para compreender a dimensão da vida de Shostakovich:

> Quando Shostakovich enveredou pelo caminho dos *yurodstvo*, abriu mão de toda a responsabilidade por aquilo que afirmava: nada era o que parecia, nem mesmo as mais lindas palavras. A expressão de verdades conhecidas se transformou em zombaria; por outro lado, a zombaria sempre contém uma verdade trágica — o que se refletiu em sua obra musical. [...]
> Obviamente, sua decisão não foi súbita, mas consequência de muita vacilação e incerteza. A conduta de Shostakovich no dia a dia era marcada — e isso também valia para os velhos *yurodivy* de outrora — pelas reações das autoridades, ora extremamente intolerantes, ora mais relaxadas. Um senso de autodefesa guiava seu comportamento e o de seus amigos.

Eles queriam, sim, sobreviver, mas não a qualquer preço, e para isso a máscara do *yurodivy* ajudou bastante. É importante saber que Shostakovich não apenas se considerava um *yurodivy*, mas também era percebido assim pelos que lhe eram próximos. A palavra *yurodivy* era muito utilizada para se referir a ele no contexto musical russo. (Volkov, 1980, p. 22).[33]

Parecia que a estratégia adotada por Shostakovich daria certo. De janeiro de 1934 e pelos dois anos que se seguiram, a nova ópera foi encenada mais de 80 vezes em Leningrado e mais de cem vezes em Moscou, sempre com enorme sucesso de público. No âmbito cultural enregelado de então, era um feito e tanto. Os escritores eram censurados, mas a música ainda permanecia livre. E que música! Galina Vishnevskaia (1986, p. 316), principal soprano do Teatro Bolshói após a Segunda Guerra Mundial, amiga próxima de Shostakovich e mais tarde protagonista da ópera, expressou-se assim:

> Para mim, *Lady Macbeth* parece ser o retrato mais fidedigno e vívido do compositor no período mais venturoso da sua vida. Aqui podemos vê-lo da maneira como Deus o criou: um jovem gênio que encarna a combinação de intelecto aguçado, talento extremo e temperamento arrebatado. Aqui ele criou sem amarras, direto do coração. Tudo na ópera é escancarado — a escala tremenda de paixões e o humor brilhante.

O sucesso inebria. Quis o destino que a empreitada de Shostakovich fosse ainda mais ousada: em 1935, *Lady Macbeth* passou a ser encenada no mundialmente conhecido Teatro Bolshói. E então sobreveio a ruína.

Não ajudou em nada o fato de *Lady Macbeth* ter sido escrita num tom bem mais ameno que *O nariz*. Tampouco adiantaram as autocríticas públicas que o autor fizera. A apresentação da ópera no Bolshói era uma provocação inaceitável, um desafio despudorado às normas do realismo soviético. Aos olhos do poder, Shostakovich tornara-se perigoso demais e precisava ser detido. Sua música ameaçava a política cultural oficial e os dogmas estéticos fundamentais da Rússia comunista. *O Pravda*, órgão oficial do regime, tomou partido no debate. Não deveria haver dúvidas sobre o que era genuinamente russo e genuinamente nacional. O país carecia de heróis e de boas e velhas canções folclóricas, não de heroínas rebeldes e assassinas e de modernismo musical em forma de ópera. Sob a manchete "Caos em vez de música", Shostakovich e sua obra foram demolidos nota após nota.

---

33. Em comentários à bibliografia no original norueguês, Jon-Roar Bjørkvold explica que o livro de Volkov sobre Shostakovich recebeu muitas críticas e que o próprio filho do compositor admite não se tratar de um retrato fiel de seu pai. Ainda assim, tem grande valor histórico. [N. E.]

Desde o primeiro instante o espectador é bombardeado por uma sequência de sons desarmônicos. [...] Enquanto nossos [...] críticos musicais juram fidelidade ao realismo socialista, vemos Shostakovich trazer ao palco a manifestação mais crua de naturalismo. [...] Tudo é cru, primitivo e vulgar. [...] O compositor, evidentemente, jamais perguntou a si mesmo o que o público soviético espera da música. Ele a converteu num código a tal ponto distorcido que só pode ser apreciado por formalistas que tenham perdido por completo o gosto musical. (*Pravda*, 28 de janeiro de 1936, p. 3)

Em seguida caiu o pano. *O nariz* era o motivo real, *Lady Macbeth*, o pretexto. A nova ópera de Shostakovich foi imediatamente cancelada. Sua *Quarta sinfonia*, que àquela altura vinha sendo ensaiada pela filarmônica de Leningrado, foi retirada do programa pouco antes da estreia. Shostakovich sentiu-se publicamente assassinado. Ele agora carregava o estigma de inimigo do povo, tornara-se um *vrag naroda*. Estigmatizado, viveria o resto dos seus dias em permanente medo do que poderia lhe acontecer. Talvez ele fosse preso ou executado, destino de muitos de seus amigos que sucumbiram ao terror que então grassava na União Soviética. O diretor teatral Vsevolod Meyerhold, parceiro de Shostakovich em *O nariz*, foi executado em 1939.

Cem anos antes de *O nariz*, Aleksander Púshkin, grande poeta nacional russo do século XIX, identificara no *riso, na compaixão e na angústia* traços característicos da literatura russa (Meyerhold, 1934). O dizer de Púshkin adéqua-se perfeitamente à produção musical de Shostakovich. Em *O nariz* esses elementos são expostos na mesma ordem com que Púshkin se expressara: o riso é a chave que abre a porta da compaixão e da angústia. Depois que *O nariz* foi proibido e Shostakovich passou a temer pela própria vida, o que aconteceu com sua música foi mais que mera mudança de estilo. Pode-se dizer que os elementos emocionais trocaram de lugar e a química resultante foi inteiramente outra. Após as invectivas do *Pravda*, a angústia passou a ser o principal elemento da sua música. A compaixão e o riso não foram esquecidos, entretanto. Ele não seria russo se o fizesse. Mas, depois que Shostakovich transformou-se num homem marcado, o caminho da sua música ia sempre da angústia ao riso, nunca o contrário. Essa mudança é perceptível já na primeira obra composta após o ataque do *Pravda*, sua *Quinta sinfonia*. E segue muito evidente pelos 24 anos seguintes, na *13ª sinfonia* de Shostakovich, *Babi Yar*. A seguir veremos um pouco mais dessas obras.

A *QUINTA SINFONIA*: NAS GARRAS DO MEDO

Desde a infância dominamos a arte do brincar e do faz de conta. A criança tem uma habilidade inata para adentrar profundamente o mundo da fantasia, assumindo diferentes personalidades com igual desprendimento. Nem mesmo a realidade mais crua é capaz de demovê-la disso. As crianças percebem naturalmente a diferença entre aqui e ali, nós e outros, cotidiano e utopia. A melodia da língua marca proximidade e distância, divisão de papéis e fronteiras do que é ou não permitido. Alternando dialetos, socioletos e até mesmo sotaques e entonações, a cultura infantil usa o enorme acervo de figurinos à sua disposição a fim de distinguir instantaneamente entre brincadeira e realidade (Söderbergh, 1979-1980; Åm, 1989). Falando de determinada maneira, a criança brinca no papel de diretor e no momento seguinte, com uma simples mudança na fala, assume o papel de ator. Trata-se de uma espécie de metacomunicação inerente à própria brincadeira (Bateson, 1972).

Além do plano lúdico, a criança assume papéis sociais e psicológicos para se proteger, se adequar, respirar e sobreviver. Faz parte do jogo da realidade durante o processo de socialização. A troca de papéis é uma conduta profundamente enraizada em todos nós: um legado tanto da brincadeira quanto da própria realidade.

Para Shostakovich, tudo agora era uma questão de desempenhar papéis que, literalmente, separavam vida e morte. O ataque do *Pravda*, em janeiro de 1936, foi o ponto de inflexão. Durante um bom tempo, Shostakovich ficou sem escrever música. O choque o deixou paralisado. Mas o silêncio não era uma solução duradoura. A música era a única maneira de livrar-se da angústia e escapar do caos. Somente assim os demônios interiores e exteriores poderiam ficar sob controle, a despeito de tudo. Quando Shostakovich finalmente decidiu retomar a vida como compositor, o fez no papel de um *yurodivy* russo também nas suas criações, como pura estratégia de sobrevivência. Essa foi sua variante do *triunfo do desconforto*. Ele cobriu-se com a máscara dos *yurodivy*, equilibrando no gume de uma lâmina música e política, palavras e ações, integridade pessoal e personalidade pública. Tudo isso cobraria um alto preço da vida criativa, física e psíquica de Shostakovich. "Eu estava nas garras do medo", como ele mesmo disse (Volkov, 1980, p. 140). Shostakovich precisava agora rezar pelo antigo credo russo, como aponta Volkov: "Senhor, dai-me o poder de mudar o que pode ser mudado, de suportar o que não pode ser mudado e de distinguir uma coisa da outra".

Com a música, essa prece podia ser feita *sem palavras*, isto é, apenas com *instrumentos*. O autor russo Ilya Ehrenburg, ele próprio vítima da censura soviética, assim se manifestou após um concerto de Shostakovich: "A música tem uma enorme vantagem: sem mencionar absolutamente nada pode dizer absolutamente tudo". Aparentemente, era essa música que escapava à compreensão dos poderosos, cujos corações batiam sem sentir, cujos olhos viam mas não reparavam, cujas orelhas ouviam mas não escutavam. Mas, ao mesmo tempo, essa mesma música era carregada de significado para um enorme contingente de russos que acompanhavam e compreendiam tudo que Shostakovich queria dizer, pois partilhavam como ele o mesmo destino de oprimidos e perseguidos. Essa música também era o meio de que dispunham para desafiar o regime de censura e terror. A música também falava aos russos e pelos russos, em linguagem e código próprios, em sua *língua materna musical*.

Na Noruega, experimentamos situação semelhante. Sob a ocupação nazista, muitas das manifestações públicas continham um *subtexto* que ocultava um protesto contra os invasores e driblava a censura que tanto odiávamos. "Kjempeviseslåtten" [A cantiga da batalha] é um primor de música. Porém, durante a Segunda Guerra Mundial, era imbuída de uma mensagem de patriotismo e resistência, tanto para quem a compôs quanto para os noruegueses que a escutavam e odiavam a ocupação nazista. No palco do Chat Noir, mais importante teatro de revista da Oslo de então, artistas alternavam-se ridicularizando os nazistas com suas suásticas, embora a plateia estivesse lotada de oficiais alemães que nem se davam conta de que eram eles o alvo do ridículo. Apenas os noruegueses captavam a mensagem oculta.

Existem várias testemunhas da estreia da *Quinta sinfonia* de Shostakovich, quando o lendário Ievguêni Mravisky debutou como dirigente da Filarmônica de Leningrado. Volkov (1980, p. 26) traz um relato dos salões revestidos de mármore branco, com seus pilares clássicos encobertos por cortinas de seda drapeada e encimados por candelabros dourados, que hoje trazem o nome de Shostakovich:

> O dia 21 de novembro de 1937 pode ser caracterizado como divisor de águas na carreira musical de Shostakovich. O salão da Filarmônica de Leningrado estava abarrotado de gente. Toda a sociedade musical da União Soviética, escritores, atores, artistas plásticos, todo o tipo de celebridade estava reunida para prestigiar a estreia da *Quinta sinfonia* do malfadado compositor. Esperava-se uma sensação, um escândalo, todos tentavam adivinhar o que seria de Shostakovich, rumores e maledicências corriam soltos. A vida social seguia como dantes, a despeito do terror que grassava.
>
> Após o acorde final, deu-se um verdadeiro pandemônio, como era comum ocorrer nas estreias das obras de Shostakovich. Muitos choravam. O trabalho do compositor era a materialização do esforço de um artista honesto sob o peso de um dilema moral avassalador. A sinfonia é permeada de vibrações neuróticas. Shostakovich busca febrilmente a saída do labirinto, mas acaba encontrando a si mesmo paralisado diante da "câmara de gás das ideias", no dizer que um compositor soviético.
>
> "Não é música, é alta tensão nervosa", disse um espectador sobre a *Quinta*, que ainda hoje é o trabalho mais conhecido de Shostakovich. A sinfonia deixou muito claro que ele falava em nome da sua geração, da qual se tornou símbolo pelas décadas que viriam. Na política do Ocidente, seu nome era usado como uma espécie de bandeira, tanto pela esquerda quanto pela direita. Provavelmente, nenhum outro compositor na história da música teve tanta relevância política.

Novamente deparamos aqui com a força primal e formadora do *ser humano musal*. Um sentimento, uma percepção, uma experiência que move fronteiras, concebidos pelo compositor e transmitidas ao público por intermédio da música. Todos os que, naquele dia, lotavam os imponentes salões da Filarmônica de Leningrado sob o jugo do terror eram criaturas musais. A música foi vivenciada ali não como um fenômeno estético isolado ou como fruição de um prazer auditivo, mas como algo fundamental para os sangrentos anos de chumbo que estavam por vir.

Galina Vishnevskaia (1986, p. 196) interpreta a *Quinta sinfonia* da seguinte forma:

> Quando a ouvimos, conseguimos sentir a angústia que ele sentia. [...] Nessa música Shostakovich nos dá testemunho do sofrimento e da coragem necessários para sobreviver naqueles anos, e o faz como escritor ou pintor algum lograram fazer. A *Quinta sinfonia* foi um ponto de inflexão, não apenas na sua vida como artista, mas também na sua concepção de mundo enquanto cidadão russo. Ele se transformou num historiador do nosso país. A história da Rússia soviética não pode ser mais bem descrita do que nas suas composições.

Examinemos melhor a própria música, seu estilo, seus temas, formas e convenções. Novos questionamentos vêm à tona: de que forma Shostakovich sobreviveu como pessoa e como compositor à *Quinta sinfonia*? Milhões de pessoas eram expurgadas, exiladas, executadas. Como ele escapou da lista de condenados de Stálin sem, ao mesmo tempo, condenar a si mesmo como compositor? Como enfrentou seu público de inimigos e apoiadores como um compositor *yurodivy* "nas garras do medo" com apenas 31 anos e tanto ainda por fazer?

Shostakovich sabia muito bem o que exigiam as autoridades musicais de Stálin assentadas na primeira fila da estreia da sua *Quinta*. Elas queriam: os bons e velhos tons de sempre; melodias e temas claros; uma orquestra simples, sem confusão nem rebuliço.

E Shostakovich lhes deu tudo isso, como quem atira um naco de carne a cães famintos. O contraste entre o modernismo de *O nariz* e a abertura da *Quinta sinfonia* é evidente até para os ouvidos menos treinados. Tudo volta ao seu devido lugar, como nos velhos tempos em que bemóis eram bemóis e sustenidos eram sustenidos. O tema principal oscila em torno de um Ré central. Tema após tema são introduzidos por solos instrumentais. E os temas são belos e cantáveis, à maneira que o realismo socialista demandava. Ao mesmo tempo, são trabalhados de maneira convencional, com o emprego extensivo da imitação de *cânones*, como "Frère Jacques", popular entre as crianças russas. Os stalinistas na primeira fila devem ter sorrido satisfeitos diante da simplicidade de uma música que atendia a todos às suas demandas. Shostakovich tinha virado a casaca e tomado seu partido, devem ter pensado ingenuamente, incapazes que eram de aprofundar-se na complexidade de uma melodia que para eles tinha uma forma e um som perfeitamente aceitáveis, e poderia muito bem embalar os festejos dos 20 anos da Revolução.

Mas os amigos de Shostakovich e todos aqueles que compartilhavam do seu martírio perceberam algo oculto *além* daquela simplicidade. Eles aguçaram os ouvidos e procuraram decifrar o que havia além do riso amargo por trás da máscara do *yurodivy*. Onde estava o verdadeiro Dmitri Dmitrievich Shostakovich? Ainda havia nele a rebeldia, a crítica, a honestidade? Uma rebeldia e uma integridade que lhes eram *comuns*?

À medida que a sinfonia se desenrolava, eles identificaram tudo isso vindo à tona com uma força ainda mais devastadora. Cada vez mais perplexos, enquanto admiravam os stalinistas sentados na primeira fila, satisfeitos com o que viam, sem a mínima noção do que se passava em volta. Imagine a seguinte cena: numa sala de aula, um bilhetinho dobrado é passado de mão em mão, de uma ponta a outra da classe, espalhando seu segredo em meio a risos contidos, sem a menor desconfiança por parte da professora. Ela continua defronte ao quadro negro, a poucos metros de distância, sem desconfiar de nada, segura de que detém o controle da situação.

Todo jogo tem suas regras e convenções. Sem conhecê-las, não é possível desfrutar e compreender o engenho artístico por trás dele. Na *Quinta sinfonia* de Shostakovich, o primeiro movimento é composto como uma sonata comum. Sua estrutura é a seguinte:

- Introdução demorada.
- Exposição: dois temas, um principal e um secundário, em oposição um ao outro, criando uma tensão que obedece à dialética clássica (tese-antítese).
- Desenvolvimento: os temas são retrabalhados, a tensão prossegue.
- Reprise: a introdução é retomada e exposta à luz do desenvolvimento. Contrários e contrastes são equilibrados e constituem algo novo (síntese).
- Coda: uma breve recapitulação do movimento inteiro.

O público soviético, afeito à música clássica, estava bem familiarizado com esse tipo de arranjo. Também já conhecia o estilo peculiar de Shostakovich. Esse público, portanto, era capacitado para avaliar a maestria do compositor e a evolução de seu trabalho, obra após obra. Mas para tal público a música era algo mais do que uma sequência de notas encerradas num universo autônomo. Desde a Rússia totalitária do século XVIII, os russos estavam acostumados a interpretar a música como uma crítica política e social, de uma maneira que pode parecer estranha ao olhar Ocidental e de hoje. Para eles, era natural vivenciar a sinfonia de Shostakovich como uma explanação do espaço ocupado pelo indivíduo na União Soviética. Como disse Galina Vishnevskaia, Shostakovich "transformou-se num historiador do nosso país".

A seguir, veremos de que maneira a *Quinta sinfonia* pode ser interpretada como uma manifesto político singular. Foi assim que eu a interpretei pela primeira vez, em 1968, quando meus colegas do Conservatório de Leningrado chamaram-me a atenção para essa obra como uma espécie de narrativa dramática. Tal interpretação da música de Shostakovich também é adotada por musicólogos da União Soviética (por exemplo, Orlov, 1961).

Obviamente essa música pode, e deve, *também* ser apreciada pela força da sua temática e por seu valor musical intrínseco. Mas, para muitos russos, ela era e ainda é imbuída de um significado mais profundo, na sua temática, no seu desenvolvimento, no seu caráter e na sua retórica instrumental. Para os russos, a expressão artística costuma ser carregada de um componente quase profético, como se fora feita por um *yurodivy* dotado de um imenso poder visionário. Compreendido no âmbito do argumento deste livro, podemos encontrar aqui um parentesco direto com a seriedade existencial do canto lúdico infantil e também da rebeldia musical adolescente.

O cineasta soviético Andrei Tarkovsky ocupa lugar central nessa antiga tradição russa. Na última entrevista que deu, pouco antes de morrer (1988), ele investe corajosamente contra a superficialidade da cultura ocidental: "Para os russos, por exemplo, ainda é como sempre foi. A cultura e as manifestações culturais têm uma espécie de significado espiritual, misterioso ou, seu preferir, profético. [...] No Ocidente, ao contrário, a cultura há tempos tornou-se uma mercadoria, uma propriedade do consumidor".

Esse significado profético vale tanto para os filmes de Tarkovsky quanto para as sinfonias de Shostakovich. Nossos ouvidos ocidentais não devem se esquecer disso se quisermos nos aproximar da música de Shostakovich a partir do ponto de vista dos russos.

A *Quinta sinfonia* é o produto direto da tensão entre Shostakovich e Stálin e entre a liberdade de expressão artística e o controle totalitário. Façamos agora um esforço para compreender algumas das peculiaridades da *Quinta* de Shostakovich tendo como perspectiva esse pano de fundo.

A introdução cortante dá a exata medida de um compositor que *não* capitulou, mas está pronto para continuar a luta de punhos cerrados:

O seguinte *tema principal* tem sido associado ao próprio Shostakovich, o sujeito humano da sinfonia. O caráter do tema traz uma clara ruptura com as convenções preestabelecidas. Como era de costume, o tema principal, em forma de sonata, deveria ser viril e nitidamente delineado, mas seu contorno é um tanto vago — como a expressão musical de um compositor atordoado que agora tateia em busca de uma razão de viver. Enquanto os censores musicais de Stálin identificavam apenas o desfecho do tema em Ré, o restante do público presente no teatro acompanhava os movimentos originais do tema numa escala que não era Ré-bemol nem Ré-frígio, mas simplesmente Ré-Shostakovich (as iniciais de seu nome na notação musical cifrada, SD):

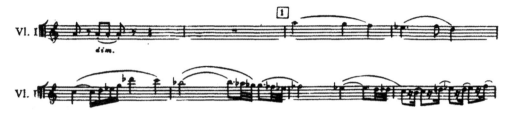

Lá estava o cerne da originalidade e da identidade de Dmitri, apesar do artigo do *Pravda* e da proibição da atonalidade.

O tema secundário rapidamente entrega sua história. Belo e poético, com acordes densos e pulsantes, nos quais o compositor até se permitiu o luxo de usar harpas como acompanhamento. A associação era imediata: a infância, inocente e imaculada. O tema é logo harmonizado em Mi-bemol, tradicionalmente o mais sombrio de todos os bemóis, e bem longe do padrão harmônico comum a uma sonata. "Um raio de esperança, semelhante a uma réstia azul num céu sombrio", como diz um comentário russo à *Quinta sinfonia*:

O desenvolvimento é introduzido com uma abrupta mudança de humor. O piano de repente soa como um elemento estranho à orquestra, num registro profundo, brutal e acachapante:

Arranjos de trompetes se seguem e conferem à música um tom mais agressivo. Em seguida, os timbales assumem o protagonismo, com sua conotação militar. E a cortina desliza revelando um insistente *fortissimo* que se assenhora de todos os demais sons. A represa se rompe e vem a inundação. Os temas são distorcidos e brutalizados. A orquestre cresce e transforma-se num colosso. Aumenta o protagonismo dos metais, que assumem a dianteira. E o Estado stalinista é desmascarado, na tradição ambígua e venenosa do *yurodstvo:*

— Um tributo arrebatador! — triunfaram os apoiadores de Stálin.

— A marcha dos poderes do mal! — registraram sabiamente os amigos de Shostakovich, num diálogo silencioso com o compositor.

Somente na reprise a tensão é inteiramente liberada. Ao contrário da norma estabelecida, o tema secundário é apresentado em primeiro lugar. O resultado é impactante. A melancolia dos bemóis da abertura não está mais ali. O tema passa de um Mi-bemol para um Ré-maior, voltando a soar bravo e esperançoso, como o mar depois da tempestade. A seu modo, uma variação russa do clássico "da luta à vitória" como concebido por Beethoven.

E quanto ao tema principal? Na reprise, é normal que este faça sua entrada *primeiro*. Onde estariam os traços sinfônicos do próprio Dmitri Shostakovich? Tal pergunta era, é claro, determinante para interpretar a mensagem subjacente que o músico pretendia transmitir.

A música nos deixa em dúvida durante alguns instantes, mas a resposta vem antes de o movimento chegar ao fim: está ali, mas disfarçado! À medida que o movimento termina, o tema principal novamente vem à tona, tão alterado que se torna quase irreconhecível: abreviado, invertido, num solo de flauta que devagar se esvanece.

Um vislumbre musical de um rosto atrás de uma janela esfumaçada. Um Dmitri Shostakovich enquanto *yurodivy*. Assim prossegue a música, sem qualquer pompa ou circunstância. O esperado *maestoso* cede lugar a um anti-heroico *morendo* como um sorriso sardônico de um *yurodivy* atrás da máscara.

O segundo movimento traz uma nova ruptura das convenções. Tradicionalmente, o segundo movimento de uma sinfonia propõe um descanso após a carga dramática do primeiro. Mas Shostakovich subverte o gênero e arrasta o espectador para o meio do seu *scherzo* amargurado. Depois de expor o mal no primeiro movimento, o humor torna-se uma extensão psicológica natural para Shostakovich. No segundo movimento, tal humor é expresso na imitação do riso pelos sopristas mais ao fundo (preste especial atenção ao fagote!) e no tom dançante das valsas, *ländlere* mazurca com sua cadência marcial típica, suas paradas abruptas, fanfarras pomposas e taróis bombásticos. Uma *danse macabre* cheia de ferocidade e poesia.

No meio desse torvelinho de humor divisamos novamente o palhaço, o ser humano trôpego, porém com alma. É fácil identificá-lo: Dmitri Shostakovich. Delicadamente ele toma seu violino em mãos e tentar executar um solo. Até que não se sai mal, mas é um tanto atrapalhado, como sói ser a um palhaço. Em seguida tenta novamente, dessa vez com a flauta. Com um sorriso irônico, termina seu solo metade em bemol, metade em tom maior. O palhaço faz seu espetáculo entre lágrimas e risos:

Pouco depois, o palhaço ressurge. Ele quer muito divertir o seu público outra vez. Ensaia novamente seu conhecido solo, mas é interrompido e abafado pelos sons da orquestra. Cômico? Ele tenta de novo, e de novo é oprimido pelo golpe desferido pelos poderosos, como num típico espetáculo circense. Como um verdadeiro russo, Shostakovich amava o circo. O palhaço está aí para ser desprezado. Que importância ele pode ter, afinal? A orquestra assume inteiramente o palco. A temática da abertura é retomada, desde vez num *pizzicato* de cordas, excentricidade de um compositor imerso num oceano de mágoas que se expressa como um bobo da corte para poder sobreviver. Shostakovich aferra-se ao humor como último bastião antes que o medo assuma o controle — sensação deveras familiar tanto para a criança como para o adulto.

No meio desse robusto desenvolvimento orquestral, o público comporta-se como se estivesse diante de um espetáculo circense: esperando seu favorito, o palhaço. Ele *precisa* surgir novamente antes que caia o pano. E, claro, lá se tem um vislumbre dele, no tema principal que brevemente dá as caras ao final do primeiro movimento. O palhaço agora sabe que será seu fim. Todos sabemos, inclusive o público, que oscila entre o riso e a compaixão, no melhor estilo da psicologia circense. E o palhaço não desaponta seus fãs. Ele faz uma nova e derradeira tentativa, cauteloso, no sopro frágil dos oboés. A leveza da melodia já não existe mais, foi comprimida; resta somente o tom desafiante do palhaço. Enquanto ele é expulso do picadeiro no movimento final e aparentemente dá a luta por perdida, nós, o público, sabemos quem foi o vitorioso: o palhaço, é claro. Pois ele é imortal e sempre voltará à cena enquanto houver picadeiro e plateia (veja as partituras nas páginas 308-9).

Esse movimento *scherzo* do tipo A-B-A torna-se assim uma espécie de comédia chapliniana, como aquela que recordamos da infância, contada em forma de música. Trata-se de pura música, é claro, mas *também* de Dmitri Shostakovich e do dilema que enfrentava em vida. Você, leitor, com seus ouvidos musicais educados no Ocidente também perceberá vestígios disso. Basta escutar com atenção.

O terceiro e o quarto movimentos têm traços em comum. Ambos começam em tons bemóis e terminam em tons maiores. O efeito simbólico é muito simples e tem sido usado desde os tempos de Bach: o desfecho em tom maior representa luz, claridade, pureza, redenção e esperança. Essa reviravolta na etapa final da sinfonia deu à música de Shostakovich uma função terapêutica, uma espécie de apoio moral para as inúmeras vítimas da tirania soviética na década de 1930. O fato de os censores interpretarem o mesmo desfecho da sinfonia como uma profissão de fé do futuro brilhante do stalinismo é outra história. Para Shostakovich e seu futuro como compositor, porém, isso foi de fundamental importância.

Podemos afirmar que Shostakovich beneficiou-se de uma coisa e de outra.

No terceiro movimento, o tema do primeiro novamente vem à tona, com uma nova indumentária, mas ainda assim bem perceptível — como alter ego de Dmitri Shostakovich:

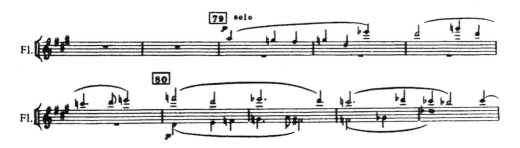

E o movimento final inspira-se numa variação do belo tema secundário do primeiro movimento. No quarto movimento, o tema fica a cargo dos metais e logicamente perde muito da sua poesia. A resistência tem seu preço:

MÚSICA, INSPIRAÇÃO E CRIATIVIDADE

Logo depois, os timbales estão de volta ecoando a "marcha das forças do mal" do primeiro movimento. No entanto, no último movimento a percussão não terá mais tanta relevância. Logo, logo ela adquirirá papel simbólico na construção dos acordes finais, que quase abruptamente iluminam a melodia e lhe restituem a esperança. Mais um naco de carne atirado aos mastins da censura?

Não obstante, o terceiro e o quarto movimentos têm um caráter fundamentalmente distinto. No terceiro, a abertura parece um hino religioso, num contraste brutal com a conclusão quase hilariante do segundo. Há uma tensão emocional extrema na transição entre esses dois movimentos. Nesse instante me vem à mente um trecho da *Jornada pela cidade* [Stadsresan] de August Strindberg (1918, p. 260), em que as palavras descrevem exatamente a sensação que teve ao ouvir a *Appassionata*, de Beethoven:

> Toda a amargura deste mundo, a conduta cínica e zombeteira que de tudo faz troça, escarnece do que é sagrado e desdenha dos nossos sentimentos e deveres, põe-se de lado; a vida, refém do flagelo do destino humano, ameaça o que nos é mais caro, tudo aquilo que nos traz sofrimento e fadiga. Assim prossegue a sonata, esse poema sem palavras, urros e choros impotentes ante a miséria da nossa existência.

Recentemente, estudiosos da música do período soviético assinalaram no terceiro movimento uma introversão que expõe as vísceras da angústia que o compositor sentia. Como no solo de oboé a seguir, cujo fraseado e entonação em muito assemelham-se à voz humana. A solidão, a sensação de abandono, tornam-se ainda mais perceptíveis do que no tema principal do primeiro movimento e na melodia do palhaço do segundo:

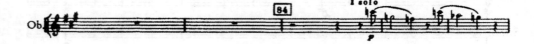

Depois da estreia da *Quinta sinfonia*, foi justo esse terceiro movimento que os musicólogos de Stálin, liderados pelo notório Nestiev, tiveram mais dificuldade de engolir. Que fim tinha levado o puro otimismo que tanto caracterizava o socialismo real? O terceiro movimento passou a ser criticado como o "retrato expressionista de um horror petrificado". A música "tem o tom pálido da resignação de um cadáver" e "um quê histérico e mórbido". Podemos aqui reconhecer a mesma terminologia do artigo do *Pravda*.

A transição para o quarto movimento é um choque; do *pianissimo* do terceiro movimento para a súbita explosão *forte fortissimo*, com uma percussão trovejante. E alguns críticos franziram o cenho para a sinfonia: "O *pathos* do sofrimento, em certas ocasiões, aproxima-se perigosamente do grito de lamento naturalista" (Meyer *et al.*, 1980). Novamente sobressai a terminologia do *Pravda*, para quem "naturalismo" era algo tão pejorativo que poderia selar o destino de um artista. E, apesar do inexorável desfecho em tom maior, sob timbales e trompetes, os críticos não consideraram o movimento final otimista o bastante para compensar o tom trágico dos movimentos precedentes. A sinfonia era e tornou-se uma tragédia *otimista* em quatro movimentos, para usarmos aqui uma característica marcadamente russa. Essa infame ambiguidade deve ter sido percebida com muito estranhamento pelos poderosos durante o jubileu dos 20 anos da Revolução.

Mas Shostakovich também sobreviveu à *Quinta sinfonia*. Ele acalmou seus críticos dando-lhes um embasamento tonal, temas melodiosos, percussão militarista e um final em tom maior. E, mais importante: ele fez uma autocrítica pública do passado e deu à sua *Quinta sinfonia* um subtítulo irônico: "Resposta prática de um artista à crítica fundamentada". Típica conversa de um *yurodivy*? Naturalmente. Mas quem o acusaria disso?

No ano seguinte, 1938, Shostakovich fez o primeiro comentário público sobre sua *Quinta sinfonia*:

> Meu novo trabalho pode ser chamado de sinfonia lírico-heroica. A ideia fundamental é o sofrimento humano e um otimismo abrangente. Procurei reafirmar o otimismo, demonstrar como ele pode florescer de uma série de conflitos trágicos e em meio a grande tormentos espirituais.
>
> Durante debates na Associação de Compositores de Leningrado, alguns camaradas viram na *Quinta sinfonia* traços autobiográficos. Reconheço que eles estão de certo modo corretos. Para mim, há traços biográficos em qualquer obra de arte. Qualquer uma delas tem origem na vida de um ser humano. A obra que não reflete em si a imagem do autor há de ser ruim e entediante. (Shostakovich, 1980, p. 68)

Resta a nós, leitores e ouvintes de Shostakovich, interpretá-lo como se fora um *yurodivy* que se expressa alternando platitudes ao gosto do público e uma candura genuína.

Depois da morte de Shostakovich, Volkov (1980, p. 207-8) publicou uma eloquente revelação do autor sobre a relação entre Stálin e um artista *yurodivy:*

> Sim, preciso dizer mais uma vez: Stálin era um homem morbidamente supersticioso. Todos os pais fundadores da pátria são acometidos dessa mesma superstição; trata-se de algo incontornável, e por isso eles tinham certo respeito e temor dos *yurodivy*. Dizem que os *yurodivy* que ousavam dizer a verdade ao czar são coisas do passado. [...] Mas os *yurodivy* não desapareceram e os tiranos ainda os temem. Há exemplos disso no nosso tempo.

DEGELO E NEVASCA COM A *13ª SINFONIA*

O gato preto

Nos degraus rente ao muro
Do beco escuro
Sozinho está
O gato preto

Grande, gordo e bigodudo
O gato graceja dos outros
Que miam ingênuos
Na noite gélida.

Não procura ratazanas
Com seus olhos bem azuis
Só deseja ser cevado
Por seus servos, nada mais.

Em silêncio se esgueira
sorve a água, mata a sede.
Arranha as unhas na soleira,
ronronando sem sossego.

Ó, destino mais ingrato!
Nesta Rússia tão bacana
já não sei quem é o gato
e quem é a ratazana.

Eis aqui o protesto nos versos satíricos que o poeta georgiano Bulat Okudjava compôs, na década de 1960, para descrever o terror e o desejo de uma sociedade mais democrática sob o stalinismo que ainda vigorava na Rússia de então. Era uma época de distensão cultural na União Soviética. O temido Stálin era interpretado de várias maneiras. Seu cadáver tinha sido removido do sacralíssimo mausoléu na Praça Vermelha. Portanto, que mal faria uma pequena alegoria felina, para deleite de milhões de russos?

A *13ª sinfonia* de Shostakovich acrescentou música e lírica ao espírito de protesto da época. Mas, antes, vejamos um pouco de história: como o "degelo" se acelerou após a morte de Stálin.

O dia 5 de março marcou um duplo aniversário na vida de Shostakovich. Nessa data morreu seu maior inimigo, Josef Stálin, e seu companheiro de penúrias entre os compositores russos, Sergei Prokofiev. Stálin finalmente se fora. Mas, com a partida de Prokofiev, Shostakovich era agora o único compositor soviético de renome internacional a ter sobrevivido ao stalinismo. Sua música seria a única com densidade suficiente para ser percebida como uma crônica político-cultural, tanto no Ocidente como no Oriente. Quais eram as possibilidades de estabelecer um novo padrão, de estender limites, para renovar a crítica?

Meses depois da morte de Stálin, Shostakovich se pôs a escrever sua *10ª sinfonia*, a "Sinfonia do degelo" (veja a partitura na página 316). Nela, ele introduz as próprias iniciais em notação cifrada: D-bemol (S)-C-H. No movimento final, toda a orquestra retoma a introdução, e não por acaso. Esse clímax traz a assinatura musical e a mensagem clara de todos os que tinham alguma familiaridade com Shostakovich: "Eu, Dmitri Shostakovich, sobrevivi a Stálin". Muitos anos depois, o próprio autor, por sinal, referiu-se ao segundo movimento da *10ª sinfonia* como um retrato de Stálin *post mortem et festum*, por assim dizer. O compositor e o tirano estavam agora enredados na primeira grande obra de Shostakovich após a morte de Stálin.

Depois de um longo e bizantino debate na Associação de Compositores Russos, que terminou chancelando a sinfonia como formalista, Shostakovich foi reabilitado no inverno de 1954. A *10ª sinfonia* foi então declarada uma obra-prima.

O degelo continuou e teve o seu ápice no famoso discurso contra Stálin proferido por Nikita Kruschev no vigésimo congresso do partido, em 1956. Como consequência político-cultural desse discurso, no mesmo ano Shostakovich tornou-se colunista do *Pravda*. Com o apoio de Kruschev, ele agora poderia criticar publicamente seus algozes na Associação de Compositores. Vinte anos haviam transcorrido desde a publicação do artigo que mudara a vida de Shostakovich como compositor. Agora, lentamente, a coisa ficava diferente.

O ano de 1958 foi um marco na liberdade de expressão. Kruschev tinha necessidade de interagir com os artistas, estabelecer com eles uma aliança necessária contra a oposição política conservadora. Não era segredo para ninguém que os falcões da política soviética começavam a pedir sua cabeça, sobretudo após os eventos da Primavera de Praga.

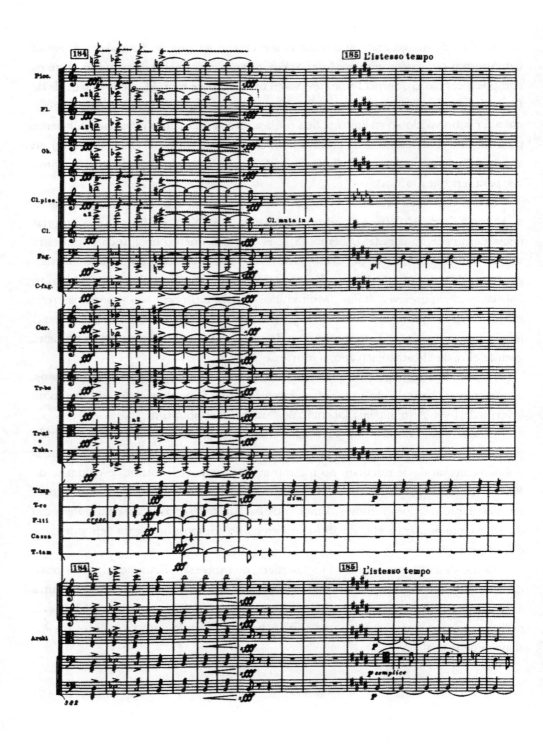

Em maio de 1958, o Comitê Central publicou um decreto com críticas à notória conferência conduzida por Jdanov em 1948, na qual Shostakovich e Prokofiev foram desonrados publicamente e condenados como inimigos do povo. Doravante, ambos estavam reabilitados como "geniais compositores" que eram, embora o decreto justificasse e mantivesse os princípios que levaram ao decreto de 1948 (Bouij, 1984). Era evidente que Kruschev precisava do peso internacional do nome de Shostakovich como álibi político-cultural, sobretudo diante do Ocidente que acompanhava atento os ventos liberais que começavam a soprar na União Soviética. Enfim Shostakovich era homenageado, não sem grande alarido, com a mais alta comenda do país, o Prêmio Lênin.

Ao mesmo tempo, 1958 marcaria também um recrudescimento da abertura promovida por Kruschev. Para isso, o Ocidente teve sua parcela de contribuição. Boris Pasternak ganhou o prêmio Nobel de Literatura no mesmo ano, escolha vista na União Soviética como pura provocação, com graves e imediatas consequências na vida cultural. Uma vez mais o Ocidente testemunhou como um artista soviético era perseguido e isolado, assim como ocorrera com Shostakovich. O derradeiro romance de Pasternak, *Doutor Jivago*, foi proibido na União Soviética. Em 1960, Pasternak morreu, seguramente devido ao enorme fardo a que fora submetido.

Ao mesmo tempo, Shostakovich nunca estivera tão fortalecido: reabilitado publicamente, reconhecido e premiado, era talvez a figura soviética mais aclamada no cenário cultural mundial. Já não podia mais ser silenciado ou domesticado. As lideranças políticas haviam feito sua aposta. Por sua vez, certo de que sua posição era agora inatacável, Shostakovich decidiu investir contra a política cultural vigente como um aríete diante dos portões de um castelo. Esse aríete foi a *13ª sinfonia*, a *Babi Yar*.

O ano era 1962, em plena crise de Cuba e instabilidade política na União Soviética. A política liberal de aproximação com o Ocidente empreendida por Kruschev passou a ser vista como capitulação e a sofrer duras críticas dos líderes do partido. Artistas saíram em defesa da liberdade cultural e atacaram os neostalinistas numa carta dirigida a Kruschev e ao Comitê Central. Shostakovich era um dos signatários. Ievguêni Ievtuchenko, talvez o principal poeta e agitador dos tempos do degelo, publicou seu famoso poema *Herdeiros de Stálin*, no qual escreveu:

> Nós o tiramos do mausoléu
> Mas como tirar Stálin dos seus herdeiros?
> Alguns deles cultivam rosas no recesso da sua aposentadoria
> E se creem tranquilos
> apenas aposentados temporários.
> Outros até atacam Stálin nos púlpitos,

enquanto à noite sonham com os bons e velhos tempos de outrora.
Não por acaso os herdeiros de Stálin
hoje morrem de infarto.
Esses ex-jogadores não suportam os novos tempos.
Os campos de prisioneiros estão vazios,
e os saraus de poesia lotam os salões.
A pátria-mãe pediu-me para não calar.
Deixe que digam-me para me controlar,
eu não posso ter calma.
Enquanto houver herdeiros de Stálin na Terra,
terei a certeza de que Stálin ainda jaz no seu mausoléu.

Foi *esse* Ievtuchenko que Shostakovich escolheu como parceiro cultural para sua *13ª sinfonia*. No ano anterior, Ievtuchenko publicara o poema que, mais que qualquer outro, era a quintessência do período do degelo cultural e dos novos ares que sopravam na União Soviética: "Babi Yar". Tomando como partida um pogrom ocorrido nos arredores de Kiev, em que dezenas de milhares de judeus foram massacrados no correr de poucos dias, Ievtuchenko aborda de forma poética a história do sofrimento humano e fala da responsabilidade coletiva que todos partilhamos por esse sofrimento.

O que havia de especial em Ievtuchenko e na sua poesia para tanto atrair Shostakovich? Um claro talento poético, é certo. Mas era algo mais. A temática o deixou fascinado: o judeu perseguido que encarnava o sofrimento humano ao longo das eras. No final da década de 1940, ele mesmo escrevera canções sobre textos judaicos, mas naquele tempo era impossível publicá-los. Pois, mesmo que tenham sido os alemães, não os russos, os responsáveis pela tragédia de Babi Yar, o antissemitismo era rampante também na União Soviética. Shostakovich compreendia bem o que era ser um judeu perseguido — ele mesmo fora perseguido a maior parte da vida. É certo que não era judeu, mas se sentia como um deles, como um representante de uma geração inteira de russos que padeciam, eram perseguidos e massacrados. O poema de Ievtuchenko materializou em palavras a dolorosa condição judaica e, por extensão, a dos russos perseguidos pelo regime:

Em Babi Yar não existem monumentos.
A ravina íngreme é ela mesma uma lápide bruta.
O medo tomou conta de mim.
Neste instante, sinto-me tão velho como o povo judeu.

Agora, é como se eu mesmo fosse judeu.
Vagando sem rumo pelo antigo Egito.
Para depois morrer crucificado.
Até hoje trago os estigmas dos cravos.
[...]
Cuspiram-me no rosto, fui agrilhoado, vilipendiado,
perseguido até a morte.
[...]
Tantas vezes, com as mãos impuras,
conspurcaram o teu nome imaculado, meu povo russo.
[...]
Eu sou cada um dos velhos que fuzilaram,
eu sou cada uma das crianças que mataram.
[...]

Mas Shostakovich também deve ter se sentido atraído pela *ousadia* de Ievtuchenko. Ele personificava uma nova geração de artistas russos que se atreviam a falar abertamente e a exercer uma oposição franca ao regime, algo que deve ter acendido uma chama no coração do velho *yurodivy*. A retórica forte e esclarecida de Ievtuchenko, que com o passar do tempo atraía um público cada vez mais numeroso em saraus lotados, contribuía para agravar essa ousadia. Ievtuchenko conseguia lotar ginásios inteiros com um público cativo. Ele sabia expressar, com precisão, o que sentiam no íntimo. Sem máscaras, o poeta encarava o público face a face.

Shostakovich tinha então 55 anos; Ievtuchenko, 29. Juntos, os dois conseguiriam abalar os alicerces da sociedade russa, anteviu Shostakovich. "Babi Yar" já se alastrara pela União Soviética como fogo num paiol. A hora tinha chegado. Agora, Shostakovich podia abandonar seu papel de *yurodivy*. O poema "Baby Yar" seria incluído na sua próxima sinfonia e Shostakovich lançaria mão de um solo de baixo e de um coro de vozes masculinas para transmitir a carga dramática do texto de Ievtuchenko.

Em 1962, Shostakovich atravessava um período de intensa criatividade. Havia um quê de Mozart na maneira febril como compunha. Nessa época ele estava revisando a ópera *Lady Macbeth*, que em sua nova versão foi intitulada *Katarina Izmailova*. Essa ópera tornara-se um tabu político-musical desde o fatídico ataque do *Pravda*, em 1936. Ao mesmo tempo, ele pranteava seu compositor favorito, Modest Mussorgsky, orquestrando *Cantos e danças da morte,* um trabalho natural para alguém que encarara a morte no olho durante boa parte da trajetória como artista. A devoção à obra de Mussorgsky era tal que o próprio Shostakovich estreou como condutor na estreia da ópera. A anos-luz de distância dessa obra inspirada na crueza da morte encontra-se seu "Quarteto de cordas número nove", também concluído nesse mesmo ano. Nele, Shostakovich pretendeu, de acordo com suas palavras, expressar a leveza e o descompromisso do seu lado lúdico infantil. Uma personalidade cindida entre a morte e infância? De forma nenhuma, e no entanto um comportamento tipicamente russo.

Todos esses estados de espírito estão matizados na sua *13ª sinfonia*, tendo a força do "Baby Yar" de Ievtuchenko como norte emocional e mental. O impacto teria de ser explosivo.

A sinfonia foi iniciada no verão de 1962, enquanto Shostakovich convalescia no hospital de uma paralisação da mão direita. A dor física, associada às décadas de sofrimento, desencadeou um surto criativo feroz. O imperativo musal tornou-se ainda mais categórico e impositivo. Mais uma vez a música deveria "cruzar a fronteira" em que Shostakovich se viu aprisionado durante uma geração inteira. Já em dezembro do mesmo ano, a sinfonia de cinco movimentos estava pronta para estrear, ao mesmo tempo que ele completava a revisão de *Katarina Izmailova*. A ópera e a sinfonia estrearam com um intervalo de poucos dias. Shostakovich deu muito trabalho aos censores naquele outono de 1962. Pois, como veremos, censura houve.

Originalmente a sinfonia tinha sido pensada para ter apenas um movimento, construído em torno do poema "Babi Yar". Em pleno processo, ela tornou-se uma peça de cinco movimentos, assim dispostos:

- 1º movimento: "Babi Yar".
- 2º movimento: "Humor".
- 3º movimento: "No armazém".
- 4º movimento: "Medo".
- 5º movimento: "Carreira".

Perseguição é um tema que permeia toda a sinfonia, sendo tratado com uma franqueza até então inaudita na União Soviética. O primeiro movimento aborda a perseguição aos judeus e o extermínio em massa. O tom é num sombrio Si-bemol, com pesados sinos de igreja dobrando como tema central. O coro representa "a voz do povo", numa linha condutora que vai das tragédias gregas a *Boris Bodunov*.

No segundo movimento, demonstra-se como a perseguição do indivíduo leva à supressão daquilo que talvez seja sua principal ferramenta de sobrevivência: o *humor*. Mesmo que o ser humano seja trancafiado e venha a morrer numa cela, seu humor nunca poderá ser destruído.

Czares, reis e imperadores,

todos os soberanos que comandam seus exércitos em marcha,

não têm poder sobre o nosso humor.

[...]

Eles desejam comprá-lo, mas o humor não está a venda.

Querem matá-lo,

mas o humor lhes aponta o dedo em riste!

Lutar contra ele é difícil.

Ele foi condenado à prisão perpétua.

Sua cabeça degolada foi exibida na ponta de uma lança.

Mas assim que a flauta do bufão começa a soprar,

ele grita à plena voz "Aqui estou" e retoma sua dança selvagem.

Vestindo um casaco curo e puído,

cabisbaixo e aparentemente contrito

como um criminoso político,

o humor foi para o cadafalso.

Demonstrando submissão, pronto para uma vida no além.

De repente, o humor tirou o casaco e, zás:

já não estava mais ali!

O humor foi trancafiado nas masmorras, mas foi tudo em vão.

Ele atravessou grades e paredes.

[...]

O humor é eterno. É suave, rápido, perpassa qualquer coisa.

Viva o humor!

Ele é um sujeito corajoso!

(Do poema "Humor", de Ievguêni Ievtuchenko)

Aqui, o humor se une à temática *yurodivy* como estratégia de sobrevivência. O contraste do horror de Babi Yar com o segundo movimento é grotesco, bem ao gosto de Shostakovich, e impõe uma distância muito clara. Ao mesmo tempo, a associação à tragédia de Babi Yar confere à peça uma seriedade talvez nunca antes vista na produção de Shostakovich. A música avança vigorosamente com mudanças de ritmo brutais, marcadas pelo assobio de flautas, como que sopradas pelos bufões do poema de Ievtuchenko. Na retomada da "dança selvagem", Shostakovich começa um trecho puramente instrumental de humor negro, em que cita a melodia de uma de seus antigos trabalhos, "Seis canções para textos ingleses". O texto original, de origem escocesa, versa sobre a dança do condenado sob a forca:

Sae rantingly, sae wantonly,
sae dauntingly gaed he;
he played a spring and danced it round,
below the gallows tree.[34]

Eis aqui de volta o palhaço do segundo movimento da *Quinta sinfonia*, que ainda não parou de dançar. Podem lhe cortar a cabeça, mas ele jamais será contido.

No quarto movimento, verbaliza-se o *medo*, a angústia paralisante, consequência natural da perseguição. Musicalmente, é um movimento arrastado e lento, com um solo de tuba inicial e uma cortina de cordas acompanhada de uma percussão sinistra. É a noite profunda por onde vagueia o gato preto — Stálin — que se alimenta dessa angústia.

Conhecemos o texto de "Herdeiros de Stálin": o olhar retrospectivo sobre o medo, que ainda era latente no tempo de Shostakovich e Ievtuchenko:

O medo na Rússia fenece
[...]
Eu me lembro dele ainda poderoso e forte
triunfando no solar da mentira.
O medo estava em todo lugar, como sombras,
deslizando de um lado a outro, penetrando todos os andares.
[...]
Estranho agora recordar esse medo secreto que vem a público,
o medo íntimo que bate à porta.
[...]
O medo de falar com um estranho.
[...]
O medo na Rússia fenece
Mas enquanto escrevo estas estrofes
às vezes, inadvertidamente, me apresso
e as anoto com um único medo:
o de não conseguir escrevê-las com todas as minhas forças.
(Do poema "Medo", de Ievguêni Ievtuchenko)

Vemos aqui com que intensidade Shostakovich, por meio do texto de Ievtuchenko, comenta a sua própria condição de artista. É como se finalmente tivesse encontrado as palavras para expressar os 25 anos que passara "nas garras do medo".

---

34. "Tão descontrolado, tão frívolo, lá se foi ele; dançando e rodopiando sob a árvore dos enforcados." [N. T.]

O movimento final é em larga medida um comentário autobiográfico. Agora, é o famoso astrônomo Galileu quem serve de alter ego para Shostakovich. Também Galileu foi, como sabemos, perseguido por suas opiniões e por seu conhecimento. A história conta como a Inquisição o obrigou publicamente a renunciar ao postulado de que a Terra girava em torno do Sol. *Eppur si muove!* — "E, no entanto, se move!", sussurrou Galileu para si mesmo ao final do processo inquisitório, assumindo certo ar de *yurodivy*, assim como Shostakovich fizera com sua *Quinta sinfonia*, em 1937.

Musicalmente, o movimento final mais leve e bem-humorado, um *scherzo*, é similar ao segundo. O palhaço volta à ribalta mais uma vez. Seu papel no plano musical agora cabe ao fagote:

Ziguezagueando sem obedecer a nenhuma tradição musical nem atingir qualquer clímax, essa passagem pode ser mais bem descrita como *anticarreirista*. A mensagem é elementar: assim como a de Galileu, a trajetória de Shostakovich perdeu-se sem rumo num labirinto de perseguições, inquisições, censura e terror. Nas linhas finais de sinfonia isso fica evidente:

> Eu creio nas suas crenças sagradas.
> E sua fé me dá coragem.
> Construirei minha trajetória de modo que
> não pareça construí-la.

Logo ficaria claro que o plano de musicar "Babi Yar" enfrentaria forte oposição. Os boatos se espalharam rápido naquele verão de 1962, como se o poema já não tivesse causado inquietação suficiente quando foi publicado, no outono do ano anterior. Mas agora a lírica estaria logo associada a Shostakovich, o músico mais proeminente do país, com um público cativo dentro e fora da União Soviética.

Os "herdeiros de Stálin" ficaram de prontidão, pois essa sinfonia ameaçava romper os tabus culturais e políticos vigentes. O poema "Babi Yar" já era conhecido, mas a música, ainda não. Os ataques seriam, portanto, dirigidos a Ievtuchenko e ao seu poema. Além disso, como Ievtuchenko era menos conhecido pela comunidade internacional, seria mais fácil calá-lo. Investir contra a *13ª sinfonia* por intermédio do poeta e não do músico parecia ser a estratégia mais factível.

A soprano Galina Vishnevskaia (1986, p. 251-52), estrela do Teatro Bolshói e confidente de Shostakovich nesse período, faz uma panorâmica de como os fatos se desenrolaram.

> As engrenagens do departamento de Agitação e Propaganda já estavam se movendo. Os jornais publicaram uma resenha de "Babi Yar" culpando Ievtuchenko por ignorar o papel heroico que o povo russo desempenhara na destruição da Alemanha nazista e distorcer a verdade sobre as vítimas do fascismo — e assim por diante.
> Vedernikov me ligou. "Galka. Recebi as anotações de Shostakovich e disse que ia cantar, mas não posso fazê-lo."
> Quando [...] contei a Dmitri Dmitrievich que Vedernikov desistira de cantar, ele não ficou nada surpreso. Foi como se já esperasse. O partido havia exigido que o texto fosse revisto, do contrário a apresentação seria proibida. Dmitri Dmitrievich respondeu afirmando que não mudaria uma única linha do que estava escrito. Ou a peça seria montada como estava ou a estreia que fosse cancelada.
> Ievtuchenko saiu em disparada pelas ruas de Moscou recorrendo a todos os membros do governo que conhecia, enquanto eu tentava conseguir outro solista.

Numa óbvia demonstração de forças nesse impasse, Ievtuchenko publicara "Herdeiros de Stálin" e "Medo" no final de outubro de 1962. Ambos os poemas emergiram, pelo menos na forma como os conhecemos hoje, impregnados da luta contra as autoridades pela *13ª sinfonia*. "Medo" foi especialmente escrito para ela e deu às autoridades mais um motivo para querer censurá-la. O alarme soara. Ninguém, exceto Shostakovich, conhecia o teor da sinfonia.

No dia anterior à estreia, 17 de dezembro, as lideranças políticas de Moscou reuniram-se com um grande contingente de artistas. Muitos exigiam que a sinfonia fosse proibida. Depois do encontro, Kruschev falou pessoalmente com Ievtuchenko sobre "Babi Yar", e certamente deve ter exigido que algumas estrofes fossem modificadas.

No dia da estreia, o coral foi pressionado a abandonar a apresentação, mas Ievtuchenko conseguiu demover seus membros da ideia. Ele era o responsável pelo texto, não os membros do coro.

No último minuto, o solista substituto recebeu a ordem de abandonar o posto e foi escalado para cantar em outro anfiteatro naquela mesma noite. Agora era a vez de Kiril Kondrashin, maestro mundialmente conhecido, intervir, designando outro baixo solista para o Bolshói.

Somente poucas horas antes da estreia veio a autorização para que a sinfonia fosse executada. Qual teria sido a razão? Shostakovich era grande demais para ser contrariado? Seria o enorme efeito adverso que a censura ao compositor teria na guerra de propaganda entre os Estados Unidos e União Soviética, na esteira da crise dos mísseis em Cuba? Ou haveria algum tipo de acordo de gaveta entre as autoridades e Ievtuchenko, que obviamente estava sob intensa pressão?

Vishnevskaia relata que ninguém tinha certeza de que a sinfonia seria de fato executada até ressoarem os primeiros acordes do poço da orquestra. Os camarotes de autoridades e dignitários ficaram vazios durante e concerto. Do lado de fora, a polícia patrulhava ostensivamente. A prometida cobertura de TV foi cancelada. E, no programa impresso, não havia uma única linha do texto de Ievtuchenko. Não era mais o degelo, mas uma lufada do gélido realismo socialista, que não demoraria a voltar com toda a força durante o período Brejnev.

Dias depois, a sinfonia foi destroçada pela imprensa, ao que se seguiu uma nova versão de "Babi Yar" publicada por Ievtuchenko: o heroísmo russo sob a Segunda Guerra Mundial ganhou destaque; a identificação com os judeus reduziu-se drasticamente; a menção à crucifixão de Cristo foi simplesmente eliminada; o sofrimento dos russos foi comparado ao dos judeus. E, não menos importante para a política oficial soviética, introduziu-se o heroísmo nacional no contexto: a derrocada do fascismo passou a ser o assunto do poema. Pelo visto, a pressão de Kruschev sobre Ievtuchenko surtira efeito. O poeta foi obrigado a capitular. Mais tarde, ao negar à imprensa ocidental ter sido submetido a pressão, Ievtuchenko estava apenas cumprindo seu papel de *yurodivy*. O espírito rebelde juvenil que florescera com o degelo de Kruschev recrudescia.

Em fevereiro de 1963, executou-se uma versão revista da sinfonia. Um novo padrão musical passava a vigorar, como tantas vezes acontecera com as obras de Shostakovich. Mesmo assim, uma simples sinfonia conseguiu abalar profundamente as estruturas do poder político, a despeito de todos os retoques que lhe foram feitos. Mais uma vez o poder do violino suplantou o das armas. O homem musal é forte, mesmo sob os grilhões do totalitarismo.

QUANDO UMA SOCIEDADE INTEIRA DESPERTA — SEM O NARIZ

Em 1998, no aniversário de 40 anos do infame expurgo de 1948, o periódico oficial da Associação de Compositores, *Sovietskaya Muzyka*, circulou com um artigo com críticas incisivas ao modo como o Estado soviético tratara Shostakovich e sua obra. Isto, segundo a revista, "infligiu enorme dano à cultura nacional [...] e deve ser algo impensável no futuro" (Golovinsky, 1988).

A restauração de Shostakovich após o fim da União Soviética é uma história bizarra também no âmbito musical. É incrível constatar as inúmeras reviravoltas que ocorreram até aqui. Feridas antigas são difíceis de cicatrizar. Mas hoje a guerra está ganha. A música está livre. E o grande salão da filarmônica de São Petersburgo ostenta orgulhosamente o nome de Shostakovich. *Glasnost*. Caso levemos a sério a etimologia dessa palavra, veremos que ela traz embutida certa esperança, pois está associada ao antigo vocábulo russo para voz (*glas*). O conceito de *glasnost* é, em outras palavras, musal, e tem relação com a ideia por trás do nascimento das musas na antiga mitologia: dar à existência uma voz criativa e verdadeira.

Nesse ínterim, as políticas de *glasnost* trataram de transformar em algo concreto a realidade concebida por Shostakovich e Gogol em *O nariz*. A vida cultural passou por transformações abissais. O "Babi Yar" de Ievtuchenko finalmente foi publicado na versão original. *Doutor Jivago*, de Pasternak, foi lançado como a obra-prima que é, em fascículos, no prestigioso *Novy Mir* (Egeberg, 1989). Alexander Soljenítsin foi reabilitado após um longo exílio. Seu principal romance, *Arquipélago Gulag*, uma crítica devastadora à perseguição sistemática e ao encarceramento de milhões de pessoas pelo regime, foi publicado pelo mesmo periódico. A sociedade antiga vem sendo retratada em novos filmes, livros e músicas. *Dies Irae:* é como se as musas, encolerizadas, entoassem o réquiem "Dia da ira" sobre as ruínas da ditadura. Libertaram Andrei Sakharov. E os estudantes russos do ensino médio foram dispensados de fazer as provas finais de história porque os livros escolares foram considerados falsificações.

A política foi abalada por uma revolução democrática sem precedentes. O stalinismo jaz a sete palmos. Vítimas de execuções e inimigos declarados do antigo regime foram reabilitados. Os herdeiros de Stálin, considerados corruptos e criminalizados. Pela primeira vez surgiram novos líderes escolhidos em eleições livres. Um plebiscito devolveu a Leningrado seu antigo nome: São Petersburgo. O Partido Comunista foi dissolvido e a KGB, extinta. A União Soviética ruiu. Soaram as trombetas e *as muralhas vieram abaixo*.

Assim, não foi apenas o pobre major Kovalyov que numa manhã, 180 anos atrás, acordou sem o nariz. A antiga identidade política de uma nação inteira desapareceu de repente. Centenas de herdeiros de Stálin olharam-se no espelho e se viram despidos — e sem nariz. Uma política cultural inteira teve o nariz arrancado.

A ânsia pela liberdade espalhou-se pelo Leste Europeu inteiro no outono de 1989. O nariz dos políticos foi caindo, país atrás de país: primeiro na União Soviética, depois na Polônia, Hungria, Bulgária, Tchecoslováquia, Alemanha Oriental e Romênia. E o russo Mstislav Rostropovich, ele mesmo exilado por herdeiros de Stálin, sentou-se ao lado do Muro de Berlim com seu violoncelo e tocou o solo mais importante de sua vida. Bach. Uma melodia solitária com um *vibrato* profundo ecoou pelo muro, atravessou as concertinas enferrujadas da cortina de ferro e subiu aos céus. E o Muro caiu.

Foto: Helge Hummelvoll

A VÍRGULA MUSAL

O ser humano musal, com sua visão aguçada, pode assim enxergar no futuro. Pois a criança e o poeta partilham dessa capacidade — *a sabedoria comum à criança e ao poeta* (Cobb, 1977). O cavalo azul galopa solto. A ficção sobre O nariz tornou-se, de certa maneira, mais real que própria realidade. Para o ser humano musal, um mais um nunca é igual a dois. Sempre existirá nesse cálculo frio certa inquietação, uma decimal oculta, *a vírgula musal*. É essa inquietação e a força disruptiva que brota dela que expandem as margens esquemáticas e fechadas da quadratura da realidade. É essa vírgula musal que faz a música chacoalhar a mente humana e confere à poesia e ao teatro um poder incontrolável, capaz de abalar os alicerces da mais poderosa sociedade. Todos eles sabiam: Gogol, Shostakovich, Meyerhold e Ievtuchenko. Tem que ver com a lógica indisciplinada da mente artística, com os passos trôpegos do palhaço no picadeiro. E tem que ver sobretudo com a infância como força criativa que move o adulto.

VELHICE

12 DUAS IMAGENS

> *Oxalá possa tua lida*
> *Redimir em ti a criança*
> *Após o pranto resta a vida*
> *Após a morte, esperança.*
> Johan Sebastian Welhaven

TIO OSKAR E A VALSA DAS BODAS DE OURO

O tio Oskar e a tia Jenny estavam completando 50 anos juntos, e haveria uma grande festa para celebrar as bodas de ouro do casal. Dezenas de parentes, amigos, vizinhos e antigos colegas de trabalho foram convidados para a festança que ocorreria no vilarejo.

O noivo já não estava tão bem nos últimos anos. Não tolerava mais o ar gélido. Seus pés fraquejavam e subir escadas tornara-se um problema para aquele velho carpinteiro. Sua audição tampouco era das melhores.

— Quê? —, prorrompia o tio Oskar quando lhe perguntávamos alguma coisa. — Ahhhhh! As crianças achavam que ele gritava assim porque estava zangado, e ficavam com medo.

— É que o tio Oskar fala alto assim porque já não ouve direito —, explicava com candura a tia Jenny. Ela, a noiva, ainda tinhas as pernas firmes da garotinha que pulava corda na infância. Recebia os netos e sobrinhos em casa e lhes servia as mais deliciosas ameixas no outono — que o tio Oskar deixava apodrecer na ameixeira do jardim.

— Você não pode convidar as crianças aqui para comerem só isso! — resmungava o tio Oskar quando tia Jenny servia uma imensa bandeja com ameixas maduras e nos deixava comer à vontade.

Um a um, tio Oskar for abandonando os passatempos de outrora e guardando-os no fundo do armário. Agora, a TV era a única diversão à noite. Ele não se cansava de olhar por horas a fio a imagem fixa que surgia na tela antes de começarem a transmitir a programação. E, quando caía a noite, simplesmente precisava assistir a todos os programas, não importando o tempo que fizesse lá fora.

— Mas, Oskar, você precisa mesmo ficar vendo essa porcaria? — ensaiava tia Jenny, diplomaticamente.

— Como diabos você pode saber se um programa é ruim se ele ainda não terminou? — retrucava o tio Oskar com uma lógica irrefutável, e abria um sorriso que não desaparecia do rosto até que tia Jenny se despedisse com um "Boa noite!" Os dois costumavam sorrir um para o outro. Foi sempre assim.

Apesar disso, tio Oskar costumava fazer uma coisa enquanto se plantava na frente da TV. Tocar a antiga gaita. Nas poucas vezes em que o aparelho estava desligado, ele tirava o instrumento do bolso e se punha a tocar como nos velhos tempos, na marcenaria ou no canteiro da obra. Uma melodia simples, em Dó. A relação entre mascar tabaco e tocar gaita nunca foi descrita na literatura musical, mas para o tio Oskar ambos se complementavam como cerveja e schnapps.

— Preciso mascar um pouco para a música aflorar — dizia ele com os dentes amarronzados, dando uma piscadela para nós, ali atentos, sob o olhar de reprovação da tia Jenny. Durante mais de 60 anos ele fazia assim, sujando a gaita com uma gosma preto-azulada. Mas, apesar disso, nós sabíamos que a tia Jenny adorava o som da gaita.

— Se não fosse por ela, jamais teria casado com ele — tantas vezes ela repetia.

— Sim, e ele era um verdadeiro pé de valsa também! Aprendeu o ritmo com a gaita, estão vendo? — explicava ela orgulhosa.

"Aprendeu o ritmo?" Não era fácil para nós, moleques, imaginar o tio Oskar, encarquilhado no meio dos convidados, como um autêntico pé de valsa. Com uma gaita no bolso do fraque em vez de lenço! O tio Oskar tinha verdadeiro horror a esses frufrus como lenços na lapela.

— A peãozada aqui preferia as coisas mais simples, mais naturais! — insistia o tio Oskar quando a tia Jenny dizia que ele estava exagerando. Mas nós compreendíamos que era um pouco de orgulho por ter sido um humilde carpinteiro.

— Chegou a hora da valsa, meu velho! — anunciou um dos filhos. — Não vai tirar a noiva para dançar?

Os convidados começaram a aplaudir e a formar um círculo em volta do casal. Nós, mais jovens, nos entreolhamos sem ter a menor ideia do que acontecia. Era mesmo necessário expor o velho dessa maneira? Será que as pessoas não percebiam que ele mal conseguia se levantar da poltrona diante da TV? Devia fazer pelo menos uns 20 anos que não dava um passo de dança.

Os organizadores da festa conseguiram encontrar um gramofone em perfeito estado e um disco de 78 rotações. A valsa deveria ser dançada ao melhor estilo de antigamente, sob os gritos de incentivo dos filhos e netos ali reunidos. Foi ótima a ideia do gramofone, nós achamos, mas ainda duvidávamos que o velho tio fosse capaz de valsear no meio do salão.

Alguém colocou o disco sobre o prato giratório e outro deu tanta corda que achei que o gramofone ia quebrar, mas melhor assim do que arriscar que a música não terminasse de tocar. Lá estávamos nós: os convidados reunidos num grande círculo, um pouco nervosos, maravilhados diante do velho casal. Os dois, impassíveis, pareciam duas crianças inocentes. A tia Jenny exultava. O tio Oskar parecia menos contente, mas ainda assim com alguma expectativa. Talvez fosse a abstinência da TV, afinal era noite de sábado, horário nobre...

Música! O gramofone gira arrastado e acerta o ritmo de uma antiga valsinha, "Sommerkveld paa Videsæter" [Noite de verão na chácara Videsæter].

Aí o milagre aconteceu. O milagre das musas. O tio Oskar se transformou. O som da valsa fez seu corpo encurvado enrijecer. Nós vimos com os próprios olhos algo mágico: o sapo virou um príncipe. O cordeiro se transformou num leão!

O velho tio Oskar parecia um garoto nos seus verdes anos, dando piruetas no ar! Os hormônios da juventude voltaram a pulsar nas veias daquele homem, cabendo à valsinha a função de catalisador. O velho carpinteiro agarrou sua Jenny pela cintura, bem firme, e os dois começaram a bailar de um lado para o outro. O efeito da valsa em ambos é perceptível e imediato. Jenny inclina-se para trás e segura no pescoço encanecido de Oskar. Mãos e corpos comunicam-se intimamente e trocam sinais.

Tio Oskar desliza pelo chão, firma-se nos pés e ambos rodopiam juntos, em perfeito equilíbrio. Os dois corpos começam a girar e girar, no ritmo da melodia. Um-dois-três; um-dois-três; um-três; um-três. Cada vez mais intensamente a cada volta, primeiro no sentido horário, em seguida no sentido oposto, empertigados e elegantes, acelerando, como num carrossel. As pernas do tio Oskar têm a força e a leveza de um patinador russo. Ele parece flutuar sobre o chão, desliza, gira sobre os calcanhares, dá volteios e mais volteios. Jenny está reluzente, deixa-se guiar na contradança, algo que sabe fazer com perfeição. Inclina o corpo para trás, como num arco preso ao corpo do parceiro. Dedicada e amorosa. Ele sente os seios intumescidos roçarem-lhe o peito, quem sabe pela primeira vez depois de uma eternidade. "Olhem, ele consegue! Meu marido ainda sabe dançar! Nós ainda sabemos!"

E o tio Oskar, depois de 50 anos de casamento, mascando tabaco, tocando gaita e sendo idiotizado pela TV, se dá conta de que ainda é capaz de sentir aquela velha sensação. Orgulhoso, ele faz um meneio com o corpo na direção da plateia e chega quase a ficar de joelhos.

— Ho, ho! — sorri ele triunfante, a testa banhada em suor.

Todos de repente se dão conta de que era exatamente assim que ele dançava, muito tempo atrás. E certamente nunca mais dançara assim desde que os dois se casaram e as coisas foram se acomodando. "Imaginem se desaprendi a dançar!", disse ele com um brilho nos olhos.

Quando se trata de dança, o corpo tem memória e inteligência próprias. Movimentos assimilados pelo corpo que dança quando é jovem deixam vestígios que jamais serão apagados. Essa memória dançante fica entranhada no corpo do ser humano musal.

Oskar e Jenny dançam sua valsa até o fim. Rodopiando pelo chão, felizes e cheios de amor. Abraçando-se, mais próximos do que nunca, radiantes. Eles também sabem. Ele a segura pelos quadris. Ela ainda o segura pela nuca. Oh, sim, o tio Oskar varreu o chão do salão nesta última dança. Segurando-a firme pela cintura, bailando no ritmo. Ele ainda era um verdadeiro pé de valsa.

E lá estávamos nós, rodeando-os num círculo, sem saber direito o que pensar. Família, vizinhos, colegas de trabalho e amigos. Sem tirar os olhos deles até a valsa chegar ao fim. Sua alegria nos contagiou a todos.

Em seguida, a valsa deu lugar aos Beatles, a grande sensação da época. O feitiço estava quebrado. Os jovens também queriam dançar. O gramofone cumprira a sua missão e voltou para o armário de onde veio.

Oskar e Jenny sentaram-se para recuperar o fôlego. Eles também haviam cumprido sua missão. Para eles, a festa começou e terminou com aquela valsa. Três minutos de intensa alegria, deslizando sozinhos pelo assoalho escorregadio. Belos e efêmeros como fogos de artifício.

Os dois ainda viveriam felizes por muitos anos, mas jamais voltaram a dançar. Por pouco não comemoraram as bodas de diamante. O tio Oskar sentado resmungando diante da TV, mascando tabaco e tocando gaita. E a tia Jenny servindo as ameixas suculentas, outono após outono.

BATE O PÉ, BATE O CORAÇÃO

Na verdade, ela não é tão idosa assim. Setenta e cinco anos, apenas. Mas o corpo é bem mais velho. Em pouco mais de dois anos ela transformou-se num fiapo de gente, chegando a pesar apenas 36 quilos. Quase não consegue mais manter-se ereta. Duas fraturas de quadril deixaram a ida do sofá ao banheiro lenta e penosa. Com muito esforço ela ainda consegue ficar em pé e cumprimentar quem chega para lhe visitar — um pouco de paracetamol com codeína também ajuda.

Mas seus olhos são jovens. Guardam aquele brilho reluzente e sobressaem no rosto cheio de rugas, emoldurado pelos cabelos encanecidos.

— Santo Deus. Nada é mais importante que a música. Eu sempre achei!

De fato, ela sempre disse isso. Não que soubesse tocar um instrumento. Jamais chegou perto de um. Mas sabia ouvir, com um arrebatamento tal que parecia sentir de corpo inteiro a música que tocava.

O filho, que a visita todas as sextas-feiras, sabe muito bem. Sua melhor ouvinte está ali sentada no sofá esperando, cheia de expectativa.

O velho piano Zimmermann, desafinado como nunca, vibra as notas uma oitava acima. Melhor evitar o Mi-maior, ele conclui, e se põe a tocar suavemente. Mi-bemol, moderato, com *feeling*:

I'm in the mood for love,
Simply because you're near me.
Funny, but when you're near me,
I'm in the mood for love.

Heaven is in your eyes,
Bright as the stars we're under.
Oh! Is it any wonder
I'm in the mood for love?[35]

Não foram os olhos de uma idosa alquebrada a inspiração de Jimmy McHugh e Dorothy Fields para compor essa canção. Mas o que isso quer dizer? A canção fica no ar. A velha senhora já não reconhece os limites do tempo e retrocede 50 anos, para os dias de glória em que atraía os olhares dos belos rapazes que conhecia. O céu refletia-se nos olhos dela e a canção mais uma vez deixou isso muito evidente. Não desatem a chorar, por favor. Agora não. Ele agora começa a tocar um boogie woogie em Dó-maior, improvisando em cima de outro clássico de Jimmy McHugh e Dorothy Fields:

Grab your coat, and get your hat,
Leave your worry on the doorstep,
Just direct your feet
To the sunny side of the street![36]

Em meio às notas distorcidas do piano Zimmermann tem-se a impressão de ouvir o timbre claro do trompete de Louis Armstrong. Satchmo at Symphony Hall, 1947. O filho imita a voz rouca de Satchmo enquanto dedilha frenético as teclas do piano. A velha ri, pela primeira vez em semanas. Aquele reflexo nos seus cabelos não parece uma réstia de sol?

— Esse menino é maluco! — diz ela contente.
— Maluquinho! — retruca ele.
— Completamente — suspira ela.

E o filho cai na risada. Ele acelera ainda mais o ritmo, molto, molto:

Give me five minutes more,
Only five minutes more,
Let me stay, let me stay
In your arms!

---

35. Estou no clima do amor / Simplesmente porque você está por perto. / Estranho, mas quando você está por perto, / Fico no clima do amor. /O céu são seus olhos / Brilhantes como as estrelas lá em cima / Ó! Não é uma maravilha / Que eu esteja no clima do amor?
36. Pegue seu chapéu e seu casaco, / Deixe suas preocupações de lado, / E então venha para a rua / Onde o sol brilha. [N. E.]

Here I am, begging for
Only five minutes more,
Only five minutes more
Of your charms![37]

Eles trocam olhares e ele continua a tocar, relembrando um passado remoto, a primeira vez que brincaram juntos, mãe e filho. Ele olha para o pé direito dela, quase inválido e pensa: enquanto esse pé caminhar, esse coração continuará a bater.

★

Quando tudo acaba?
— Quando cérebro para de funcionar, diz o médico.
— Quando o coração para de pulsar, diz o teólogo.
— Quando o pé para de dançar, dizem as musas.

---

37. Dê-me só mais cinco minutos, só mais cinco minutos. / Deixe-me ficar, me deixe ficar nos seus braços. / Aqui estou eu, implorando só por mais cinco minutos / Só mais cinco minutos / Do seu encanto! [N. T.]

A MORTE

13 UM MOSAICO DE VOZES

PRELÚDIO INFANTIL

A vida agora estava tão diferente e confusa. Desde sempre ela era a Irmãzinha. Durante seus oito anos de vida ela era a caçula da família, o xodó que ia no colo de todos. Uma menina que tocava trompa tão bem que todos se derretiam por ela.

Um dia tudo mudou. O rival chegou em casa, um irmãozinho pequenino, todo enrugado e envolto em cobertas, que passou a ser o centro das atenções. Doeu muito. Agora ela não era mais a Irmãzinha, mas sim A do meio. Nem mesmo tocando trompa ela conseguia recuperar o seu antigo posto.

Um dia ela quis saber:

— Ei, papai, quando eu fizer 12 anos vou continuar sendo a irmã do meio?

— Sim — assentiu o papai. — Você vai continuar sendo a do meio.

— E quando eu tiver 40 anos como você, vou continuar sendo a do meio?

— Claro que sim, filhinha. Você sempre será a irmã do meio.

Os olhos brilharam quando ela compreendeu. Pareceram enxergar algo além do horizonte. Com grande determinação, ela disse:

— Ei, papai, então quando eu morrer vou ser um anjo do meio.

O papai engoliu em seco. Por essa ele não estava esperando.

— Sim, de certa forma você vai ser isso. — Tocando trompa, não é?

Ela abriu um sorriso largo.

— Quando eu morrer, vou ser o anjo do meio que toca trompa!

ENFRENTANDO A MORTE COM A CANÇÃO

Novamente o ser humano musal está ao mar, num barco jogando ao sabor das fortes ondas. Novamente, a canção amansa a tempestade que tomava conta da mente de todos. Antes éramos três. Agora somos muitos.

Náufragos russos no Mar do Norte, 7 de abril de 1989. Um submarino soviético afundara. Quarenta e dois morreram, 27 sobreviveram. Um jornal norueguês assim noticiou a tragédia:

> Leonid Zayats, Yuri Podgornov, Sergei Dvorov e Igor Orlov negaram-se a morrer quando começou o incêndio no submarino que acabou afundando no Mar do Norte. [...]
> — Nós cantamos e a todo custo tentamos manter o moral elevado. Foi tudo rápido demais. Tentamos não entrar em pânico. Jamais deixamos de acreditar que o socorro ia chegar — disseram os tripulantes.
> Durante uma hora e meia eles se agarraram às alças do bote salva-vidas de borracha, superlotado, cantando sem parar uma canção que se chama "Varjag", a palavra em russo para "viking".
> Em janeiro de 1904, o orgulho da Rússia czarista, o cruzador "Varjag", foi atacado pelos japoneses perto de Port Arthur, na costa da China. O ataque-surpresa ocorreu de manhã cedo, durante a guerra russo-japonesa.
> Quando perderam o controle do incêndio que irrompera a bordo, em vez de renderem-se ao inimigo, os tripulantes preferiram pôr à pique o mais moderno cruzador da época. Mais de uma centena de homens morreram ou ficaram feridos. [...]
> Aqui estão os dois primeiros versos da canção que os náufragos soviéticos cantaram enquanto escapavam do submarino e lutavam pela vida:
>
> As flâmulas tremulam,
> as correntes tilintam
> aproxima-se a nossa última parada.
> Nosso orgulhoso "Varjag" jamais sucumbirá ao inimigo,
> e ninguém clamará por misericórdia
>
> Adeus, camaradas.
> Deus os abençoe. Hurra!
> As profundezas dos sete mares nos aguardam.
> Ontem nós não sabíamos, irmãos,
> que hoje morreríamos tragados pelas ondas.
> (*Dagbladet*, 12 de abril de 1989)

TREPAK, A DANÇA DE CAMPESINOS RUSSOS

Florestas e estepes.
Ninguém à vista.
Os uivos da borrasca de neve anunciam:
parece que o Mal sepulta alguém na escuridão.
Sem dúvida é isso!
A morte corteja um pobre campesino
Envolve-o na penumbra.
A morte dança um trepak
agarrada ao pobre beberrão
E sussurra em seu ouvido uma canção:
"Oh, campesino miserável, seu pobre diabo,
Bêbado como um gambá, eu sou o anjo da Morte,
A tempestade momentosa que se forma
Vai se abater sobre a floresta e sobre as pessoas.
A pobreza é aflição.
A dor é prostração.
Seja esperto e descanse um pouco, meu caro.
Aqueça-se no meio da neve, como deve ser.
Juntos jogaremos uma grande partida.
Tenho certeza de que vai gostar.
Puxe uma cadeira para ele,
Ó tempestade de neve!
Cante para ele a sua maldição!
Conte-lhe uma história
Para que a noite se vá!
Deixe esse bêbado adormecer para sempre
no pretume da noite!
Céus e nuvens encarnados,
Vento, escuro e tempestade:
Cubram-lhe com um véu de neve,
como se fosse um recém-nascido.
Aqueçam-no!
Durma, meu amigo, meu bom campesino.
Em breve seus dias de dor passarão.

O verão está por vir:
está próximo, bem aqui.
O feno não tardará a ser colhido.
O sol já sorri na grama dos prados
e embala o voo das pombas
Que voam rumo ao mortal coração da noite [...]"
(Trecho de *Cantos e danças da morte*. Música: Modest Mussorgsky. Letra: A. A. Golenishev-Kutuzov)

OS SANTOS

When the Saints go marchin' in
Oh, when the Saints go marchin' in,
Oh, when the Saints go marchin' in,
Oh, I want to be in that number,
When the Saints go marchin' in.

Oh, our hearts will swell with gladness
When we join that mighty throng,
And there'll be no sign of sadness
When old *Satchmo* blows his horn.[38]

A VALSA DA AMOLADEIRA

As flores já se agitam de bochechas rubras,
a campina de verão se cobre,
os trevos se espicham,
os malmequeres cochicham,
a macega bem densa.
Tudo é calma noturna, paz intensa,
mas no que está por vir as flores nem pensam.

---

38. Quando os Santos vêm marchando / Quando os Santos vêm marchando. / Ó, quero ser um deles / Quando os Santos vêm marchando. / Ó, nosso coração se inundará de alegria / Quando compusermos essa multidão poderosa, / E não haverá tristeza nenhuma / Quando o velho Satchmo tocar seu trombone. [N. T.]

E a amoladeira vai e vem,
sou eu dessa vez que a sustém.
E a amoladeira vai e vem.
Ai, flores na campina, sei do seu destino tão vil!
Quando a foice estiver bem afiada e o esmeril a mil,
ceifarão tudo amanhã e deixarão o campo vazio,
então o som que na calmaria noturna se ouviu...
É a amoladeira que vai... e vem... e vai... e vem.

Eu mesma fui uma flor tão rubicunda e faceira,
a campina de verão vestida inteira,
a relva abundava, fagueira,
as rosas silvestres retesas,
a macega bem densa.
As flores e as cabrochas desabrocham afoitas,
e sonham sonhos dourados, com noites de bodas...

Mas a amoladeira vai e vem,
sou eu dessa vez que a sustém.
A amoladeira vai e vem.
Ai, flores, ai, moças, sei do seu destino tão vil!
Quando a foice estiver bem afiada e o esmeril a mil,
ceifarão tudo amanhã e deixarão o campo vazio,
então o som que na calmaria noturna se ouviu...
É a amoladeira que vai... e vem... e vai... e vem.
(Alf Prøysen)[39]

AS EXÉQUIAS DE UM VIOLINISTA

Antes de a rubra manhã clarear
no cume do Himmelmora,
olha lá, da aldeia de Berga
carregam um defunto lá fora.
Pisando as flores nas encostas,
a procissão avança calada debaixo
das nuvens cinzentas e frias do céu da alvorada.

---

39. Tradução do norueguês: Luciano Dutra.

As botas pesadas pisam nas pedras
banhadas de rosa,
as cabeças pesadas
curvam-se numa prece pesarosa.
Do desamparo dos sertões
carregam o morto visionário pela
pradaria que de verdes brilha sob o orvalho.
Ele era peculiar e só, dizem quatro homens escuros,
e por falta de pão e teto
padecia de muitos apuros.
Olhem, um rei, dizem as rosas,
pisadas por pés tortos,
olhem um rei e um sonhador que ali já vai, morto.
É longe, dizem os carregadores, até parece léguas,
e quando o dia aquece eles esmorecem, arre égua!
Marcha cautelosa, fala mansa, sussurra o salgueiro,
talvez foi mesmo uma flor que morreu, de certeiro.
Mas quando o caixão se agita na mata primaveril
um silêncio percorre o chão na manhã vígil,
e o vento oeste para ver quem havia passado
entre as rosas com passos assim tão pesados.
É só o Olle violinista, sussurra o pinheiro cantador,
findaram-se seus anos de tanta miséria e dor.
— Essa é boa, o vento responde, e fosse eu temporal,
tocaria todo o caminho dele até o destino final!
Pelas urzes e charcos amarelos tremem ossos mortos,
tremem cansados através do bosque pálido e absorto.
Mas quando a noite arrefece nas pedras e nas arandeiras,
ouvem-se os passos pesados na Himmelmora pantaneira.
Os passos firmes de quatro homens, em sua volta triste,
a cabeça curvada como quem em prece pedisse.
No fundo dos passos profundos as rosas são pisoteadas,
na pradaria onde sob o orvalho há uma luz esverdeada.
Ele se foi, dizem os quatro, não vai ser mole para a mãe,
que vive na rua amargura em Torberga, sem cão nem pães.
Por que nos pisam os saltos, por que nos destroçam sapatos?
Gemem das rosas e exibem as suas feridas, contínuo ato.

É a morte que bailou pelas charnecas de Himmelmora,
sussurram os cardos dos trevos forrageiros, sem demora.
Ele os reduzia a pó com os seus sapatos esfarrapados,
quando dançava com as suas pernas de sonhador.
Sobre a relva e as casas grises voa a noite num sussurro,
as estrelas pálidas piscam com brilhos parcos no escuro.
Sobre as mesetas do oeste até o lago avança a claridade,
nas charnecas de nenúfares um canto soa pelos flancos.
E a tempestade canta um canto em preto e branco.
Nas escumas em volta da ilha de Härnaön as ondas
cantam a desolação dos sertões
Sobre a água escura e agitada a noite pede aos céus,
pelo violinista e pelo sonhador que há pouco morreu.[40]
(Dan Andersson)

POSLÚDIO INFANTIL

Assim faz a Musa:
confere um poder divino ao indivíduo e,
graças a essa dádiva,
inspira.
Platão

É assim que termina este livro? É a morte o fim do ser humano musal? Jamais. Nunca enquanto houver pessoas, nunca enquanto perdurar a humanidade.

Pois enquanto a amoladeira não parar de valsear, enquanto o caixão de um violinista qualquer continuar se agitando na mata primaveril, enquanto a morte dançar um *trepak* com o pobre campesino bêbado, nascerão milhares de novos seres musais neste mundo. Crianças, maravilhadas com suas brincadeiras, integrando um novo coro de ritmos e vozes. Cada uma capaz de usar sua língua materna musical para criar e dar forma ao novo — e passá-lo adiante às próximas gerações.

---

[40]. Tradução do sueco: Luciano Dutra.

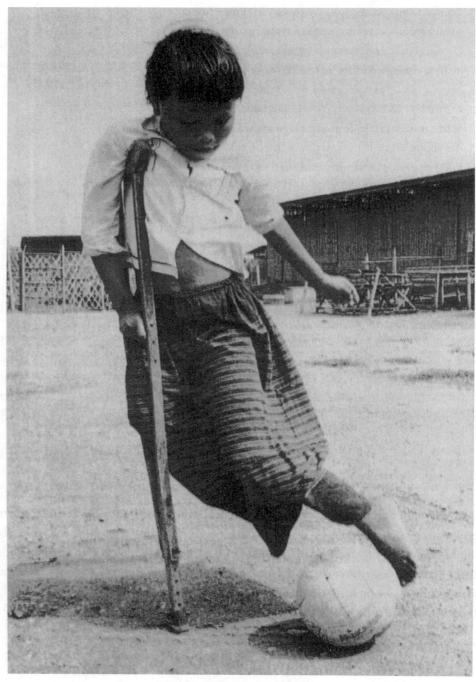

O triunfo do desconforto.
(Do catálogo da exposição "Libertés en exil" [Liberdades no exílio], Paris, 1989)

BIBLIOGRAFIA

AASGAARD, Trygve. *Song creations by children with cancer — Process and meaning*. Tese. Universidade de Aalborg, Aalborg, Dinamarca, 2002.

AKERØ, Marit. "Fantasi som skapende transcendens". *Kontur*, v. 1987.

ALEKSANDERSEN, Åge. "Lys og varme". Oslo, 1984.

ALKERSIG, Mette; RIEMER, Mette: *Spontansangen: en del av børnenes egen kultur*. Egtved: Edition Egtved, 1989.

ÅM, Eli. *På jakt etter barneperspektivet*. Oslo: Universitetsforlaget, 1989.

ANDERSEN, Hans Christian. *Samlede Eventyr og Historier*. v. 1. Copenhague: Casa Hans Christian Andersen, 1972.

ANYANWU, K. "The idea of art in African thought". In: FLØISTAD, Guttorm (org.). *Contemporary philosophy — A new survey*. v. 5: *African philosophy*. Dordrecht/Boston/Lancaster: Springer, 1987.

APPLEBEE, Arthur N.; LANGER, Judith; MULLIS, Ina V. S. *The nation's report card: learning to be literate in America*. Princeton: Educational Testing Service, 1987.

ÅRSVOLL, Guri. *Syng og lek — snakk samme språk. Tilrettlagte musikkgrup-per for foreldre og barn 0-3 år, et musikktilbud med utvidet innhold*. Tese. Universidade de Estocolmo, Estocolmo, Suécia, 2002.

AYRES, Jean A. *Sensory integration and the child*. Vancouver: Western Psychological Services, 2005.

BAKHTIN, Mikhail. *Problemas da poética de Dostoiévski*. São Paulo: Forense Universitária, 2010.

BARTHES, Roland. *Image — Music — Text*. Nova York: Hill & Wang, 1978.

_____. *Af mig selv*. Copenhague: Politisk Revy, 1988.

BASTIAN, Peter. *Inn i musikken — En bok om musikk og bevissthet*. Oslo: Gyldendal, 1988.

BATESON, Gregory. "A theory of play and fantasy". In: *Steps to an ecology of mind*. Chicago: Chicago University Press, 1972.

BEFRING, Edvard. *Skolen for barnas beste*. Oslo: Samlaget, 2004.

BEREFELT, Gunnar. "Barns kreativitet, en försummad resurs". *Abrakadabra*, v. 4, 1981.

_____. "Leka bör man annars dör man". In: *Barns skapande lek*. Estocolmo: Centrum för Barnkulturforskning, 1987.

BERGSTRÖM, Gunilla. *Hvem kan redde Albert Åberg?* Oslo: Cappelen, 1977.

BERGSTRÖM, Matti. "Music and the living brain". *Acta Philosophica Fennica*, v. 43, 1988.

_____. *Hjärnans ressurser — En bok om idéernas uppkomst*. Jönköping: Seminarium, 1990.

_____. *Barnet — Den sista slaven*. Jönköping: Seminarium, 1991.

BJERKE, André. *Samlede dikt.* v. 1. Oslo: Aschehoug, 1977.

BJØRKVOLD, Jon-Roar. *Barnas egen sangbok.* Oslo: Freidig, 1979-2006.

_____. *Komponist og samfunn — Hanns Eislers musikk i lys av liv og skrifter, Schönberg og Brecht.* Oslo: Freidig, 1984.

_____. *Den spontane barnesangen — Vårt musikalske morsmål.* Oslo: Freidig, 1985.

_____. "Sangens betydning i barnas kultur". In: *Barns skapande lek.* Estocolmo: Centrum för Barnkulturforskning, 1987.

_____. "Our musical mother tongue — World wide". In: SÖDERBERGH, Ragnhild (org.). *Children's creative communication.* Lund: Lund University Press; Bromley: Chartwell-Bratt, 1988.

_____. *Fra Akropolis til Hollywood — Filmmusikk i retorikkens lys.* Oslo: Freidig, 1996.

_____. *Skilpaddens Sang.* Oslo: Freidig, 1998.

_____. *Vi er de tusener — Norske musikkhistorier.* Oslo: Freidig, 2003.

BJØRKVOLD, Tuva. *Boller og Brøk.* Oslo: Freidig, 2003.

BJØRLYKKE, Bjørn. *Språkutvikling og språklæring — Språksystem og kommu- nikasjon hos barn i førskulealder.* Oslo: Landslaget for norskundervisning, 1989.

BJØRNOV, Ingrid. *Ingrid Bjørnovs Pianobok.* Oslo: Vega, 2005.

BJØRNSTAD, Hall. *Ute av fatning. Asbjørn Aarnes i samtale med Hall Bjørnstad.* Oslo: Aschehoug, 2001.

BJØRNSTAD, Ketil. *Til musikken.* Oslo: Aschehoug, 2004.

BLACKING, John. *How musical is man?* Seattle: University of Washington Press, 1973.

BLEKASTAD, Milada. "Comenius og den pedagogiske eros". In: FROST, Tore; WYLLER, Egil A. (orgs.). *Den platonske kjærlighetstanke gjennom tidene.* Oslo: Gyldendal, 1974.

BLIKSRUD, Liv; YSTAD, Vigdis. *Fra førskole til forskning.* Oslo: Aschehoug/Bergens Riksmålsforening, 1996.

BLIXEN, Karen. [1937] *Min afrikanske farm.* Oslo: De norske bokklubbene, 2000. [*A fazenda africana.* São Paulo: Cosac Naify, 2005].

BØHLE, Solveig (org.). "Astrid Lindgren, en bondedatter fra Småland". Programa de rádio da NRK, 1. nov. 1988a, Oslo.

_____. "Man skal leva sitt liv så at man blir vän med döden". Programa de rádio da NRK, 2 nov. 1988b, Oslo.

BØRRESEN, Bergljot. *Den ensomme apen — Instinkt på avveie.* Oslo: Kolloritt, 1996.

BOUIJ, Christer. *Dmitrij Sjostakovitsj och den sovjetiska kulturpolitiken.* Dissertação. Universidade de Uppsala, Uppsala, Noruega, 1984.

BOYE, Karin. *Samlade skrifter.* v. 10. Estocolmo: Albert Bonniers, 1953.

BRÅTEN, Stein "Dialogic mind: the infant and the adult in protoconversation". In: CARVALLO, M. E. (org.). *Nature, cognition and system I.* Dordrecht: Kluer, 1988a.

_____. *Kommunikasjon og samspill — Fra fødsel til alderdom.* Oslo: Tano Aschehoug, 1988b.

_____. "The virtual other in infants' minds and social feelings". In: WOLD, Astri Helen (org.). *The dialogical alternative.* Oslo: Scandinavian University Press; Nova York: Oxford University Press, 1992.

_____. "Infant attachment and self-organinzation in the light of this thesis: born with the other in mind". In: LYCHE, Ingeborg; OSBORNE, Elsie (orgs.). *Making links — How children learn.* Oslo: Yrkeslitteratur, 1993.

_____. "On the foundation of preverbal intersubjectivity: introduction to a symposium in the Norwegian Academy of Science and Letters. *Impuls*, n. 3, 2004.

_____. *Dialogens speil i barnets og språkets utvikling*. Oslo: Abstrakt, 2007.

BRÅTEN, Stein; GALLESE, Vittorio. "On mirror neurons systems' implications for social cognition and intersubjectivity". *Impuls*, n. 3, 2004.

BRAUNBEHRENS, Volkmar. *Mozart in Wien*. Munique/Zurique: Piper, 1986.

BROE, Lotte. *Tusindkunst lever — På sporet af prosjekter med børn, kunst og kultur*. Copenhague: Danmarks Pædagogiske Institut, 2000.

BRONFENBRENNER, Urie. *The making of the new Soviet man — A report of institutional upbringing in the USSR*. Ithaca: Cornell University Press, 1963.

_____. *Two worlds of childhood: U.S. and U.S.S.R.* Nova York: Simon & Schuster, 1972.

_____. *The ecology of human development*. Cambridge, Massachusetts e Londres: Harvard University Press, 1979. [*A ecologia do desenvolvimento humano*. Porto Alegre: Artmed, 1996.]

BRONKEN, Berit Arnesveen. *"Den fyrste song..." — En utforskende studie om bruk av sang og musikk i møte med mennesker med språkforstyrrelser etter hjerneslag*. Tese. Universidade de Oslo, Oslo, Noruega, 2001.

BRUNOWSKI, Jacob. *The origins of knowledge and imagination*. New Haven/Londres: Yale University Press, 1978. [*As origens do conhecimento e da imaginação*. Brasília: Ed. da UnB, 1985].

BURGESS, Anthony. *Laranja mecânica*. São Paulo: Aleph, 2012.

BYRIEL, Lene. *Tusindkunst — En idé og inspirationsbog til arbejdet med kunst og kultur i børns institutioner*. Copenhague: Ministério da Cultura da Dinamarca, 1996.

CAGE, John. *Etchings 1978-1982*. Oakland: Crown Point Press, 1982.

CÂMARA, Hélder. *Tusen grunner til å leve*. Oslo: Verbum, 1985. [*Mil razões para viver*. 5. ed. Rio de Janeiro: Civilização Brasileira, 1982.]

CAMPBELL, Carol A.; EASTMAN, Carol M. "Ngoma: Swahili adult song performance in context". *Ethnomusicology*, v. XXVIII, n. 3, 1984.

CAMPBELL, Sammie M. *Kindergarten entry as a factor in academic failure*. Dissertação. University of Virginia, Charlottesville, Estados Unidos, 1984.

CARLING, Finn. Entrevista. *Dagbladet*, 7 maio 1988.

CARLSEN, Kari; SAMUELSEN, Arne Marius. *Inntrykk og uttrykk — Estetiske fagområder i barnehagen*. Oslo: Gyldendal, 1988.

CHIMONDO, Steve. "The aesthetics of Indigenous arts". *Review of Ethnology*, 1987.

CHRISTENSEN, Lars Saabye. *Beatles*. Oslo: Gyldendal, 1984.

CHRISTENSEN, Søren; KREINER, Kristian. *Prosjektledelse i løst koblede systemer*. Oslo: Universitetsforlaget, 1991.

CLAYTON, N. S. "Song, sex and sensitive phases in the behavioral development of birds". *Tree*, v. 4, n. 3, mar. 1989.

COBB, Edith. *The ecology of imagination in childhood*. Nova York: Columbia University Press, 1977.

CONDON, William S.; SANDER, Louis W. "Neonate movement is synchronized with adult speech: interactional participation and language acquisition". *Science*, v. 183, 11 jan. 1984, p. 99-101.

COWELL, Henry. *Charles Ives and his music*. Nova York: Oxford University Press, 1955.

DALE, Erling Lars. *Oppdragelse fri fra "mor" og "far" — Pedagogikkens grunnlag i det moderne samfunn*. Oslo: Gyldendal, 1986.

DALIN, Per "På tide å se elevene som en ressurs". *Aftenposten*, 27 jan. 1988.

_____. "Utdannelsesrevolusjonen i Sovjet-Unionen." *Aftenposten*, 20 jun. 1990.

DAM, Hanne. "Skolen på hovedet". *Information*, v. 3/4, jun. 1989.

DANTLGRABER, J. *Kreativität und Erziehung — Über den Einfluss der elementaren Musik- und Bewegungserziehung des Orff-Schulwerkes auf die Kreativität*. Tese. Universidade de Salzburgo, Salzburgo, Áustria, 1970.

DECASPER, Anthony J. "Of human bonding: newborns prefer their mothers' voices". *Science*, v. 208, n. 4449, 1980.

DECASPER, Anthony. J.; SPENCE, M. J. "Human fetuses perceive maternal speech". Trabalho apresentado à International Conference on Infant Studies, Austin, Texas (Estados Unidos), 1982.

DECASPER, Anthony J.; SPENCE, M. J. "Prenatal maternal speech influences newborns' perception of speech sounds". *Infant Behavior and Development* v. 9, n. 2, 1986, p. 133-50.

DECASPER, Anthony et al. "Familiar and unfamiliar speech elicit different cardiac responses in human fetuses". Trabalho apresentado à International Society for Developmental Psychobiology, Annapolis, Maryland (Estados Unidos), 1986.

DEWOSKIN, Kenneth J. *A song for one or two — Music and the concept of art in early China*. Michigan: Ann Arbor/Center for Chinese Studies, 1982.

DIBIA, I. Wayan; BALLINGER, Rucina; ANELLO, Barbara. *Balinese dance, drama and music — A guide to the performing arts of Bali*. Singapura: Periplus, 2005.

DIDERICHSEN, Agnete; RABØL HANSEN, Vagn; THYSSEN, Sven *6 år — og på vej i skole*. Copenhague: Hans Reitzel, 1989.

DONALDSON, Margaret. *Children's minds*. Londres: Fontana, 1979. [*A mente da criança*. São Paulo: Martins Fontes, 1994.]

DOORNBOS, Tove. *Alternativ klavermetodikk for nybegynnere*. Tese. Universidade de Oslo, Oslo, Noruega, 1994.

DUVE, Anne-Marit. "Analfabeter i velferds-Norge". *Sinnets Helse*, v. 5, 1975, p. 13-15.

DYNDAHL, Petter; VARKØY, Øivind. *Musikkpedagogiske perspektiver*. Oslo: Gyldendal, 1994.

DYSTHE, Olga. *Ord på nye spor*. Oslo: Norske Samlaget, 1987.

EALES, Lucy A. "Song learning in zebra finches: some effects of song model availability on what is learnt and when". *Animal Behaviour*, v. 33, n. 4, 1985.

EATON, Jeanette. *Historien om Louis Armstrong*. Oslo: Forlagshuset, 1971.

EGEBERG, Erik. "Glasnost og perestrojka — er det egentlig noe i det?" *Ergo*, v. 1, 1989.

EGGEN, Nils Arne. *Godfoten. Samhandling — veien til suksess*. Oslo: Aschehoug, 1999.

EGOROVA, V. (org.). *Dmitrij Sjostakovitsj*. Moscou: Sovetskij Kompozitor, 1966.

EISENBERG, Rita B. *Auditory competence in early life — The roots of communicative behavior*. Baltimore: University Park Press, 1976.

ELKIND, David. *The hurried child — Growing up too fast too soon*. Massachusetts: Addison-Wesley, 1981. [*Sem tempo para ser criança*. Porto Alegre: Artmed, 2003.]

_____. *Miseducation — Preschoolers at risk*. Nova York: Knopf, 1988.

ELKIND, David; SAVA, Samuel "Some educators concerned over 'superbaby' burnout". *Los Angeles Times*, 20 nov. 1986.

ELSNESS, Turid Fosby. "Sesam sesam, ABC med lærerveiledning for 1. klasse, NTB-pressemelding". *Arbeiderbladet*, 2 mar. 1989.

ENDE, Michael. *Den uendelige historie*. Oslo: Ex Libris, 1986. [*A história sem fim*. São Paulo: Martins Fontes, 2013.]

_____. *Momo eller kampen om tiden*. Oslo: Damm, 2010. [*Momo e o senhor do tempo*. São Paulo: WMF Martins Fontes, 2012.]

ENERSTVEDT, Åse. "Om barnekulturen — Et forsøk på å se dens særtrekk som kulturform". *Forskningsnytt*, v. 5, 1976.

ENGDAHL, Horace. "Tecknets utopi — Roland Barthes och paralitteraturen". *Bonniers Litterära Magasin*, 1983, p. 1.

ENZENSBERGER, H. M. "Til analfabetens pris". *Samtiden*, v. 2, 1986.

ERICSON, Gertrud; LAGERLÖF, Ingrid; GABRIELSSON, Alf. "Barn, dans och musik". In: *Barn ock musik*. Estocolmo: Centrum för barnkulturforskning, 1990.

ERIKSEN, Trond Berg. *Nietzsche og det moderne*. Oslo: Tidernes Skifter, 1989.

ESPESETH, Gro Hansen. *Musikk og trygghet. Musikk og samspill i familien — veien mot en lykkeligere tilværelse?* Tese. Universidade de Estocolmo, Estocolmo, Suécia, 2003.

EVANS, Tordis Dalan. "En oversikt over Colwyn Trevarthens teori om spedbarnets sosiale utvikling". *Barn — Nytt fra forskning om barn i Norge*, v. 1, 1984.

FALKEID, Kolbein. *Samlede dikt*. Oslo: Cappelen Damm, 2003.

FERNALD, A. "The mother's speech to the newborn". Trabalho apresentado ao Max Planck Institute for Psychiatry, Munique, Alemanha, 1976.

FLADMOE, Henrik. *Utdanning og kulturmøte. Det russiske utdannings- systemet og norsk videregående skole i Moscou*. Tese. Universidade de Estocolmo, Estocolmo, Suécia, 2003.

FLESCH, Rudolf. *Why Johnny can't read — And what you can do about it*. Nova York: Harper & Row, 1956.

FLØGSTAD, Kjartan. *Det 7. klima*. Oslo: Norske Samlaget, 1986.

FLØISTAD, Guttorm. *Om å kunne mer enn man kan — Ledelse, formidling og kunnskapskrav i skolen*. Oslo: Høyskoleforlaget, 1996.

FORNÄS, Johan; LINDBERG, Ulf; SERNHEDE, Ove. *Under rocken*. Estocolmo/Lund: Symposium, 1988.

FOSTÅS, Olaug. *Instrumentalundervisning*. Oslo: Universitetsforlaget, 2002.

FREEDMAN, Aviva "Show and tell? The role of explicit teaching in the learning of new genres". In: *Research in the Teaching of English*, v. 27, n. 3, out. 1993.

FREIRE, Paulo. *Pedagogy of the oppressed*. Nova York: Herder e Herder, 1970. [*Pedagogia do oprimido*. Rio de Janeiro: Paz e Terra, 1974.]

_____. *The politics of education — Culture, power and liberation*. Massachusetts: Bergin & Garvey, 1985. [*Ação cultural para a liberdade e outros escritos*. Rio de Janeiro: Paz e Terra, 1981.]

FRISS, G. "Die Musikgrundschule". In: FRIGYES, Sándor (org.). *Musikerziehung in Ungarn*. Stuttgart: Klett Edition Deutsch, 1966.

FROBENIUS, Nikolaj. *Teori og praksis*. Oslo: Gyldendal, 2004.

FUX, Johann Joseph [1725]. *Gradus ad Parnassum*. Nova York: Broude Bros., 1966.

GAARDER, Jostein. *Sofies verden*. Oslo: Aschehoug, 1987. [*O mundo de Sofia*. São Paulo: Seguinte, 2012.]

GALLAGHER, SHAUN; COLE, Jonathan; MCNEILL, David. "Social cognition and primacy of movement revisited". *Trends in Cognitive Sciences*, v. 6, n. 4, abr. 2002.

GARCÍA-LORCA, Federico. "Teoría y juego del duende". Texto apresentado na Sociedad de Amigos del Arte de Buenos Aires em 1933. Disponível em: <http://biblioteca.org.ar/libros/1888.pdf>.

Acesso em: 301 jan. 2018. Versão em português disponível em: <http://www.grupotempo.com.br/tex_lorca.html>. Acesso em: 30 jan. 2018.

GARDNER, Howard. *Art, mind and brain — A cognitive approach to creativity.* Nova York: Basic Books, 1982.

_____. *Creating minds.* Nova York: Basic Books, 1993a. [*Mentes que criam.* Porto Alegre: Artmed, 1996.]

_____. *Multiple intelligences. The theory in practice.* Nova York: Basic Books, 1993b. [*Inteligências múltiplas — A teoria na prática.* Porto Alegre: Penso, 1995.]

_____. *The disciplined mind.* Nova York: Penguin, 2000.

_____. *Frames of mind — The theory of multiple intelligences.* 3. ed. Nova York: Basic Books, 2011a. [*Estruturas da mente: a teoria das inteligências múltiplas.* Porto Alegre: Artmed, 1994.]

_____. *The unschooled mind — How children think and how schools should teach.* 2. ed. Nova York: Basic Books, 2011b.

GARFIAS, Robert. *Music: The cultural context.* Osaka: The National Museum of Ethnology Japan, 2004.

GERHARDT, Rolf; HANSEN, Ivar. "Hva kan Forsvarets sesjonstester fortelle om nivået i skolen". *Skoleforum* v, 22, 1982.

GODEJORD, Per A. "Lærerdialog med ytterst få". *Utdanning*, v. 20, 2004.

GODØY, Rolf Inge. "Motor-mimetic music cognition". *Leonardo*, v. 36, n. 4, 2003, pp. 317-18.

GOETHE, Johann Wolfgang von. "Wilhelm Meisters Wanderjahre". Livro 2, cap. 1. In: *Goethe Gesamtausgabe.* v. 17. Munique, 1969.

GOGOL, Nikolaj. "Nesen". In: *Petersburgnoveller.* Oslo: Cappelen, 1973. [*O nariz. Seguido de diário de um louco.* Porto Alegre: L&PM Pocket, 2000.]

GOLOVINSKI, Grigor. "Tak cto prozoslo v 1948 godu". *Sovjetskaja Muzyka*, v. 8, 1988.

GOURLAY, Kenneth A. "The non-universality of music and the universality of non-music". In: *The World of Music*, v. XXVI, n. 2, Berlim Ocidental: VWB, 1984.

GRAFF, Ola. *Joik som musikalsk språk.* Tese. Universidade de Estocolmo, Estocolmo, Suécia, 1985.

GRAHN, Rune J. et al. *Norsk-russisk videregående skole — 10 års samarbeid, 10 års utvikling.* Oslo/Moscou: 2003.

GRANATH, Gunilla. *Gjest i uvirkeligheten — En 48-årig sjuendeklassings dagbok.* Oslo: Bedre, 1998

GRAVES, Donald H. *Writing: teachers & children at work.* Portsmouth: Heinemann Educational Books, 1983.

GRENNES, Carl Erik. "Kroppen som filosofiens sted — M. Merleau-Pontys filosofi". *Samtiden*, v. 6, 1984.

GRIMM, Jacob; GRIMM, Wilhelm. *Deutsches Wörterbuch.* Leipzig: Von S. Hirzel, 1885.

GRIP, Johann. *Enkle dikt.* Oslo: Cappelen, 2003.

GRØNDAL, Dolores. "Notebildet — synsinntrykk eller sanseopplevelse". *Musikk og Skole,* 1/1988, Oslo.

GULDBRANDSEN, Erling; VARKØY, Øivind. *Musikk og mysterium.* Oslo: Cappelen, 2004.

GURNEY, Nancy; GURNEY, Eric. *The king, the mice and the cheese.* Nova York: Collins, 1965.

GURVIN, Olav. *Fartein Valen — En banebryter i nyere norsk musikk.* Oslo: Drammen, 1962.

GUSTAFSSON, Björn; HUGOH, Sol-Britt. *Full fart i livet — en väg til kunskap.* Mjölby: Cupiditas discendi, 1987.

HANDERER, H. *Musik — Bildungsbedeutsamkeit des Faches Musik in der Primarstufe.* Regensburgo, 1974.

HANKEN, Ingrid Maria; JOHANSEN, Geir. *Musikkundervisningens didaktikk.* Oslo, 1988.

HANSHUMAKER, James "The effects of arts education on intellectual and social development: a review of selected research". *Bulletin of the Council for Research in Music Education*, n. 61, 1980. p. 10-28.

HANSSON, Hasse; QVARSELL, Birgitta. *En skola för barn*. Estocolmo: Liber Utbildningsförlaget, 1983.

HERNES, Gudmund. "Maktens estetikk". *Samtiden*, v. 5, 1990.

_____. "Kunst og makt". *Nytt norsk tidsskrift*, v. 4, 1995.

_____. "Var det stormannsgalskap?" *Samtiden*, v. 6, 1996.

_____. "Sentralpilaren". In: BLIKSRUD, Liv; YSTAD, Vigdis (org.). *Norskfaget fra førskole til forskning*. Oslo: Aschehoug, 1995.

HILLOCKS, George. "The writer's knowledge. Theories, research and implication for practice". In: PETROVSKY, Anthony R.; BARTOLOMAE, David (orgs.). *The teaching of writing. 85th yearbook of the National Society for the Study of Education*. Chicago: NSSC, 1986.

HOLEN, Astrid. "Barns sangaktivitet i 1 1/2-3-årsgrupper i barnehagen". *Dansk årbok for musikforskning*. v. XIV 1983.

HOLEN, Øyvind. *Hiphop-hoder — Fra Beat Street til bygde-rap*. Oslo: Spartacus, 2004.

HOLM, Signy. *Leselyst og skriveglede*. Oslo: Aschehoug, 1988.

HOOD, Burrel Samuel III. *The effect of daily instruction in public school music and related experiences upon non-musical personnel and school attitudes of average achieving third grade students*. Mississippi State: Mississippi State University, 1973.

HOVDHAUGEN, Even. *Språkvitenskap — en elementær innføring*. Oslo: Universitetsforlaget, 1976.

HSÜAN, Chang. *The etymology of 3000 Chinese characters in common usage*. Hong Kong: Hong Kong University Press, 1968.

HUIZINGA, Johan. *Homo ludens*. São Paulo: Perspectiva, 2017.

HUNNES, Svein. *Musikkfaget i grunnskolen — ei utdanning i endring?* Tese. Universidade de Bergen, Bergen, Noruega, 2000.

HURWITZ, Irving et al. "Non-musical effects of the Kodály music curriculum in primary grade children". *Journal of Learning Disabilities*, v. 8, n. 3, mar. 1975.

HUSEBØ, Stein. *Medisin — Kunst eller Vitenskap?* Oslo: Gyldendal, 1992.

HVERVEN, Aud. "Avskjed med en skole styrt av 'besserwissere' og deres lakeier". *Aftenposten*, 12 dez. 2004.

IBSEN, Henrik: *Catilina, de Ungdomsskuespill og historiske dramaer 1850-64, dikt*. Oslo: Gyldendal, 1962.

_____. *Peer Gynt*. In: *De Brand til Keiser og Galilæer 1866-73*. Oslo: Gyldendal, 1972.

IEVTUCHENKO, Ievguêni. *The poetry of Yevgeny Yevtushenko, 1953-1966*. Londres: Calder & Boyars, 1966.

_____. *Stichotvorenija i poemy*. v. tomo I, Moscou: KNV, 1998.

IMERSLUND, Katrine. *Det sårbare selvuttrykk. Sang sett i lys av narsisistisk problematikk*. Tese. Universidade de Estocolmo, Estocolmo, Suécia, 2000.

IMSEN, Gunn. "Clemets omgang med fakta". *Dagsavisen*, 29 out. 2004.

JACOBSEN, Rolf. *Nattåpent*. Oslo: Gyldendal, 1985.

JOHANSEN, Bodil A.; RATHE, Anne Louise; RATHE, Jørgen. *Mulighetenes barn i mulighetenes skole*. Oslo: Praxis, 1997.

JOHANSEN, Geir; KALSNES, Signe; VARKØY, Øivind. *Musikkpedagogiske utfordringer*. Oslo: Capellen, 2005.

JOHNSEN, Egil Børre. "Skriveferdighet — En begrepsbestemmelse og en vurdering av de evalueringsbestemmelser som brukes på denne ferdigheten". *Norsklæreren*, v. 2, 1995.

_____. *Det nye klassespråket. Et brev om skole, lærere og rottefangere i Norge*. Oslo: Aschehoug, 1999.

JOHNSEN, Lillemor. *Integrated respiration theory/therapy*. Oslo: Hegdehaugsvn 25, 1981.

JOHNSON, Frederick (org.). *A standard Swahili-English dictionary*. Nova York: Oxford University Press, 1971.

JUUL, Jesper. *Det kompetente barnet*. DVD. Oslo: Familylab, 1996.

KALSNES, Signe. *Hvorfor slutter elevene i musikkskolen? En beskrivelse av ulike forhold i og utenfor musikkskolen*. Oslo: Norges Musikkhøgskole, 1984.

KANTROWITZ, Barbara; WINGERT, Pat. "How kids learn". *Newsweek*, v. 17, abr. 1989.

KAREVOLD, Idar: "Berlim-skolen i Lindeman-tradisjonen". Manuscrito não publicado.

KEMP, Anthony. "The personality structure of the musician". *Psychology of Music*, v. 9, n. 2, 1981.

KJELDSEN, Jens. "Den klingende orden. Et filosofisk udspil om musik, bevidsthed, tid og betydning". *Nordic Journal of Music Theraphy*, v. 9, n. 1, 2000.

KJERSCHOW, Peder Christian. *Schopenhauer om musikken*. Oslo: Aschehoug, 1988.

_____. *Fenomen og mening. Musikken som før-språklig tiltale*. Tese. Universidade de Estocolmo, Estocolmo, Suécia, 2000.

KLEIVA, Turid; RØYSET, Bodil (orgs.). *Paa børnenes eget talemaal — Dialekt i barnehage og skule*. Oslo: Samlaget, 1981.

KLEM, Lone. "Med mot til å møte kaos". *Dagbladet*, 17 dez. 1985.

KLOSOVSKIJ, B. N. *The development of the brain and its disturbance by harmful factors*. Nova York: Pergamon, 1963.

KNUDSEN, Harald. *Sirenene — Jazz og ledelse*. Kristiansand: Høyskole, 2001.

KNUDSEN, Jan Sverre. *Those that fly without wings. Music and dance in a Chilean immigrant community*. Oslo: Unipub AS/Oslo Academic Press, 2006.

KODÁLY, Zoltán. *The selected writings of Zoltán Kodály*. Londres: Boosey & Hawkes, 1974.

KOESTLER, Arthur. *The act of creation — A study of the conscious and unconscious processes in humor, scientific discovery and art*. Nova York: Macmillan, 1965.

KOLATA, Gina. "Studying learning in the womb". *Science*, v. 225, n. 4659, 20 jul. 1984, p. 302-3

KOLSTAD, Hans. *Henri Bergsons filosofi — betydning og aktualitet*. Oslo: Humanist 2001.

KORITZINSKY, Theo. *Pedagogikk og politikk i L97 — Læreplanens innhold og beslutningsprosessene*. Oslo: Universitetsforlaget, 2000.

KORMANN, A. *Der Zusammenhang zwischen Intelligenz und Musikalität unter entwicklungs und kreativitätspsychologischem Aspekt*. Salzburgo: Regensburg, 1971.

KRASHEN, Stephen. *Writing: research, theory and application*. Nova York: Pergamon Institute of English, 1984

KROODSMA, Donald E.; MILLER, Edward H. (orgs.). *Acoustic communication in birds, v. 2: song learning and its consequences*. Nova York: Academic Press, 1982.

KRUSE, Bjørn. *Den tenkende kunstner*. Oslo: Fagbok, 1995.

LARSEN, Steen. *Børnenes nye verden*. Oslo: Gyldendal, 1984.

LEDANG, Ola Kai. "Trønderrock — folkemusikk eller kva? Om Åge Aleksandersen og musikken hans". *Studia Musicologica Norvegica*, v. 6, 1980.

_____. "Musikkbegrepet i Afrika og Europa". *Det Kongelige Norske Videnskabers Selskabs Skrifter*, 1988.

LEVIN, Henry M. *et al*. "Cost effectiveness of four educational inventions". Institute for Research on Educational Finance and Government, Universidade de Stanford, 1984.

Lewis, C. S. *Drømmen om Narnia.* Oslo: Lyddbok, 1978. [*As crônicas de Nárnia.* São Paulo: WWF Martins Fontes, 1999.]

Lillejord, Sølvi. "Kultur og læring". *Dagbladet,* 2 set. 2004.

Lilliestam, Lars. *Musikalisk ackulturation från blues til rock — En studie kring låten Hound Dog.* Tese. Universidade de Gotemburgo, Gotemburgo, Suécia, 1988.

Lind, John. "Music and the small human being". *Acta Paediatrica,* v. 69, 1980, p. 131-36.

Lindgren, Astrid. *Per Pusling.* Oslo: Cappelen, 1950.

_____. *Ronja Rövardotter.* Estocolmo: Rabén&Sjögren, 1984. [Citado ao longo do livro como *Ronja, a filha do ladrão.*]

_____. *Bröderna Lejonhjärta.* Estocolmo: Rabén&Sjögren, 1985. [Citado ao longo do livro como *Os irmãos Coração de Leão.*]

Linell, Per. *Människans språk,* Lund: Gleerups, 1984.

Ling, Jan. *Europas musikhistoria — Folkmusiken.* Gotemburgo: Arkiv/A-Z, 1989.

Lockwood, Alan H. "Medical problems of musicians". *New England Journal of Medicine,* v. 320, n. 4, 1989.

Løkke, Håvard. "Filosofi med ungdom". *Aftenposten,* 17 jan. 2005.

Madsen, Clifford; Forsythe, Jere L. "Effect of contingent music listening on increases of mathematical responses". *Journal of Research in Music Education,* v. 21, n. 2, 1973, p. 176-81.

Mæland, Bente Bratlund. *No er livet.* Oslo: Samlaget, 1996.

May, Rollo. *Mot til å skape.* Oslo: Innbundet, 1994. [*A coragem de criar.* Rio de Janeiro: Nova Fronteira, 2000.]

Mehren, Stein. *Veier til et bilde.* Oslo: Bokklubbens lyrikkvenner, 1971.

Meløy, Katrin. *Skilsmisse mellom det styrende og det utøvende leddet i en organisasjon. En analyse av situasjonen i Norges Musikkorps Forbund nær 80 år etter stiftelsen.* Tese. Universidade de Estocolmo, Estocolmo, Suécia, 1999.

Merriam, Alan P. *The anthropology of music.* Evanston: Northwestern University Press, 1964.

Meyer, Krzysztof. *Dmitri Schostakowitsch.* Leipzig: Philipp Reclam, 1980.

Meyerhold, Vsevolod. *Chaplin og Chaplinismen.* Oslo: Cappelen, 1934.

Miller, Mark Crispin. *The Bush dyslexicon.* Nova York: W. W. Norton & Company, 2001.

Milne, Alan Alexander. *Now we are six.* Nova York: Methuen, 1970.

Montagu, Ashley. *Growing young.* Nova York: Greenwood, 1981.

Montague, Mary E. *The effects of dance experiences upon observable behaviors of women prisoners.* Tese. Universidade de Nova York, Nova York, Estados Unidos, 1961.

Montessori, Maria. *The secret of childhood.* Nova York: Ballantine, 1982.

Morsing, Ole. "Børn og skabende arbejde — et stykke Danmarkshistorie og et aktuelt bud på nye livsformer". *Norsk pedagogisk tidsskrift,* v. 1, 1987.

Muckle, J. Y. *A guide to the Soviet curriculum: what the Russian child is taught in school.* Nova York: Routledge Kegan & Paul, 1988.

Mulelid, Marit Johanne. *Den første kommunikasjonen.* Tese. Universidade de Estocolmo, Estocolmo, Suécia, 2004.

Myskja, Audun. *Den musiske medisin — Lyd og musikk som terapi.* Oslo: Cappelen, 1999.

Næss, Arne. *Livsfilosofi.* Oslo: Universitetsforlaget, 1998.

_____. "Et møte med den musiske Wittgenstein". *Samtiden,* v. 4, 2000.

NIELSEN, Carl. *Min fynske barndom*. Copenhague: Gyldendal, 1970.

NIELSEN, Frede V. (org.). *Almen musikdidaktik*. Copenhague: Akademisk, 1998.

NIELSEN, Klaus; KVALE, Steinar. *Mesterlære — Lære om sosial praksis*. Oslo: Glyndendal, 1999.

NIELSEN, Steen. *Mennesker og musik i Afrika*. Oslo: Systime, 1985.

NIETZSCHE, Friedrich. *Also sprach Zarathustra*. In: *Nietzsches Werke*. v. 6. Leipzig: C. G. Naumann, 1899. [*Assim falou Zaratustra*. São Paulo: Companhia das Letras, 2011.]

NOBEL, Agnes. *Hur får kunskap liv? Om konst och eget skapande i undervisningen*. Estocolmo: Carlsson, 1984.

_____. *Filosofens knapp — Om konst och kunskap och Waldorf- pedagogikens okända bakgrund*. Estocolmo: Carlsson, 1999.

NORDEEN, Kathy W.; NORDEEN, Ernest J. "Projection neurons within vocal motor pathway are born during song learning in zebra finches". *Nature*, v. 334, 14 jul. 1988.

NORTON, Natalie J. *Symbolic arts: the effect of movement and drama upon the oral communication of children in grade two*. Dissertação. Boston University School of Education, Boston, Estados Unidos, 1973.

NOTTEBOHM, Fernando. "Birdsong as a model in which to study brain processes related to learning". *The Condor*, v. 86, n. 3, ago. 1984.

NYHUS, Sven. *Fel'klang på rørosmål — Fra slåtter og danser i egen familie- tradisjon til nyere samspillformer*. Oslo: Universitetsforlaget, 1983.

NYLÖF, Göran; NORDBERG, Jan. "Kulturbarometern i detalj". *Tema musik*, abr. 1988.

OKSAAR, Els. "Aspects of creativity — International strategies of mono and multilingual children". In: SÖDERBERGH, Ragnhild (org.). *Children's Creative Communication*. Lund: Lund University Press; Bromley: Chartwell-Bratt, 1988.

OKUDZJAVA, Bulat. *Romanze vom Arbat — Lieder, Gedichte*. Berlim: Volk und Welt, 1988.

OLOFSSON, Birgitta Knutsdotter. *Lek för livet*. Estocolmo: Forsythia, 1987.

_____. *De små mästerna. Om den fria lekens pedagogik*. Estocolmo: Liber, 1996.

OLSENG, Knut. "Job-reality for musicians and teachers of music in Norway". Seminário proferido em Bolkesjø, 7 abr. 1989.

ONG, Walter J. *Orality and literacy — The technologizing of the word*. Londres: Routledge, 1982. [*Oralidade e cultura escrita*. Campinas: Papirus, 1998.]

OPDAL, Paul Martin. "Barn som filosofer". *Norsk pedagogisk tidsskrift*, v. 4, 1987.

ORDZJONIKIDZE. G. "XIII simfonija D. Sjostakovitsja (D. Sjostakovitsj'13. symfoni)". In: EGOROVA, V. (org.). *Dmitrij Sjostakovitsj*. Moscou: Sovetskij Kompozitor, 1967.

ORLOV, Genrikh. *Simfonii Sjostakovitsja (Sjostakovitsj' symfonier)*. Leningrado, 1961.

ØSTBØ, Gro. *Skru på! Læring gjennom livsmestring og musisk egenuttrykk — Ei oppgave om musikkprosjekt som arbeidsmetode på ungdomstrinnet*. Tese. Universidade de Estocolmo, Estocolmo, Suécia, 2002.

OSTEN, Suzanne. *Mina Meningar — Essäer, artiklar, analyser 1969-2002*. Södertälje: Gidlunds, 2002.

ØSTERBERG, Dag. "Kropp og omverden". *Samtiden*, v. 6, 1984.

_____. *Det moderne. Et essay om Vestens kultur 1740-2000*. Oslo : Gyldendal, 1999.

ØSTERUD, Per; JOHNSEN, Jan. *Leve skolen! Enhetsskolen i et kultur- kritisk perspektiv*. Vallset: Oplandske, 2003.

PANOVSKY, Erwin. "Ikonografi og ikonologi". In: FAUSING, Bent; LARSEN, Peter (orgs.). *Visuell kommunikation*. Copenhague: Medusa, 1980.

Papousek, Mechtild; Papousek, Hanus. "Musical elements in the infant's vocalization: their significance for communication, cognition, and creativity". *Advances in Infancy Research*, v. 1, 1981.

Pattison, Robert. *On literacy — The politics of the word from Homer to the age of rock*. Nova York: Oxford University Press, 1982.

_____. *The triumph of vulgarity — Rock music in the mirror of romanticism*. Nova York: Oxford University Press, 1987.

Pay, Otto Christian. *"Bli med i vårt korps..." Skolekorpset i nye omgivelser*. Dissertação. Universidade de Estocolmo, Estocolmo, Suécia, 2004.

Paynter, John. *Sound and silence — Classroom projects in creative music*. Londres: Cambridge University Press, 1970.

Pearce, Joseph Chilton. *Magical child matures*. Nova York: Dutton, 1985. [*A criança mágica*. Rio de Janeiro: Francisco Alves, 1989.]

Platão. *Laws II*. Cambridge: Harvard University Press, 1961. [*As leis*. São Paulo: Edipro, 2010.]

Porzionato, Guiseppe. "Atteveta motorea e competenza musicale". In: *Pedagogia e didattica del movimento corporeo nell'educazione musicale di base*. Gorizia: C. A. Seghizzi, 1989.

Postman, Neil. *Den tapte barndommen*. Oslo: Gyldendal, 1984. [*O desaparecimento da infância*. Rio de Janeiro: Graphia, 1999.]

Postman, Neil; Weingartner, Charles. *Teaching as a subversive activity*. Nova York: Delta, 1971.

Poulsen, Sten Clod. *Udviklingsbetingelser for den alsidige personlighed — En problematisering af musiske fag og musisk virksomhed i skole og uddannelses- forløb*. Copenhague: Munksgaard, 1980.

Qvarsell, Birgitta. *Barn, kultur och inlärning*. Estocolmo: Centrum för barnkulturforskning vid Stockholms universitet, 1987.

Read, Herbert. *Education through art*. Nova York: Random House, 1958. [*A educação pela arte*. São Paulo: WWF Martins Fontes, 2013.]

Revers, Wilhelm. J.; Rauhe, Hermann. *Musik — Intelligenz — Phantasie*. Salzburgo: O. Müller, 1978.

Rico, Gabrielle. *Writing the natural way*. Los Angeles: Tarcher Perigee, 1983.

Rommetveit, Ragnar. *Språk, tanke og kommunikasjon — En innføring I språkpsykologi og psykolingvistikk*. Oslo: Universitetsforlaget, 1972.

Rousseau, Jean-Jacques. *Émile ou de l'éducation*. Paris: Garnier, 1966. [*Emílio, ou da educação*. São Paulo : Edipro, 2017.]

Ruud, Even. *Musikken, vårt nye rusmiddel — Om oppdragelse til og gjen- nom musikk i dagens samfunn*. Oslo : UiO Institutt for musikkvitenskap, 1983.

_____. *Musikk og identitet*. Oslo: UiO Institutt for musikkvitenskap, 1997.

_____. *Musikk og verdier*. Oslo: UiO Institutt for musikkvitenskap, 1996.

_____. *Varme øyelikk — Om musikk, helse og livskvalitet*. Oslo: UiO Institutt for musikkvitenskap, 2001.

Sachs, Curt. *The wellsprings of music*. Nova York: DeCappo Press, 1977.

Sacks, Oliver. *A leg to stand on*. Londres: Penguin, 1986. [*Com uma perna só*. São Paulo: Companhia das Letras, 2003.]

Sarfi, M.; Smørvik, D.; Martinsen, H. "Why does my baby cry? Maternal beliefs about causes of crying in 2-16 weeks old infants". Palestra proferida na Universidade de Oslo, 1984.

Schenk, Robert. "Musiker dopad vid slutredovisning!". *Månadsbladet*, n. 5, 1988-1989.

Selberg, Per; Skøyeneie, Stein. *Min Egen Pianoskole*, v. I-II. Oslo, 1994, 1997.

SELMER-OLSEN, Ivar. "Ugh, ugh, pølse med lugg", i NAVFs Senter for barneforsking, rapport n. 13, *Barn og humor,* Trondheim, 1987.

_____. "Hvorfor henge seg opp i bagateller, når det fins trær?" *Norsklæreren,* v. 5, 1988.

_____. *Barn imellom — og de voksne.* Oslo: Gyldendal, 1990.

SEUSS, Dr. *The cat in the hat.* Boston: Random House, 1957. [*O gatola da cartola.* São Paulo: Companhia das Letrinhas, 2017.]

SHELTER, Donald J. "The inquiry into prenatal musical experience: a report of the Eastman Project, 1980-1987". Trabalho apresentado à International Music and Child Development Conference, Denver, Colorado (Estados Unidos), 1987.

SHOSTAKOVICH, D. *Dmitry Shostakovich: about himself and his times.* Cleveland: Progress Books, 1980.

SHUGAR, Grace Wales. "The nature of peer discourse: participant structures for and by children". In: SÖDERBERGH, Ragnhild (org.). *Children's creative communication.* Lund: Lund University Press; Bromley: Chartwell-Bratt, 1988.

SJÖLUND, Arne. *Sovjetisk förskolepedagogik.* Lund: LiberLäromedel, 1978.

SKÅRBERG, Odd Sjønne. *Da Elvis kom til Norge — Stilbevegelse, verdier og historiekonstruktsjon i rocken fra 1955 til 1960.* Dissertação. Universidade de Estocolmo, Estocolmo, Suécia, 2003.

SKÅRDERUD, Finn. *Uro.* Oslo: Den norske bokklubben, 1998.

SKATTUM, Eirik. "Kvalitet skapes gjennom arbeidsglede!" *Utdanning,* n. 19, 2004.

SKJERVHEIM, Hans. *Objektivismen og studiet av mennesket.* Oslo: Gyldendal, 1974.

SKOGLUND, Christer. "Några föreställningar om kreativitet och skapande genom tiderna". In: *Barns skapande lek,* Centrum för barnkulturforskning, Estocolmo, 1987.

SMALL, Christopher. *Music, society, education.* Londres: Wesleyan, 1977.

_____. *Music of the common tongue.* Londres: Wesleyan, 1987.

_____. *Musicking — The meanings of performing and listening.* Londres: Wesleyan, 1998.

SMITH, Frank. *Writing and the writer.* Londres: Routledge, 1982.

SNOW, Catherine E. "The development of conversation between mothers and babies". *Journal of Child Language,* v. 4, 1977.

SÖDERBERGH, Ragnhild. "Språkanvändning vid dockskåpslek". *Nysvenska studier,* v. 59-60, Lund/Kent: Almqvist & Wiksell International, 1979-80.

_____. *Barnets tidiga språkutveckling.* Malmö: Liber, 1988.

SÖDERBERGH, Ragnhild (org.). *Children's creative communication.* Lund: Lund University Press; Bromley: Chartwell-Bratt, 1988.

SØLVBERG, Erik. *Frå Hernes til Clemet — frå plan til marknad?* Bergen: Fagbokforlaget, 2004.

STÅHL, Anna-Britta. "Eleverna ska våga och bli fria som änglar". *Dagens Nyheter* 27 maio 1995.

STEEN, Reiulf. "Å danse tango med Clemet". *Aftenposten,* 17 dez. 2004.

STEINFELD, Torill. *På skriftens vilkår — Et bidrag til morsmålsfagets historie.* Oslo: Cappelen, 1986.

STENDER-PETERSEN, Ad. *Den russiske litteraturs historie.* v. III. Copenhague: Gyldendal, 1952.

STERN, Daniel N. *The motherhood constellation.* Nova York: Basic Books, 1995. [*A constelação da maternidade.* Porto Alegre: Artmed, 1997.]

_____. *The first relationship.* Cambridge: Harvard University Press, 1977.

_____. *The interpersonal world of the infant.* Nova York: Basic Books, 1998. [*O mundo interpessoal do bebê.* Porto Alegre: Artmed, 1992.]

_____. *The present moment in psychotherapy and everyday life*. Nova York/Londres: W. W. Norton, 2004. [*O momento presente na psicoterapia e na vida cotidiana*. Rio de Janeiro: Record, 2007.]
STIGE, Brynjulf. *Samspel og relasjon*. Oslo: Det Norske Samlaget, 1995.
STRINDBERG, August. "Stadsresan". *Samlade skrifter*, v. 37-38. Estocolmo, 1918.
SUNDBERG, Ove Kristian. "Musiske perspektiver i Platons dialog Lovene". *Studia Musicologica Norvegica*, n. 5, 1979.
_____. *Pythagoras og de tonende tall*. Oslo: Tanum-Norli, 1980.
SUNDE, Ole Robert. *Der hvor vi er lykkelige*. Oslo: Gyldendal, 2000.
SUNDIN, Bertil. *Barns musikaliska skapande*. Estocolmo: Pedagogiska Institutionen vid Stockholm Universitet, 1963.
_____. *Barnets musikaliska värld*. Lund: Socialstyrelsen, 1977.
_____. *Barnen och de sköna konsterna*. Estocolmo: Liber, 1982.
_____. "Mera glädje, mindre nit". *Musikkultur*, v. 4, 1986.
_____. *Musiken i människan*. Estocolmo: Norstedt, 1988.
_____. *En postmoderne musikpedagogik? Et bidrag til diskussionen om modernism och postmodernism*. Malmö: Academia de Música de Malmö, 1997.
SUNDIN, Bertil; SÄÄF, Annika. "Förskolebarn och rytm — Perception och återgivande av auditiva rytmiska mönster". *Nordisk Sommeruniversitet*, Estocolmo, 1971.
SUPPAN, Wolfgang. *Der musizierende Mensch — Eine Anthropologie der Musik*. Mainz: Schott Music, 1984.
Suzuki Piano School. v. 1. Princeton: Suzuki Method International, 1978.
SUZUKI, Shinichi. *Kunnskap med kärlek — Ett sätt att utbilda och fostra*. Gislaved: Isabergs, 1977.
SVERDRUP, Harald. *Samlede dikt 1948-82*. Oslo: Aschehoug, 1983.
SWANWICK, Keith. *Music, mind and education*. Londres: Routledge, 1988.
TANDBERG, Svein Erik. *Om improvisasjon — Studier i improvisasjon på orgel: Estetisk grunnlag, metodisk skisse, formdannende prinsipper, trekk fra en læreprosess og klanglig product*. Tese. Universidade de Estocolmo, Estocolmo, Suécia, 2000.
TARKOVSKI, Andrei. "Kunst, frihet, ensomhet — Samtale med Andrej Tarkovskij". *Arken*, v. 3-4, 1988.
TAUBE, Evert. *75 viser/dikt*. Oslo, 1977.
THECOV, Anton. *Kirsebærhagen*. Oslo: Gyldendal, 1985.
THOMPSON, John. *Teaching little fingers to play*. Cincinatti: Willis Music, 1936.
THURMAN, Leon; CHASE, Margaret; LANGNESS, Anna. "Reaching the young child through music: is pre--natal and infant music education possible?" In: DOBBS, Jack (org.). *International Society for Music Education Yearbook*. v. XIV. Malvern: ISME, 1987.
TREVARTHEN, Colwyn. "Intersubjective exchange and transfer of understanding in infancy". *British Journal of Educational Psychology*, v. 48, n. 106, fev. 1978.
_____. "Interpersonal abilities of infants as generators for transmission of language and culture". In: OLIVERIO, Alberto; ZAPELLA, Michele (orgs.). *The behavior of human infants*. Londres/Nova York: Springer, 1983.
_____. "Sharing makes sense: intersubjectivity and the making of an infant's meaning". In: STEELE, R. (org.). *Language topics: essays in honour of Michael Halliday*. Filadélfia: John Benjamins, 1987.
_____. "Infants trying to talk: how a child invites communication from the human world". In: SÖDERBERGH, Ragnhild (org.). *Children's creative communication*. Lund: Lund University Press; Bromley: Chartwell-Bratt, 1988.

_____. "The concept and foundations of infant intersubjectivity". In: BRÅTEN, Stein (org.). *Intersubjective communication and emotion in early ontogeny*. Cambridge: Cambridge University Press, 1998.

_____. "Musicality and the intrinsic motive pulse: evidence from psychology and infant communication". *Musicae Scientiae*, v. 3, n. 1, set. 1999, p. 155-215.

_____. "Learning in companionship". *Education in the North: The Journal of Scottish Education*, v. 10, 2002, p. 16-25.

UPHOFF, James K.; GILMORE, June. "Pupil age at school entrance — How many are ready for success?" *Educational Leadership*, set. 1985.

UPHOFF, James K.; GILMORE, June; HUBER, Rosemarie. *Summer children — Ready or not for school?* Middletown: J & J Crafts, 1986.

USOVA, A. P. *Unterricht im Kindergarten*. Berlim: Pädagogischer Verlag Schwann, 1974.

VERNY, Thomas. *The secret life of the unborn child*. Londres: Sphere, 1982.

VETLUGINA, N. A. (org.). *Samostojatel'naja chudozestvennaja dejatel'nost'doskol'nikov*. Moscou, 1980.

VISHNEVSKAIA, Galina. *Galina — En russisk operastjernes memoirer*. Copenhague, 1986.

VOLKOV, Solomon. *Dmitri Shostakovich — Memoarer*. Oslo: Cappelen, 1980.

VYGOTSKY, Liev S. *Thought and language*. Cambridge: Harvard University Press, 1975. [*Pensamento e linguagem*. São Paulo: Martins Fontes, 1991.]

WAAGE, Peter Normann. *Russland er et annet sted*. Oslo: Arneberg, 1992.

WATTERSON, Bill. *Calvin and Hobbes*. [Estes livros dizem mais sobre as crianças e a escola que a maioria dos livros acadêmicos. Leitura indispensável para os meus alunos!]

WEAVERS, Kitty D. *Lenin's grandchildren — Preschool education in the Soviet Union*. Nova York: Simon & Schuster, 1971.

WELHAVEN, Johan Sebastian. *Samlede digterverker*. v. 10. Oslo: Gyldendal, 1943.

WERGELAND, Henrik. *Mennesket*. Samlede skrifter. v. 5. Christiania/Oslo: Steenske, 1954.

WIGESTRAND, Stig Roar. *Lockwood's system. A theoretical and artistic study of Didier Lockwood's system for improvisation*. Oslo: NMH, 2004.

WIGGEN, Geirr. "Dialektbruk i morsmålsopplæringa, særlig den første lese- og skriveopplæringa". In: KLEIVEN, Jo (org.). *Språk og samfunn*. Oslo: Pax, 1979.

WILSON, Frank R. *Tone deaf and all thumbs? An invitation to music-making for late bloomers and non-prodigies*. Nova York: Viking, 1986.

WINNICOTT, D. W. *Playing and reality*. Londres: Psychology Press, 1971. [*O brincar e a realidade*. Rio de Janeiro: Imago, 1975.]

WOLFE, P. H. "The natural history of crying and other vocalizations in infancy". In: FOSS, Brian M. (org.). *Determinants of infant behaviour IV*. Londres: Methuen, 1969.

WOOTTON, Mary L. "The effect of planned experiences followed by art expression and discussion on language achievement of first-grade pupils". *Dissertation Abstracts*, v. 29, 1968, 2617A.

ZAHL, Jan. "Hernes — Historieskaparen". *Forskerforum*, v. 9, 1999.

ZIEHE, Thomas; Stubenrauch, Herbert. *Ny ungdom og usædvanlige læreprocesser*. Copenhague: Forlaget Politisk Revy, 1982.

ÍNDICE ONOMÁSTICO

Aasen, Ivar   165
Adolphson, Olle   245
Akerø, Marit   63
Aksdal, Erling   219
Albinoni, Giovanni   216
Albrechtsberger, Johann Georg   205
Ali, Muhammad   191
Alkersig, Mette   100
Allen, Woody   120
Åm, Eli   52, 298,
Andersson, Dan   17, 245, 343
Andsnes, Leif Ove   227
Anyanwu, K.   67, 103, 133
Armstrong, Louis   16, 191, 192, 193, 194, 199, 208, 209, 224, 333, 340
Årsvoll, Guri   39
Asafyev, Boris   294
Asbjørnsen, Peter Christen   52
Asheim, Hanne Toreskås   12
Astaire, Fred   119

Bach, Johann Sebastian   16, 194, 199, 204–5, 236, 249, 259, 307, 324
Bakhtin, Mikhail   290
Baez, Joan   274
Balakirev, M. A.   106

Barkauskas, V.   247
Barthes, Roland   56, 224
Bartók, Béla   251
Bastian, Peter   69
Bateson, Gregory   45, 52, 143, 298
Beatles, The   171, 186, 199, 332,
Beckham, David   191
Beethoven, Ludwig von   74, 201, 205, 256, 267–9, 304, 310
Bellman, Carl Michael   193–4, 199, 245
Berefelt, Gunnar   45, 54,
Berg, Alban   291
Bergström, Gunilla   94
Berio, Luciano   227–8
Bernstein, Leonard   181
Bjerke, André   284
Bjørkvold, Jon-Roar   13, 56, 81, 92, 94–6, 98, 100, 152, 162, 164, 169, 197, 243, 250, 291, 296
Bjørkvold, Tuva   163
Bjørlykke, Bjørn   52
Bjørneboe, Jens   143
Bjørnov, Ingrid   215–6
Bjørnstad, Ketil   256
Blacking, John   103, 258
Blake, William   14
Blekastad, Milada   45

Blixen, Karen   70, 229
Bogart, Humphrey   119
Böll, Heinrich   157
Borge, Victor   240
Borodin, Aleksander   106
Bouij, Christer   315
Bowie, David   114
Boye, Karin   263
Brahms, Johannes   226, 249
Brando, Marlon   191
Bråten, Stein   33, 94
Brazz Bros.   217, 218
Brecht, Bertolt   219
Brodin, Knut   196–7
Bronfenbrenner, Urie   41, 78
Bronowski, Jacob   177
Bruckner, Anton   204
Brunowski, Jacob   161
Burdon, Eric   275
Bury, R. G.   22
Bush, George   79
Bush, George W.   79, 80, 271, 273
Bye, Erik   179

Cage, John   199, 247–8
Câmara, Hélder   10, 11, 176
Campbell, Kenneth A.   71,
Carling, Finn   148
Chaplin, Charles   119
Chase, Margaret   25
Chomsky, Noam   38
Chopin, Frédéric   249
Christensen, Bernhard   196–7, 229

Chuck D.   270
Clayton, N. S.   207
Clementi, Muzio   205–6, 256
Cobb, Edith   45–6, 61, 69, 89, 97, 176, 285, 325
Cole, Jonathan   160
Condon, William   37–8
Cooper, Gary   119
Corelli, Arcângelo   202
Cowell, Henry   259

Dale, Erling Lars   62, 163–4
Dam, Hanne   169
Darwin, Charles   256
Day, Doris   119
DeCasper, Anthony   23–7, 36–8
Descartes, René   60, 68, 154
DeWoskin, Kenneth J.   72
Donaldson, Margaret   38
Doornbos, Tove   214
Doors, The   171, 275–6
Dostoiévski, Fiódor   290–1
Douglas, Kirk   119
Dubos, René   61
Dupré, Marcel   204
Dvorov, Sergei   338
Dylan, Bob   274

Eastman, Carol M.   71
Eastwood, Clint   51, 149
Eaton, Jeanette   192
Egeberg, Erik   324
Egge, Guri (Gulle)   228
Ehrenburg, Ilya   298
Eide, Kjell   13–4

Eisenberg, R. B. 22
Eldridge, Roy 209
Ellington, Duke 35
Eminem 271–2
Ende, Michael 63
Enerstvedt, Åse 45
Enge, Håvard 261
Enzensberger, Hans Magnus 157–9, 214
Eriksen, Trond Berg 153–4
Eurythmics 266

Ferguson, Maynard 209
Fernald, A. 36
Fields, Dorothy 333
Fiorillo, Frederico 202
Fitzgerald, Ella 119
Fløgstad, Kjartan 127
Førde, Helge 217
Førde, Jarle 127
Fornäs, Johan 275
Fostås, Olaug 218
Freedman, Aviva 161
Freire, Paulo 9, 10–1, 155–7, 183, 266
Fröding, Gustaf 209, 244
Fux, J. J. 205, 256

Gaarder, Jostein 177
Gabor, Zsa Zsa 119
Galilei, Galileu 321
Gallagher, Shaun 160
Gallese, Vittorio 34
Garbarek, Jan 54
García Marquez, Gabriel 199
Gardner, Howard 154–5, 170

Garfunkel, Art 274
Garland, Judy 119
Gershwin, Ira 119
Gillespie, Dizzy 209
Glass, Gene V. 167–8
Glinka, Mikhail 106, 114, 287
Godøy, Rolf Unge 160
Goethe, Johann Wolfgang von 170–1
Gogol, Nikolai 286–94, 32–5
Golenishev-Kutuzov, A. A. 340
Gorbachev, Mikhail S. 78, 117
Gotsdiner, Arnold 118
Gourlay, Kenneth 69, 136
Graff, Ola 72–3
Grant, Cary 119
Grennes, Carl Erik 223–4
Grieg, Edvard 16, 144, 149, 199, 259
Grip, Johan 136
Grøndal, Dolores 211–2, 236
Gurney, Nancy e Eric 24
Gutenberg, Johann 121
Guthrie, Woody 274

Haetta, Per 72
Haley, Bill 269, 271
Hanshumaker, James 171
Haydn, Joseph 250
Hendrix, Jimi 171, 271, 273, 275
Hillocks, George 161
Hitchcock, Alfred 119
Hitler, Adolf 48, 78, 105
Holiday, Billie 131
Hollies, The 171
Huizinga, Johan 44

Ibsen, Henrik   60, 100, 147, 162, 244
Ievtuchenko, Ievguêni   316–25
Inderberg, Jon Pål   217–8
Irmãos Grimm   64
Ives, Charles   259

Jackson, Mahalia   16, 131
Jackson, Michael   119
Janson, Alfred   232
Jensen, Odd Harald   22, 25
Johansen, Egil Bop   217
John, Elton   116
Johnsen, Egil Børre   159
Johnson, Frederik   66
Joplin, Janis   171
Jørgensen, Morten   275

Kabalievsky, Dmitri   114
Kant, Immanuel   56
Kantrowitz, Barbara   169
Karevold, Idar   205
Kemp, Anthony   241
King, Martin Luther   131
Kitt, Eartha   119
Kjerschow, Peder Christian   56
Klem, Lone   179
Kodály, Zoltán   171, 233, 250, 251–2, 254
Koestler, Arthur   57, 155
Kondrashin, Kiril   322
Krashen, Stephen   161
Kreutzer, Rodolphe   202
Kroodsma, Donald E.   207
Kruschev, Nikita   313, 315, 322–3
Kui, Cesar   106
Kvale, Steinar   167

Langness, Anna Peter   25
Larsen, Sissel   170
Larsen, Steen   28
Ledang, Ola Kai   70
Lênin, Vladimir   78–9
Lennon, John   274
Lennox, Annie   266
Leontiev, A. A.   78, 107
Levin, Henry, M.   167–8
Lewin, Marcus   217
Lewis, C. S.   75, 76
Lewis, Carl   191
Ligeti, György   199, 248
Lill Babs   257
Lind, John   28
Lindgren, Astrid   53–4, 59, 75, 156, 284
Linell, Per   206–7
Ling, Jan   202
Lipman, Matthew   177
Lockwood, Alan H.   242
Lunatcharsky, Anatoli   287, 294
Lundell, Ulf   164
Luria, Aleksander   78

Madonna   114
Magne, Jan   127
Mahler, Gustav   250
May, Rollo   59
McCartney, Paul   274
McFerrin, Bobby   183, 229
McHugh, Jimmy   333
McNeill, David   160
Mehren, Stein   90, 143
Meister, Gail R.   167–8
Mendelssohn Bartholdy, Felix   194
Merleau Ponty, Maurice   222–4

Merriam, Alan P.   69, 100
Meyer, Krzysztof   311
Meyerhold, Vsevolod   297, 325
Miller, Edward H.   207
Mills, Irving   35
Milne, A. A.   93, 283
Moe, Jorgen   52
Monkeys, The   171
Monroe, Marilyn   191
Montagu, Ashley   284
Morante, Elsa   179
Mozart, Leopold   255
Mozart, Nannerl   255
Mozart, Wolfgang Amadeus   16, 54, 75, 199, 204–5, 226–7, 237–8, 249–50, 254–7, 277, 317
Munch, Edvard   11, 143
Mussorgsky, Modest   111, 287, 317

Naess, Lars   208
Newman, Paul   120
Nicolau I   287, 289
Nielsen, Carl   182, 245
Nielsen, Klaus   167
Nielsen, Steen   70
Nietzsche, Friedrich   62, 153–4
Nobel, Agnes   142
Norander, Lars   257
Nordberg, Jan   256
Nordeen, Kathy W. & Ernest J.   207
Nyhus, Sven   203
Nylöf, Göran   256
Nystedt, Knut   246

Oliver, Joe King   192
Olseng, Knut   241–2
Ong, Walter J.   65, 66, 74, 151, 158, 199, 201–2, 266
Opdal, Paul Martin   177
Orff, Carl   171
Orlov, G.   301
Orlov, Igor   338
Østbø, Gro   171–2, 174
Østerberg, Dag   222
Owens, Jesse   48, 53, 124, 191

Panovsky, Erwin   236
Papousek, Hanus & Mechtild   37
Parker, Charlie   199
Parton, Dolly   273
Pasternak, Boris   315, 324
Pattison, Robert   266, 273, 276
Pavarotti, Luciano   16
Pay, Otto   169–70
Peck, Gregory   120
Pelé   191
Pestalozzi, Heinrich   170
Phillips, Sam   273
Piaget, Jean   38, 52, 153
Picasso, Pablo   56, 283–4
Pitágoras   165
Platão   21–2, 28, 74, 170, 201, 343
Podgornov, Yuri   338
Porzionato, Giuseppe   47
Postman, Neil   120–2
Poulsen, Sten Clod   150, 163
Presley, Elvis   55, 114, 191, 272, 276

Prokofiev, Sergei 106, 114, 313, 315
Public Enemy 270–1
Puccini, Giacomo 16, 257
Pushkin, Aleksander 286–7, 297

Quinn, Anthony 120

Rage Against the Machine 271
Reagan, Ronald 270
Renshaw, Peter 243
Riemer, Mette 100
Rimski-Korsakov, Nikolai 106, 287
Rolling Stones 276
Rommetveit, Ragnar 91–2
Rostropovich, Mstislav 324
Rousseau, Jean-Jacques 156, 205, 254–5

Sååf, Annika 229
Sachs, Curt 133
Sakharov, Andrei 324
Sander, Louis W. 37–8
Sarfi, M. 37
Schenck, Robert 242
Schiller, Friedrich 45
Schönberg, Arnold 245, 248, 250
Schopenhauer, Arthur 56
Shostakovich, Dmitri 16–7, 58, 73, 106, 199, 230, 248, 282, 286–7, 290–307, 311–3, 315–24
Shostakovich, Sofia V. 230
Schubert, Franz 74, 250
Schumann, Robert 205, 249, 259
Seeger, Pete 274
Selberg, Per 215

Selmer-Olsen, Ivar 58
Sêneca 259
Sereba, Kuame 217–8, 243
Sernhede, Ove 275
Seuss, Dr. 23
Shavers, Charlie 209
Shelter, Donald J. 25
Shugar, Grace Wales 40–1
Simon, Paul 274–5
Sinatra, Frank 120
Sinding, Christian 220–1
Sjölund, Arne 78
Skoglund, Christer 57
Skøyeneie, Stein 215
Skyllstad, Kjell 245
Small, Christopher 104, 198–9, 249
Smørvik, D. 37
Snow, Catherine 36
Sócrates 22, 176
Söderbergh, Ragnhild 100, 298
Solsjenítsin, Alexander 324
Spence, M. S. 24
Springsteen, Bruce 91, 96, 114, 267–8, 273
Stálin, Josef 17, 294–5, 300, 302–4, 310–3, 315–6, 320–2, 324
Stender-Petersen, Ad. 286
Stern, Daniel N. 37
Stewart, David 266
Sting 263, 280
Strauss, Richard 208
Stravinski, Igor 248, 286
Streisand, Barbra 120
Strindberg, August 310
Stubenrauch, Herbert 150

Sundberg, Ove Kristian   *21, 74*
Sundin, Bertil   *196–7, 229*
Suzuki, Shinichi   *233–4*
Svensson, Barbro (Lill-Babs)   *257*
Swanson, Gloria   *120*

Tafjord, Runar   *217*
Tandberg, Svein Erik   *204*
Tarkovsky, Andrei   *302*
Taube, Evert   *16, 225, 237, 245*
Taylor, Elisabeth   *120, 191*
Tchaikovsky, P. I.   *114, 287*
Tchecov, Anton   *56–7*
Thompson, John   *214–5*
Thurman, Leon   *25*
Tolstói, Live   *293*
Torelli, Giuseppe   *202*
Trevarthen, Colwyn   *35–8, 40–1*
Turner, Tina   *276*

Usova, A. P.   *78, 107*

Valen, Fartein   *248*
Vedernikov, Alexander   *322*
Verny, Thomas   *22–3, 25*
Vetlugina, A. N.   *107–9*
Vigeland, Gustav   *26*
Vigotski, Lev S.   *26, 38, 78, 107*
Vishnevskaia, Galina   *296–301, 322*
Vivaldi, Antonio   *202, 249*
Volkov, Solomon   *295–6, 298–9, 311*

Waage, Peter Norman   *141*
Wagner, Richard   *208*
Washington, George   *79*
Wayne, John   *51, 119*
Welhaven, Johan Sebastian   *329*
Wergeland, Henrik   *151, 181, 259*
Wiegold, Peter   *243*
Wigestrand, Stig Roar   *218–9*
Wingert, Pat   *169*
Winnicott, D. W.   *61, 101, 150, 223, 265*
Wolfe, P. H.   *37*
Wonder, Stevie   *274*

Zawinul, Josef   *232*
Zayats, Leonid   *338*
Ziehe, Thomas   *150*

IMPRESSO NA GRÁFICA sumago
sumago gráfica editorial ltda
rua itauna, 789 vila maria
02111-031 são paulo sp
tel e fax 11 2955 5636
sumago@sumago.com.br